PASSAUER KONTAKTSTUDIUM GEOGRAPHIE 16

Afrika – ein Kontinent in Bewegung

Herausgegeben von Malte Steinbrink,
Matthias Gebauer und Dieter Anhuf

D1725252

L. Woldrich, W. Gamerith und **V. Moser**

African Americans zwischen gesellschaftlicher Stigmatisierung und kultureller Emanzipation mit einem Blick auf (pan-)afrikanische Identitäten

Seite 113 bis 133

D. Anhuf

Von der Vollwüste zur „grünen" Sahara – und zurück

Seite 135 bis 149

L. Sarpong und **G. Schrüfer**

Zur (De-)Konstruktion ‚Afrikas' im Geographieunterricht aus post(-)kolonialen Perspektiven

Seite 9 bis 16

F. Krüger

Afrikanischer Urbanismus? Brüche im Lebensalltag und das Recht auf Stadt im subsaharischen Afrika

Seite 17 bis 22

H. Niedenführ

Kindermigration in Burkina Faso: die soziale Praxis der Anvertrauung in translokalen Netzwerken

Seite 81 bis 91

C. Ungruhe

Abseits der Krise. Migration, Jugend und soziale Teilhabe in Nordghana

Seite 93 bis 100

I. Voshage

„Tanzanian Women Can":
eine Betrachtung des afrikanischen Frauenbildes im Wandel unter Einbezug ausgewählter *Empowerment*-Beispiele aus Tansania

Seite 101 bis 112

C. Haferburg und **J. Oßenbrügge**

Stadtregion Gauteng, Südafrika – Transformation der „City of Gold" zur Global-City-Region?

Seite 23 bis 29

M. Steinbrink und **H. Niedenführ**

Binnenmigration und ländliche Entwicklung in Afrika

Seite 57 bis 80

J. Hofäcker und **M. Gebauer**

Airbnb in Townships Südafrikas: eine neue Stufe des Township-Tourismus?

Seite 45 bis 55

D. Ehebrecht

Motorrad-Taxis und die Transformation der Verkehrssysteme in den Metropolen Subsahara-Afrikas

Seite 31 bis 44

PASSAUER KONTAKTSTUDIUM GEOGRAPHIE 16

Afrika – ein Kontinent in Bewegung

Mit 27 Farbabbildungen, 7 Tabellen und 18 Farbbildern

Herausgegeben von Malte Steinbrink, Matthias Gebauer und Dieter Anhuf

2021
Selbstverlag Fach GEOGRAPHIE der Universität Passau

Bildnachweise

Cover
• Bild oben: Campusrundgang. Entspannen auf der Innwiese.
                   Quelle: https://t1p.de/9dt1 [letzter Zugriff: 12/2021].
• Bild unten: Eine Busstation im Süden Ghanas: wichtiger Arbeitsplatz für Migrant*innen aus Nordghana.
                   Aufnahme: C. Ungruhe 12/2007.

Frontispiz
Kartengrundlage: Landkarte Afrika • ©d-maps.com.
                   Quelle: https://t1p.de/0ks0 [letzter Zugriff: 12/2021].

© 2021 Selbstverlag Fach GEOGRAPHIE der Universität Passau
   Bahnhofstraße 10 ✦ 94032 Passau ✦ 📞 +49 851 509-2735 ✦ 🖷 +49 851 509-372735 ✦ @ erwin.vogl@uni-passau.de ✦ 🌐 http://www.phil.uni-passau.de/fachbereich-geographie/publikationen/

Layout, Satz und Prepress: Erwin Vogl (Fach Geographie der Universität Passau)
Druck und Produktion: Nothhaft Druck ✦ Zweigniederlassung der Druck Fulfillment-Druck Service GmbH ✦ Heinrichstraße 12
                            D–93080 Pentling ✦ 🌐 https://nothhaft-druck.de/
Printed in Germany
Gedruckt auf säurefreiem und alterungsbeständigem Bilderdruckpapier

ISBN 978-3-9817553-6-7

Inhaltsverzeichnis

Vorwort: Da ist Bewegung drin! 7

Larissa Sarpong und Gabriele Schrüfer
Zur (De-)Konstruktion ,Afrikas' im Geographieunterricht aus post(-)kolonialen Perspektiven 9

Fred Krüger
Afrikanischer Urbanismus? Brüche im Lebensalltag und das Recht auf Stadt im subsaharischen Afrika 17

Christoph Haferburg und Jürgen Oßenbrügge
Stadtregion Gauteng, Südafrika – Transformation der „City of Gold" zur Global-City-Region? 23

Daniel Ehebrecht
Motorrad-Taxis und die Transformation der Verkehrssysteme in den Metropolen Subsahara-Afrikas 31

Jana Hofäcker und Matthias Gebauer
Airbnb in Townships Südafrikas: eine neue Stufe des Township-Tourismus? 45

Malte Steinbrink und Hannah Niedenführ
Binnenmigration und ländliche Entwicklung in Afrika 57

Hannah Niedenführ
Kindermigration in Burkina Faso: die soziale Praxis der Anvertrauung in translokalen Netzwerken 81

Christian Ungruhe
Abseits der Krise. Migration, Jugend und soziale Teilhabe in Nordghana 93

Ina Voshage
„Tanzanian Women Can": eine Betrachtung des afrikanischen Frauenbildes im Wandel unter Einbezug
ausgewählter *Empowerment*-Beispiele aus Tansania 101

Lisa Woldrich, Werner Gamerith und Victoria Moser
African Americans zwischen gesellschaftlicher Stigmatisierung und kultureller Emanzipation mit einem Blick auf
(pan-)afrikanische Identitäten 113

Dieter Anhuf
Von der Vollwüste zur „grünen" Sahara – und zurück 135

Vorwort: Da ist Bewegung drin!

Migration, Klimawandel, Urbanisierung, Globalisierung, Landnutzungsänderungen, gesellschaftliche und politische Transformationen … Der afrikanische Kontinent im 21. Jahrhundert ist geprägt von gravierenden naturräumlichen Veränderungen und tiefgreifenden sozialräumlichen Umwälzungsprozessen. Ein Kontinent in Bewegung. Die Geschwindigkeiten und Auswirkungen des Wandels auf nationaler, regionaler und lokaler Ebene sind ebenso vielfältig wie die Formen und Praktiken des gesellschaftlichen Umgangs mit diesen Veränderungen. Hinzu kommt, dass die sozial- und naturräumlichen Veränderungsprozesse nur vor dem Hintergrund globaler Einbettung und Verflechtung verstanden werden können, da sie allzu oft Ausdruck des *globalen Wandels* sind.

Der Band zum Passauer Kontaktstudium Geographie, *Afrika – ein Kontinent in Bewegung,* denkt den Begriff Bewegung auf mindestens zwei Weisen: Zum einen werden aktuelle geographische Forschungen aus dem deutschsprachigen Raum präsentiert, die sich entweder mit verschiedenen Formen des sozialen Wandels oder mit der räumlichen Mobilität auf dem afrikanischen Kontinent beschäftigen. Zum anderen zielt der Band darauf ab, etwas in Bewegung zu bringen, nämlich die Betrachtung von und die Auseinandersetzung mit Afrika im Geographieunterricht anzustoßen. Denn selbst jüngere Studien zeigen, dass in den Schulen nach wie vor ein Afrikabild vermittelt wird, das viel zu häufig in homogenisierenden und essentialisierenden (Kultur-) Raumperspektiven verharrt und teilweise suggeriert, afrikanische Gesellschaften und Alltagswelten seien vormodern und statisch. Zudem wird Afrika oftmals nur als der Kontinent der ewigen Krisen, Kriege und Katastrophen thematisiert. Dieser Sammelband des „Passauer Kontaktstudium Geographie", der sich vor allem an Lehrerinnen und Lehrer richtet, will „mehr Afrika" in die Schulen bringen und dabei dezidiert die Diversität wie die Veränderungsdynamiken multiperspekti-

visch in den Mittelpunkt rücken, um auf diese Weise einen Beitrag zur Veränderung des Afrikabildes im schulischen Unterricht zu leisten.

Deshalb macht ein grundlegender Beitrag von LARISSA SARPONG und GABRIELE SCHRÜFER (Münster und Bayreuth) den Auftakt, der die stark stereotypenbehaftete Konstruktion ‚Afrikas' im Geographieunterricht als Ausgangspunkt nimmt. Aufbauend auf der Beobachtung, dass kolonialzeitlich geprägte ‚Afrika'-Bilder durch gesellschaftliche Diskurse und die schulische Praxis weiterhin reproduziert werden, wollen die beiden Autorinnen „Bewegung in die Sache bringen", indem sie in ihrem Beitrag Anknüpfungspunkte von postkolonialen Theorien zu bislang diskutierten didaktischen Ansätzen aufzeigen, mit dem Ziel, die ethno-/eurozentrisch geprägten Darstellungen und Wahrnehmungen „Afrikas" zu überwinden. Nach einer Dekonstruktion existenter ‚Afrika'-Bilder beleuchten sie Potenziale einer multiperspektivischen Wahrnehmung ‚Afrikas' und zur Dekolonialisierung überkommener Denkmuster.

Mit Blick auf aktuelle Stadtentwicklungsprozesse in Subsahara-Afrika fragt FRED KRÜGER (Erlangen) nach einem afrikanischen Urbanismus im Zeichen rapider Verstädterung sowie den damit verbundenen Herausforderungen für die Bevölkerungen in den Metropolen. Er stellt dabei Fragen nach einer „gerechten Stadt" respektive einem „Recht auf Stadt". Indem der Beitrag dazu auffordert, afrikanische Urbanität und afrikanischen Urbanismus jenseits klassischer (eurozentrischer) Vorstellungen von der „afrikanischen Stadt" zu denken, stellt er nicht zuletzt ein Plädoyer für einen Perspektivwechsel dar.

An die konzeptionellen Vorüberlegungen zum afrikanischen Urbanismus schließen auch CHRISTOPH HAFERBURG und JÜRGEN OẞENBRÜGGE (beide Hamburg) an. Mit ihrer Fallstudie über Johannesburg und der Gauteng-City-Region in Südafrika zeigen die Autoren, dass Planung und Entwicklung großmaßstäblicher Stadtregionen auf dem afrikanischen

Kontinent – und darüber hinaus – stets vor dem Hintergrund des Spannungsfelds zwischen historischem Gewordensein und der Persistenz des gebauten Raums auf der einen Seite und der kontinuierlichen sozialräumlichen Dynamik auf der anderen Seite betrachtet werden müssen. Dabei legen die Autoren besonderes Augenmerk auf die Einbettung der vorgestellten Prozesse in globale und globalisierende Zusammenhänge von World-Class und Global City Development.

In dem Text von DANIEL EHEBRECHT (Berlin) geht es um Alltagsmobilität und städtischen Nahverkehr in Metropolen Subsahara-Afrikas. Am Fallbeispiel der Motorradtaxi-Branche in Dar es Salaam verdeutlicht der Autor, dass es hauptsächlich die höchst flexiblen informellen Mobilitätsformen und Verkehrsträger sind, die die alltägliche Personenmobilität in den schnell wachsenden Metropolen ermöglichen. Andererseits – so Daniel Ehebrecht – seien die informellen Mobilitätsanbieter einem starken Formalisierungs- und Regulierungsdruck ausgesetzt, mit dem sie wiederum flexibel umgehen müssen.

JANA HOFÄCKER (Passau) und MATTHIAS GEBAUER (Bayreuth, ehemals Passau) untersuchen in ihrem Beitrag den Township-Tourismus in Kapstadt. Im Mittelpunkt steht der Einfluss des Online-Portals Airbnb und seiner NutzerInnen auf das Übernachtungsgewerbe in südafrikanischen *Black African*-Townships. Anhand einer empirischen Fallstudie, die Jana Hofäcker in Langa – dem ältesten Township der Kapmetropole – durchgeführt hat, wird aufgezeigt, dass sich die zunehmende Einbettung touristischer Angebote in eine globale und selbstorganisierte Sharing-Ökonomie nicht nur auf die Form des Tourismus, sondern vor allem auf die sozialräumliche Entwicklung des Stadtviertels auswirkt.

In ihrem Beitrag stellen MALTE STEINBRINK (Passau) und HANNAH NIEDENFÜHR (Osnabrück) zwei aktuelle Monografien vor, die sich mit dem Zusammenhang von Binnenmigration und ländlichem Strukturwandel in Subsahara-Afrika beschäftigen. Der Beitrag unterstreicht die Bedeutung raumübergreifender Formen der Existenzsicherung und macht darauf aufmerksam, inwiefern diese die ländliche Entwicklung beeinflussen. Schließlich plädieren Autorin und Autor für einen translokalen Blick auf „Entwicklung" und „Strukturwandel", um auf diese Weise ein „translokales Bewusstsein" herauszubilden.

Aus translokaler Perspektive betrachtet Hannah Niedenführ (Osnabrück) auch Kindermigration sowie die soziale Praxis der Anvertrauung (Inobhutgabe, confiage) in Westafrika. Basierend auf empirischen Feldforschungen in Burkina Faso nimmt die Autorin zum einen formelle und informelle Bildungsaspekte in den Blick, zum anderen thematisiert sie die kulturelle Sozialisation der migrierenden Kinder, ihr psychologisches Wohlbefinden ebenso wie Aspekte von Emanzipation und Empowerment. So wird zum einen die Funktion des Systems Anvertrauung für die translokale Existenzsicherung analysiert und zum anderen gefragt, welche Auswirkungen diese Form der Kindermigration auf die betroffenen Kinder selbst hat.

Migrationen im Jugendalter nimmt auch Christian Ungruhe (Passau) in den Blick. Thema seines Beitrags sind Praktiken und Effekte zirkulärer Migration männlicher Jugendlicher aus dem ländlichen Norden Ghanas. Während aktuelle sozialwissenschaftliche Studien Land-Stadt-Migration in Afrika oft als Ausdruck (neuer) ökologischer, ökonomischer oder sozialer Krisen interpretieren, zeigt er, dass diese Migration tatsächlich in seit Generationen etablierten Wanderungspraktiken wurzelt. Zentrales Motiv ist dabei die Aushandlung sozialer Lebensphasen. Statt aber das (traditionelle) Ideal eines sozialen Erwachsenendaseins anzustreben, das mit spezifischen Verantwortungen, Rechten und Ressourcen einhergeht, orientieren sich die männlichen Migranten eher an global zirkulierenden Ideen von Jugend. Ideen, die dann auch in den ländlichen Norden des Landes transportiert werden. So erlangen die

Jugendlichen nach ihrer Rückkehr Anerkennung und sozialen Status unter *peers,* indem sie beispielsweise mit Mobiltelefonen oder moderner Kleidung punkten, gleichzeitig achten und reproduzieren sie bestehende kulturelle Normen des sozialen Erwachsenwerdens wie die väterliche Autorität in Heiratsangelegenheiten.

Ina Voshage (Passau) setzt sich in ihrem Beitrag mit den sich verändernden Geschlechterverhältnissen und Rollenzuschreibungen in Subsahara-Afrika auseinander. Anhand ausgewählter Beispiele, insbesondere aus Tansania, geht sie der Frage nach, inwiefern die beobachtbaren Veränderungen im Rollenbild der afrikanischen Frau Ausdruck eines intrinsischen Wertewandels afrikanischer Gesellschaften, eine Projektion westlich-liberaler Werte oder ökonomische Notwendigkeit sind. Neben den Diskrepanzen zwischen politischen Gleichstellungsansprüchen und alltäglichen Lebensrealitäten lassen sich anhand des Beitrags auch die zentralen Begriffe Geschlecht, Gender, *Empowerment* und „Entwicklung" mit Schülerinnen und Schülern diskutieren.

Auf ein anderes räumliches Tableau schwenkt der Beitrag von Lisa Woldrich, Werner Gamerith und Victoria Moser (Passau), indem er die strukturelle Unterdrückung von *African Americans* in den Fokus nimmt. Aus historischer Perspektive zeigen die AutorInnen, wie dieser Gruppe im Kontext der sich formierenden US-amerikanischen Gesellschaft eine marginale soziale Position zugewiesen wurde, die weit über das wirtschaftliche Ausbeutungssystem der Sklaverei hinausreichte und de facto bis in die Gegenwart fortbesteht. Während sich der Schwarze Widerstand gegen Rassismus und Unterdrückung lange Zeit vor allem im Bildungssektor manifestierte, bildet inzwischen der Rückgriff auf „afrikanische Identität" einen wichtigen Kristallisationspunkt für neue soziale Bewegungen in den USA. In dem Beitrag wird der Frage nachgegangen, ob die heutige *Black Lives Matter*-Bewegung in der Traditionslinie der Bürgerrechtsbewegung steht oder

ob sie eine grundsätzlich neue Qualität gesellschaftlicher Auseinandersetzung um die Position der *African Americans* in den Vereinigten Staaten repräsentiert.

Der Band schließt mit einem Beitrag von Dieter Anhuf (Passau). In diesem thematisiert der Autor die zukünftigen Auswirkungen des Klimawandels auf Natur und Menschen. Um mögliche Konsequenzen abschätzen zu können, bedient sich die Forschung globaler Zirkulationsmodelle, die die Prozesse in der Atmosphäre und in den Ozeanen computergestützt simulieren und damit zu prognostizieren helfen. Die Gültigkeit solcher Modelle kann anhand von Klima- und Vegetationsdaten aus Gegenwart und Vergangenheit überprüft werden. Einen gangbaren Weg stellt auch die Rekonstruktion der einstigen Pflanzendecke dar, die Rückschlüsse auf das damals herrschende Klima erlaubt. Ein Modell, das die Umweltbedingungen der Vergangenheit verlässlich simulieren kann, ist zudem in der Lage, zukünftige Klima- und natürliche Landschaftsveränderungen annähernd vorherzusagen. Eine wichtige Voraussetzung für an Nachhaltigkeit orientierte Entscheidungen in Politik, Wirtschaft und Gesellschaft.

Das Herausgeberteam wünscht eine interessante Lektüre.

Passau, im Herbst 2021   *Dieter Anhuf*
Matthias Gebauer
Malte Steinbrink

Danke!

Wir bedanken uns zuallererst ganz herzlich bei den Autorinnen und Autoren dieses Sammelbandes für die ebenso fruchtbare wie geduldige Zusammenarbeit. Dem *Bayrischen Staatsministerium für Unterricht und Kultus* danken wir für die Übernahme der Druckkosten – vielen Dank, Herr Alexander Hohn, für die konstruktive Zusammenarbeit. Und Erwin Vogl hat die grafische Gestaltung und drucktechnische Gestaltung dieses Bandes wieder einmal mit besonderer Sorgfalt durchgeführt. Klasse. Vielen Dank dafür!

Larissa Sarpong und Gabriele Schrüfer

Zur (De-)Konstruktion ‚Afrikas' im Geographieunterricht aus post(-)kolonialen Perspektiven

Mit drei Abbildungen

1 Zum ‚Afrika'-Bild im Geographieunterricht

‚Afrika' als Ort der Krisen, Krankheiten und Konflikte, ‚Afrika' als Sehnsuchtsort und unberührtes Paradies. In westlichen Gesellschaften dominieren bislang Raumbilder, die durch Diskurse des Afro-Pessimismus und Afro-Romantismus maßgeblich (re-)produziert werden. Das ‚Afrika'-Bild im Geographieunterricht ist bereits seit Jahrzehnten Untersuchungsgegenstand geographiedidaktischer Forschungen. Zwar gibt es weder in der Gesellschaft noch im Geographieunterricht das *eine* Bild ‚Afrikas', jedoch kristallisieren sich in empirischen Studien immer wieder Darstellungen und Wahrnehmungen des Raumes heraus, die Parallelen und Anknüpfungspunkte zu den gesellschaftlichen Diskursen des Afro-Pessimismus und Afro-Romantismus aufweisen. In einer Vielzahl von Arbeiten wird seit den 1960er Jahren auf die vorurteilsbehaftete Repräsentation ‚Afrikas' im Geographieunterricht hingewiesen. Im Fokus standen dazu zu Beginn vor allem Lehrwerke, in denen eine selektive, wenig differenzierende und verzerrte Darstellung ‚Afrikas' ebenso wie eine überwiegend exotisierende, unterlegene und andersartige Repräsentation von ‚Afrikaner*innen' festgestellt werden konnte (vgl. SCHMITT 1963; ENGEL 1972; HILLERS 1984; GUGGEIS 1992; POENICKE 1995, 2001). Im Hinblick auf die Wahrnehmung des Raumes ist auch auf eine häufig ethno-/eurozentrische Perspektive hingewiesen worden. Als Maßstab für die Bewertungen und Beurteilungen raumbezogener Phänomene gelten überwiegend die eigenen Wertvorstellungen und meist westlich geprägten Lebenswelten. Dabei wird meist eine intellektuelle und materielle Überlegenheit postuliert (vgl. TRÖGER 1993; SCHMIDT-WULFFEN 1997; POENICKE 2001; REICHART-BURIKUKIYE 2001; SCHRÜFER 2003).

Um diese ethno-/eurozentrischen, einseitigen und überwiegend negativen Raumbilder genauso wie die stereotypenbehaftete Wahrnehmung ‚Afrikas' im Geographieunterricht zu überwinden und zu einer differenzierteren Repräsentation sowie Einschätzung beizutragen, wurden bislang verschiedene Ansätze diskutiert. Als Reaktion auf die vor allem negativ geprägten und problemzentrierten Darstellungen wurde versucht, diesen ein positiveres Bild entgegenzustellen, mit dem Ziel, Empathie und Solidarität der Schüler*innen zu wecken (vgl. SCHRÜFER 2012). Das Ersetzen von negativen Raumbildern birgt jedoch die Gefahr, dass nur vermeintlich positivere Darstellungen ausgewählt werden, der ethno-/eurozentrische Rahmen allerdings weiterhin bestehen bleibt und das Dekonstruieren, Hinterfragen sowie Reflektieren der eigenen Raumwahrnehmungen ausbleiben. Des Weiteren wurde auch der Versuch unternommen, ein ‚authentisches' oder ‚wahres' ‚Afrika' zu zeigen (vgl. SCHRÜFER 2012). Die in der Geographiedidaktik diskutierten Raumkonzepte gehen jedoch über die möglichst objektive und (vermeintlich) wahre Abbildung eines Raumes hinaus, indem Räume auch in ihrer sozialen Konstruiertheit und Wahrnehmung begriffen werden (vgl. unter anderem WARDENGA 2002, o.S.). Trotz dieser sowie weiterer didaktischer Überlegungen, wie beispielsweise die Berücksichtigung eines Lebensweltbezugs oder der Zukunftsorientierung (vgl. SCHWARZE 2020), die undifferenzierte Wahrnehmung und Darstellung ‚Afrikas' zu überwinden, zeigen ebenfalls jüngere Forschungsergebnisse, dass stereotypenbehaftete, kolonialzeitlich angelegte Raumbilder weiterhin (re-)produziert werden und vor allem negative und an den Afro-Pessimismus angelehnte Darstellungen ‚Afrikas' überwiegen (vgl. AWET 2018; SCHWARZE 2020).

Die didaktischen Überlegungen und Diskussionen, wie die Thematisierung ‚Afrikas' nachhaltig verändert werden könnte, sind teils festgefahren, indem immer wieder auf das Vorhandensein undifferenzierter, kolonial geprägter und vorurteilsreproduzierender Darstellungen ‚Afrikas' hingewiesen, während der Raum als objektiv gegeben dargestellt wird. Einen anderen Fokus als bisherige Überlegungen legt der Ansatz der multiperspektivischen Wahrnehmung ‚Afrikas', der sich verstärkt an einem konstruktivistischen Raumverständnis orientiert. Kern ist es, zu einer vielfältigeren Betrachtung und Reflexion der Wahrnehmung des Raumes beizutragen, indem gezielt ‚afrikanische' Perspektiven miteinbezogen werden. Ziel ist es, Schüler*innen so zur Reflexion der eigenen ebenso wie fremden Raumbilder zu befähigen. Somit geht es nicht darum, ein wahres, objektives ‚Afrika' oder ein ‚richtiges' Bild des Raumes im Geographieunterricht darzustellen, sondern vielmehr um das Enttarnen von raumbezogenen Konstruktionen, eingebettet in gesellschaftliche Diskurse. Der interkulturellen Kompetenz und der durch das Globale Lernen geförderten System- sowie Bewertungskompetenz werden hierbei eine wichtige Rolle zugeschrieben (vgl. SCHRÜFER 2012, 2013b). Da eine Vielzahl an raumbezogenen Darstellungen ‚Afrikas' im Geographieunterricht und im gesellschaftlichen Diskurs in Deutschland kolonialzeitlich angelegte Stereotype (re-)produzieren, finden postkoloniale Theorien auch Berücksichtigung und stellen den theoretisch-analytischen Rahmen dar. Ziel dieses Artikels ist es daher, zunächst das Fortwirken kolonialzeitlich angelegter Raumbilder im Hinblick auf die Thematisierung und Konstruktion ‚Afrikas' im Geographieunterricht darzulegen. Neben der Dekonstruktion kolonialer Kontinuitäten sollen darüber hinaus Potenziale und Möglichkeiten des Ansatzes der multiperspektivischen Wahrnehmung ‚Afrikas' zur Dekolonialisierung von Denkmustern näher beleuchtet werden. ‚Afrika' wird im vorliegenden Artikel vor allem als räumliches Konstrukt aufgefasst, symbolisiert durch die Schreibweise in einfachen Anführungszeichen.

Malte Steinbrink, Matthias Gebauer und Dieter Anhuf (Hrsg.): Afrika – ein Kontinent in Bewegung. Passau 2021 (Passauer Kontaktstudium Geographie 16)

2   Post(-)koloniale Perspektiven auf die (De-)Konstruktion ‚Afrikas'

Postkoloniale Theorien finden in unterschiedlichen wissenschaftlichen, vor allem kultur- und sozialwissenschaftlichen, Disziplinen Berücksichtigung. Da es nicht *die eine* postkoloniale Theorie gibt, sondern gleich eine Vielzahl an Theorien, Ansätzen und Fragestellungen, die sich (macht-)kritisch mit Strukturen und Folgen des europäischen Kolonialismus auseinandersetzen, ist meist von postkolonialen Theorien oder auch von Postkolonialismen die Rede (vgl. ASHCROFT et al. 2007; LOSSAU 2020; HA 2021). Grundlegend ist dabei die Ansicht, dass das Erlangen politischer Unabhängigkeiten nicht als gleichbedeutend mit dem Ende des Kolonialismus betrachtet werden kann und dass das formelle Ende der Kolonialherrschaft somit kein Eintritt in eine „nicht-koloniale[n] Zeitepoche" (HA 2021: 179) darstellt. In den schwerpunktmäßigen Fokus gerückt sind bislang vor allem Kontinuitäten von der Kolonialzeit bis in die Gegenwart hinein. LOSSAU (2020: 670) zufolge geht „[d]ie postkoloniale Theorie […] davon aus, dass koloniale Denkmuster und Strukturen auch nach dem formellen Ende des Kolonialzeitalters weiterwirken und zwar sowohl in den ehemaligen Kolonien als auch in den ehemaligen Kolonialstaaten". In den Fokus rücken dabei die vielfältigen Formen, in denen der Kolonialismus weiterhin fortwirkt und die damit einhergehenden gesellschaftlichen, wirtschaftlichen oder auch kulturellen Effekte (vgl. HULME 1995; HA 2021).

Ausgehend von theoretischen und konzeptionellen Debatten um das Verständnis von ‚Postkolonialismus' (vgl. HULME 1995; ASHCROFT et al. 2007) ergeben sich auch für die Geographie und Geographiedidaktik Anknüpfungspunkte und Impulse. Die Geographin Joanne Sharp wendet unterschiedliche theoretische Perspektiven an, basierend auf bisherigen konzeptionellen Überlegungen und Debatten um das Verständnis von ‚Postkolonialismus' (vgl. BLUNT, MCEWAN 2002; ASHCROFT et al. 2007). SHARP (2009: 7) verwendet den Begriff „Post-Colonialism" [in der Schreibweise mit Bindestrich], um „continuities existing between the colonial to the post-

colonial periods" zu betonen. Im Fokus steht dabei somit das Fortwirken kolonialzeitlich angelegter Strukturen – sowohl in westlichen Gesellschaften als auch in den ehemaligen Kolonien. Kontinuitäten zeigen sich insbesondere im Bereich der Wissens- und Wertesysteme, die durch kolonialzeitlich angelegte Diskurse und Bildungssysteme geprägt wurden und immer noch werden. In der Kolonialzeit etablierte Denkweisen beeinflussen auf diese Weise somit häufig weiterhin die raumbezogenen Wahrnehmungen (vgl. SHARP 2009; LOSSAU 2012, 2020). Postkolonialismus als Konzept offeriert neben einer solch theoretisch-analytischen Perspektive gleichfalls das Potenzial eines positiv-produktiven Ansatzes, der sich gegen die im Zuge der Kolonialherrschaft stattgefundene und ebenso weiterhin fortwirkende Unterdrückung und Marginalisierung von Stimmen richtet. Diese ausgeschlossenen Perspektiven, Denkweisen und Praktiken gilt es, miteinzubeziehen. Dazu zählt vor allem auch das gezielte Aufdecken und Berücksichtigen anderer Wissens- und Wertesysteme, um Alternativen zu kolonial geprägten und eurozentrischen Wissens- und Wertesys-

temen (wieder) zu entdecken und zu etablieren (vgl. SHARP 2009; HA 2021). SHARP (2009: 107) zufolge kann „Postcolonialism" [in der Schreibweise ohne Bindestrich] als ein „positive political project which critiques western assumptions, stereotypes and ways of knowing" verstanden werden, das gleichzeitig Vorschläge für „own alternatives" (SHARP 2009: 107) bereitet.

Aus diesen theoretischen Grundgedanken ergeben sich Verbindungen zu bisherigen didaktischen Ansätzen zur Thematisierung ‚Afrikas' im Geographieunterricht. Im Folgenden sollen mögliche Impulse sowie Potenziale postkolonialer Perspektiven, angelehnt an die konzeptionellen Überlegungen von ‚Post-Kolonialismus'/ ‚Postkolonialismus' nach SHARP (2009) *(Abb. 1)*, und insbesondere Anknüpfungspunkte zu bisherigen Ansätzen in der Geographiedidaktik in den Blick genommen werden, um den stereotypenbehafteten Darstellungen ‚Afrikas' entgegenzuwirken und eine multiperspektivische Wahrnehmung anzubahnen. Dazu wird im Folgenden ein Fokus auf die (De-)Konstruktion von ‚Afrika'-Bildern und die Einbeziehung ‚afrikanischer' Perspektiven gelegt.

Abb. 1: Post(-)koloniale Perspektiven in Anlehnung an SHARP (2009).

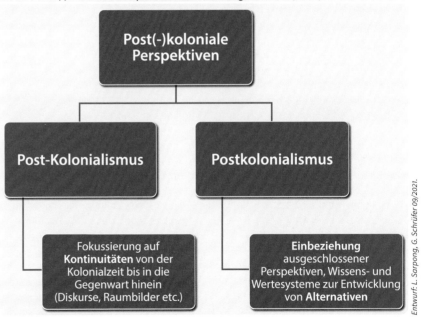

Entwurf: L. Sarpong, G. Schrüfer 09/2021.

2.1   Von der (Re-)Produktion zur Dekonstruktion kolonialer ‚Afrika'-Bilder

Anknüpfend an SHARPS (2009) Verständnis von ‚Post-Kolonialismus' als Ansatz zur Analyse kolonialer Kontinuitäten können ebenso die im Geographieunterricht (re-)produzierten Darstellungen und Wahrnehmungen ‚Afrikas' kritisch in den Blick genommen werden. Neben der grundlegenden Annahme, dass kolonialzeitlich angelegte Denkweisen und Strukturen auch im Geographieunterricht fortwirken können, stellt ein konstruktivistisches Raumverständnis einen weiteren zentralen Ausgangspunkt dar. Dieses geht im Wesentlichen davon aus, dass

Räume nicht nur objektiv gegeben und als natürliche Entitäten angesehen, sondern auch als Ergebnis von sozialen Aushandlungsprozessen verstanden werden können (vgl. REUBER 2012). Ein konstruktivistisches Raumverständnis findet auch im Zusammenhang mit der Dekonstruktion stereotypenbehafteter Darstellungen und Wahrnehmungen ‚Afrikas' im Geographieunterricht Berücksichtigung (vgl. SCHRÜFER 2012, 2013b; SCHWARZE 2020). So stellt SCHRÜFER (2012: 5) zufolge heraus, dass „die Suche nach einer realistischeren oder auch richtigeren Darstellung Afrikas, wie sie über viele Jahre diskutiert wurde, obsolet [wird]. Es geht nicht darum zu fragen, wie Afrika objektiv sei, sondern darum, den Kontinent, so wie er uns dargestellt wird, als Konstrukt zu verstehen. Diese Konstruktionen sollten wiederum als Machtdiskurse enttarnt werden".

Zu jenen machtvollen Diskursen, die die Konstruktionen ‚Afrikas' maßgeblich prägen und zu einer Reproduktion kolonialzeitlich angelegter Raumbilder beitragen, zählen der Afro-Pessimismus und Afro-Romantismus *(Abb. 2)*. Wie bereits dargestellt, dominiert, „[i]n Europa [...] der afropessimistische Blick ‚auf' Afrika. Unsere Medien beschreiben Afrika in der Regel als den Kontinent der Kriege, Korruption, Krankheiten, Konflikte, Katastrophen, Kindersoldaten, usw." (HOFFMANN, KERSTING 2011: 49). Neben diesen problemzentrierten Raumbildern werden im Zuge des Afro-Romantismus (vermeintlich) positive Eigenschaften ‚Afrikas' wie die Naturbelassenheit, Ursprünglichkeit oder auch ‚traditionelle', meist als vorkolonial wahrgenommene Kulturen hervorgehoben (vgl. SEUKWA 2010). Es kann der Eindruck gewonnen werden, dass es nicht das eine ‚Afrika'-Bild gibt, sondern unterschiedliche und gar gegensätzliche räumliche Repräsentationen existieren. Vielmehr zeigen sich jedoch gemeinsame Muster. So verbinden Afro-Pessimismus und Afro-Romantismus, dass „[b]eide [...] die Unterlegenheit von Afrika [postulieren] und [...] die Idee der Rassenhierarchie [unterstützen]. Beide konstruieren Afrika als eine Antithese zu Europa: Das elende Afrika reflektiert die schlimmsten Ängste, das romantische Afrika die wildesten Phantasien der Europäer. Weder Geschichte noch Entwicklung finden Platz in diesen Repräsentationen, während beide Konstrukte auf der untersten Stufe der Modernitäts-Skala [sic!] eingeordnet werden" (MARMER 2013: 27).

Das Fortwirken dieser kolonialzeitlich angelegten Raumbilder bis in die Gegenwart hinein ist sowohl theoretisch als auch im Zuge von Analysen unterrichtspraktischer Medien und Materialien aufgezeigt worden. MARMER (2013: 25) stellt heraus, dass „Unterrichtsmaterialien [...] koloniale Afrikabilder [reproduzieren] und [...] rassistisches Gedankengut [transpor-

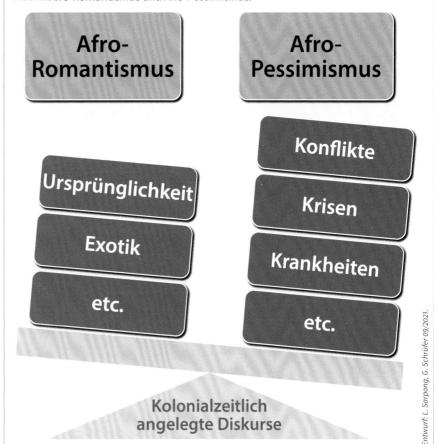

Abb. 2: Afro-Romantismus und Afro-Pessimismus.

Afro-Romantismus

Afro-Pessimismus

Ursprünglichkeit

Exotik

etc.

Konflikte

Krisen

Krankheiten

etc.

Kolonialzeitlich angelegte Diskurse

Entwurf: L. Sarpong, G. Schrüfer 09/2021.

tieren]". Material- und Schulbuchanalysen weisen auf weiterhin existierende ethno-/ eurozentrische sowie vorwiegend defizitorientierte, undifferenzierte und problembehaftete Darstellungen in Schulbüchern, darunter auch für das Fach Geographie, hin und nehmen unter anderem explizit koloniale Kontinuitäten in den Blick. Darstellungen des Raumes, unter anderem als ‚rückständig', ‚unterentwickelt' oder ‚arm', tragen (häufig implizit) zur Reproduktion kolonial(rassistisch) geprägter Vorstellungen bei, die ‚Afrika' und ‚Afrikaner*innen' als ‚unterlegen' konstruieren (vgl. MARMER 2013; MARMER, SOW 2015; AWET 2018). Doch nicht nur Medien und Materialien tragen zum Fortbestehen dieser Raumkonstruktionen bei, auch im Rahmen des konkreten Unterrichtsgeschehens konnten Kontinuitäten kolonialzeitlich angelegter und stereotypenbehafteter Raumbilder identifiziert werden. So konnte SCHWARZE (2020) klare Bezüge zu gesellschaftlichen und kolonialgeprägten Diskursen ausmachen: „‚Afrika südlich der Sahara' wird im Unterricht als ‚Problemraum und Raum des Mangels', als ‚Raum, der Hilfe/Unterstützung benötigt', als ‚Raum der Begeisterung/Faszination' und als ‚Raum einer Agrargesellschaft' charakterisiert. [...] Daher wird zusam-

menfassend generalisiert, dass die gesellschaftlichen Diskurse hinsichtlich des ‚Afro-Pessimismus' durch den starken Problemfokus auch im Unterricht vorherrschen. Themenspezifisch (siehe z.B. Tourismus und ethnische Gruppen) wird auch der ‚Afro-Romantismus' festgestellt" (SCHWARZE 2020: 401).

Neben den bislang dominierenden Diskursen des Afro-Pessimismus und Afro-Romantismus wird von westlichen Medien der Afro-Optimismus als weiteres Narrativ (zunehmend) bedient. MUTONDORO (2018: 10) zufolge wird „[d]ie afro-optimistische Sichtweise [...] seit der Jahrtausendwende in erster Linie durch die Erzählung vom wirtschaftlich aufsteigenden Kontinent getragen, die unter dem Schlagwort »Africa Rising« große Verbreitung gefunden hat und einen bedeutenden Wandel in der Wahrnehmung des Kontinents widerspiegelt". Diese Schlagworte (unter anderem auch ‚The African Century') sollen eine Abkehr von der afropessimistischen Wahrnehmung eines in Rückständigkeit verharrenden und unterentwickelten ‚Afrikas' zum Ausdruck bringen (vgl. DOKOTUM 2020). Im Zuge kolonialer Diskurse wurden ‚Afrika' die Fähigkeiten zur ‚Entwicklung', ‚Veränderung' oder zum ‚Fortschritt' abgesprochen. Teil dessen war die „dichotome [..] Setzung von Afrika am unteren Ende und Europa an der Spitze einer menschlichen »Entwicklungsskala«" (BENDIX 2021: 273). Anknüpfungspunkte zu diesen biologistisch-rassistischen und geodeterministischen Annahmen sind ebenfalls bei modernen Verständnissen von ‚Entwicklung' zu erkennen. Das Konzept ‚Rasse' als maßgeblicher Indikator für ‚Entwicklung' rückt dabei in den Hintergrund, während vornehmlich die wirtschaftliche und industrielle ‚Entwicklung' als Norm und Leitmotiv in den Vordergrund gestellt wird (vgl. KERSTING 2011; BENDIX 2015, 2021). Zukünftige ‚Entwicklungen' in den Blick zu nehmen, besitzt auch Relevanz für den Geographieunterricht und bietet somit Anknüpfungspunkte zum Afro-Optimismus. Im bayerischen Lehrplan für das Gymnasium wird im Lernbereich 6 „Entwicklungsperspektiven in tropischen Räumen – Afrika südlich der Sahara" die Kompetenzerwartung formuliert, dass Schüler*innen „an einem konkreten Fallbeispiel Möglichkeiten nachhaltiger und zukunftsorientierter Entwicklung [bewerten]" (*Staatsinstitut für Schulqualität und Bildungsforschung* 2021, o.S.). Auch im Themenband „Diercke Spezial. Subsahara-Afrika" wird, Bezug nehmend auf den Afro-Optimismus, der Ansatz verfolgt, dass „[i]n den Medien und in den Bevölkerungen der Länder des Nordens […] weiterhin die negativen Stereotype über Afrika […] [dominieren], garniert mit ein bisschen Exotik und wilden Tieren […]. Ein Themenband zu Subsahara-Afrika sollte dieser Sichtweise positive Bilder gegenüberstellen und die positiven Entwicklungen aufzeigen, ohne aber die Augen vor den negativen zu verschließen" (BRINKMAN-BROCK et al. 2019: 4).

Im Hinblick auf das Thema ‚Entwicklung' konnte bislang allerdings vor allem eher eine afro-pessimistische sowie ethno-/eurozentrische als eine afro-optimistische Sichtweise im Geographieunterricht festgestellt werden. Dies zeigt sich auch durch die Verortung krisenbehafteter Situationen in ‚Afrika' und in der Wahrnehmung, wonach der Raum passiv in Konflikten und Rückständigkeit zu verharren scheint. ‚Europa' bzw. der ‚Westen' werden hingegen als handlungsfähige Akteure konstruiert (vgl. SCHWARZE 2020). Dieses aus einer ethno-/eurozentrischen Perspektive konstruierte Bild eines hilfs-

bedürftigen ‚Afrikas' wird ebenso durch sprachliche Begrifflichkeiten (re-)produziert wie z.B. die der ‚Entwicklungshilfe': Denn „[a]uch hier wird die asymmetrische Beziehung zwischen Helfer (dem Europäer) und dem Geholfenen (dem Afrikaner) betont und verfestigt. Ein bestimmtes Machtgefüge wird dadurch definiert" (SCHRÜFER 2013b: 16). Eine solche Wahrnehmung und Darstellung basieren auf einer ethno-/eurozentrischen Perspektive, nach der ‚Europa' das aktive und handelnde Subjekt vertritt, während ‚Afrika' das passive und abhängige Objekt darstellt. Auch das Verändern bzw. Ersetzen von Begrifflichkeiten (beispielsweise ‚Entwicklungszusammenarbeit' anstelle von ‚Entwicklungshilfe') scheint an diesem gesellschaftlichen Bild ‚Afrikas' nur wenig zu ändern. Kolonial geprägte Diskurse und Stereotype ebenso wie eurozentrische Konzepte sind weiterhin wirkmächtig (vgl. WEICKER, JACOBS 2021; MARMER, SOW 2015; HOFFMANN, KERSTING 2011). Diese können nicht nur im Zuge des Afro-Pessimismus oder Afro-Romantismus reproduziert werden, sondern genauso im Zuge des Afro-Optimismus. Dieser impliziert vor allem eine Vorstellung von ‚Entwicklung', die durch wirtschaftlichen Fortschritt definiert wird und damit Anknüpfungspunkte bietet, um das eurozentrisch geprägte Bild eines ‚unterentwickelten Afrikas' (im Vergleich zu ‚Europa'/den ‚Westen') zu reproduzieren. Dass ‚westlich' geprägte Konzepte bzw. Verständnisse von ‚Entwicklung' ebenso aus einer afro-optimistischen Perspektive weiterhin erhalten bleiben können, zeigt die Einleitung des Unterrichtsbeispiels „Afrikanische Wege der Entwicklung". Dort heißt es: „Millionen von Menschen in Afrika überspringen einen Entwicklungsschritt, den alle Europäer in der Vergangenheit gemacht haben" (BRINKMAN-BROCK et al. 2019: 44). Was auf den ersten Blick besonders ‚fortschrittlich' klingen mag, offenbart auf den zweiten Blick jedoch auch hier eine eurozentrisch geprägte Perspektive, in Teilen angelehnt an die modernisierungstheoretische Vorstellung einer nachholenden Entwicklung (vgl. VERNE, MÜLLER-MAHN 2020). Damit wird auch hier die ‚Entwicklung' ‚Europas' (implizit) als Norm und Modell festgesetzt, die ‚Afrika' nun (in etwas veränderter Weise) nachschreitet. Diese Einführung in das Beispiel zeigt, dass ebenso bei der Thematisierung (ver-

meintlich) positiver Aspekte ein ethno-/eurozentrischer Bezugsrahmen bestehen bleiben kann und die stereotypenbehafteten Raumbilder ‚Afrikas' nicht dekonstruiert oder durch alternative Konzepte explizit ergänzt werden.

Im Geographieunterricht sollte es daher nicht um das bloße Ersetzen, sondern zunächst um das Erkennen und Dekonstruieren kolonialzeitlich angelegter und geprägter Raumbilder gehen. Aus einer post-kolonialen Perspektive können somit insbesondere Kontinuitäten kolonialer Diskurse bewusst gemacht und aufgedeckt werden. In Verbindung mit einem konstruktivistischen Raumverständnis ergibt sich daraus folgendes Potenzial: Da gesellschaftliche Diskurse maßgeblich zu einer stereotypenbehafteten Darstellung und Wahrnehmung ‚Afrikas' in der Gesellschaft und auch im Geographieunterricht beitragen, bedarf es Wissen, Sensibilisierung und Reflexion, um zunächst „[v]on einem unbewussten zu einem bewussten Eurozentrismus" (KERSTING 2011: 8) zu gelangen. Sowohl von Lehrenden als auch Lernenden bedarf es dazu eine offene Haltung, die eigenen Raumwahrnehmungen kritisch zu hinterfragen. Wissen über die Wirkmacht und Bedeutsamkeit gesellschaftlicher Diskurse für die Wahrnehmung sowie Konstruktion von Räumen stellt hierbei eine wichtige Grundlage dar. Insbesondere das Bewusstsein und Wissen um Diskurse des Afro-Pessimismus, Afro-Romantismus und ebenso auch des Afro-Optimismus können dazu beitragen, die eigenen Raumwahrnehmungen und Darstellungen in Unterrichtsmaterialien zu reflektieren und einzuzuordnen. Dabei sollte allerdings nicht nur auf der Ebene des Identifizierens und Erkennens von möglichen Bezugspunkten ‚stehen geblieben' werden, sondern aus post-kolonialer Sicht vor allem auch die Ursprünge sowie die Kontinuitäten kolonialzeitlich geprägter Raumbilder und Diskurse thematisiert werden. Da die raumbezogenen Darstellungen und Wahrnehmungen ‚Afrikas' nicht losgelöst sind von ‚Selbstbildern' ‚Europas', sollten auch die dependenten, binären Zuschreibungen enttarnt und zugrunde liegende Weltbilder hinterfragt werden, um so Vorstellungen von vermeintlich homogenen Gesellschaften entgegenzuwirken und ein plurales, diverses und komplexes Verständnis zu fördern.

2.2 Von der Dekonstruktion zur Dekolonialisierung von ‚Afrika'-Bildern

Postkolonialismus bietet neben der kritischen Analyse kolonialer Kontinuitäten

zur Dekonstruktion dominierender Raumbilder für den Geographieunterricht weitere Potenziale. Basierend auf dem Verständnis von ‚Postkolonialismus' nach

SHARP (2009) geht es ebenso um das gezielte Aufdecken und Einbeziehen von Stimmen und Sichtweisen, die im Zuge kolonialer Diskurse und Herrschaftspraktiken ausgeschlossen, verdrängt sowie unterdrückt wurden. Im Hinblick auf bislang diskutierte Ansätze zur Überwindung stereotypenbehafteter Wahrnehmungen und Darstellungen ‚Afrikas' ergibt sich daraus eine postkoloniale Perspektive mit Anknüpfungspunkten zum Ansatz der multiperspektivischen Wahrnehmung ‚Afrikas'. Ziel ist es, verstärkt Perspektiven aus ‚Afrika' miteinzubeziehen (vgl. SCHRÜFER 2012). Aufgrund von (sozio-)kulturell geprägten Normen und Werten, die individuelle ebenso wie kollektive Raumbilder beeinflussen, stellen auch hier die Konzepte des Wahrnehmungs- und Konstruktionsraumes eine wichtige Grundlage dar (vgl. SCHRÜFER, OBERMAIER 2014; SCHRÜFER et al. 2016). Intention des Ansatzes ist es daher nicht, die vermeintlich ‚eine' oder ‚wahre' ‚afrikanische' Perspektive zu vermitteln, die stellvertretend für den gesamten Raum gilt. Vielmehr soll es darum gehen, die Komplexität raumbezogener Sachverhalte ebenso wie die (sozio-)kulturell geprägten Wahrnehmungen bewusst zu machen (vgl. SCHRÜFER 2012). Erste Ansätze, Personen und Stimmen aus ‚Afrika' miteinzubeziehen, zeigen unterrichtspraktische Beispiele zu raumbezogenen Perspektiven aus Ghana und Tansania. Basierend auf eigenen empirischen Erhebungen in Ghana bzw. Tansania haben SCHMIDT-WULFFEN (2007) sowie SCHRÜFER et al. (2016) Materialien für den Schulunterricht konzipiert, in denen die befragten Personen zu Wort kommen. Während SCHMIDT-WULFFEN (2007) die Perspektiven einer Vielzahl von Ghanaer*innen zu verschiedenen Themen aufbereitet, werden im Forschungsprojekt „Raumwahrnehmung aus unterschiedlichen Perspektiven" unterschiedliche, bildlich dargestellte Alltagssituationen sowohl von Menschen in Deutschland als auch in Tansania bewertet (vgl. SCHRÜFER, OBERMAIER 2014; SCHRÜFER et al. 2016).

Trotz dieser bereits bestehenden Überlegungen und ersten Umsetzungen zeigen Analysen von Lehrwerken und Unterrichtsmaterialien hingegen ein anderes Bild. Bislang sind im Geographieunterricht Stimmen aus ‚Afrika' meist ungehört geblieben. Zwar werden in Materialien ‚Afrikaner*innen' dargestellt, jedoch konnte im Zuge empirischer Studien festgestellt werden, dass diese dort häufig anonym oder als fiktive Personen vorkommen.

Es bleibt nicht nur unklar, ob es sich um reale Personen handelt, sondern auch, inwiefern die dort als ‚afrikanische' Perspektiven präsentierten Aussagen überhaupt in dem jeweiligen (sozio-)kulturellen Kontext verortet werden können oder aber die (europäischen) Autor*innen lediglich selbst versuchen, eine ‚andere' Perspektive darzustellen, die allerdings meist weiterhin ethno-/eurozentrisch geprägt ist (vgl. MARMER 2013, 2015; AWET 2018; SCHWARZE 2020). Doch auch die Berücksichtigung von Quellen aus ‚Afrika', die bislang ebenfalls nur in seltenen Fällen miteinbezogen wurden, vermittelt nicht zwangsläufig eine ‚afrikanische' Perspektive, die losgelöst von ‚westlichen' und eurozentrisch geprägten Denkweisen und Blickwinkeln ist. So „ist zu bedenken, dass es nicht ausreicht unreflektiert subsahara-afrikanische Quellen einzusetzen, da die betreffenden Autoren*innen zum Teil selbst ethno-/eurozentrische Sichtweisen vertreten können" (AWET 2018: 240). Denn auch in den ehemals kolonialisierten Gebieten und Gesellschaften wurden systematisch koloniale, eurozentrische Denkweisen, Wissens- und Wertesysteme angelegt, die bis heute fortwirken. Das Überwinden dieser dominierenden Denkstrukturen, was auch als „decolonisation of the mind" (SHARP 2009: 5) bezeichnet wird, stellt ebenso nach Erlangen der politischen Unabhängigkeiten und bereits vorhandener Versuche (unter anderem das Ändern kolonialer Namen von Staaten) weiterhin eine zentrale Herausforderung dar (vgl. NDLOVU-GATSHENI 2017).

Aus einer postkolonialen Perspektive geht es bei der Einbeziehung bislang ausgeschlossener Perspektiven vor allem auch darum, dominierende, ‚westliche' Denk- und Wissenssysteme durch ‚andere' Konzepte und Weltbilder herauszufordern: "[P]ostcolonialism […] seeks to recover alternative ways of knowing and understanding – often talked of in terms of ‚other voices' – in order to present alternatives to dominant western constructs" (SHARP 2009: 5). Die im Zuge des Kolonialismus marginalisierten Formen des Wissens, Denkens und Verstehens sollen gezielt aufgedeckt, miteinbezogen und wieder ins Bewusstsein gerufen werden (vgl. SHARP 2009). Der Soziologe Boaventura DE SOUSA SANTOS (2018: 2) spricht auch von „Epistemologien des Südens": "Their aim, rather, is to identify and valorize that which often does not even appear as knowledge in the light of the dominant epistemologies." Diesen ‚anderen'

Formen des Wissens gemeinsam ist, dass sie sich gegen Macht- und Herrschaftssysteme des Kolonialismus, Patriarchismus und Kapitalismus richten und aus den Perspektiven der Marginalisierten und Unterdrückten ‚andere' Formen des Wissens und Wahrnehmens der Welt eröffnen (vgl. DE SOUSA SANTOS 2018). NDLOVU-GATSHENI (2018: 17) spricht auch von einer „epistemological decolonisation" und fordert unter anderem eine stärkere Berücksichtigung von in ‚Afrika' geprägten und durch den Kolonialismus ausgegrenzten Wissenssystemen. Das Aufdecken und Einbeziehen dieser ausgeschlossenen Sichtweisen kann somit dominierende Perspektiven herausfordern und auf diese Weise zur Überwindung kolonialer Denk- und Wissensstrukturen im Sinne einer mentalen Dekolonialisierung beitragen.

Für die Thematisierung ‚Afrikas' im Geographieunterricht ist (bislang noch) offen, welche raumbezogenen Narrative, die Gegenentwürfe zu kolonial geprägten Raumbildern ‚Afrikas' offerieren und in ‚afrikanischen' Wissenssystemen verankert sind, Berücksichtigung finden sollten. Dass diese jedoch durchaus wichtig und relevant wären, zeigt sich vor allem im Hinblick auf das Globale und Interkulturelle Lernen. Das Verständnis von interkultureller Kompetenz für das Fach Geographie legt den Fokus vor allem auf den Perspektivwechsel und somit darauf, Bewertungen auf Basis unterschiedlicher Werte und Normen vornehmen zu können (vgl. SCHRÜFER 2013a; SCHRÜFER, OBERMAIER 2014). Wenn es dabei darum gehen soll, nicht nur verschiedene Normen und Werte des eigenen (überwiegend westlichen) Bezugssystems zu berücksichtigen, ist es notwendig, ebenfalls ‚andere' Wertesysteme miteinzubeziehen. Die Reflexion ‚anderer' Normen, Werte und damit verbundener Weltbilder sollte dabei integrierter Bestandteil bislang weitgehend unberücksichtigter Wissenssysteme sein. Im Sinne der Bewertungskompetenz Globalen Lernens sollten Schüler*innen ein Bewusstsein für unterschiedliche – sowohl eigene ebenso wie ‚fremde' – Weltbilder und damit verbundene Normen und Werte entwickeln und reflektieren können (vgl. SCHRÜFER, SPRENGER 2021). Aus postkolonialer Perspektive sollten hierbei vor allem auch Werte- und Wissenssysteme des Globalen Südens Berücksichtigung finden, die im Zuge des Kolonialismus ausgeschlossen wurden und bisweilen weiterhin werden.

3   Fazit und Ausblick

Die stereotypenbehaftete Darstellung und Wahrnehmung ‚Afrikas' stellt weiterhin eine Herausforderung für den Geographieunterricht und die Geographiedidaktik dar. Trotz unterschiedlicher Ansätze und Versuche, die dominierende problemzentrierte, negative Wahrnehmung durch ‚andere', vor allem als positiv eingeschätzte Raumbilder zu ersetzen bzw. zu ergänzen, konnten bislang keine umfassend veränderten Perspektiven auf ‚Afrika' im Geographieunterricht etabliert werden. Die Thematisierung von positiven Inhalten und Phänomenen wird nach Ansicht der Autorinnen ebenfalls in Zukunft nicht zu einer maßgeblichen Überwindung stereotypenbehafteter Wahrnehmungen ‚Afrikas' führen, solange ethno-/eurozentrisch geprägte Konzepte, Normen-, Werte- und Wissenssysteme weiterhin den zentralen Bezugsrahmen darstellen und dominieren. Da kolonialzeitlich angelegte Raumbilder fortwirken, kann eine post-koloniale Perspektive, die koloniale Kontinuitäten fokussiert, hauptsächlich zur Reflexion der eigenen sowie gesellschaftlichen

Raumbilder genutzt werden, um sich die Konstruiertheit und kolonialen Ursprünge bewusst zu machen. Im Sinne des Globalen und Interkulturellen Lernens ist es das Ziel, Schüler*innen dazu zu befähigen, die damit verbundenen eigenen Weltbilder zu reflektieren und in diesem Zusammenhang ein Bewusstsein dafür zu entwickeln, wie diese ihre raumbezogenen Perspektiven und ihr Handeln beeinflussen.

Doch über das Aufdecken von kolonialzeitlich angelegten Kontinuitäten und der Reflexion ethno-/eurozentrischer ‚Afrika'-Bilder hinaus, bietet eine postkoloniale Perspektive ebenso das Potenzial, ungehörte Stimmen und ausgeschlossene Sichtweisen miteinzubeziehen und damit eine multiperspektivische Wahrnehmung des Raumes anzubahnen *(Abb. 3)*. Bei der Berücksichtigung ‚afrikanischer' Perspektiven sollte allerdings kritisch überprüft werden, inwiefern es sich um reale Personen oder Quellen aus ‚afrikanischen' Kontexten handelt, um auf diese Weise nicht (unbewusst) ‚west-

liche' Sichtweisen durch nur vermeintlich ‚afrikanische' Stimmen zu reproduzieren. Die Einbeziehung ‚afrikanischer' Perspektiven stellt einen wichtigen Schritt dar, um eine multiperspektivische Wahrnehmung ‚Afrikas" anzubahnen, führt allerdings nicht automatisch zu einer Überwindung ethno-/ethnozentrisch geprägter Perspektiven. Aufgrund des Einflusses kolonialer bzw. westlicher Denk- und Wissenssysteme auch in ‚Afrika' wird deswegen gefordert, Wissen zu produzieren, das in ‚afrikanischen' Epistemologien verankert ist. Aus diesem Grunde sollte zukünftig ebenso gemeinsam nach Konzepten, Ansätzen, alternativen Denkfiguren und Bezugsrahmen gesucht werden, um kolonial-geprägte Raumbilder nicht nur zu dekonstruieren und herauszufordern, sondern gleichfalls gezielte, konkrete Alternativen zu entwickeln und anzubieten, um zu einer Überwindung stereotypenbehafteter Darstellungen beizutragen und zu einer multiperspektivischen Wahrnehmung zu gelangen.

Abb. 3: Checklist – Post(-)koloniale Perspektiven zur Thematisierung ‚Afrikas' im Geographieunterricht.

POST-KOLONIALE PERSPEKTIVE

POSTKOLONIALE PERSPEKTIVE

IMPULSFRAGEN

- *Sind Anknüpfungspunkte zum **Afro-Pessimismus**, **Afro-Romantismus** und/oder **Afro-Optimismus** zu erkennen?*
- *Wird ‚Afrika' (implizit) abgrenzend von ‚Europa' und als dessen **Negativbild** konstruiert?*
- *Dienen (implizit und/oder ausschließlich) **‚westliche' Konzepte, Normen** und **Werte** als Referenz und Maßstab?*

- *Werden **Quellen** aus ‚Afrika' verwendet?*
- *Handelt es sich bei den dargestellten ‚Afrikaner*innen' um **reale Personen**?*
- *Werden in **‚afrikanischen' Gesellschaften geprägte** Konzepte, Normen und Werte (explizit) berücksichtigt?*

INTENTIONEN

- ***Koloniale Kontinuitäten** in der Darstellung ‚Afrikas' in Medien und Materialien **aufdecken** und **dekonstruieren***
- ***Ursprünge** und **fortwirkende Einflüsse** kolonialzeitlich angelegter Raumbilder kritisch hinterfragen*
- *Eigene ebenso wie gesellschaftliche Raumwahrnehmungen und Raumbilder ‚Afrikas' **reflektieren***

- ***Soziokulturelle Prägung** von Raumwahrnehmung erkennen*
- *Bewusstsein für ‚eigene' und ‚fremde' **Normen**, **Werte** und **Konzepte** entwickeln*
- ***Einbeziehen**, **bewusstmachen** und **reflektieren** von **Alternativen** zu kolonialzeitlich angelegten und/oder eurozentrisch geprägten Normen-, Wissens- und Wertesystemen*

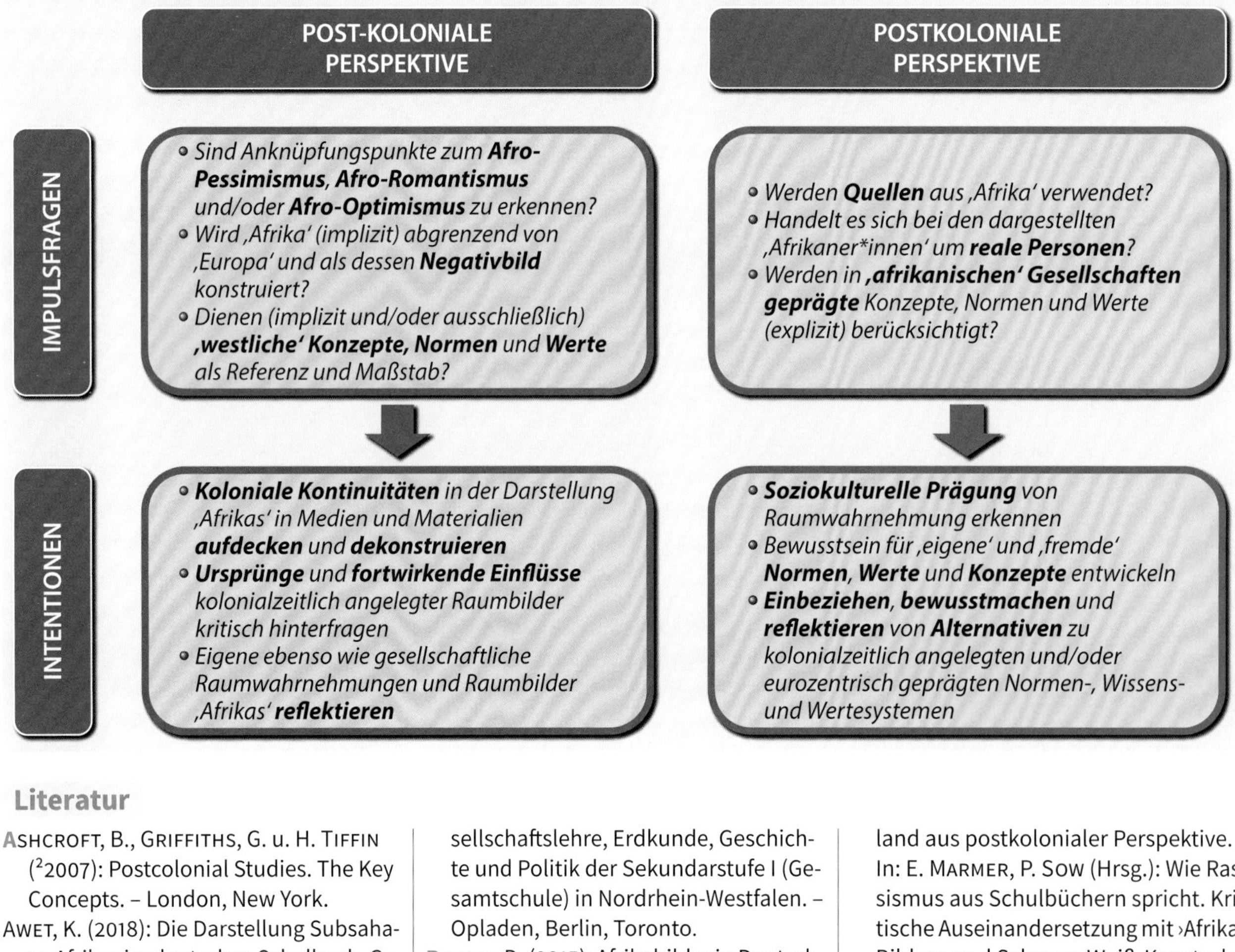

Entwurf: L. Sarpong, G. Schrüfer 09/2021.

Literatur

ASHCROFT, B., GRIFFITHS, G. u. H. TIFFIN (²2007): Postcolonial Studies. The Key Concepts. – London, New York.

AWET, K. (2018): Die Darstellung Subsahara-Afrikas im deutschen Schulbuch. Gesellschaftslehre, Erdkunde, Geschichte und Politik der Sekundarstufe I (Gesamtschule) in Nordrhein-Westfalen. – Opladen, Berlin, Toronto.

BENDIX, D. (2015): Afrikabilder in Deutschland aus postkolonialer Perspektive. In: E. MARMER, P. SOW (Hrsg.): Wie Rassismus aus Schulbüchern spricht. Kritische Auseinandersetzung mit ›Afrika‹-Bildern und Schwarz-Weiß-Konstruktionen in der Schule – Ursachen, Auswirkungen und Handlungsansätze für die pädagogische Praxis. – Weinheim, Basel: 26–38.

BENDIX, D. (⁴2021): Entwicklung. In: S. ARNDT, N. OFUATEY-ALAZARD (Hrsg.): Wie Rassismus aus Wörtern spricht. (K)Erben des Kolonialismus im Wissensarchiv deutsche Sprache. Ein kritisches Nachschlagewerk. – Münster: 272–278.

BLUNT, A., MCEWAN, C. (Hrsg.) (2002): Postcolonial Geographies. – New York, London.

BRINKMAN-BROCK, U., BURKART, S., GIRNDT, T., HOPPE, W., MÜLLER, S. u. S. WEIß (2019): Subsahara-Afrika. – Braunschweig (Diercke Spezial. Aktuelle Ausgabe für die Sekundarstufe II).

DOKOTUM, O. O. (2020): Hollywood and Africa. Recycling the 'Dark Continent' Myth, 1908–2020. – Makhanda (Africa Humanities Series).

ENGEL, J. (1972): Afrika im Schulbuch unserer Zeit. Eine vergleichende Untersuchung deutscher und ausländischer Erdkundebücher unter erziehungswissenschaftlichen und unter fachlichen, vorwiegend wirtschaftlich-sozialgeographischen Aspekten. – Hamburg (Schriftenreihe der Stiftung Europa-Kolleg Hamburg, 16).

GUGGEIS, K. (1992): Der Mohr hat seine Schuldigkeit noch nicht getan. Afrikanische Bevölkerungsgruppen in aktuellen deutschen Erdkundeschulbüchern. – Saarbrücken (Sozialwissenschaftliche Studien zu internationalen Problemen, 173).

HA, K. N. (⁴2021): Postkolonialismus. In: S. ARNDT, N. OFUATEY-ALAZARD (Hrsg.): Wie Rassismus aus Wörtern spricht. (K)Erben des Kolonialismus im Wissensarchiv deutsche Sprache. Ein kritisches Nachschlagewerk. – Münster: 177–184.

HILLERS, E. (1984): Afrika in europäischer Sicht. Die Behandlung außereuropäischer Völker und Kulturen am Beispiel Afrikas in ausgewählten europäischen Erdkundelehrbüchern; Belgien, Bundesrepublik Deutschland, England/Wales, Frankreich, Niederlande. – Braunschweig (Studien zur internationalen Schulbuchforschung, 38).

HOFFMANN, K. W., KERSTING, P. (2011): „Zeigt das wahre Afrika!" – Aber welches? Hat Afrika eine Geschichte? – Geographie und Schule 33(191): 48–49.

HULME, P. (1995): Including America. – A Review of International English Literatures 26(1): 117–123.

KERSTING, P. (2011): AfrikaSpiegelBilder und Wahrnehmungsfilter: Was erzählen europäische Afrikabilder über Europa? In: P. KERSTING, K. W. HOFFMANN (Hrsg.): AfrikaSpiegelBilder. Reflexionen europäischer Afrikabilder in Wissenschaft, Schule und Alltag. – Mainz: 3–10 (Mainzer Kontaktstudium Geographie, 12).

LOSSAU, J. (2012): Postkoloniale Impulse für die deutschsprachige Geographische Entwicklungsforschung. – Geographica Helvetica 67(3): 125–132.

LOSSAU, J. (³2020): Postkoloniale Ansätze: Kultur, Raum und Identität. In: H. GEBHARDT, R. GLASER, U. RADTKE, P. REUBER u. A. VÖTT (Hrsg.): Geographie. Physische Geographie und Humangeographie. – Berlin: 669–674.

MARMER, E. (2013): Rassismus in deutschen Schulbüchern am Beispiel von Afrikabildern. – Zeitschrift für internationale Bildungsforschung und Entwicklungspädagogik 36(2): 25–31.

MARMER, E. (2015): „Das […] das […] das ist demütigend." Schülerinnen und Schüler afrikanischer Herkunft über Rassismus in Schulbüchern und im Kassenraum. In: E. MARMER, P. SOW (Hrsg.): Wie Rassismus aus Schulbüchern spricht. Kritische Auseinandersetzung mit ›Afrika‹-Bildern und Schwarz-Weiß-Konstruktionen in der Schule – Ursachen, Auswirkungen und Handlungsansätze für die pädagogische Praxis. – Weinheim, Basel: 130–147.

MARMER, E., SOW, P. (2015): Rassismus, Kolonialität und Bildung. In: E. MARMER, P. SOW (Hrsg.): Wie Rassismus aus Schulbüchern spricht. Kritische Auseinandersetzung mit ›Afrika‹-Bildern und Schwarz-Weiß-Konstruktionen in der Schule – Ursachen, Auswirkungen und Handlungsansätze für die pädagogische Praxis. – Weinheim, Basel: 14–25.

MUTONDORO, F. (2018): Zwischen Afro-Optimismus und Afro-Pessimismus. Aussichten der afrikanischen Wirtschaft. – Aus Politik und Zeitgeschichte 68(43-45): 10–16.

NDLOVU-GATSHENI, S. (2017): Foreword: The Case for a Decolonised/Africanised Africa. In: V. MSILA (Hrsg.): Decolonising Knowledge for Africa's Renewal. Examining African Perspectives and Philosophies. – Randburg: X–XV.

NDLOVU-GATSHENI, S. (2018): The Dynamics of Epistemological Decolonisation in the 21st Century: Towards Epistemic Freedom. – Strategic Review for Southern Africa 40(1): 16–45.

POENICKE, A. (1995): Die Darstellung Afrikas in europäischen Schulbüchern für Französisch am Beispiel Englands, Frankreichs und Deutschlands. – Frankfurt/Main, Berlin (Europäische Hochschulschriften).

POENICKE, A. (2001): Afrika in deutschen Medien und Schulbüchern. – Sankt Augustin.

REICHART-BURIKUKIYE, C. (2001): Wo liegt Afrika? Das Afrikabild an Berliner Schulen. In: *Gesellschaft für Ethnographie (GFN) und Institut für Europäische Ethnologie der Humboldt-Universität zu Berlin* (Hrsg.): Ethnographische Momentaufnahmen. – Berlin: 72–97 (Berliner Blätter. Ethnographische und ethnologische Beiträge, 25).

REUBER, P. (2012): Politische Geographie. – Paderborn (UTB, 8486).

SCHMIDT-WULFFEN, W. D. (1997): Jugendliche und „Dritte Welt": Bewußtsein, Wissen und Interessen. – Zeitschrift für Internationale Bildungsforschung und Entwicklungspädagogik 20(4): 10–14.

SCHMIDT-WULFFEN, W. D. (2007): Alltagsleben in (West-)Afrika. Ghana erleben – Unterrichtsmaterialien zum Interkulturellen und Globalen Lernen. – Wien (Materialien zur Didaktik der Geographie und Wirtschaftskunde, 20).

SCHMITT, E. (1963): Afrika in den Geographie- und Geschichtsbüchern der Bundesrepublik Deutschland. – Internationales Jahrbuch für Geschichtsunterricht 9: 130–168.

SCHRÜFER, G. (2003): Verständnis für fremde Kulturen. Entwicklung und Evaluierung eines Unterrichtskonzepts für die Oberstufe am Beispiel von Afrika. – Bayreuth [Dissertation an der Universität Bayreuth].

SCHRÜFER, G. (2012): „Afrika" im Geographieunterricht. – Klett-Magazin Geographie. Unterrichtsservice TERRA (https://t1p.de/o8pwa – letzter Zugriff: 12/2021).

SCHRÜFER, G. (2013a): Interkulturelles Lernen. In: D. BÖHN, G. OBERMAIER (Hrsg.): Wörterbuch der Geographiedidaktik. Begriffe von A-Z. – Braunschweig: 123–124 (Didaktische Impulse).

SCHRÜFER, G. (2013b): Zur Repräsentation von Afrika im Geographieunterricht. In: D. MÜLLER-MAHN, G. OBERMAIER (Hrsg.): Afrika. – Bayreuth: 15–26 (Bayreuther Kontaktstudium Geographie, 7).

SCHRÜFER, G., OBERMAIER, G. (2014): Wahrnehmungen von Räumen. In: I. SCHWARZ, G. SCHRÜFER (Hrsg.): Vielfältige Geographien. Entwicklungslinien für Globales Lernen, Interkulturelles Lernen und Wertediskurse. – Münster: 171–186 (Erziehungswissenschaft und Weltgesellschaft, 7).

SCHRÜFER, G., OBERMAIER, G. u. S. SCHWARZE (2016): Raumwahrnehmung aus unterschiedlichen Perspektiven am Beispiel Tansania – Empirische Untersuchungen und Konsequenzen für den Geographieunterricht. – GW-Unterricht 142/143(2-3): 91–101.

SCHRÜFER, G., SPRENGER, S. (2021): Kompetenzorientierung. In: *Kultusminister Konferenz (KMK), Bundesministerium für wirtschaftliche Zusammenarbeit und Entwicklung (BMZ)* (Hrsg.): Orientierungsrahmen für den Lernbereich. Globale Entwicklung. Teilausgabe Geographie. – Bonn: 26–29.

SCHWARZE, S. (2020): Die Konstruktion des subsaharischen Afrikas im Geographieunterricht der Sekundarstufe I. – Münster (Wissenschaftliche Schriften der WWU Münster. Reihe XVII, 3).

SEUKWA, H. (2010): Karin Heuer im Gespräch mit Prof. Dr. Henri Louis Seukwa. In: *Zukunftsrat Hamburg* (Hrsg.): Afrika – Eine nachhaltige Partnerschaft auf Augenhöhe? – Hamburg: 12–13.

SHARP, J. P. (2009): Geographies of Postcolonialism. – London, Thousand Oaks (CA), Neu-Delhi, Singapur.

SOUSA SANTOS, B. DE (2018): The End of the Cognitive Empire. The Coming of Age of Epistemologies of the South. – Durham, London.

Staatsinstitut für Schulqualität und Bildungsforschung (2021): Fachlehrplan. Gymnasium. Geographie 10. – https://t1p.de/arj2 [letzter Zugriff: 12/2021].

TRÖGER, S. (1993): Das Afrikabild bei deutschen Schülerinnen und Schülern. – Saarbrücken (Sozialwissenschaftliche Studien zu internationalen Problemen, 186).

VERNE, J., MÜLLER-MAHN, D. ([3]2020): Geographische Entwicklungsforschung. In: H. GEBHARDT, R. GLASER, U. RADTKE, P. REUBER u. A. VÖTT (Hrsg.): Geographie. Physische Geographie und Humangeographie. – Berlin: 943–972.

WARDENGA, U. (2002): Räume der Geographie – zu Raumbegriffen im Geographieunterricht. – https://t1p.de/udp2 [letzter Zugriff: 12/2021].

WEICKER, A., JACOBS, I. ([4]2021): Afrika. In: S. ARNDT, N. OFUATEY-ALAZARD (Hrsg.): Wie Rassismus aus Wörtern spricht. (K)Erben des Kolonialismus im Wissensarchiv deutsche Sprache. Ein kritisches Nachschlagewerk. – Münster: 200–214.

LARISSA SARPONG B.A., M.Ed.
Wissenschaftliche Mitarbeiterin am Institut für Didaktik der Geographie • Westfälische Wilhelms-Universität Münster
Heisenbergstraße 2 • D–48149 Münster
larissa.sarpong@uni-muenster.de

Prof. Dr. GABRIELE SCHRÜFER
Lehrstuhl für Didaktik der Geographie • Fakultät für Biologie, Chemie und Geowissenschaften • Universität Bayreuth
Universitätsstraße 30 • D–95440 Bayreuth
gabriele.schruefer@uni-bayreuth.de

Fred Krüger

Afrikanischer Urbanismus? Brüche im Lebensalltag und das Recht auf Stadt im subsaharischen Afrika

Mit zwei Bildern

1 Dynamischer Umbruch in den Städten des subsaharischen Afrika

1.1 Der rapide urbane Wandel

Die Herausforderungen der Lebenshaltung von Stadtbewohnerinnen und -bewohnern in Subsahara-Afrika erfahren durch die rapiden Urbanisierungsprozesse und die damit einhergehenden lokalen Ausdifferenzierungen der sozialen Transformation, problematischer Umweltveränderungen oder auch durch die Zunahme kritischer Extremereignisse eine neue Dynamisierung (KRÜGER et al. 2020). Vor allem für Prozesse der städtischen Ernährungssicherung werden solche Herausforderungen schon seit vielen Jahren aus verschiedenen Perspektiven beschrieben. So verweist beispielsweise bereits GUYER (1987) in ihrem Sammelband zu städtischen Nahrungssystemen in Afrika auf die Problematik der Nahrungsmittelversorgung städtischer Haushalte, DRESCHER (1998) analysiert das Potenzial urbaner Hausgärten im südlichen Afrika für einen nachhaltigen Beitrag zur Einkommens- und Ernährungsdiversifizierung und BATTERSBY, WATSON (2018) stellen die urbane Ernährungssicherung in afrikanischen Städten in den Kontext neoliberaler Marktlogiken und gesellschaftlicher Benachteiligung. Allerdings scheint sich die Aufgabe, die städtische Bevölkerung mit sowohl ausreichender als auch gesunder und vielfältiger Nahrung zu versorgen, trotz der zahlreichen Studien und Lösungsvorschläge als zunehmend schwierig zu erweisen. Die Ernährungssituation in vielen Städten Subsahara-Afrikas ist nach wie vor unzureichend, weshalb von einer „stuckness in the food security challenge" (also einem Steckenbleiben in der Herausforderung, eine angemessene Ernährungssicherung zu ge-

währleisten) gesprochen wird (HAYSOM 2016: 4) – der Anteil Unterernährter an der Stadtbevölkerung beträgt nach *FAO* teilweise über 20 % (*FAO* 2017, 2019). Zudem reichen die Herausforderungen weit über den Prozess der städtischen Ernährungssicherung hinaus. Das rapide Bevölkerungswachstum vieler subsaharischer Städte – so hat sich z. B. die Einwohnerzahl Dar es Salaams in Tansania von ca. 3,8 Mio. im Jahr 2010 auf schätzungsweise 6,7 Mio. in 2020 erhöht (*UN* 2019), was einem jährlichen Zuwachs von rund 5,5 % entspricht –, die vor Ort häufig vollkommen unzureichenden institutionellen Kapazitäten, ein so rasantes Wachstum lenkend zu begleiten, und ein massiver Druck auf Landreserven oder Energieressourcen sowie dramatische Störungen des Ökosystems führen dazu, dass der Bedarf an Wohnraum und Infrastruktur exorbitant steigt und gleichzeitig ein großer Teil der städtischen Bevölkerung keinen adäquaten Zugang mehr zu Nahrung, sicherem Trinkwasser, nachhaltigen Einkommensquellen, Wohnraum und Transportmöglichkeiten hat. Der Klimawandel und der wachsende Druck auf Umweltressourcen erhöhen das im Zuge der Urbanisierung ohnehin schon steigende Risiko von Extremereignissen (vorzugsweise Dürren, Überschwemmungen, Hangrutschungen) weiter. Letztlich resultieren aus den beschriebenen Drücken und Stressoren sehr komplexe, dynamische, sich überlagernde und gegenseitig verstärkende Veränderungsprozesse mit kaskadierenden, schwer zu beherrschenden negativen Folgeeffekten für die städtische Umwelt, insbesondere aber die Lebenshaltung

und Existenzsicherung der Bürgerinnen und Bürger.

Die 2030 Agenda on Sustainable Development (*UN* 2015) und die New Urban Agenda (NUA; *UN* 2017) nehmen Aspekte der Stadtentwicklung explizit in den Fokus. So ist beispielsweise im Sustainable Development Goal (SDG) 11 formuliert, dass Städte sozial inklusiv, sicher, resilient und nachhaltig zu entwickeln seien. Die NUA fordert partizipative, sozial gerechte „Städte für alle", die ihren Bürgerinnen und Bürgern Möglichkeiten der Mitbestimmung und der Ausgestaltung ihrer eigenen urbanen Lebenswelten bieten (*UN Habitat* 2016). Angesichts des Ausmaßes des beschriebenen urbanen Wandels und kritischer Ereignisse werden diese Entwicklungsziele (trotz einiger Fortschritte) in weiten Teilen des subsaharischen Afrika immer wieder infrage gestellt (vgl. KRÜGER et al. 2020). Die vielfältigen und teilweise sehr widersprüchlichen Veränderungen (etwa das starke Anwachsen informeller Siedlungen bei gleichzeitig enklavenhafter Entstehung neuer, globalisierter Büro- und Einkaufszentren) lassen ein Mosaik fragmentierter Stadträume und urbaner Lebenswelten entstehen. Unsicherheit und Verwundbarkeit sind für viele Stadtquartiere und deren Bewohnerinnen und Bewohner dominante Merkmale des urbanen Lebens. Gekoppelt an massive Umweltdegradation (z. B. durch Abholzung; *Bild 1*) verstärkt dies das Potenzial von Extremereignissen erheblich – das Katastrophenrisiko in Afrika erhält zunehmend ein „städtisches Gesicht" (FRASER et al. 2017; vgl. auch DODMAN et al. 2016).

1.2 Von klassischen Stadtvorstellungen zum „Rogue Urbanism"

Zwar ist gesellschaftliche Vulnerabilität in subsaharisch-afrikanischen Städten alles andere als ein neues Phänomen (vgl. z. B. KRÜGER 1994, 1998; PELLING, WISNER

2009), aber die Kombination immer neuer Stressoren und die „multidimensionale Akkumulation von Risiko" (DOBSON 2017: 78; vgl. TITZ et al. 2019) scheint auf einen

Veränderungsprozess in afrikanischen Städten hinzudeuten, der bisher noch wenig untersucht wurde. Er findet nicht nur im engeren Sinne „stadträumlich",

Malte Steinbrink, Matthias Gebauer und Dieter Anhuf (Hrsg.): Afrika – ein Kontinent in Bewegung.
Passau 2021 (Passauer Kontaktstudium Geographie 16)

Bild 1: Zomba, Malawi: Im Vordergrund sind noch letzte Reste des Primärwaldes zu erkennen, ansonsten ist das städtische Umland wegen der Brennholzentnahme und Holzkohleproduktion nahezu vollständig entwaldet.

Aufnahme: F. Krüger 07/2017.

als im Grund- und Aufriss der Stadt und ihrer strukturellen Gliederung in einzelne Stadtquartiere, seinen Niederschlag. Vielmehr entstehen offenbar Praktiken im städtischen Lebensalltag, die sich von bisher Beobachtetem unterscheiden und eine spezifische „subsaharisch-afrikanische", vielleicht auch weiter auf das östliche oder südliche Afrika eingrenzbare Ausprägung erfahren (vgl. Dodman et al. 2016: 3ff.). Pieterse, Simone (2013) beschreiben diesen Prozess in afrikanischen Städten als „Rogue Urbanism" – in diesem Sinne also als einen „abtrünnigen Urbanismus" jenseits herkömmlicher, im sogenannten Globalen Norden entwickelter Konzeptionen des Städtischen. Folgt man diesen jüngeren Feststellungen, so ist subsaharisch-afrikanische Urbanität durch Ausdrucksformen und Umbrüche in den Lebenswelten gekennzeichnet, die mit herkömmlichen Begrifflichkeiten der Stadtforschung nicht mehr vollends zu erfassen sind: der städtische Lebensalltag ist fluide und scheinbar ungeordnet, folgt eigenen lokalspezifischen Entwicklungspfaden und -logiken, löst Grenzen zwischen Urbanem und Ruralem auf und bringt immer neue vernetzte Infrastrukturen, kreative Anpassungen und Lösungen hervor (Krüger et al. 2019; Munishi et al. 2019). Rein funktional der Absicherung der Lebenshaltung Dienendes (etwa Praktiken des Straßenhandels zur Einkommensgenerierung und Ernährungssicherung) erfährt innovative Aufladungen, Ergänzungen und Erweiterungen durch eine Vielzahl kreativer Aneignungen urbanen Raums, z.B. durch Graffitis und andere Formen der „Street Art", eine äußerst lebendige und innovative Musikszene, eine Vielfalt urbaner Kleidungsstile bis hin zu bestimmten körperlichen Ausdrucksformen (vgl. Pieterse 2011; Krüger et al. 2019). Diese urbanen Alltagspraktiken sind eingewoben in (bzw. resultieren letztlich aus) mindestens zwei grundlegende(n) strukturelle(n) Faktoren, die das Leben in vielen subsaharisch-afrikanischen Städten maßgeblich prägen (Pieterse 2015: 318ff.): Erstens das Fehlen formeller Beschäftigungsverhältnisse und damit einer berechenbaren, planbaren Existenzgrundlage für die betroffenen Haushalte, was zu einer massiven Mobilisierung sozialer Netzwerke führt, um überhaupt über die Runden zu kommen, und zweitens das hohe Maß an Frustration und Desillusionierung, das unzählige Bürgerinnen und Bürger erfahren, wenn sie sich im demokratischen Sinne engagieren und aktiv für die Ausgestaltung ihres eigenen städtischen Lebensumfeldes einsetzen. Letzteres führt nicht unbedingt zu einer Abkehr von bürgerschaftlichem Engagement im weitesten Sinne. Es mündet vielmehr häufig in der Entwicklung „eigener" Ideen und Lösungen, entweder ganz bewusst unter strategischer Umgehung „offizieller" Akteure und Einrichtungen (z.B. der städtischen Verwaltung) oder notgedrungen etwa in Form von Nachbarschaftshilfe o.ä. Damit sind wiederum zwei grundlegende Aspekte des städtischen Alltags angesprochen: ein hoher Grad an Informalität sowie das Fehlen bzw. die mangelnde Verlässlichkeit städtischer Institutionen.

Dieser mit „abtrünnig" oder auch „widerspenstig" also recht provokant, aber in weiten Teilen durchaus treffend bezeichnete Urbanismus erfordert einen neuen analytischen Blick auf subsaharische städtische Lebenswelten (Krüger et al. 2019). So fordert Robinson (2015) eine Auseinandersetzung mit der (afrikanischen) Stadt, die sich nicht mehr an den Vorstellungen orientiert, die im sogenannten Globalen Norden oder Westen entworfen wurden. Die Vielfalt der Beziehungen in den sozialen Netzwerken und die Notwendigkeit, diese zu mobilisieren, sind auch für Gervais-Lambony (2014) sowie Nyamnjoh, Brudvig (2014) Anlass, die multiplen Identitäten und Rollen, die die Bewohner subsaharischer Städte einnehmen (müssen), zu betonen. Die Autoren verlangen ebenfalls, sich von den noch immer dominanten kolonialen Narrativen zu lösen, die das ländliche Afrika strikt vom urbanen trennen. Vielmehr seien städtischer Alltag und bürgerschaftliches Engagement (im Englischen als „Citizenship" bezeichnet) jenseits westlich-demokratischer Prinzipien zu denken und aus entsprechend erweiterter Wissenschaftsperspektive zu analysieren.

Als Beispiel neuartiger, bisher wenig beachteter Veränderungsphänomene zeigen Bartels, Bruns (2019) in Accra (Ghana), dass informelle Prozesse der Siedlungsentwicklung keinesfalls nur als Ausdruck sozialer Marginalisierung, Armut und Verwundbarkeit zu verstehen sind, wie dies in der Regel klassischen Vorstellungen von Informalität entspricht. Die Autorinnen verweisen in ihrer Fallstudie darauf, dass zunehmend Angehörige der Mittelschicht Land in Stadtvierteln erwerben, die bereits von sozioökonomisch schwächer gestellten Bevölkerungsgruppen bewohnt sind. Die Käufer errichten auf den erworbenen Grundstücken ihre neuen Eigenheime und die notwendige Infrastruktur in Eigenregie. Die Käufe und der Grundstücksausbau erfolgen ohne Wissen staatlicher Autoritäten. Die Käufer dringen somit im weiteren Sinne informell in diese Wohngebiete ein. Mittelklasse eignet sich städtisches Land „auf leise, nicht-kollektive und illegale Weise an" (Bartels, Bruns 2019: 23). Informalität ist also kein Anzeiger von Mangel und Defiziten, sondern als Phänomen alltäglicher Praktiken unter anderem ein „Resultat sich überlagernder, widersprechender oder nicht eindeutiger Rechtssysteme" (Bartels, Bruns 2019: 23).

2   Die „gerechte Stadt" und das „Recht auf Stadt" als wichtige Komponenten des urbanen Lebensalltags

2.1   Das Recht auf Stadt

Obwohl, wie oben dargelegt, die durch Unsicherheit geprägten Lebenssituationen einen zentralen Bestandteil des städtischen Alltags in Subsahara-Afrika darstellen, gilt es, sich vom Verständnis eines strikten, eindimensionalen Zusammenhangs zwischen Benachteiligung, Armut, Verwundbarkeit und Informalität zu lösen. Vielmehr verweisen die vielfältigen sozialen und räumlichen Umbrüche sowie die Neuformierungen sozialer und institutioneller Ordnungen auf erhebliche Unterschiede in den Chancen, die Stadtbewohnerinnen und -bewohner mobilisieren können, um ihren Lebensalltag nach eigenen Bedarfen und Vorstellungen auszugestalten. Damit sind Fragen der aktiven Mitgestaltung von Stadt durch ihre Bewohnerschaft angesprochen. Eine solche Teilhabe und Teilnahme ist eng mit Konzeptionen eines „Rechts auf Stadt" verbunden, die bisher im Kontext der subsaharisch-afrikanischen Städte nur vereinzelt thematisiert worden sind. Das BMBF- und DAAD-geförderte Verbundforschungsvorhaben „AfriCity" am Institut für Geographie der FAU Erlangen-Nürnberg untersucht die Wechselbeziehungen zwischen Umweltveränderungen, Ressourcennutzung und Recht-auf-Stadt-Prozessen in afrikanischen Städten südlich der Sahara und hat damit 2016 weitgehend konzeptionelles und empirisches Neuland betreten (MUNISHI et al. 2019). Ansätze zur gerechten Stadt und zum Recht auf Stadt gehen vor allem auf den französischen Sozialwissenschaftler und Philosophen Henri Lefebvre zurück, der ein emanzipatorisches, auf Inklusion beruhendes urbanes Leben forderte (LEFEBVRE 1968). In der Geographie sind es vor allem die Ausführungen von David Harvey (z.B. HARVEY 1973; HARVEY, POTTER 2009), die auf der Beobachtung fußen, dass alltägliche Lebenssituationen in der Stadt durch soziale Ungleichheit und Benachteiligung gekennzeichnet sind, die sich im Zuge rapider Urbanisierung (insbesondere in marktwirtschaftlichen bzw. neoliberalen Kontexten) massiv verstärkt haben. Eine gerechte Stadt entsteht durch Umsetzung des Rechts auf Stadt, also durch die Aneignung des Stadtraums durch die städtischen Bürgerinnen und Bürger, durch gemeinschaftliche Verfügungsrechte über den öffentlichen Raum und durch die Möglichkeit, Stadtraum nach eigenen Vorstellungen zu denken und auszugestalten. Da dieses Verständnis noch stark von den Verhältnissen in den europäischen und nordamerikanischen Städten geprägt war, forderten PARNELL, ROBINSON (2012) eine stärkere Berücksichtigung von Erfahrungen aus Städten im Globalen Süden bei der Umsetzung von „Recht auf Stadt"-Konzepten.

Angesichts der oben beschriebenen Multiplexität des urbanen Wandels in Subsahara-Afrika stellt die empirische Erfassung rechtebezogener Prozesse vor Ort eine Herausforderung dar, der zunächst mit einer gewissen thematischen Eingrenzung begegnet werden kann. Am Beispiel der Nutzung urbaner Brach- und Freiflächen für städtische Landwirtschaft und Gartenbau, die sowohl erhebliche Potenziale zur Verbesserung der urbanen Ernährungssicherung als auch zur Minderung negativer Umwelteinflüsse und kritischer witterungsbezogener Extremereignisse besitzen, lassen sich Aspekte der Ermächtigung von Stadtbürgerinnen und Stadtbürgern sowie des Rechts auf Stadt gut aufzeigen.

2.2   Öffentlicher Nahverkehr, Grüne Infrastruktur und Ernährungssicherung als Beispiele

Eine auf die gerechte Stadt fokussierende Forschungsagenda konzentriert sich in normativer Hinsicht auf die Verbesserung der Lebensverhältnisse benachteiligter Bevölkerungsgruppen. Dabei geht es nicht nur um eine rein materielle bzw. monetäre Besserstellung Marginalisierter – auch PIETERSE (2015) verweist ja bereits darauf, dass Informalität und Frustration keineswegs nur materielle Negativfolgen im Kontext der Existenzsicherung nach sich ziehen, sondern dass daraus kreative Lösungen für Teilhabe und Ermächtigung entstehen können. Diese sind Grundbedingung dafür, dass sich Bewohner ihre Stadt schaffen können. Die Idee einer aktiven Bürgerschaft, die sich als Partner und nicht als Gegner der Stadtadministration in der Ausgestaltung der Stadt als Lebenswelt engagiert, ist in vielen Stadtverwaltungen (nicht nur) des subsaharischen Afrika bisher kaum präsent. Als Beispiel kann die tansanische Küstenmetropole Dar es Salaam dienen. Eine Gerechtigkeitsperspektive ist hier deshalb relevant, weil die jüngsten Transformationsprojekte (Infrastruktur und Umsiedlung von Bewohnern) dort weitreichende Auswirkungen auf die Bewohnerschaft hatten. So hat die Einführung eines neuen Schnellbussystems („Bus Rapid Transport System"; BRT) entlang von Ausfallstraßen zwar das Angebot des öffentlichen Verkehrs erheblich verbessert und die notorische Verkehrssituation etwas entspannt, aber Verkaufsaktivitäten informeller Straßenhändler an den neuen Bushaltestellen, die täglich immerhin von weit über 200 000 Fahrgästen und damit potenziellen Kunden genutzt werden, werden nicht mehr geduldet. Dies hat zur Verschlechterung der ohnehin prekären Lebenssituation unzähliger Haushalte geführt, deren Lebensunterhalt maßgeblich vom Straßenverkauf abhängt. Für neu zugewiesene Verkaufsstellen müssen nun Gebühren entrichtet werden, die viele Händlerinnen und Händler angesichts unberechenbarer Geschäftsaussichten nicht aufbringen können (MUNISHI et al. 2019: 41; MUNISHI, CASMIR 2018). Aufgrund in jüngster Zeit immer häufiger auftretender Starkniederschlagsereignisse kommt es zudem zu Überflutungen der Busdepots und -trassen, sodass der Busverkehr mehrmals im Jahr vorübergehend eingestellt werden muss. Da das Angebot alternativer Transportmöglichkeiten (unter anderem die traditionellen, flexibler operierenden Daladala-Kleinbusse) mit der Einführung des BRT deutlich eingeschränkt wurde, kommt es an Tagen mit Starkregen und Überschwemmungen nun zu einem teilweisen Kollaps des öffentlichen Nahverkehrs mit der Folge, dass Zehntausende von Pendlern ihre Arbeitsstätten oder Wohngebiete nicht mehr erreichen können – mit weiter kaskadierenden Negativfolgen. Außerdem hat der weiter vorangetriebene Straßenausbau in einigen Stadtteilen zu Abbrüchen von Wohnhäusern und -hütten geführt. Umsiedlungsprogramme für Bewohner hochwassergefährdeter Gebiete in Zentrumsnähe zogen ebenfalls faktisch eine Vertreibung vieler Haushalte nach sich, da ca. 700 Häuser in der Flussniederung des Msimbazi-Flusses abgerissen wurden, ohne dass adäquater Ersatzwohnraum geschaffen wurde (MUNISHI et al. 2019). Bezeichnenderweise wurde das zentrale Busdepot des neuen BRT-Systems trotz bekannter Gefährdung durch Hochwasser in eben dieser Flussniederung errichtet und ist nun mehrmals jährlich massiv von Überflutungen betroffen.

Solche Veränderungen und Umbrüche im Zusammenhang mit Planungs-, Stadtumbau- oder Sanierungsprozessen sind durchaus auch für viele andere Städte des subsaharischen Afrika symptomatisch. Sie zeigen, wie problematisch und konfliktbeladen Eingriffe in historisch gewachsene Strukturen sein können, selbst wenn sie in der Absicht geschehen, die Lebenssituation zu verbessern und beispielsweise den Nahverkehr leistungsfähig auszubauen. Wie Munishi et al. (2019) betonen, basieren die betreffenden Stadtstrukturen häufig auf einer fehlgeleiteten (oder gar nicht nennenswert vorhandenen) Sozial- und Infrastrukturpolitik. Diese zwingt viele Stadtbewohnerinnen und -bewohner dazu, sich so nah wie möglich an den unmittelbaren Handlungsorten Markt oder Infrastruktur aufzuhalten und sich tief in soziale Netzwerke einzubinden, erlaubt es ihnen aber gleichzeitig nicht, ihr Recht auf Stadt im Sinne einer eigenen Mitgestaltung des urbanen Lebensumfeldes auszuüben (Munishi et al. 2019: 41). Akteure der Stadtverwaltung weisen ein bürgerschaftliches Engagement indessen manchmal sogar als Einmischung oder Aufbegehren zurück, anstatt die alltäglichen Handlungsroutinen und Bedürfnisse marginalisierter und verwundbarer Bevölkerungsgruppen im Sinne einer nachhaltigen und partizipativen Regierungsführung („Governance") in den Planungsprozess zu integrieren. Unter Bezugnahme auf jüngste Untersuchungen in subsaharischen Großstädten und anderen Metropolen im Globalen Süden verweist auch Stokes (2019) auf die engen Zusammenhänge zwischen urbaner Arbeit, Infrastruktur und des Rechts auf Stadt als urbane Alltagspraxis.

Im Zusammenhang mit rechtebasierten Fragestellungen ist auch die Inwertsetzung urbaner Freiflächen, und sei sie auch nur temporär, für urbane Landwirtschaft in den letzten Jahren stärker in den Fokus gerückt. Hier kommt der sogenannten Grünen Infrastruktur (GI) eine besondere Bedeutung zu. Sie kann als zukunftsweisendes Vehikel zur Schaffung einer gerechteren, inklusiven sowie sozial und ökologisch nachhaltigen Stadt dienen, wenn sie als Konzept umgesetzt wird, das über reine Begrünungs- und Verschönerungsmaßnahmen (in diesem Sinne also als ästhetische städtische Freiraumgestaltung) hinausreicht. Das bereits oben erwähnte Forschungsvorhaben „AfriCity" untersucht die Potenziale der GI als Element der Stadtstruktur und -entwicklung,

das sowohl zur nachhaltigen Bewältigung der Negativfolgen des Umweltwandels und gesellschaftlicher Brüche als auch zur Förderung einer inklusiven urbanen Lebenswelt beiträgt. Die Debatte um GI, die als holistisches Konzept eines „strategisch geplanten Netzwerkes natürlicher oder naturnaher Flächen" verstanden wird, das so entwickelt und gemanagt wird, dass es „eine breite Palette von Ökosystemdienstleistungen bereitzustellen vermag" (EC 2020; vgl. Hansen, Pauleit 2014), folgt einem Paradigmenwechsel im Verständnis der Bedeutung von „Natur" in der Stadt. GI wird dabei als ein wichtiger multifunktionaler Baustein identifiziert, der sich nicht darauf beschränkt, Grünflächen in der Stadt zur Verschönerung, zur Verbesserung des Mikroklimas oder zur Freizeitnutzung durch die Bürgerinnen und Bürger zu schaffen, wie dies etwa mit klassischen Garten- oder Parkanlagen geschieht. Die über reine stadtästhetisierende Funktionen hinausgehende Umwelt-, Grün- und Freiraumgestaltung gestattet z.B. auch den Anbau von Nahrungspflanzen mitten in der Stadt, kann somit ebenfalls einen wichtigen Beitrag für die städtische Ernährungssicherung leisten. Dies ist gerade für jene Bevölkerungsteile interessant, deren Zugang zu frischen und gesunden Nahrungsmitteln aufgrund fehlender Kaufkraft, mangelnder Verfügungsrechte usw. weitgehend verwehrt ist. Anstatt Freiflächen in der Stadt, die z.B. für irgendwann einmal geplante Straßenerweiterungen vorgehalten werden, ungenutzt zu lassen, können diese zumindest temporär Bürgerinnen und Bürger zum Anbau von Gemüse- oder Obstpflanzen o.ä. zur Verfügung gestellt werden.

Obwohl die Praxis des informellen urbanen Gartenbaus bereits seit Jahrzehnten in fast allen subsaharischen Städten etabliert ist (vgl. Drescher et al. 2006; RUAF Foundation 2014), wird sie häufig als nicht dem Wesen einer Stadt entsprechend interpretiert und von Akteuren der Stadtverwaltung, die in städtischer Landwirtschaft eine Barriere für die Entwicklung von Urbanität sehen, eher behindert als gefördert. Und so finden auch umfassendere GI-Konzepte in Stadträumen des subsaharischen Afrika bisher nur selten eine konsequente Umsetzung. Eigene Erhebungen unter anderem im Rahmen des erwähnten „AfriCity"-Projekts sowie weitere fachwissenschaftliche Einschätzungen lassen indes keinen Zweifel daran, dass urbane GI gerade auch im Entwicklungskontext des subsaharischen Afrika eine zentrale Rolle im Bemühen einneh-

men kann, benachteiligte städtische Bevölkerungsgruppen aktiv in einen nachhaltigeren Stadtentwicklungsprozess einzubeziehen, indem ihnen die Möglichkeit gegeben wird, Flächen produktiv inwertzusetzen (vgl. z.B. Shackleton 2018; Cilliers 2019). Neben den direkten Positiveffekten einer Stabilisierung der Ernährungssicherung und Einkommensgenerierung für die involvierten Haushalte können städtische landwirtschaftlich genutzte Flächen beispielsweise entscheidend zu einer Risikominderung beitragen. Dies geschieht etwa bei Überschwemmungsereignissen, weil z.B. die Areale in Fließgewässernähe als Hochwasserretentionsflächen temporär überflutet werden können, ohne größere Schäden an Gebäuden oder Infrastruktur anzurichten. Entscheidend ist aber im hier thematisierten Kontext des „Rechts auf Stadt" auch, dass die eigenverantwortliche Nutzung der Flächen den Bürgerinnen und Bürgern die Möglichkeit eröffnet, im Stadtraum aktiv und produktiv ihre Lebenshaltung (zumindest zu einem gewissen Maß) nach eigenen Bedürfnissen und Vorstellungen zu gestalten. Titz, Chiotha (2019) betonen die Bedeutung der GI für die Schaffung „lebenswerter" Städte (im Englischen umfassend unter dem Begriff der „urban liveability" gefasst) gerade auch im subsaharischen Afrika. In der Tat sind viele Städte Subsahara-Afrikas „grün"; häufig weisen vor allem die in der Kolonialzeit gegründeten oder ausgebauten städtischen Siedlungen extensive Grünflächen in Form von Parks und Gärten auf (zu Beispielen vgl. Titz, Chiotha 2019: 9ff.). Diese gezielte Durchgrünung diente in der Regel der Beschattung und Temperaturabsenkung und ansonsten im Wesentlichen einer Verschönerung des Stadtraums. Nur selten wurden Gartenstadtkonzepte nach der Kolonialzeit dezidiert weitergeführt. Im Gegenteil: oft werden Grünflächen, wo sie noch vorhanden sind, kaum noch gepflegt und genutzt bzw. sie werden überbaut. Titz, Chiotha (2019) können anhand eigener Untersuchungen und einer umfangreichen Quellenrecherche belegen, dass urbaner GI in Stadtpolitiken häufig mit Skepsis oder Ablehnung begegnet wird. Cilliers (2019) führt dies nicht zuletzt auch auf fiskalische Engpässe zurück, denn die Budgetressourcen subsaharischer Stadtverwaltungen reichen in der Regel nicht einmal für die Instandhaltung der Basisinfrastruktur aus, weshalb einem ohnehin nicht als zentral angesehenen Grün- und Freiflächenmanagement keine Priorität eingeräumt wird. Gerade dieser Umstand würde eigentlich für eine Übertragung der Verfügungsrechte an Akteure der Bürgerschaft sprechen, die z.B. in Selbsthilfe-Kooperativen oder mit ähnlichen Konzepten die aktive Nutzung (und damit auch die Verantwortung) für die ansonsten brachliegenden Stadtareale übernehmen könnten. Als Beispiel kann die Selbsthilfe-Initiative „Drive-in Group" in Dar es Salaam dienen, die in Innenstadtnähe auf einer für den zukünftigen Straßenausbau vorgehaltenen Freifläche seit Jahren erfolgreich einen intensiven Gemüseanbau betreibt *(Bild 2)*. Da diese Aktivitäten von städtischen Autoritäten bestenfalls geduldet werden, aber nicht legalisiert sind, sieht sich die Gruppe jedoch einer Vielzahl von Stressoren und Drücken ausgesetzt. Nicht nur die Stadtverwaltung, sondern auch finanzkräftige Privatinvestoren drohen immer wieder mit einer Überbauung der Flächen, womit den Aktivisten nicht nur eine elementare Existenzgrundlage entrissen, sondern

Bild 2: Dar es Salaam, Tansania: Studierende der FAU im Gespräch mit Mitgliedern einer Selbsthilfe-Initiative, die mitten im Stadtgebiet Gemüsebau betreibt.

Aufnahme: F. Kruger 02/2017.

ebenso das Recht auf Mitgestaltung des Stadtraums entzogen würde. Sie sind permanent gezwungen, zwischen konfligierenden Interessenslagen und institutionellen Widersprüchen zu navigieren, in diesem Sinne also Brüche in ihren urbanen Lebenswelten als Dauerphänomen in ihre Alltagsroutinen zu integrieren.

3   Fazit: die gerechte Stadt als mögliche Schlüsselstrategie im Kontext des afrikanischen Urbanismus

Wie diese Beispiele zeigen, stellen Ansätze einer gerechten Stadt bzw. des Rechts auf Stadt Schlüsselkonzepte dar, um die Bedingungen und Prozesse von Unsicherheit und Benachteiligung in den Städten des subsaharischen Afrika besser zu verstehen. In normativer Hinsicht können sie aber auch als vielversprechendes Vehikel dienen, die Lebensbedingungen in den Städten entscheidend zu verbessern. Wie nicht zuletzt die Erkenntnisse aus

dem „AfriCity"-Projekt zeigen, kann man zunächst PIETERSE (2013) folgen, der als ein Wesensmerkmal des subsaharisch-afrikanischen Urbanismus die aus den Marginalsiedlungen entstammenden informellen Praktiken identifiziert: Die „shanty city is by and large the true African City" (PIETERSE 2013: 21; vgl. TITZ, CHIOTHA 2019). In einer Weiterführung dieser Gedanken lässt sich sodann konstatieren, dass aus eben diesen Praktiken Ideenreichtum und

Kreativität erwachsen. Diesen zur Entfaltung zu verhelfen, indem aus der Perspektive der städtischen Bewohnerschaft eine bürgerschaftlichen Interessen gerechtwerdende Stadtpolitik entwickelt und umgesetzt wird, stellt vor allem angesichts der Urbanisierungsdynamik sowie der Knappheit an Kapazitäten und Sachressourcen eine wichtige Grundlage für eine sozial gerechtere und nachhaltigere Stadtentwicklung im subsaharischen Afrika dar.

Literatur

BARTELS, L. E., BRUNS, A. (2019): Die Rolle der Mittelklasse im informellen Siedlungsbau. Der Fall der Greater Accra Metropolitan Area in Ghana. – Geographische Rundschau 71(11): 18–23.

BATTERSBY, J., WATSON, V. (2018): Addressing food security in African cities. – Nature Sustainability 1(4): 153–155.

CILLIERS, E. J. (2019): Reflecting on Green Infrastructure and Spatial Planning in Africa: The Complexities, Perceptions, and Way Forward. – Sustainability 11(2): 455 [https://t1p.de/1x8e – letzter Zugriff: 12/2021].

DOBSON, S. (2017): Community-driven pathways for implementation of global urban resilience goals in Africa. – International Journal of Disaster Risk Reduction 26: 78–84.

DODMAN, D., LECK, H., RUSCA, M. u. S. COLENBRANDER (2016): African Urbanisation and Urbanism: Implications for risk accumulation and reduction. – London (Urban Africa Risk Knowledge, Working Paper 10).

DRESCHER, A. W. (1998): Hausgärten in afrikanischen Räumen. Bewirtschaftung nachhaltiger Produktionssysteme und Strategien der Ernährungssicherung in Zambia und Zimbabwe. – Pfaffenweiler.

DRESCHER A. W., HOMER, R. J. u. D. L. IAQUINTA (2006): Urban homegardens and allotment gardens for sustainable livelihoods: Management strategies and institutional environments. In: P. K. R. NAIR, B. M. KUMAR (Hrsg.): Tropical Homegardens. A Time-Tested Ex-

ample of Sustainable Agroforestry. – Dordrecht: 317–338 (Advances in Agroforestry, 3).

EC (= European Commission) (2020): Ecosystem services and Green Infrastructure. – https://t1p.de/jt57 [letzter Zugriff: 12/2021].

FAO (= Food and Agriculture Organization of the United Nations) (2017): City-to-City Initiative: Empowering Local Governments in Sub-Saharan Africa to Make Cities and Their Interconnected Regions More Food Secure. – Rom.

FAO (= Food and Agriculture Organization of the United Nations) (2019): FAO framework for the Urban Food Agenda. Leveraging sub-national and local government action to ensure sustainable food systems and improved nutrition. – Rom.

FRASER, A., LECK, H., PARNELL, S. u. M. PELLING (2017): Africa's urban risk and resilience. – International Journal of Disaster Risk Reduction 26: 1–6 [https://t1p.de/a7yp – letzter Zugriff: 12/2021].

GERVAIS-LAMBONY, P. (2014): Contentious Identities. Urban space, cityness and citizenship. In: S. PARNELL, S. OLDFIELD (Hrsg.): Routledge Handbook on Cities of the Global South. – Abingdon, New York: 356–369.

GUYER, J. I. (Hrsg.) (1987): Feeding African Cities. Studies in Regional Social History. – London.

HANSEN, R., PAULEIT, S. (2014): From Multifunctionality to Multiple Ecosystem Services? A Conceptual Framework for Multifunctionality in Green Infrastructure Planning for Urban Areas. – Ambio 43: 516–529.

HARVEY, D. (1973): Social Justice and the City. – London.

HARVEY, D., POTTER, C. (2009): The right to the Just City. In: P. MARCUSE, J. CONNOLLY, J. NOVY, I. OLIVO, C. POTTER u. J. STEIL (Hrsg.): Searching for the Just City. Debates in urban theory and practice. – Abingdon, New York: 40–51 (Questioning City).

HAYSOM, G. (2016): Alternative food networks and food insecurity in South Africa. – Kapstadt (PLAAS Working Paper, 33).

KRÜGER, F. (1994): Urbanization and Vulnerable Urban Groups in Gaborone/Botswana. – GeoJournal 34.3: 287–293.

KRÜGER, F. (1998): Taking advantage of rural assets as a coping strategy for the urban poor: the case of rural-urban interrelations in Botswana. – Environment and Urbanization 10(1): 119–134.

KRÜGER, F., DRESCHER, A., LOUIS, N. u. A. TITZ (2019): Das subsaharische Afrika. Entwicklungsdynamiken, Herausforderungen, Lösungsversuche. – Geographische Rundschau 71(11): 4–9.

KRÜGER, F., DRESCHER, A. u. A. TITZ (2020): Alternative Food Networks and Creativity in Urban Africa: Towards Sustainable and Inclusive Cities (AFRICNET). – o.O. [unveröffentlichte Projektskizze des BMBF].

LEFEBVRE, H. (1968): Le droit à la ville. – Paris.

MUNISHI, E. J., CASMIR, R. (2018): Research on Situation of Street Vending Operations in the Urban Setting of Tanzania: Case Study of Dar es Salaam City Council. – Dar es Salaam (Tanganyika Christian Refugee Service (TCRS) in Collaboration with College of Business Education (CBE)).

MUNISHI, E., LOUIS, N., DRESCHER, A. u. F. KRÜGER (2019): Infrastrukturentwicklung und das Recht auf Stadt. Das Beispiel Daressalaam. – Geographische Rundschau 71(11): 40–41.

NYAMNJOH, F., BRUDVIG, I. (2014): Conviviality and the Boundaries of Citizenship in Urban Africa. In: S. PARNELL, S. OLDFIELD (Hrsg.): Routledge Handbook on Cities of the Global South. – Abingdon, New York: 341–355.

PARNELL, S., ROBINSON, J. (2012): (Re)Theorizing Cities from the Global South: Looking beyond Neoliberalism. – Urban Geography 33(4): 593–617.

PELLING, M., WISNER, B. (Hrsg.) (2009): Disaster Risk Reduction: Cases from Urban Africa. – London.

PIETERSE, E. (2011): Grasping the unknowable: coming to grips with African urbanisms. – Social Dynamics 37(1): 5–23.

PIETERSE, E. (2013): Grasping the unknowable: coming to grips with African urbanisms. In: E. PIETERSE, A. M. SIMONE (Hrsg.): Rogue Urbanism. Emergent African Cities. – Auckland Park, Johannesburg: 19–35.

PIETERSE, E. (2015): Epistemological Practices of Southern Urbanism. In: W. DING, A. GRAAFLAND u. A. LU (Hrsg.): Cities in Transition. Power, Environment, Society. – Rotterdam: 311–325.

PIETERSE, E., SIMONE, A. M. (Hrsg.) (2013): Rogue Urbanism. Emergent African Cities. – Auckland Park, Johannesburg.

ROBINSON, J. (2015): Thinking cities through elsewhere: Comparative tactics for a more global urban studies. – Progress in Human Geography 40(1): 3–29.

RUAF Foundation (Hrsg.) (2014): Urban agriculture as climate change and disaster risk reduction strategy. – o.O. (Urban Agriculture Magazine, 27).

SHACKLETON, C. (2018): City Green Spaces: A Necessity Rather than a Luxury. – African Leadership Magazine: 50–52.

STOKES, K. (2019): Infrastructural Labour as Enacting the Right to the City? In: H. RUSZCZYK, K. STOKES u. A. DE COSS (Hrsg.): Labouring Urban Infrastructures. A digital magazine. – Durham, London, Manchester: 65–66.

TITZ, A., CHIOTHA, S. S. (2019): Pathways for Sustainable and Inclusive Cities in Southern and Eastern Africa through Urban Green Infrastructure? – Sustainability 11(10), 2729 [https://t1p.de/dop4 – letzter Zugriff: 12/2021].

TITZ, A., KRÜGER, F. u. A. DRESCHER (2019): Challenges for Inclusive Urban Development in Africa: Designing Nature-Based Solutions and Enhancing Citizenship to Mitigate Hazards and Livelihood Risks (CHIDA). – o.O. [unveröffentlichte Projektskizze des BMBF].

UN (= United Nations) (2015): General Assembly. Resolution 70/1. Transforming our world: the 2030 Agenda for Sustainable Development. – New York.

UN (2017): New Urban Agenda. – New York.

UN (2019): Department of Economics and Social Affairs. World Population Prospects 2019. – https://t1p.de/1pyu [letzter Zugriff: 12/2021].

UN Habitat (= United Nations Human Settlement Programme) (2016): Resolution 71/256. New Urban Agenda. Quito Declaration on Sustainable Cities and Human Settlements for All. – https://t1p.de/9nzc [letzter Zugriff: 12/2021].

Prof. Dr. FRED KRÜGER
Professur für Geographie • Institut für Geographie • Friedrich-Alexander-Universität Erlangen-Nürnberg
Wetterkreuz 15 • D–91058 Erlangen
fred.krueger@fau.de

Christoph Haferburg und Jürgen Oßenbrügge

Stadtregion Gauteng, Südafrika – Transformation der „City of Gold" zur Global-City-Region?

Mit drei Abbildungen, zwei Tabellen und zwei Bildern

1 Ökonomische und stadträumliche Transformationen

Die wissenschaftliche Debatte über die Stadtentwicklung in der Globalisierung hat mit den Konzepten der Global oder World Cities und Global City Regions seit den 1980er Jahren eine Verknüpfung zwischen den Forschungsrichtungen der Internationalen Politischen Ökonomie und der Stadtforschung hergestellt. Städte und Stadtregionen als Ausdrucksform des globalisierten Kapitalismus erscheinen darin einerseits als Standorte oder Knoten im weltumspannenden Netzwerk von Unternehmen, die zunächst als FIRE-Sektor angesprochen worden sind, später allgemeiner als *advanced producer services* und hier als unternehmensorientierte Dienstleistungen bezeichnet werden. Andererseits hat die wirtschaftsgeographische Stadtforschung die Bedeutung der Agglomerationsfaktoren und die Ursachen räumlich ungleicher Entwicklungen besonders auf der nationalen Maßstabsebene herausgearbeitet. In den ökonomischen und gesellschaftlichen Veränderungsprozessen der letzten Jahrzehnte weisen Städte besondere Dynamiken auf: Die zunehmende Verstädterung und materielle Verflechtungen im globalen Maßstab erzeugen eine bauliche und infrastrukturelle „Entgrenzung" der urbanen Knoten in die Fläche bzw. in bislang weniger marktwirtschaftlich integrierte Sphären hinein. Dieser Strukturwandel hat sich in der jüngeren Vergangenheit im afrikanischen Kontext besonders ausgeprägt artikuliert. Damit geht auch hier eine Entwicklung einher, die bereits vor über dreißig Jahren von der These der intraurbanen sozioökonomischen Polarisierung aufgrund der starken Differenzierung von Arbeitsmärkten und Verdienstmöglichkeiten beschrieben wurde (vgl. FRIEDMANN 1986; SASSEN 1991, 2006). Demzufolge ist vor allem eine an konkreten baulichen Entwürfen orientierte Stadtpolitik und -planung stark herausgefordert, da die urbane bzw. peri- und suburbane Dynamik schneller ist als die räumlichen Blaupausen der Masterpläne – die überdies aufgrund der polit-ökonomischen Kräfteverhältnisse immer weniger zielgenau durchgesetzt werden können.

Die Städte Südafrikas bieten für diese Prozesse der Globalisierung, der Wirkung urbaner Agglomerationsfaktoren und der stadtregionalen Transformation zahlreiche Veranschaulichungen und die Gauteng City Region (mit Johannesburg als größter Stadt, Pretoria/Tshwane als Hauptstadt und der industriegeprägten Agglomeration Ekurhuleni) stellt geradezu ein herausragendes Beispiel dar. Dieses zuvor nur lose verbundene Städtecluster entwickelt sich zu einer immer enger verflochtenen „Stadtregion", zu der ebenso der West Rand und das Vaal-Dreieck hinzugezählt werden könnten. Die drei erstgenannten Zentren weisen allerdings im Hinblick auf Infrastruktur (Gautrain), funktionale Komplementarität, strukturelle Homologie als Metropolkommunen und auch hinsichtlich des siedlungsstrukturellen Zusammenhangs eine immer engere Verzahnung auf, die von der Raumplanung forciert wird: "Globally, large city-region areas are seen as the prime players in spatial and regional growth and development, and the drivers of economic competitiveness and social equity" (*Gauteng Provincial Government* 2016a: 5). Vor diesem Hintergrund behandelt der Artikel sowohl die Stadtregion Gauteng als auch Johannesburg.

2 Gautengs Wirtschaftsdynamik im Kontext wechselnder Weltmarktintegration

Seit dem Ende der Apartheid präsentierten sich die Metropolen Südafrikas zunehmend als Knoten in globalen Wirtschaftsverflechtungen. Besonders Johannesburg untermauert unter anderem mit dem am nördlichen Stadtrand gelegenen finanziellen und kommerziellen Zentrum Sandton seinen World-Class-Anspruch und versucht, im Global-City-Ranking aufzusteigen. Im 20. Jahrhundert war die regionale Wirtschaftsstruktur ebenso wie die Stadtentwicklung zunächst durch Rohstoffe geprägt, vor allem durch den Goldbergbau. Deren wirtschaftliche Bedeutung hat in den letzten Jahrzehnten auch national kontinuierlich abgenommen (*Abb. 1*), ebenso erfolgte in der rohstoffnahen Industrie ein globalisierungsbedingter Abbau der Arbeitsplätze.

In Bergbau und Industrie wurden die Beschäftigungsverluste jedoch vom Wachstum tertiärer Erwerbstätigkeiten begleitet. Hervorzuheben sind hier die unternehmensorientierten Dienste (Consulting, Rechtsberatung, Werbung, Finanzen, Logistik, Im-

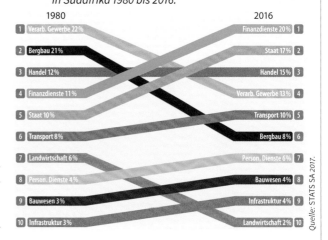

Abb. 1: *Veränderung der Anteile der Wirtschaftssektoren (BIP) in Südafrika 1980 bis 2016.*

1980	2016
1 Verarb. Gewerbe 22%	Finanzdienste 20% 1
2 Bergbau 21%	Staat 17% 2
3 Handel 12%	Handel 15% 3
4 Finanzdienste 11%	Verarb. Gewerbe 13% 4
5 Staat 10%	Transport 10% 5
6 Transport 8%	Bergbau 8% 6
7 Landwirtschaft 6%	Person. Dienste 6% 7
8 Person. Dienste 4%	Bauwesen 4% 8
9 Bauwesen 3%	Infrastruktur 4% 9
10 Infrastruktur 3%	Landwirtschaft 2% 10

Quelle: STATS SA 2017.

Malte Steinbrink, Matthias Gebauer und Dieter Anhuf (Hrsg.): Afrika – ein Kontinent in Bewegung. Passau 2021 (Passauer Kontaktstudium Geographie 16)

mobilienwirtschaft, Versicherungen), was sich im massenhaften Bau neuer Büro- und Dienstleistungszentren ausdrückt. Konsequenz dieser Dynamik ist ein überproportionales Bevölkerungswachstum in Gauteng und eine positive Wanderungsbilanz, da hier neue Arbeitsplätze entstehen, sich die Kaufkraft konzentriert und die neu geschaffene urbane Materialität in Form von architektonisch auffälligen Gebäuden und moderner Infrastruktur den wirtschaftlichen Erfolg wahrnehmbar macht. Die Indikatoren zur Wirtschaftskraft unterstreichen, dass sehr ungleiche Raumstrukturen bestehen: 2013 erwirtschaftete die Gauteng City Region (Johannesburg, Tshwane, Ekurhuleni) knapp 32 % des nationalen BIP – bei einem Bevölkerungsanteil von nur gut 20 % *(Tab. 1)*.

Jedoch lässt die Wachstumsdynamik in den letzten Jahren nach, einhergehend mit der volkswirtschaftlichen Entwicklung insgesamt. Zwar erholte sich Südafrikas Wirtschaft relativ schnell von der Weltfinanzkrise – aber in den Folgejahren wurde unter Präsident Jacob Zuma wieder stärker auf den Rohstoffexport gesetzt, was trotz neuer Märkte in Asien insgesamt keine positive Zukunftsperspektive bot. Die Wachstumsraten sanken von etwas über drei Prozent in 2010 und 2011 auf 1,85 % in 2014 und lagen im letzten vorliegenden Berichtsjahr 2019 nur noch bei 0,15 % (*The World Bank* o. J.). In Gauteng ist vor allem Ekurhuleni von diesem Trend betroffen, Arbeitsplatzverluste und anhaltende Deindustrialisierung werden konstatiert (VISAGIE, TUROK o. J.). Demgegenüber zeigen Johannesburg und Thswane noch moderate Wachstumsraten. Treiber dieses im landesweiten Vergleich immer noch überproportionalen Wachstums lassen sich über Indikatoren der Global City-Forschung identifizieren. Johannesburg beheimatete Mitte der 2010er Jahre vierzehn der multinational operierenden Großkonzerne (z.B. *SAB-Miller, BHP Billiton, Naspers, MTN, Anglo American, Old Mutual, Shoprite, Standard Bank*) – mehr als in Mexico City (12), Istanbul (7) oder Rio de Janeiro (7) (ABRAHAMS et al. 2018: 70). Viele global agierende Dienstleistungsfirmen (z.B. *KPMG, SAP, PWC*) haben hier ihre Afrika-Zentrale *(Bild 1)*. Als einzige Stadt des Kontinents erreichte Johannesburg die höchste GAWC-Rangstufe. Verstärkt wurde dieser Trend bislang durch Handelsbeziehungen und ausländische Direktinvestitionen (ADI). Erstere verweisen auf die zunehmende Bedeutung Ostasi-

Bild 1: PWC-*Afrikazentrale (26 Stockwerke, 40000 m² Bürofläche, 100 Mio. €) neben Mall of Africa.*

Aufnahme: C. Haferburg 02/2019.

Tab. 1: Bevölkerungs- und Wirtschaftsdynamik ausgewählter Metropolen Südafrikas.

	Johannesburg	Gauteng City Region*	Kapstadt	Durban	Republik Südafrika (RSA)
Bevölkerung 2016	4 949 347	11 603 603	4 004 793	3 661 911	55 653 654
Wachstum 2001 bis 2016	+53,4 %	+47,8 %	+38,5 %	+34,2 %	+24,1 %
BIP-Anteil 2013	13,9 %	31,9 %	10,9 %	8,7 %	100 %
BIP-Anteil 1995	11,7 %	28,8 %	10,3 %	8,8 %	100 %

* Gauteng City Region (Johannesburg, Tshwane, Ekurhuleni)

Quellen: https://t1p.de/mnlb [letzter Zugriff: 12/2021] mit eigenen Berechnungen; SACN 2016.

ens (China) und afrikanischer Nachbarn im Im- und Export, während die Herkünfte der ADI besonders mit europäischen und nordamerikanischen Quellen verbunden sind (HAFERBURG, OßENBRÜGGE 2017). Der Standort profitiert dabei von Südafrikas Rolle als einziges afrikanisches BRICS- und G20-Mitglied. Johannesburg ist somit nicht nur für Südafrika ein entscheidender Knoten, sondern bündelt zudem Vermittlungs- und Steuerungsfunktionen für die Finanz- und Handelsbeziehungen der Wirtschaftsräume insbesondere des südlichen Afrikas mit der übrigen Welt. Für diese „Gateway-Funktion" bot sich bisher ein wirtschaftliches günstiges Umfeld bis nach Ost-, Zentral- und Westafrika, denn viele Städte des Kontinents weisen überdurchschnittliche Wachstumsraten auf. Als regionaler *hub* konnte Johannesburg seine Position im Netzwerk der Global Cities seit den 1990er Jahren dadurch zunächst ausbauen.

3   Siedlungsentwicklung und Stadtplanung

Die Effekte des Stadtwachstums in der Region Gauteng lassen sich mit den Stichworten Fragmentierung und Entgrenzung kennzeichnen. Charakteristisch sind markante Unterschiede zwischen den Stadtteilen sowie die „Auflösung" der Stadtgrenze. Extensive Bautätigkeiten *(Bild 2)* sowie Verkehrserschließung und neue Mobilitätspraktiken befördern dies: Pkw und Minibusse haben Busse und Vorortzüge ergänzt bzw. ersetzt, sodass sich ein zersiedelter *urban fringe* entwickelt hat.

In Johannesburg hat bereits im Übergang zur Postapartheid in den 1980er und 1990er Jahren die „Northern Flight" für einen Erschließungsschub gesorgt. Inzwischen ist im Norden der Stadt – nach der Eingemeindung Midrands vor gut 20 Jahren – das zuvor naturbelassene Tal des Jukskei, das die Grenze zwischen beiden Kommunen markierte, mit Gated Communities und der Mall of Africa bebaut. Letztere wird als größtes Shoppingzentrum der Region vermarktet, wobei das Konzept durch die Einbettung in die geschlossene Siedlungsanlage Waterfall City (2200 ha) und die Kombination mit Büroflächen (z.B. im *PWC*-Tower, einem typischen Global-City-Indikator; *Bild 1*) die Edge-City-Charakteristik Midrands einerseits unterstreicht, ihr aber zugleich als privatisierte, semi-autarke „Stadt in der Stadt" eine neue Wendung gibt (vgl. MURRAY 2015).

Folgt man dem Jukskei nach Westen, stößt man auf Steyn City (*Abb. 2*; „StC"), mit 2000 ha fast genauso groß. Auch hier sind auf einem komplett ummauerten Areal alle Funktionen vereint – inklusive eines Hubschrauberlandeplatzes mit Hangars und einem 90 ha großen Golfplatz. Die vielen tausend Arbeitskräfte, die den hier propagierten Lebensstil der vermeintlich autarken Luxusenklave überhaupt erst ermöglichen, wohnen allerdings in Townships und informellen Siedlungen wie Diepsloot, Tembisa oder in Cosmo City (vgl. HAFERBURG 2013). Arbeitsbedarf und hohe Transportkosten führen dazu, dass im näheren und weiteren Umfeld der Großprojekte prekäre Siedlungen für die Beschäftigen wachsen – oft ohne direkte Erreichbarkeit: "The urban form reinforces these inequalities through high levels of securitization, controlled street patterns, enclosed shopping malls, gated office precincts and business parks, and enclosed townhouse developments and up-market residential estates" (ABRAHAMS et al. 2018: viii).

Die mit der Siedlungsentwicklung einhergehende sozioökonomische Spaltung ist vor und besonders während der Apartheid bewusst erzeugt worden und hat Südafrika zur ungleichsten Gesellschaft der Welt gemacht. Die wohnräumliche Trennung konnte auch nach der Apartheid trotz des ambitionierten RDP-Programms im Wohnungsbau nicht grundsätzlich verändert werden. Zwar ist der Anteil informellen Wohnens ebenso wie der der absoluten Armut deutlich gesunken, allerdings wurden kaum Maßnahmen getroffen, um die Segregation der nun ökonomisch begründeten Differenz zwischen den Bevölkerungsgruppen zu überwinden (HUCHZERMEYER et al. 2014: 162). Das liegt auch daran, dass sich oft nur peripher gelegene Flächen für den sozialpolitisch motivierten Wohnungsbau finanzieren lassen – die Macht privater Investoren ist zu groß, um integrierende Planungen durchzusetzen.

Gleichwohl kommt öffentlichen Investitionen eine Schlüsselrolle bei der Regionalentwicklung zu. Aufbauend auf den Verbesserungen des ÖPNV (BRT-Schnellbussystem, Gautrain-Expresszug) wird in der Stadtregion auf den Ausbau von Knoten und Korridore gesetzt. Dazu sind *urban hubs* definiert worden, die bestehende Townships aufwerten sollen (*Gauteng Provincial Government* 2016b; *Bild 1*) – überwiegend sind dies Infrastrukturinvestitionen. Hinzu kommen *Mega Human Settlements*, neue Großwohnsiedlungen für jeweils mehrere zehntausend Menschen (*Gauteng Provincial Government* 2017). Deren Standorte schreiben allerdings die Peripherisierung sozialer Benachteiligung fort. Im Vergleich zu den staatlichen Investitionen ist die renditegetriebene Stadtentwicklung privater Investoren räumlich deutlich stärker an bestehenden Zentren orientiert.

Bild 2: Bau neuer Gated Communities in Midrand; älteres suburbanes Viertel rechts im Hintergrund.

Aufnahme: C. Haferburg 02/2019.

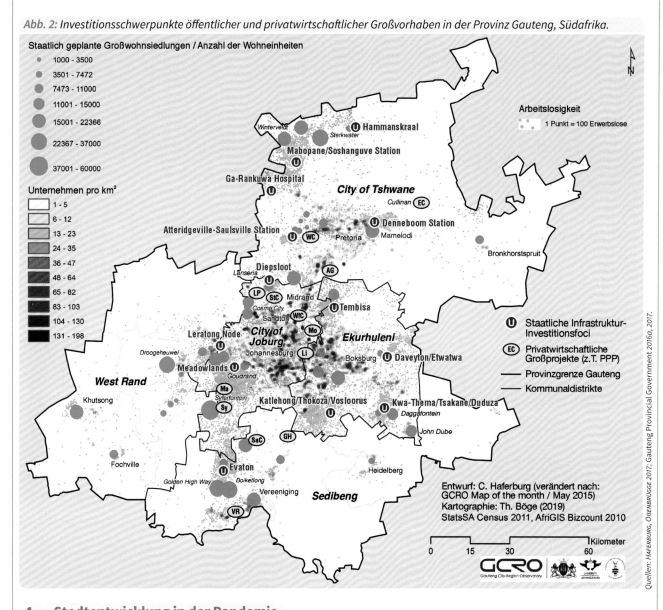

Abb. 2: Investitionsschwerpunkte öffentlicher und privatwirtschaftlicher Großvorhaben in der Provinz Gauteng, Südafrika.

Quellen: HAFERBURG, OßENBRÜGGE 2017; Gauteng Provincial Government 2016a, 2017.

4   Stadtentwicklung in der Pandemie

Als neue Herausforderung trifft Südafrika und die Gauteng City Region die Covid-19-Pandemie, deren erste Wirkungen in diesem Artikel aus aktuellen Gründen auf Basis einiger verfügbarer Berichte kurz zusammengefasst werden sollen. Aus Sicht der Stadtforschung sind hier besonders die Wirkungen der Pandemie auf das Wohnen, das Wohnumfeld und Stadtquartiere, auf die Mobilität, die Zentren und das Stadt-Land-Verhältnis hervorzuheben. Gleichwohl versucht *Tabelle 2* eine Gesamtübersicht zu geben, die die Provinz Gauteng zur Einordnung der laufenden Pandemie im Vergleich zu früheren zusammengestellt hat. Hier wird, bezugnehmend auf die in Südafrika ebenso sehr ausgeprägt verlaufende HIV/Aids-Pandemie, dargestellt, welche Ähnlichkeiten und Unterschiede zu erkennen sind. Wesentlich sind in der Beurteilung nicht nur die Auswirkungen der Pandemie selbst,

sondern auch die Eindämmungsmaßnahmen, die mit der ebenso in Südafrika ausgeprägten Politik des „social-physical distancing" seit Mitte März 2020 bis heute den Alltag und das gesellschaftliche Leben massiv beeinflusst haben.

Die *Tabelle 2* unterstreicht, dass der Erhalt von Gesundheit bzw. die Vermeidung von Krankheit nicht erst seit Covid-19 massive soziale bzw. sozial-räumliche Resonanzen erzeugt. In Südafrika ist dieser Zusammenhang besonders deutlich – schließlich wurden die ersten Zwangsumsiedlungen von Hafenarbeitern in Kapstadt in die Vorläufer der späteren Townships vor über hundert Jahren mit einem Ausbruch der Beulenpest legitimiert (HAFERBURG 2007). Auch die Einführung baulicher Abstandsvorschriften und weiterer Quarantäneregelungen für Minenarbeiter kann dem sogenannten *sanitation syndrome* zugeordnet werden,

aus dem einer der Legitimierungsdiskurse der Apartheid entstand (vgl. HAFERBURG 2007). Die strukturellen Bezüge von „Sozialem" und „Räumlichem" unterstreichen bei diesem Themenfeld somit historisch wie aktuell, dass sie mit Gesundheitsmotiven aufs Engste verwoben sind. Wichtig ist dabei, konkrete Problemlagen und Lösungsvorschläge zu unterscheiden: nicht immer passen diese zusammen.

Gegenwärtig steht im Hinblick auf das Thema „Wohnen" zunächst die Situation in den informellen Siedlungen im Vordergrund der Debatte. In diesen Wohnsituationen waren die hygienischen Verhältnisse vor allem aufgrund unzureichender Ver- und Entsorgungsinfrastruktur ohnehin als schlecht einzustufen. Die Benachteiligungen sind durch die Pandemie nochmals verschärft worden, bis hin zu sogenannten „slum-eradications", also Zwangsumsiedlungen bzw. Vertreibun-

Tab. 2: Ausgewählte Aspekte zu Pandemien in Johannesburg.

	HIV/Aids	Covid-19
Geschichte/Ablauf	1980er Jahre bis heute	Isolierte Fälle im März 2020, starker Anstieg seit Juni 2020. Johannesburg als „globaler hotspot"
Ausmaß der Pandemie	300 000 Todesfälle in Johannesburg, bis zu 16 % der Bevölkerung betroffen	Hohe Verbreitung, unkontrollierte Ansteckung, [noch relativ] geringere Mortalität
Typisierung der Betroffenen	Primär „Black Africans"	Breit verteilt, ältere Bevölkerungsgruppen, Vorerkrankte
Entwicklungspfad/Beendigung	Antiretrovirale Therapie ermöglicht Eindämmung	Offen – Impfungen als [mögliche] Eindämmung
Besonderheiten für die Republik Südafrika (RSA)	Weit überdurchschnittliche nationale Betroffenheit, hohe räumliche Variation im Land	Überraschende räumliche Muster, zunächst Western Cape betroffen, dann Gauteng
Vorurteilsbezogene Zuschreibungen der Verursachung („Sündenböcke")	Homosexuelle, Migranten, „African People"	Anfänglich ethnisch-geographisch; weitgehende Ächtungen Covid-19 positiv getesteter Personen
Sozioökonomische Effekte	Sichtbare Arbeitsmarkteffekte, hohe finanzielle Belastungen des Gesundheitssystems, verstärkte Marginalisierung	Schwerwiegende wirtschaftliche Auswirkungen, gravierender Anstieg der Arbeitslosigkeit, Insolvenzen
Räumliche/infrastrukturelle Implikationen	Verstärkte sozialräumliche Ungleichheiten	Politisch und öffentliche Ablehnungen hoher Bevölkerungsdichten, Umsiedlung informeller Siedlungen in temporäre Camp
Pandemie-Governance	Zentrale/nationale Pandemiepolitik	Nationale Steuerung durch Katastrophenschutz, regionale und lokale Umsetzungsformen
Einfluss auf zukünftigen Umgang mit Pandemien	Partnerschaftliche Aktionsformen und Bedeutungszunahme der Zivilgesellschaft	Wahrscheinliche Stärkung zentraler Regulation und hierarchisch verlaufender Interventionsformen

Quelle: HARRISON 2020; Auswahl und Übersetzung durch die Verfasser.

gen, wenn lokale Konzentrationen der Ansteckung erkannt worden sind. Aber auch ansonsten sind Wohnungen und Unterkünfte oft überbelegt und damit sind Ansteckungsgefährdungen vergleichsweise hoch. Allerdings betrifft dies nicht nur die informellen Siedlungen – insofern sind diese stärker zur Zielscheibe der Problemverortung geworden als andere Stadtviertel. Dies zeigt auch eine Darstellung der Fallzahlen vom Januar 2021 *(Abb. 3)*. Im Zeitverlauf unten ist eine Zunahme der Ansteckungen Ende Dezember/Anfang Januar sichtbar, die gegen Ende Januar ein Plateau auf erschreckend hohem Niveau erreicht hat. In räumlicher Hinsicht dominieren zwar tendenziell Townships und informelle Siedlungen, aber ebenso sind in den Northern Suburbs Hotspots zu verzeichnen, etwa auf einer Achse von Diepsloot (informelle Siedlung) über Cosmo City (Kombination aus RDP-Siedlung und unterer Mittelklasse) bis zu Randburg und Sandton (gehobene Mittelklasse). Bei der Interpretation muss man sicher vorsichtig sein, da nicht klar ist, wie adressgenau die Fälle erfasst wurden, jedoch liegt es nahe, in diesem Muster eine Resonanz der engen sozio-ökonomischen

Verflechtungen zwischen den genannten Stadtteilen zu vermuten – insofern sind eben nicht nur die informellen Siedlungen Orte hoher Infektionsdichten, was auch naheliegt, denn zahlreiche der dortigen Bewohner*innen arbeiten ja als Servicekräfte und Hausangestellte der Mittelklasse in den benachbarten wohlhabenderen Gebieten – nur deshalb leben viele von ihnen überhaupt in der Stadt.

Insofern sind die seit Mitte vergangenen Jahres verzeichneten Diskriminierungen und Zuschreibungen speziell gegenüber den Bewohner*innen informeller Siedlungen, für die sich seit Juni stark ausbreitende Pandemie hauptverantwortlich zu sein, nicht nur ungerecht, sondern sie gehen auch an der Sache vorbei. Wie in vielen anderen Ländern waren die ersten Hotspots von Covid-19 eher wohlhabende bzw. international verflochtene Gebiete – so verzeichnete Kapstadt anfangs die höchsten Werte in Südafrika, und Südafrika hatte (und hat bislang) die höchsten Fallzahlen in Afrika. Angesichts der bekannten starken Unterschiede der Gesundheitsversorgung und der Lebensbedingungen (inklusive Wasserversorgung und sanitärer Infrastruktur) ist die-

ses Muster zunächst kontraintuitiv, denn sowohl Kapstadt als auch Südafrika stehen im jeweiligen Kontext ja gerade in Bezug auf diese Gesundheitsindikatoren im nationalen bzw. kontinentalen Vergleich am besten da. Allerdings zeigt das Ausbreitungsmuster der ersten Welle eben – nach einem Diktum von Roger KEIL (2021) – das „Exoskelett der Globalisierung": Genau die zuvor erläuterten Effekte der internationalen ökonomischen Verflechtungen werden hier räumlich sichtbar: die entsprechenden Knoten (Global Cities, Global City Regions), die sich im Falle Kapstadt besonders auch im Bereich des Tourismus artikulieren, sind daher in der ersten Welle die am stärksten betroffenen Gebiete. Hinzu kommen demografisch begünstigende Faktoren – konkreter, die Alterszusammensetzung.

In der Folge jedoch, und in dem Zug, in dem sich die Pandemie in einer Region „festsetzt", werden in einer zweiten Welle vor allem sozio-ökonomisch schwächere Bevölkerungsgruppen zu Opfern sowohl des Virus als auch vieler Maßnahmen zur Eindämmung der Verbreitung der Krankheit. Ausgeprägte wirtschaftliche Probleme sind besonders bei prekär Beschäftigten entstanden, denn das Herunterfahren des städtischen Lebens hat den Verlust von Erwerbsmöglichkeiten zur Folge, die nicht oder nur durch symbolische Unterstützungsmaßnahmen abgefangen worden sind. Damit erscheinen die Pandemie und die Maßnahmen zu ihrer Eindämmung als Katalysator für das noch deutlichere Zutagetreten der bereits extrem ausgeprägten sozialen Ungleichheiten in der südafrikanischen Gesellschaft und zeigen die kleinräumigen Disparitäten in der Stadtregion Gauteng: Je stärker die sozio-ökonomisch marginalisierten Gruppen räumlich getrennt von anderen leben, desto deutlicher treten ihre Wohngebiete dann auf entsprechenden Karten als Hotspots in Erscheinung.

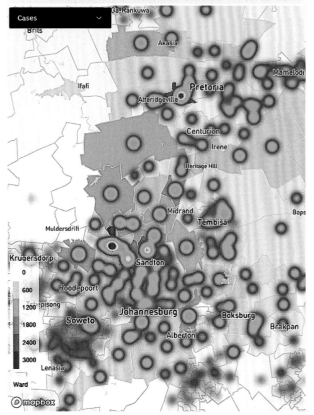

Abb. 3: Covid-19-Ansteckungen: Ausbreitung in der Gauteng City Region (Raumausschnitt – oben) und Verlauf in Südafrika vom 01. November 2020 bis 14. Februar 2021.

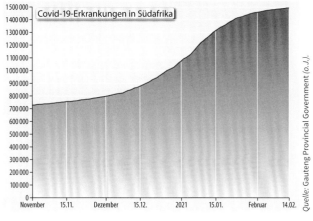

Covid-19-Erkrankungen in Südafrika

Quelle: Gauteng Provincial Government (o.J.).

5   Fazit

Johannesburg bzw. die Stadtregion Gauteng bilden nach wie vor die wirtschaftsstärkste Agglomeration in Afrika. Im Zuge des Strukturwandels zur Dienstleistungsökonomie konnte sie ihre Zentralität nicht nur im südafrikanischen Kontext ausbauen, sondern sich auch in der Hierarchie der Global Cities als einziger afrikanischer Standort in der obersten Klasse behaupten. Als bedeutendster Finanzplatz des Kontinents bündelt Johannesburg Steuerungsfunktionen für Warenhandel, unternehmensorientierte Dienste und Kommunikation. Diese erfolgreich erscheinende Transformation der ehemaligen Minenstadt wurde begleitet von Bevölkerungszuwachs, Infrastrukturinvestitionen sowie dem massiven Ausbau von Büro- und Wohnimmobilien, sodass eine heterogene Stadtlandschaft fortgeschrieben wird. Die multipolare Siedlungsstruktur mit vergleichsweise geringer Dichte ist aufgrund der beschriebenen Fragmentierung und dem hohen Pendel- und Transportaufwand sozial höchst ungleich und ökonomisch ineffizient. Es erscheint zwar als schlüssig, dass Knoten und Korridore in der Raumplanung Gautengs als Antwort gelten, jedoch zeigt sich in der Verteilung dieser Interventionen ein Primat der Ökonomie. Bereits vor Covid-19 konnten wegen der politischen Instabilitäten nur sehr eingeschränkt Inklusionseffekte und sozialer Ausgleich erwartet werden. Die Pandemie wirkt derzeit wie ein Katalysator und Brennglas auf die ungelösten Probleme und führt zu weiteren Verschärfungen. Sicherlich gibt es während derartiger Zeiten auch neue bzw. wiederauflebende Bewegungen zu einem Mehr an gesellschaftlicher Solidarität. Jedoch ist eine Intensivierung staatlicher Unterstützung für sozialpolitische Ziele nach der Pandemie aufgrund budgetärer Probleme angesichts der oben beschriebenen aktuellen ökonomischen Stagnation und momentan fehlender Bereitschaft zu einem grundlegenden polit-ökonomischen Strategiewechsel unwahrscheinlich, sodass eher labile Situationen und widersprüchliche Erscheinungsformen der politischen Steuerung zu erwarten sind.

Literatur

ABRAHAMS, C., EVERATT, D., VAN DEN HEEVER, A., MUSHONGERA, D., NWOSU, C., PILAY, P., SCHEBA, A. u. I. TUROK (2018): South Africa: National Urban Policies and City Profiles for Johannesburg and Cape Town. – Johannesburg.

CARTWRIGHT, A., PALMER, I., TAYLOR, A., PIETERSE, E., PARNELL, S. u. S. COLENBRANDER (2018): Developing Prosperous and Inclusive Cities in Africa – National Urban Policies to the Rescue? – London, Washington D.C. (Cities Working Papers. Coalition for Urban Transitions) [https://t1p.de/3zru – letzter Zugriff: 12/2021].

DAVIES, M. (2007): Planet der Slums. – Berlin, Hamburg.

FRIEDMANN, J. (1986): The World City Hypothesis. – Development and Change, (17)1: 69–83.

Gauteng Provincial Government (2016a): Socio-Economic Review and Outlook. – Marshalltown.

Gauteng Provincial Government (2016b): GSDF 2030. – o.O.

Gauteng Provincial Government (2017): Gauteng Infrastructure Funding Summit for Mega Projects. – o.O.

Gauteng Provincial Government (o.J.): Gauteng Digital Platform. Covid-19 Visual Analytics Tool. – https://t1p.de/x6x6 [letzter Zugriff: 12/2021].

HAFERBURG, C. (2007): Umbruch oder

Persistenz? Sozialräumliche Differenzierungen in Kapstadt. – Hamburg (Hamburger Beiträge zur Geographischen Forschung, 6).

HAFERBURG, C. (2013): Townships of Tomorrow? Cosmo City and inclusive visions for post-apartheid urban futures. – Habitat International 39: 261–268.

HAFERBURG, C., OßENBRÜGGE, J. (2017): Von Joburg nach Gauteng: Transformation der City of Gold zur Global City Region? – Zeitschrift für Wirtschaftsgeographie 61(2): 96–114.

HARRISON, P. (2020): Johannesburg and its epidemics: Can we learn from history? – Johannesburg (GCRO Occasional Paper, 16).

HUCHZERMEYER, M., KARAM, A. u. M. MAINA (2014): Informal settlements. In: P.

HARRISON, G. GOTZ, A. TODES u. C. WRAY (Hrsg.): Changing Space, Changing City. Johannesburg after Apartheid. – Johannesburg: 154–175.

KEIL, R. (2021): Covid Urban: Dimensionen der Peripherie in der städtischen Gesellschaft. – o.O. (Vortrag im Rahmen der translokalen Vortragsreihe „Geographien von Covid-19" an der Universität Bayreuth am 26. Januar 2021).

MURRAY, M. J. (2015): Waterfall City (Johannesburg): privatized urbanism in extremis. – Environment and Planning A, 47(3): 503–520.

SACN (= South African CitiesNetwork) (2016): State of South African Cities Report 2016. – Johannesburg.

SASSEN, S. (1991): The Global City. New York, London, Tokyo. – Princeton (NJ).

SASSEN, S. (2001): Global City and Global City-Regions: A Comparison. In: A. J. Scott (Hrsg.): Global City-Regions. Trends, Theory, Policy. – New York: 78–95.

STATS SA (= Statistics South Africa) (2017): Statistical Release P0441. Gross domestic product. Forth quarter 2016. – Pretoria [https://t1p.de/l3oy – letzter Zugriff: 12/2021].

The World Bank (o.J.): GDP growth (annual %) – South Africa. – https://t1p.de/auz3 [letzter Zugriff: 12/2021].

VISAGIE, J., TUROK, I. (o.J.): The Economic Landscape of South African Cities: Diversity across space, sector and skills. In: South African CitiesNetwork: Urban Economies Papers. – o.O.: 5–27 [https://t1p.de/g2op – letzter Zugriff: 12/2021].

Bei dem Text handelt es sich um eine überarbeitete und erweiterte Fassung eines Artikels, der 2019 mit folgender Zitation in der *Geographischen Rundschau* erschienen ist:

HAFERBURG, C., OßENBRÜGGE, J. (2019): Stadtregion Gauteng in Südafrika. Transformation der „City of Gold" zur Global-City-Region? – Geographische Rundschau 71(11): 24–28.

Dr. habil. CHRISTOPH HAFERBURG
Wissenschaftlicher Mitarbeiter am Institut für Geographie/CEN
Universität Hamburg
Bundesstraße 55 • D–20146 Hamburg
christoph.haferburg@uni-hamburg.de

Prof. Dr. JÜRGEN OßENBRÜGGE
Professor für Wirtschaftsgeographie am Institut für Geographie/CEN
Universität Hamburg
Bundesstraße 55 • D–20146 Hamburg
juergen.ossenbruegge@uni-hamburg.de

Daniel Ehebrecht

Motorrad-Taxis und die Transformation der Verkehrssysteme in den Metropolen Subsahara-Afrikas

Mit einer Abbildung, drei Tabellen und drei Bildern

1 Einleitung

Die Metropolen Subsahara-Afrikas (SSA) sind nach wie vor von einem rasanten Bevölkerungswachstum gekennzeichnet. Ausgehend vom Basisjahr 2000 hat sich die Einwohnerzahl vieler Städte innerhalb von nur 20 Jahren teilweise verdoppelt oder sogar verdreifacht. Dieses Wachstum geht nicht nur mit einer Ausdehnung der Städte in die Fläche einher. Zugleich stehen Bevölkerungs- und Siedlungswachstum in einem engen Wechselspiel mit der Entwicklung des städtischen Verkehrs: Letzteres ist einerseits eine Folge wachsender Mobilitätsbedarfe. Andererseits ermöglicht die Verkehrsentwicklung die Erschließung neuer randstädtischer Siedlungsgebiete. Etwa seit der Jahrtausendwende kommt in diesem Zusammenhang den ursprünglich vor allem im asiatischen Raum verbreiteten Motorrad-Taxis eine immer stärkere Bedeutung zu. Neben dem rapiden Städ-

tewachstum (z.B. Evans et al. 2018) ist das Aufkommen der Motorrad-Taxis vor dem Hintergrund unzureichender Verkehrspolitik und -planung (z.B. Klopp 2012) und einem langjährigen Niedergang des städtischen öffentlichen Personennahverkehrs (ÖPNV; z.B. Kumar 2011) zu verstehen. Das Wachstum der Motorrad-Taxis kann dabei als eine jeweils lokal angepasste Antwort des Mobilitätsmarktes betrachtet werden, der damit flexibel auf bestehende Lücken im ÖPNV-Angebot reagiert (Pirie 2014: 138). Mit dem Motorrad-Taxi-Angebot sind zudem wichtige sozioökonomische Funktionen wie vor allem die Schaffung von Arbeitsplätzen verbunden – allerdings ebenso negative Effekte wie etwa Verkehrsunfälle und prekäre Arbeitsbedingungen (Diaz Olvera et al. 2016; Pirie 2014).

Der vorliegende Artikel[1] untersucht die Rolle der Motorrad-Taxis im Kontext der

Transformation städtischer Verkehrssysteme in den Metropolen Subsahara-Afrikas. Zunächst werden dazu gegenwärtige Wachstumsprozesse und die Ausgangsbedingungen des Mobilseins in diesen Städten betrachtet. Im Anschluss daran werden grundlegende Aspekte der Transformation der Verkehrssysteme beleuchtet und dabei vier Zyklen der Regulierung öffentlicher Mobilitätsangebote beschrieben. Mit einem Fokus auf das empirische Fallbeispiel Dar es Salaam in Tansania zeichnet der Artikel auf dieser Grundlage schließlich die Funktionen der Motorrad-Taxis im städtischen Kontext, ihre Organisation und Regulierung sowie gegenwärtige Herausforderungen, Potenziale und ihre planerische Integration nach. In der Schlussbetrachtung wird eine zusammenfassende Bewertung der Bedeutung der Motorrad-Taxis in diesem sozialräumlichen Kontext vorgenommen.

2 Städtisches Wachstum und die Bedingungen des Mobilseins

Wie Statistiken der *Vereinten Nationen* zeigen, wird die Bevölkerung in SSA von rund 1066 Mio. Menschen 2019 auf schätzungsweise rund 1750 Mio. Menschen bis 2040 anwachsen (*United Nations Department of Economic and Social Affairs* 2019: 2f.). Ein Großteil dieses Wachstums wird in den größeren Städten und Metropolen stattfinden. *UN-Habitat* zufolge lebten 2000 rund 32 % der subsaharischen Bevölkerung in urbanen Gebieten. Für 2030 wird ein Anteil von ca. 45 % städtischer Bevölkerung prognostiziert. Zwar werden die Wachstumsraten langsam abnehmen – den Schätzungen zufolge verbleiben diese jedoch bis 2040 bei über drei Prozent jährlich (*UN-Habitat* 2014: 266, 268). Der *State of African Cities*-Bericht bildet zudem Prognosen zur Bevölkerungsentwicklung in den Großstädten mit über 750 000 Einwohnern ab: Ausgehend vom Basisjahr 2000 wird sich die Bevölkerung in einigen

Metropolen bis 2020 verdoppeln und in anderen sogar annähernd verdreifachen (*UN-Habitat* 2014: 270f.; *Tab. 1*).

Das demografische Wachstum sowie auch die Attraktivität randstädtischer Wohnlagen für die parallel wachsenden urbanen Mittelschichten tragen zu einer Ausdehnung der Städte in die Fläche bei. Aufgrund ihrer hohen Dynamik, der oft eingeschränkten Kapazitäten der Lokalbehörden und sich überlappender administrativer Zuständigkeiten findet diese peri-urbane Siedlungsentwicklung allerdings weitgehend informell, das heißt unbegleitet von der städtischen Planung statt. Erschwerend kommen fragmentierte Zugangsrechte zu den randstädtischen Flächen und Grundstücken hinzu, die zum Teil von städtischen Behörden und zum anderen Teil von ländlichen Kommunen verwaltet werden. Die Folge sind eine fehlende Koordination der räumlichen Ent-

wicklungsprozesse, zeitintensive nachholende Planungsprozesse und damit auch eine nur langsam erfolgende Infrastrukturversorgung besiedelter randstädtischer Gebiete (Diaz Olvera et al. 2013: 57; Hill et al. 2014; Kumar, Barrett 2008: 13; Smit, Pieterse 2014: 150).

Dies betrifft ebenso die Straßeninfrastruktur, die in den meisten Ländern und Metropolen in SSA im Vergleich zu anderen Weltregionen ohnehin nur geringfügig ausgebaut ist. Da der weitere Ausbau auch angesichts begrenzter Ressourcen der öffentlichen Verwaltungen bislang nur bedingt mit den Dynamiken des städtischen Wachstums Schritt halten kann, ist oft nur ein Teil der vorhandenen Straßen asphaltiert; viele Straßen befinden sich zudem in einem kritischen Zustand (Behrens 2014; Kumar, Barrett 2008: 23; Melbye et al. 2015). Hinzu kommt, dass viele städtische Straßensysteme radial aus-

---

[1] Dieser Artikel basiert in weiten Teilen auf Ausführungen in Ehebrecht (2020).

Malte Steinbrink, Matthias Gebauer und Dieter Anhuf (Hrsg.): Afrika – ein Kontinent in Bewegung.
Passau 2021 (Passauer Kontaktstudium Geographie 16)

Tab. 1: Bevölkerungswachstum ausgewählter Metropolen in Subsahara-Afrika (in Mio.).

Stadt	Land	2000	2010	2020*
Abidjan	Elfenbeinküste	3,03	4,15	5,90
Adis Abeba	Äthiopien	2,38	2,92	3,88
Dakar	Senegal	2,03	2,93	4,23
Dar es Salaam	Tansania	2,12	3,42	5,68
Johannesburg	Südafrika	2,73	3,76	4,42
Kampala	Uganda	1,08	1,59	2,67
Lagos	Nigeria	7,28	10,79	15,83
Lusaka	Sambia	1,07	1,72	2,76
Nairobi	Kenia	2,21	3,24	4,94
Niamey	Niger	0,68	1,22	2,18
Ouagadougou	Burkina Faso	0,92	1,91	3,66

alle Werte gerundet; *prognostizierte Werte

Quelle: EHEBRECHT 2020: 17.

gerichtet sind, weil sich der Straßenbau ursprünglich auf die Erreichbarkeit des Stadtzentrums konzentrierte: Vom Zentrum aus verlaufen Ausfallstraßen in die Peripherie, aber verbindende Ringstraßen fehlen oft, sodass randstädtische Gebiete untereinander meist kaum verbunden sind und nur über das Stadtzentrum erreicht werden können. Dies erhöht die aufzuwendende Zeit und die Kosten des Mobilseins erheblich (CERVERO 2013: 12; KUMAR, BARRETT 2008: 23).

Allerdings kann der zu beobachtende Versuch, den Ausbau und die Verbesserung des Straßensystems voranzutreiben, kontraproduktiv wirken. Denn diese augenscheinlich notwendige und auch für den ÖPNV relevante Maßnahme kann zugleich stärkere Anreize für die Nutzung des privaten Automobils schaffen (vgl. PIRIE 2014: 135, 140; SIETCHIPING et al. 2012: 183ff.; UN-Habitat 2013). Dieser Aspekt ist ebenso mit Blick auf den steigenden motorisierten Individualverkehr (MIV) von Bedeutung. Denn zu den wachsenden Mobilitätsbedarfen, die aus dem städtischen Bevölkerungswachstum resultieren (BEHRENS 2014: 459ff.; DIAZ OLVERA et al. 2013), kommen gesellschaftliche Veränderungen hinzu, die auch zu veränderten Lebensmustern und einem Wandel von Mobilitätsbedarfen beitragen: Als Folge ökonomischen Wachstums entstehen städtische Mittelschichten, die Zugang zu privaten Automobilen haben – für 2020 prognostizierte UN-Habitat eine Zahl von rund 130 Mio. Haushalten, die der Mittelschicht zugerechnet werden können (UN-Habitat 2014: 19). Die Verbreitung von Privatautos ist in SSA zwar in Relation zur Gesamtbevölkerung nach wie vor relativ gering. Die dennoch teils stark wachsende Individualmotorisierung trägt jedoch zumindest in den großen Städten bereits jetzt zu einer Zunahme der Verkehrsstaus und negativen Umweltauswirkungen bei (BEHRENS 2014: 460; CERVERO 2013: 8; DIAZ OLVERA et al. 2013: 59; LAMRI et al. 2017: 291ff.). Die Verkehrsstaus führen wiederum zu enormen Zeitverlusten und hemmen dadurch die soziale und die ökonomische Entwicklung (CERVERO 2013: 13f.; PIRIE 2014: 134). Diese Effekte betreffen gerade auch die deutliche Bevölkerungsmehrheit in den wachsenden Städten SSAs, die keinen Zugang zum MIV hat und auf andere Formen des Mobilseins angewiesen ist.

Auch die Verfügbarkeit von ÖPNV-Angeboten ist abhängig von den genannten Bedingungen der Straßensysteme in SSA. Die Angebote beschränken sich weitgehend auf die asphaltierten Haupt- und Nebenstraßen oder auf solche nicht-asphaltierten Straßen, die ohne größere Probleme von Fahrzeugen passiert werden können. Die Zugänglichkeit zum ÖPNV ist daher für viele Stadtbewohner beispielsweise dann eingeschränkt, wenn diese in größerer Entfernung zu diesen Straßen und damit zu den vorhandenen Angeboten wohnen (KUMAR, BARRETT 2008: 29). Darüber hinaus ist der Zugang zum ÖPNV oft durch weitere Faktoren begrenzt: Neben der engen Verknüpfung von Angebotsverfügbarkeit, geringen Gesamtkapazitäten der Fahrzeuge und der jeweiligen lokalen Bevölkerungsdichte (BEHRENS 2014; KUMAR, BARRETT 2008: 29) ist vor allem auch geringes Einkommen zu nennen. In den unteren Einkommensgruppen müssen die Haushalte oft einen großen Anteil ihres monatlich zur Verfügung stehenden Einkommens aufwenden, um den ÖPNV nutzen zu können. Am untersten Ende der Einkommensskala können sich viele Menschen die Nutzung öffentlicher Mobilitätsangebote überhaupt nicht leisten (KUMAR, BARRETT 2008: 31; UN-Habitat 2013: 108).

Während das Fahrradfahren in einigen städtischen Kontexten zwar verbreitet ist, insgesamt aber durch fehlende Infrastruktur, politische und/oder kulturelle Faktoren beschränkt wird (NKURUNZIZA 2012; PENDAKUR 2005), verbleibt damit vor allem das Zufußgehen als notwendige und am meisten verbreitete Form der Mobilität. Zugleich sind die Bedingungen dafür gerade in informellen Siedlungen angesichts enger, nicht asphaltierter und unbeleuchteter Wege ungünstig – insbesondere für ältere Menschen, Kinder und Frauen ergeben sich so Unsicherheiten (DIAZ OLVERA et al. 2013: 58; PIRIE 2014: 139f.). Auch dieser Sachverhalt führt damit gewissermaßen zu Mobilitätsnachteilen, damit zu eingeschränkter Erreichbarkeit von Arbeitsplätzen, Gütern, Dienstleistungen, sozialen Austauschmöglichkeiten etc. und trägt damit schließlich zu sozialer Exklusion verschiedener sozialer Gruppen bei (LUCAS 2011).

3   Die Transformation städtischer Verkehrssysteme

Vor diesem Hintergrund kommt den Transformationsprozessen städtischer Verkehrssysteme in Subsahara-Afrika und den damit verbundenen Herausforderungen und Potenzialen für die Sicherstellung lokaler Mobilitätsbedarfe eine wichtige Bedeutung zu. Mit Blick auf öffentlich verfügbare Mobilitätsangebote lassen sich diese Veränderungsprozesse stark vereinfachend mithilfe eines Regulierungszyklus beschreiben, der vier – sich teils überlappende – Phasen der Organisation und Regulierung von ÖPNV-Angeboten seit der Unabhängigkeit der afrikanischen Länder beschreibt (vgl. BEHRENS 2014; GWILLIAM 2008):

(1) Zunächst wurde der ÖPNV vielfach durch staatseigene oder staatlich subventionierte Busunternehmen mit Monopolstellung getragen. Aufgrund der Effekte der ökonomischen Krisen der 1970er und 1980er Jahre, der Verteuerung von Krediten, wirtschaftspolitischen Strukturanpassungen (Deregu-

lierung, Privatisierung) und fehlenden Möglichkeiten der Aufrechterhaltung von Subventionen konnten diese Mobilitätsdienstleister ihr Angebot in vielen Fällen nur noch eingeschränkt anbieten oder mussten den Betrieb gänzlich einstellen. Zugleich nahm die Nachfrage aufgrund der Urbanisierungsprozesse deutlich zu (Rizzo 2017).

(2) Die entstehenden Lücken im Angebot wurden nach und nach von privaten, informell organisierten Anbietern gefüllt, die zunächst ohne Lizenzen, aber teilweise mit Duldung der Lokalverwaltungen operierten. Diese Angebote, die in der Regel mithilfe importierter Gebrauchtwagen (vor allem Minibusse, Vans) bereitgestellt werden, haben sich in zahlreichen lokalen Kontexten vor allem seit Anfang der 1990er Jahre teils zum wichtigsten öffentlichen Verkehrsmittel entwickelt (Cervero 2000: 15; Kumar, Barrett 2008: 8). Minibus-Dienstleistungen haben – aus der Angebotsperspektive heraus – verschiedene Vorteile gegenüber den konventionellen Linienbussen: Sie sind kleiner, schneller und wendiger, können daher auch engere Straßen passieren und somit Gebiete abdecken, die für die konventionellen Busse nicht zugänglich sind. Darüber hinaus kommt die Minibus-Dienstleistung ohne Subventionen aus, denn ihre Fahrpreise sind oft nicht reguliert, sodass diese entsprechend der Kosten angepasst werden können. Aufgrund der oft fehlenden staatlichen Regulierung können die Anbieter der Dienstleistung zudem auf relativ flexible Weise ihre Arbeits- bzw. Fahrzeiten und auch die bedienten Strecken entsprechend der Nachfrage anpassen und so möglichst gewinnbringend operieren. Die hohe Anpassungsfähigkeit beschert den Kleinbussen dadurch einen Wettbewerbsvorteil gegenüber dem konventionellen ÖPNV-Angebot (vgl. Kumar, Barrett 2008: 10f.; McCormick et al. 2016). Die Minibus-Dienstleistungen sind in vielen lokalen Kontexten und Städten etabliert – unter anderem in Accra (Agyemang 2013), in Dar es Salaam (Mfinanga, Madinda 2016; *Bild 1*), in Kampala (Kamuhanda, Schmidt 2009) und in Nairobi (Khayesi et al. 2015). Auch in Südafrika decken sie einen Großteil der Mobilitätsbedarfe ab (Del Mistro, Behrens 2015).

(3) Die Dominanz der informell organisierten Mobilitätsdienstleistungen hat positive Effekte für die Sicherstellung der Mobilität. Allerdings steht diesen eine Reihe negativer Auswirkungen gegenüber, die auch auf den weitgehend informellen Charakter der Mobilitätsdienstleistungen zurückzuführen sind. Die sich oft verändernden Fahrpreise, Routenverläufe und Fahrzeiten wirken sich nachteilig für Fahrgäste aus, da diese kontinuierlich mit unvorhergesehenen Änderungen konfrontiert werden. Nachteilig für die Fahrgäste ist außerdem, dass die Fahrer und Schaffner der Busse aufgrund prekärer Arbeitsverhältnisse und bestehender Kostenstrukturen zu Beginn einer Fahrt zumeist an den jeweiligen Terminals und Haltestellen warten, bis alle Plätze belegt sind, um so ihren Umsatz zu vergrößern. Hintergrund dessen ist, dass die Fahrer und Schaffner die Fahrzeuge meist anmieten und den Eigentümern der Fahrzeuge eine relativ hohe Tagesmiete zahlen müssen. In der Konsequenz führt dies unter anderem oft dazu, dass Fahrgäste an anderen Haltestellen entlang der jeweiligen Route nicht mehr zusteigen können, weil die Busse bereits überfüllt sind. Zwischen den Anbietern besteht eine starke Konkurrenz, was Konflikte mit sich bringt und zu aggressivem Fahrverhalten beiträgt. Dies führt zu hohen Unfallzahlen und wirkt sich ebenfalls negativ auf die Stausituation aus. Eine weitere Folge gering ausgeprägter staatlicher Regulierung sind fehlende Standards für Fahrzeuge und deren Instandhaltung. Aufgrund des Kostendrucks werden die Fahrzeuge lediglich rudimentär gewartet oder repariert. Dies hat negative Effekte für die Umweltbilanz der Fahrzeuge und beeinträchtigt ebenfalls die Verkehrssicherheit (vgl. Cervero, Golub 2007: 448f.; Kumar, Barrett 2008: 11f.; McCormick et al. 2016).

Dass die Branche großenteils informell reguliert ist, bedeutet allerdings nicht, dass staatliche Kontrollmechanismen vollständig abwesend sind. Tatsächlich greifen verschiedene Regierungs- und Verwaltungseinrichtungen auf nationaler, regionaler oder lokaler Ebene ein, unter anderem über das Erlassen von allgemeinen Verordnungen oder das Ausstellen von Genehmigungen. Viele Aspekte des Sektors bleiben allerdings oft von formeller Regulierung ausgeschlossen – z.B. die Kontrolle der Routenzuteilung, die Erhebung von Steuern, die Sicherstellung arbeitsrechtlicher Mindeststandards sowie die Festlegung von Fahrtarifen (Cervero, Golub 2007: 448; Kumar, Barrett 2008: 13ff.).

(4) Die vierte Phase des ‚regulatorischen Zyklus' beschreibt schließlich den gegenwärtigen Trend einer Re-Regulierung und (Wieder-)Einführung formeller ÖPNV-Systeme, mit deren Hilfe bestehende Mobilitätsprobleme adressiert und eine Verbesserung der Qualität öffentlicher Angebote erreicht werden sollen. In einigen Fällen wird dazu das inzwischen global verbreitete Konzept des Bus-Rapid-Transit (BRT) aufgegriffen (Behrens 2014).Diese Schnellbussysteme verfügen über eine separate Linienführung, weshalb sie auch größere Distanzen schneller zurücklegen können und somit die

Bild 1: Minibus in Dar es Salaam.

Aufnahme: D. Ehebrecht 03/2018.

Reisezeiten der Fahrgäste deutlich verkürzen. Als Massentransportmittel kann ihre Dienstleistung zudem vergleichsweise kosteneffizient angeboten werden. Ein weiterer Vorteil für die Städte ist, dass ihre Implementierung – im Vergleich zu schienenbasierten Systemen, wie beispielsweise Straßenbahnen und innerstädtischen Zugsystemen – relativ geringe Investitionen erfordert. In SSA wurden bereits in Kapstadt, Johannesburg und anderen südafrikanischen Städten (WOOD 2014) sowie in Dar es Salaam BRT-Systeme installiert *(Bild 2)*. Darüber hinaus sind unter anderem in Addis Abeba (VOUKAS, PALMER 2012), in Kampala (VERMEIREN et al. 2015) und in Nairobi (KLOPP, CAVOLI 2018) entsprechende Großprojekte geplant.

Zwangsläufig leiten sich daraus Fragen nach dem künftigen Verhältnis dieser neuen formellen Verkehrssysteme und den nach wie vor dominierenden, informell organisierten Angeboten ab. Wie in südafrikanischen Städten und auch in Dar es Salaam ergeben sich nämlich in der Praxis Konflikte aus dem Aufeinandertreffen einer zentral geplanten Implementierung der BRT-Systeme einerseits und den etablierten Dienstleistungen verschiedener informeller Anbieter – hinter denen bedeutende sozioökonomische Interessen stehen – andererseits. Denn dabei kommt es zu Verschiebungen und neuen Konkurrenzen auf dem Markt der Mobilitätsdienstleistungen, insbesondere wenn mit der Einführung der formellen Systeme eine gezielte Verdrängung bisheriger Anbieter verbunden ist (BEHRENS, SALAZAR FERRO 2016; MFINANGA, MADINDA 2016; RIZZO 2014, 2017). Andererseits zeigen

Bild 2: Schnellbussystem in Dar es Salaam.

Aufnahme: D. Ehebrecht 03/2018.

Studien, dass eine Integration beider Systeme unter bestimmten Bedingungen denkbar ist und sinnvoll sein kann, insofern damit die Kapazitäten erweitert und Mobilitätsbedarfe besser adressiert werden können. Die Minibusse müssen dabei zwar ihr Angebot auf den Hauptverkehrsachsen einstellen, die effizienter von den größeren BRT-Bussen mit deutlich höheren Kapazitäten bedient werden können. Sie können ihre Dienstleistung dafür jedoch auf den untergeordneten Haupt- und Nebenstraßen intensivieren und diese im Rahmen eines Zubringer-Systems mit den BRT-Stationen auf den Hauptverkehrsachsen verbinden (CERVERO 2013; SALAZAR FERRO et al. 2013; SCHALEKAMP et al. 2016).

Auch angesichts dessen, dass die neuen Bussysteme bisher nur punktuell eingeführt worden sind und jeweils nur Teile des jeweiligen Stadtgebiets abdecken, bleibt festzuhalten, dass informell organisierte Mobilitätsdienstleistungen nach wie vor eine zentrale Stellung in den städtischen ÖPNV-Systemen der Metropolen SSAs einnehmen. Trotz der negativen Effekte, die mit ihrem Angebot zweifelsohne auch verbunden sind, erscheinen sie für das Decken von Mobilitätsbedarfen als unverzichtbar. Zugleich sind auch diese Mobilitätsdienstleistungen von Veränderungsprozessen gekennzeichnet: Neben den schon länger etablierten Minibussen haben sich in den vergangenen Jahren – ebenfalls weitgehend informell organisierte – Motorrad-Taxi-Dienstleistungen als neues städtisches Mobilitätsangebot etabliert. Die Motorrad-Taxis bieten verschiedene Ergänzungsfunktionen, die weder von den Minibussen noch von den BRT-Systemen geleistet werden können. Als ein wesentliches Merkmal der Transformationsprozesse der Verkehrssysteme in afrikanischen Metropolen werden die Motorrad-Taxi-Dienstleistungen im Folgenden ausführlicher betrachtet.

4   Die Rolle der Motorrad-Taxis in städtischen Verkehrssystemen

Die Nutzung von Motorrädern für das Anbieten von Taxi-Dienstleistungen ist in SSA an sich kein neues Phänomen. In einigen regionalen Kontexten und insbesondere im ländlichen Raum haben sich diese Mobilitätsdienstleistungen bereits in den 1980er Jahren und früher etabliert. Etwa seit der Jahrtausendwende sind die Motorrad-Taxis immer stärker auch zu einem städtischen Verkehrsmittel geworden und verzeichnen seitdem in vielen regionalen und lokalen Kontexten ein rapides Wachstum. Beispielsweise konnten DIAZ OLVERA et al. (2016: 165) im Rahmen einer Analyse die Verfügbarkeit von Motorrad-Taxis in 104 von 203 ausgewählten Städten in SSA nachweisen. Vor allem in den Städten werden die Motorrad-Taxi-Dienstleistungen in vielen Fällen inzwischen auch mithilfe von motorisierten Dreirädern (Autorikschas) angeboten (EHEBRECHT et al. 2018). Mit einem Fokus auf das Fallbeispiel Dar es Salaam beleuchten die nachfolgenden Abschnitte zentrale politisch-ökonomische Hintergründe ihres Aufkommens, wesentliche Funktionen der Dienstleistung sowie Formen ihrer Organisation und Regulierung. Abschließend werden gegenwärtige Herausforderungen und Potenziale für eine planerische Integration der Motorrad-Taxis im Rahmen gegenwärtiger Transformationsprozesse des städtischen Verkehrs diskutiert.

4.1   Politisch-ökonomische Hintergründe und Funktionen der Dienstleistung

Die Expansion der Motorrad-Taxi-Dienstleistung und ihre Integration in öffentliche Verkehrssysteme ist stark vom jeweiligen politisch-ökonomischen Kontext anhängig. Wie im oben beschriebenen Regulierungszyklus angedeutet, ermöglichten die Krisen staatlich betriebener Mobilitätsdienstleistungen einerseits und die Hinwendung zu einer Deregulierungs- und Privatisierungspolitik andererseits privaten Akteuren schrittweise in ÖPNV-Angebote zu investieren. Wie beispielsweise in Lagos (1970er Jahre), Douala (1980er Jahre) und Kampala (1990er Jahre) schuf dies auch den Rahmen für das Aufkommen und starke Wachstum von Motorrad-Taxi-Dienstleistungen (Kumar 2011). Seit der Jahrtausendwende haben sich die Motorrad-Taxis ebenfalls in vielen weiteren lokalen Kontexten etabliert und erleben seitdem ein starkes Wachstum (Diaz Olvera et al. 2016; Ehebrecht et al. 2018).

Für dieses Wachstum lassen sich exemplarisch einige weitere politisch-ökonomische Faktoren benennen: Dazu zählen unter anderem die Verfügbarkeit von Fahrzeugen durch den Import von günstigen, gebrauchten Motorrädern aus Asien und Europa sowie die Verfügbarkeit von billigem Benzin aus Nigeria. Auch erschwerte sozioökonomische Bedingungen als Folge von Wirtschaftskrisen sind zu nennen. Diese führten in vielen regionalen Kontexten in SSA dazu, dass die entstehende Motorrad-Taxi-Branche für viele Arbeitssuchende attraktiv wurde. Groß- und Kleininvestoren sahen in den Entwicklungen dagegen zunehmend Möglichkeiten zum Erzielen von Profiten (vgl. Diaz Olvera et al. 2012: 5f.; Kumar 2011: 18). In Uganda wurde das Wachstum der Motorrad-Taxis durch die Aktivitäten von privaten Firmen stimuliert, die Mitte der 1990er Jahre damit begonnen hatten, gebrauchte Fahrzeuge aus Japan zu importieren (Howe 2003). Weitere Faktoren auf nationaler oder lokaler Ebene umfassen unter anderem die Schließung der Landesgrenzen zwischen Nigeria und Niger Mitte der 1980er Jahre und politische Proteste und Generalstreiks in Togo und Kamerun Anfang der 1990er Jahre. Diese Ereignisse brachten Einschränkungen des ÖPNV mit sich und trugen dadurch zu Angebotslücken bei, die von Motorrad-Taxi-Anbietern genutzt wurden. Diese konnten sich schließlich dauerhaft in den genannten Kontexten etablieren (Diaz Olvera et al. 2012: 5; Guézéré 2015: 258f.). Politischer Klientelismus war hingegen ein zentraler Faktor des weiteren Wachstums des Motorrad-Taxi-Angebots in Kampala, wo die nationale Regierung Ugandas die Anbieter dieser Dienstleistung etwa seit Anfang der 2000er Jahre unterstützte, um Wählerstimmen zu gewinnen. Dies umfasste unter anderem Steuerentlastungen, die Bereitstellung von Fahrzeugen oder Krediten zur Finanzierung von Motorradkäufen und das Blockieren von einschränkenden Regulierungsmaßnahmen, die die städtische Lokalverwaltung durchzusetzen beabsichtigte, um negative Effekte der

Dienstleistung (z.B. Unfälle) zu reduzieren (Goodfellow, Titeca 2012).

In Dar es Salaam ist die Motorrad-Taxi-Dienstleistung etwa Mitte der 2000er Jahre aufgekommen. Das seitdem kontinuierlich stattfindende Branchenwachstum lässt sich auch hier unter anderem mit der zunächst fehlenden staatlichen Regulierung, Steuererleichterungen für die Fahrzeug-Import-Branche und der Verfügbarkeit von vergleichsweise günstigen Fahrzeugen erklären. Diese Bedingungen führten dazu, dass private Klein- und Großinvestoren damit begannen, Fahrzeuge meist indischer und chinesischer Hersteller zu erwerben und an Motorrad-Taxi-Fahrer zu vermieten. Aufgrund weit verbreiteter Arbeitslosigkeit fanden sich schnell viele vor allem jüngere Arbeitssuchende, die hierin die Chance sahen, ein regelmäßiges Einkommen zu erzielen. Inzwischen hat sich daraus ein verbreitetes Geschäftsmodell entwickelt, das auch denjenigen ökonomischen Akteuren, die über kein eigenes Startkapital verfügen, den Zugang zu einem Fahrzeug und damit eine ökonomische Tätigkeit ermöglicht. Für die nationale Regierung Tansanias stellte diese ökonomische Bedeutung der Motorrad-Taxi-Branche 2009 einen wichtigen Anlass dar, die Dienstleistung auch formell anzuerkennen und dazu die entsprechende Gesetzgebung anzupassen (siehe unten).

Neben diesen politischen und ökonomischen Aspekten der Angebotsschaffung stellt vor allem der hohe Bedarf an zusätzlichen Mobilitätsoptionen einen zentralen Faktor des Wachstums der Branche in den Metropolen SSAs dar. Wie oben skizziert, resultiert die starke Nachfrage insbesondere aus den miteinander verwobenen Faktoren des Bevölkerungswachstums, der bestehenden Lücken im ÖPNV-Angebot, der eingeschränkten Siedlungs- und Verkehrsplanung sowie der oft inadäquaten Verkehrsinfrastruktur (vgl. Diaz Olvera et al. 2012: 4f.; Sietchiping et al. 2012).

Im städtischen Kontext erfüllt das Motorrad-Taxi-Angebot dabei eine ganze Reihe an Funktionen. Motorrad-Taxis sind aufgrund ihrer Geländegängigkeit in der Lage auch abgelegene Gebiete zu erreichen, die für die anderen Mobilitätsangebote (vor allem Minibusse) nicht zugänglich sind oder keinen ausreichenden Umsatz versprechen *(Bild 3)*. In diesen Gebieten sind die Motorrad-Taxis dann oftmals die einzige Option und stellen hier beispielsweise Zubringer-Dienstleistungen bereit, mit deren Hilfe die nicht-abgedeckten Wohngebiete mit ÖPNV-Angeboten auf den Hauptstraßen verbunden werden. Darüber hinaus sind ihre Schnelligkeit und die Fähigkeit durch dichten Verkehr oder Staus zu manövrieren wichtige Funktionen (vgl. Diaz Olvera et al. 2012: 9f.; Kamuhanda, Schmidt 2009: 133; Kumar 2011: 7ff.; Oteng-Ababio, Agyemang 2012: 151f.). Beispielsweise führten im kamerunischen Douala befragte Fahrgäste die günstigen Fahrpreise als wichtigen Grund der Nutzung von Motorrad-Taxis an (Diaz Olvera et al. 2012: 10). In der nigerianischen Stadt Aba äußerten die Nutzer von Dreirad-Taxis, dass sie die Dienstleistung nutzten, weil sie schneller, günstiger und sicherer als andere verfügbare ÖPNV-Angebote sei (Nwaogbe et al. 2012: 272). In einer Studie in Accra konnten unter anderem höherer Komfort, Zeitersparnis und

Bild 3: Motorrad-Taxis im randstädtischen Dar es Salaam.

Aufnahme: D. Ehebrecht 03/2018.

Flexibilität der Dienstleistung als wesentliche Gründe der Nutzung identifiziert werden (OTENG-ABABIO, AGYEMANG 2015: 36). Eine Studie zu den Motorrad-Taxis in Douala, Kampala und Lagos nennt zudem die allgemeine Verfügbarkeit und Zugänglichkeit der Dienstleistung als wichtige Faktoren. Dort werden die Motorrad-Taxis unter anderem für Zubringer- und Verteilerfahrten in Verbindung mit anderen öffentlichen Verkehrsmitteln genutzt (KUMAR 2011: 13). All diese Funktionen spielen auch im städtischen Kontext von Dar es Salaam eine Rolle, wo sich zudem die motorisierten Zwei- und Dreirad-Taxis ergänzen: Während die Zweiräder noch besser als die Dreiräder dazu geeignet sind, auch schwer zugängliche Siedlungsgebiete in randstädtischen Lagen zu bedienen, bieten die Dreiräder einen höheren Komfort und sind in der Lage bis zu drei Fahrgäste gleichzeitig zu transportieren – eine Eigenschaft, die beispielsweise bei Zubringer- und Verteilerfahrten zu bzw. von Bushaltestellen von Fahrgästen genutzt wird, um sich den Fahrpreis zu teilen.

4.2 Formen der Organisation und Regulierung

Die nahezu flächendeckende Verfügbarkeit der Motorrad-Taxi-Dienstleistung in Dar es Salaam und anderen subsaharischen Metropolen setzt eine funktionierende Organisation und Regulierung des Angebots voraus. Um dies näher zu beleuchten, werden im Folgenden die bestehenden Geschäftsmodelle, die die Verfügbarkeit von Fahrzeugen sicherstellen sowie die Selbstregulierung der Anbieter und die staatliche Regulierung der Branche, betrachtet.[2]

Geschäftsmodelle und ökonomische Relationen

In Dar es Salaam zeigen Einblicke aus der Motorrad-Taxi-Branche, dass die meisten Anbieter zu Beginn ihrer Fahrertätigkeit nicht über ausreichendes ökonomisches Kapital verfügen, um sich ein eigenes Fahrzeug leisten zu können. Dieser Bedarf trifft auf das Interesse von privaten Klein- und Großinvestoren, die sich durch ihre Investitionen in die nach wie vor wachsende Branche Profite versprechen. Mit diesen Fahrzeugeigentümern gehen die Motorrad-Taxi-Fahrer entweder unbefristete Mietverträge oder aber auf einen festgelegten Zeitraum ausgelegte Mietkaufverträge ein *(Tab. 2)*. Ein Mietkaufvertrag erlaubt es den Fahrern das Eigentumsrecht des Fahrzeugs nach einem festgelegten Zeitraum zu erwerben (vgl. DIAZ OLVERA et al. 2016; EHEBRECHT, LENZ 2018). Verträge zwischen Fahrern und Fahrzeugeigentümern werden entweder mündlich oder schriftlich geregelt. Die Höhe der täglichen Miete sowie die Vertragslaufzeit bei Mietkaufverträgen hängen im Wesentlichen vom Fahrzeugtyp ab. Bei Mietkaufverträgen errechnet sich die Vertragsdauer in Abhängigkeit vom Kaufpreis des Fahrzeugs, den Lizenzgebühren sowie den von den Eigentümern angestrebten Profitraten. Um die mit den Fahrern eingegangenen Verträge – in Abwesenheit eines verlässlichen formellen Vertragsrechts – abzusichern, greifen die Fahrzeugeigentümer hierbei auf Bürgen zurück, die in der Regel aus dem Familiennetzwerk der Fahrer stammen. Diese können den Vertragsabschluss bezeugen und sind auf Grundlage sozialer Regeln dazu verpflichtet, ggf. für den Fahrer einzustehen, sollte es beispielsweise zu Schäden an den – aufgrund der hohen Kosten – meist nicht versicherten Fahrzeugen kommen. Denn vor dem Hintergrund der hohen Unfallgefahr und der häufig vorkommenden Fahrzeugdiebstähle ergeben sich für die Fahrzeugeigentümer relativ hohe Risiken, die sie auf diese Weise zumindest teilweise an die Fahrer weitergeben können.

In den Verträgen ist meist nicht geregelt, inwieweit der Fahrzeugeigentümer einerseits und der Fahrer andererseits im Falle von Unfällen oder Diebstählen für entstehende Schadenssummen aufzukommen haben. Die allgemeine Erwartung ist lediglich, dass sich beide Seiten beteiligen, während die konkrete Höhe des jeweiligen Beitrags erst ausgehandelt werden muss. Dabei sind die Fahrzeugeigentümer aufgrund der ökonomischen Verhältnisse der Fahrer, die von einem funktionierenden Fahrzeug abhängig sind, in einer besseren Verhandlungsposition und sie können so eine finanzielle Beteiligung der Fahrer verlangen. Ein weiteres Risiko ergibt sich für die Fahrer aus der Tatsache, dass die Fahrzeugeigentümer aus Kostengründen oft keine Lizenzen für den Taxibetrieb der Fahrzeuge beantragen. Bei Verkehrskontrollen werden dann jedoch die Fahrer zur Rechenschaft gezogen und müssen die fälligen Bußgelder zahlen.

Problematisch ist für die Fahrer zudem, dass die Fahrzeuge meist bereits stark abgenutzt sind, wenn sie diese schließlich über einen Mietkaufvertrag erwerben. In diesen Fällen müssen sie dann viel Geld für die Reparatur und Instandhaltung ausgeben oder aber einen neuen Miet- oder Mietkaufvertrag eingehen, wenn sie diese Kosten nicht tragen können. In Anbetracht hoher Arbeitslosigkeit und nicht vorhandener staatlicher sozialer Sicherungsmechanismus zwingt ihre ökonomische Situation die Fahrer allerdings in den meisten Fällen dazu, diese Bedingungen der Fahrzeugeigentümer zu akzeptieren, um Zugang zu einem Fahrzeug zu erhalten und einer Arbeit nachgehen zu können. Zu diesen Bedingungen zählt auch, dass für die Fahrer die Notwendigkeit besteht, bestimmte Mindestumsätze pro Tag zu erzielen. Denn wie in der Minibus-Branche müssen die Fahrer täglich relativ hohe Miet- oder Ratenzahlungen leisten und relativ hohe Betriebskosten bedienen. Darüber hinaus sind oftmals mehrere Familienmitglieder von den Einkommen der Fahrer abhängig. Das führt wiederum dazu, dass die meisten Fahrer sechs bis sieben Tage pro Woche und lange Schichten pro Tag arbeiten müssen.

Oft gelingt es denjenigen, die als Fahrer in die Motorrad-Taxi-Branche wechseln

Tab. 2: Ökonomische Relationen der Motorrad-Taxi-Anbieter in Dar es Salaam.

Status	Abhängigkeitsverhältnis	Finanzierung
Eigenes Fahrzeug	keines oder zu Kreditgeber	Kredit, eigene Finanzierung oder vorheriger Mietkauf
Mietvertrag	zu Fahrzeugeigentümer über Vertrag (mündlich oder schriftlich)	regelmäßige Mietzahlung über unbestimmten Zeitraum
Mietkaufvertrag	zu Fahrzeugeigentümer über Vertrag (mündlich oder schriftlich)	regelmäßige Mietkaufzahlung über festgelegten Zeitraum
Tagelöhner	zu anderem Fahrer über mündliche Vereinbarung	Mietzahlung pro Fahrzeugleihe in Abhängigkeit vom erzielten Umsatz

Quelle: EHEBRECHT 2020: 216.

2) Die folgenden Abschnitte basieren weitgehend auf Ausführungen in EHEBRECHT (2020), insofern keine anderen Quellen angegeben sind.

möchten, nicht unmittelbar, einen Fahrzeugeigentümer zu finden, der ein Fahrzeug zur Verfügung stellen kann. Das Arbeiten als Tagelöhner kann daher eine weitere Möglichkeit des Berufseinstiegs sein: Tagelöhner leihen sich ihre Fahrzeuge von anderen Fahrern, denen ein Fahrzeug zur Verfügung steht und dieses in arbeitsfreien Zeiten verleihen möchten. Durch die Organisation von Schichten können sie das Fahrzeug in Betrieb halten und durch die Untervermietung zusätzliche Einnahmen erzielen. Der Preis für die Untervermietung wird in der Regel im Anschluss an die Leihe zwischen Fahrer und Tagelöhner ausgehandelt und ist abhängig vom jeweils erzielten Umsatz des Tagelöhners (vgl. EHEBRECHT, LENZ 2018: 126f.).

Wie auch bei den Fahrer-Eigentümer-Verhältnissen ergeben sich über diese informellen Arbeitsbeziehungen zwischen Fahrern und Tagelöhnern Abhängigkeiten. Ein Tagelöhner ist – wie die Fahrer gegenüber den Fahrzeugeigentümern auch – vom Wohlwollen der Fahrer abhängig. Sie müssen zum einen darauf warten, bis sich eine Gelegenheit ergibt, ein Fahrzeug leihen zu können. Zum anderen hängt ihr Einkommen nicht nur vom erzielten Umsatz, sondern auch von der Entscheidung des Fahrers ab, dem Tagelöhner einen bestimmten Anteil des jeweils erzielten Umsatzes als Verdienst zu überlassen. Die Tagelöhner verdienen aus diesen Gründen zwar nur unregelmäßige Einkommen. Die Tätigkeit der Tagelöhner bietet aber auch die Möglichkeit, soziale Kontakte zu einer Vielzahl an Fahrern zu knüpfen. Über diese können bestenfalls im Laufe der Zeit auch Verbindungen zu Fahrzeugeigentümern hergestellt werden, mit denen ggf. ein Mietvertrag über ein permanent zur Verfügung stehendes Fahrzeug ausgehandelt werden kann. Andersherum nutzen Fahrzeugeigentümer die sozialen Netzwerke ihrer Fahrer für die Rekrutierung von Interessenten, wenn sie ein neues Fahrzeug vermieten möchten.

Trotz dieser in großen Teilen schwierigen Arbeitsbedingungen zeigen die empirischen Einblicke aus Dar es Salaam, dass den Fahrern zumindest in Einzelfällen ein sozialer Aufstieg möglich ist. Einige Fahrer konnten in Folge ihrer Tätigkeit ökonomisches Kapital aufbauen, besitzen inzwischen teilweise selbst mehrere Fahrzeuge oder haben parallel in andere ökonomische Aktivitäten investieren können. Für die Mehrheit der Fahrer stellt die Tätigkeit aber zumindest sicher, dass – solange ein Fahrzeug zur Verfügung steht – ein regelmäßiges Einkommen erzielt werden kann. Im Kontext hoher Arbeitslosigkeit hält dies die generelle Attraktivität des Berufs aufrecht und fördert auch das weitere Wachstum der Branche.

Taxistände, Fahrervereinigungen und Selbstregulierung

Vor dem Hintergrund der stark zunehmenden Konkurrenz sind in den vergangenen Jahren Zusammenschlüsse von Motorrad-Taxi-Fahrern entstanden. Diese Fahrervereinigungen stellen einen wichtigen Faktor für die Integration des Motorrad-Taxi-Angebots in den lokalen Markt der Mobilitätsdienstleistungen dar. Denn in vielen Fahrergruppen haben sich mittlerweile komplexe Organisationsstrukturen entwickelt, die eine Reihe wichtiger Aufgaben für ihre Mitglieder erfüllen. Die Funktionen der Fahrervereinigungen lassen sich grob nach ökonomischen Funktionen (Unterstützung der wirtschaftlichen Tätigkeit), sozialen Funktionen (soziale Unterstützungsleistungen, soziale Kontrolle) und administrativen Funktionen (Verwaltung interner Angelegenheiten und Repräsentation nach außen) untergliedern *(Tab. 3)*. Die daraus hervorgegangenen Selbstregulierungsformen steuern die alltäglichen Praktiken der Dienstleistungsausübung gerade auch in den Bereichen, in denen staatliche Regulierung (bisher) nicht greift oder keine staatlichen Verordnungen existieren.

Ökonomisch relevant ist zunächst die meist informelle – das heißt die von den Behörden anfangs nicht genehmigte – Aneignung eines günstigen Standorts, von dem ausgehend die Dienstleistung angeboten werden kann. Die Taxistände befinden sich zumeist entlang von Hauptstraßen, an Straßenkreuzungen, in der Nähe von Bushaltestellen oder lokalen Märkten sowie an den Zufahrten bzw. Zugängen zu Wohnsiedlungen, wo jeweils ein hohes Fahrgastaufkommen zu erwarten ist. Bei der Gründung und Etablierung des Taxistands greifen die Fahrervereinigungen meist auf die Unterstützung lokal verankerter sozialer Netzwerke zurück, was den Fahrern und ihrem Taxistand Legitimität verschafft. Die Taxistände werden nämlich zumeist im Wohnort der Fahrer gegründet, wo die Fahrer zahlreiche Fürsprecher haben und ihren Anspruch auf die ausgewählte Lokalität gegenüber der Konkurrenz leichter geltend machen können. Indem die Vereinigungen durch den Betrieb des Taxistands über Zeit zu den symbolischen Eigentümern des Standortes werden, können sie unter Anwendung bestimmter Ausschlussmechanismen andere Akteure (beispielsweise konkurrierende Fahrer, Straßenhändler) von dessen Nutzung abhalten. Vor dem Hintergrund der wachsenden Konkurrenz ist die Mitgliedschaft in einer Fahrervereinigung stark nachgefragt und die Fahrervereinigungen haben die Aufnahme neuer Mitglieder inzwischen begrenzt. Zugang erhält nur, wer aus der Nachbarschaft des jeweiligen Taxistands stammt, ein Beglaubigungsschreiben des Ortsvorstehers vorweisen kann und zudem eine Beitrittsgebühr zahlt. Dennoch hat die Mitgliederzahl der Fahrervereinigungen stark zugenommen, sodass sich die Stand- und Wartezeiten der Fahrer teilweise deutlich verlängert haben.

Tab. 3: Ausgewählte Funktionen der Motorrad-Taxi-Fahrervereinigungen in Dar es Salaam.

Ökonomische Funktionen

- Sicherung des Kundenzugangs über einen festen Taxistand
- Austausch von Erfahrungswerten für Fahrpreise
- Verdienstmöglichkeiten für Tagelöhner
- Geldleihe/Spargemeinschaft

Soziale Funktionen

- Finanzielle Unterstützung bei Krankheit und Verdienstausfällen
- Soziale Kontrolle der Mitglieder
- Konfliktlösung
- Öffentliche Legitimität gegenüber Kunden und Behörden

Administrative Funktionen

- Zugangskontrolle/Aufnahme von Mitgliedern und Erheben einer Beitrittsgebühr
- Erhebung regelmäßiger Mitgliederbeiträge
- Wahl von Führungspersonen (Vorsitzender, Kassenwart, Schriftführer)
- Registrieren des Taxistands
- Formulieren einer Mitgliedersatzung

Quelle: EHEBRECHT 2020: 259ff.

Während die Gründung von Fahrervereinigungen anfangs vor allem der Sicherstellung des Kundenzugangs und der Vermeidung von Konkurrenz zwischen den Fahrern diente, haben sich viele Fahrerzusammenschlüsse zu stärker organisierten Vereinigungen entwickelt, die über die ökonomischen Funktionen hinaus weitere Aufgaben für ihre Mitglieder übernehmen. Beispielsweise können die Mitglieder der Fahrervereinigungen in Bedarfsfällen auf soziale Unterstützung zählen. Diese wird meist in Form von Geldspenden, insbesondere in Krankheitsfällen oder bei längeren Verdienstausfällen geleistet. Das hat eine wichtige Bedeutung, weil die Fahrer aus Kostengründen und aufgrund der Informalität ihrer Arbeitsverhältnisse in der Regel keinen Zugang zur Sozialversicherung haben. Die Fahrervereinigungen leisten angesichts des nicht zu unterschätzenden alltäglichen Berufsrisikos ihrer Mitglieder somit eine wichtige Absicherung. Darüber hinaus können die Fahrer innerhalb ihrer Vereinigungen Kleinkredite aufnehmen. Diese Möglichkeit verschafft in solchen Fällen Abhilfe, in denen Fahrern – ebenfalls aufgrund der Informalität ihrer Arbeitsverhältnisse – der Zugang zu formellen Bankkrediten verwehrt bleibt. Diese Praktiken des Geldleihens sind angelehnt an das Mikrokreditmodell der formell registrierten, meist größeren Spar- und Kreditkooperativen, die in Tansania seit den 1990er Jahren stark an Bedeutung gewonnen haben (vgl. Bwana, Mwakujonga 2013). Um die verschiedenen Unterstützungsformen leisten zu können, erheben die Fahrervereinigungen regelmäßig Mitgliedsbeiträge und verpflichten ihre Mitglieder dazu, sich gegenseitig auszuhelfen. Zudem üben sie mithilfe von Sanktionsmechanismen soziale Kontrolle über ihre Mitglieder aus und tragen damit außerdem zur Vermeidung oder Lösung von Streitfällen zwischen den Mitgliedern oder mit externen Akteuren (z.B. Anrainern, konkurrierenden Fahrern, Behörden) bei.

Schließlich übernehmen die Fahrervereinigungen auch Verwaltungsaufgaben für ihre Mitglieder, z.B. dadurch, dass sie inzwischen dazu übergegangen sind, ihre Taxistände von den Lokalverwaltungen nachträglich registrieren zu lassen, ihre Mitglieder behördlich anzumelden und Vorsitzende zu wählen. Letztere können als Repräsentanten und Vermittler gegenüber Behörden auftreten. Auch diese Maßnahmen tragen zur öffentlichen Legitimität der Vereinigungen bei, verbessern außerdem das Erscheinungsbild gegenüber

Fahrgästen und stellen dadurch die Aufrechterhaltung des Betriebs an den Taxiständen sicher. Relevant ist dieser Punkt zudem, weil Taxistände, die nicht registriert sind oder nicht zumindest behördlich geduldet werden, jederzeit von der Lokalverwaltung oder der Polizei geschlossen werden können. Oft werden die Fahrer in diesen Fällen von ihren Standorten vertrieben und sind dabei oft auch polizeilicher Willkür ausgesetzt.

Der Grad der Organisation unterscheidet sich zwischen den Fahrervereinigungen teils erheblich. Unterschiede lassen sich vor allem anhand der Komplexität der Selbstregulierung, dem Umfang ihrer Aktivitäten, der Bestimmung von Verantwortlichkeiten und der Ausbildung von Hierarchien ablesen; letztere ergeben sich aus dem Verhältnis von Vorsitzenden, Schriftführern und Verwaltern der Gemeinschaftskassen einerseits und den weiteren Mitgliedern inklusive der Tagelöhner andererseits. Die Regeln der Fahrervereinigungen basieren weitgehend auf sozialen Verhaltensnormen, informellen Absprachen und teilweise auch auf der Übernahme staatlicher Regularien. Beispielsweise halten die Vereinigungen ihrer Mitglieder dazu an, die Verkehrsregeln zu beachten und einen Führerschein vorweisen zu können, was bei vergleichbaren informell organisierten Mobilitätsangeboten oft nicht der Fall ist. Die Regeln der Fahrervereinigungen umfassen des Weiteren unter anderem die räumliche Organisation der Taxistände (z.B. Prinzip der Wartereihe für die Fahrzeuge), den Umgang mit Fahrgästen, die Bestimmung von Fahrpreisen für bestimmte Routen und Bußgelder für Verstöße. Viele dieser Regeln werden mündlich vereinbart. Inzwischen gehen die Fahrervereinigungen außerdem dazu über, schriftliche Satzungen zu formulieren, die die wichtigsten Regeln enthalten und ihre bessere Durchsetzung ermöglichen sollen. Dies und die angedeutete Differenzierung von Positionen und Verantwortlichkeiten innerhalb der Vereinigungen deuten eine institutionelle Entwicklung und Professionalisierung der Fahrervereinigungen und damit auch eine Formalisierung des weitgehend informell organisierten Motorrad-Taxi-Angebots an. Ein weiterer Aspekt, der diesen Trend belegt, ist die Gründung von übergeordneten Fahrervereinigungen auf Ebene der Stadtbezirke. Diese haben oft mehrere Tausend Mitglieder und damit eine nicht zu unterschätzende Verhandlungsmacht. Diese versuchen sie dazu einzusetzen, die allgemeinen Arbeitsbedingungen

der Branche zu verbessern und dahingehend die Unterstützung der verantwortlichen Behörden einzufordern.

Staatliche Regulierung

Von staatlicher Seite wird die Motorrad-Taxi-Dienstleistung seit 2010 offiziell anerkannt und reguliert. Die Notwendigkeit staatlicher Regulierung lässt sich im Wesentlichen durch drei Aspekte begründen: erstens durch den wichtigen Beitrag, den die Motorrad-Taxis zur Sicherstellung der öffentlichen Mobilität leisten, zweitens aufgrund der Schaffung von (landesweit inzwischen hunderttausenden) Arbeitsplätzen und schließlich drittens auch wegen der Erfordernis, die neu entstandene Branche mit Blick auf die hohen Unfallzahlen und andere negative Effekte stärker zu kontrollieren (siehe unten). Die Motorrad-Taxi-Verordnung von 2010 hat hierzu verschiedene Standards, Regularien und Registrierungsprozesse eingeführt (*United Republic of Tanzania* 2010).

Die Fahrzeugeigentümer müssen ihre Fahrzeuge seitdem bei den Bezirksverwaltungen registrieren und eine regelmäßig zu erneuernde Straßenlizenz beantragen. Bedingung dafür ist, dass für den Fahrer des Fahrzeugs der Nachweis einer Mitgliedschaft in einer Fahrervereinigung sowie ein Mietvertrag zwischen dem Fahrer und Fahrzeugeigentümer vorliegt. Zugleich erfolgt damit die Angabe eines Stadtteils, in dem die Dienstleistung angeboten werden soll. Weitere Bedingungen betreffen vor allem den Nachweis der Fahrtauglichkeit der Fahrzeuge, den Nachweis eines Führerscheins, einer Haftpflichtversicherung und – bei den Zweirad-Taxis – die Ausstattung mit zwei Schutzhelmen.

Auch die Fahrervereinigungen und ihre Taxistände müssen beim zuständigen Bezirk registriert sein. Der Verordnung zufolge werden die Taxistände zwar von den Bezirken zugewiesen. In der Praxis erkennen die Behörden die von den Fahrervereinigungen selbst gegründeten Taxistände allerdings an, insofern keine Sicherheitsbedenken vorliegen und die Parkfläche nicht bereits anderweitig beansprucht wird. Diese Anerkennung durch die Behörden setzt allerdings voraus, dass die Fahrervereinigung sich proaktiv an die Bezirksverwaltungen wendet und sich dort anmeldet. Nach und nach werden die Taxistände dadurch formell anerkannt, wobei die fehlenden Kapazitäten der Lokalverwaltungen dazu führen, dass diese Registrierung nicht mit den zahlreichen

Neugründungen und Standortverlagerungen der Taxistände Schritt halten kann. Viele inoffizielle Taxistände existieren zudem im Stadtzentrum, wo die Motorrad-Taxi-Dienstleistung aufgrund von Sicherheitsbedenken und anderen Gründen (Negativbeitrag zur Stausituation, Vorrang für Busdienstleistungen und Pkws) offiziell untersagt ist.

Die Kompetenzen zur Regulierung der Motorrad-Taxis sind auf verschiedene Behörden verteilt, wobei die staatliche Verkehrsregulierungsbehörde, die Steuererhebungsbehörde, die Verkehrspolizei und die lokalen Verwaltungen tragende Rollen spielen. Berücksichtigt man außerdem die Anerkennung und nachholende Formalisierung bestehender Taxistände und

Organisationsstrukturen sowie die fortschreitende Selbstregulierung innerhalb der primären Fahrervereinigungen, dann lässt sich argumentieren, dass die anfangs weitgehend informell organisierte Dienstleistung mittlerweile relativ stark formalisiert ist.

Die Durchsetzung staatlicher Regularien gelingt bislang allerdings nur sehr eingeschränkt. Dies liegt zum einen an den relativ geringen Kapazitäten der verantwortlichen Behörden: Die geringe Verfügbarkeit von finanziellen Ressourcen, fehlendes Personal und damit geringe Fähigkeiten zur Durchsetzung von Regularien hat zur Konsequenz, dass beispielsweise Registrierungsprozesse und regelmäßige Kontrollen nur unzureichend

durchgeführt werden und ebenfalls Sanktionsmaßnahmen nur bedingt greifen können. Zum anderen ist dies durch die widersprüchlichen Interessen einflussreicher politischer Akteure zu erklären, die eine Zeit lang dafür sorgten, dass der regulative Eingriff der Behörden aus arbeitsmarktpolitischen und wahltaktischen Gründen begrenzt wurde. Beispielsweise wurde in diesem Kontext zwischenzeitlich die Notwendigkeit zur Fahrzeugregistrierung ausgesetzt. Dies sollte verhindern, dass die Anbieter der Dienstleistung durch Auflagen und Registrierungskosten allzu stark eingeschränkt werden und infolgedessen ihre Unterstützung für die Regierungspartei zurückziehen.

4.3 Herausforderungen, Potenziale und planerische Integration

Die effektive Durchsetzung regulativer Institutionen gelingt allerdings auch deswegen bislang nicht, weil sie durch eine verbreitete Nicht-Befolgung staatlicher Regularien auf der Anbieterseite verhindert wird. Beispielsweise sind hierfür ökonomische Zwänge der Motorrad-Taxi-Fahrer verantwortlich; diese führen dazu, dass etwa Lizenzen aus Kostengründen nicht beantragt oder verlängert werden. Teilweise lässt sich die Nicht-Beachtung aber auch mit fehlendem Wissen der staatlichen Regularien oder mit opportunistischem Verhalten begründen. Auch dies kann wiederum auf mangelnde Transparenz behördlicher Entscheidungen bzw. auf die laxe Durchsetzung behördlicher Verordnungen zurückgeführt werden. Diese Problematik äußert sich z. B. beim innerstädtischen Motorrad-Taxi-Verbot. Dieses Verbot wird regelmäßig von den Dienstleistungsanbietern umgangen, weil das Kundenaufkommen im Stadtzentrum besonders hoch ist und hier entsprechende Bedarfe bestehen. Mit dem Anbieten der Dienstleistung im Stadtzentrum können die Motorrad-Taxi-Fahrer daher vergleichsweise hohe Umsätze erzielen. Zudem wird das Verbot von den Behörden oft nur willkürlich durchgesetzt. Wie auch bei Verkehrskontrollen in Dar es Salaam allgemein, geschieht dies oft unter den Bedingungen von Alltagskorruption, bei der Mitglieder der Verkehrspolizei die Motorrad-Taxis gegen eine unter der Hand ausgehandelte Bezahlung passieren lassen.

Auch damit wird die Durchsetzung der Motorrad-Taxi-Regulierung untergraben. Neben den strukturellen Bedingungen einer nur begrenzt effektiven Staatlichkeit und den sozioökonomischen Bedingun-

gen der Fahrer (das heißt Zwänge zum Erzielen von Mindestumsätzen, fehlende Ausbildung, fehlendes Wissen) sind dafür allerdings auch die Fahrzeugeigentümer mitverantwortlich. Denn oft stellen diese den Fahrern verkehrsuntaugliche und nicht vollständig registrierte Fahrzeuge zur Verfügung oder vermieten diese an solche Fahrer, die nicht über ausreichende Erfahrungen und Fähigkeiten verfügen und/oder noch nicht das 18. Lebensjahr vollendet haben.

Reduzierte Verkehrssicherheit

Dass beispielsweise viele Fahrzeuge formell nicht zugelassen oder schlecht ausgestattet sind, dass viele Fahrer keinen Führerschein haben und nicht mit den Verkehrsregeln vertraut sind, wirkt sich vorwiegend auf die Verkehrssicherheit negativ aus. Dies äußert sich in den hohen Unfallzahlen, die seit dem Entstehen der Dienstleistung landesweit zu zahlreichen Schwerverletzten und Verkehrstoten geführt haben. Zwischen 2008 und 2013 nahm die Anzahl der in Unfälle verwickelten Motorräder parallel zum starken Wachstum der im Land registrierten Fahrzeuge kontinuierlich zu. Zwischenzeitlich führte diese Entwicklung der Unfallzahlen sogar zu einem ernsthaften Problem in der medizinischen Versorgung von Unfallopfern in Dar es Salaam, da die Vielzahl der Schwerverletzten die Kapazitäten des dort ansässigen größten Krankenhauses des Landes überstrapazierte (Palangyo 2016).

Zugleich erklären diese Aspekte die oft negative Wahrnehmung der Motorrad-Taxis durch die Öffentlichkeit und die Behörden. Ein Verkehrspolizist, der im Rahmen der vorliegenden Untersuchung

interviewt wurde, schätzte, dass rund Dreiviertel aller Motorrad-Taxis nicht ausreichend lizensiert seien und sich generell nicht an die Verkehrsregeln hielten. Letzteres könnte eine Ursache dafür sein, dass den Statistiken der Verkehrspolizei zufolge „unvorsichtig agierende Motorradfahrer" für rund 24 % aller im Jahr 2015 in Tansania registrierten Unfälle verantwortlich waren (*United Republic of Tanzania* 2016: 43). Auch eine aktuelle Studie, die die Ursachen von Motorradunfällen in Dar es Salaam untersucht, nennt das Fahrverhalten als zentralen Faktor (Salum et al. 2019).

Bedeutung der Fahrervereinigungen für die Verbesserung der Dienstleistung

Vonseiten der Behörden wird inzwischen versucht, mithilfe von Sensibilisierungsmaßnahmen, öffentlichen Informationsveranstaltungen und Ausbildungsmaßnahmen für Fahrer den negativen Effekten der Dienstleistung zu begegnen. Eine zentrale Rolle kommt hierbei wiederum den übergeordneten Fahrervereinigungen auf Ebene der Bezirke zu. Denn auch auf Fahrerseite gibt es starke Bestrebungen, die Motorrad-Taxi-Dienstleistung und die allgemeinen Arbeitsbedingungen der Fahrer zu verbessern und dabei ebenfalls die Unfallproblematik zu lösen. Auch um in dieser Hinsicht von den Behörden eine bessere Unterstützung zu bekommen, versuchen sie zu einer besseren Durchsetzung der staatlichen Regularien beizutragen. Und in dieser Hinsicht konnten diese Vereinigungen bereits einige Erfolge erzielen. So existieren inzwischen formelle Kooperationen mit verschiedenen Behörden und auch mit zivilgesellschaftlichen Organisationen, über die Fahrtrainings und Verkehrsseminare organisiert werden; mehrere Tausend Fahrer konnten dabei ihren Führerschein nachholen. Es ist zwar bisher nicht untersucht, inwieweit diese Seminare und Trainings tatsächlich zu einer Reduzierung von Verkehrsunfällen beigetragen haben. Allerdings zeigen verfügbare Statistiken einen deutlichen Rückgang der Motorradunfälle in Dar es Salaam und in Tansania allgemein (vgl. *Automobile Association Tanzania* 2016: 8; *United Republic of Tanzania* 2016: 37ff., 2019: 74).

Vereinzelt ist es den Vereinigungen darüber hinaus gelungen, ihren Mitgliedern einen Zugang zur Krankenversicherung zu ermöglichen oder Zugang zu formellen Bankkrediten zu erhalten. Letzteres hat dazu geführt, dass einige Fahrer inzwischen ein eigenes Fahrzeug finanzieren konnten, ohne von den im Vergleich teureren und unsicheren Verträgen mit Fahrzeugeigentümern abhängig zu sein. Auch wenn unklar ist, was die langfristigen Effekte sind, trägt all dies zunächst einmal dazu bei, die Bedingungen der Dienstleistung und ihre öffentliche Legitimität zu erhöhen und die Motorrad-Taxis als öffentliches Verkehrsmittel weiter zu etablieren.

Potenziale der Motorrad-Taxis in der wachsenden Stadt

Trotz weiterhin bestehender negativer Effekte, aber gerade wegen ihrer sozialen und ökonomischen Bedeutung und aufgrund der entstehenden Kooperationen, die auf eine Verbesserung der Dienstleistung abzielen, ergeben sich wichtige Potenziale der Motorrad-Taxis.

Wie bereits oben gezeigt, stellen sie einen wichtigen ökonomischen Faktor dar – allein in Dar es Salaam stellen sie Zehntausende direkte Arbeitsplätze für die Anbieter und viele indirekte Arbeitsplätze (Unterstützungsdienstleistungen wie z.B. Fahrzeugwartung) bereit. Innerhalb des städtischen ÖPNV-Systems tragen die Motorrad-Taxis erheblich dazu bei, die Mobilitätsbedarfe der Lokalbevölkerung in den innerstädtischen sowie in den randstädtischen Gebieten abzudecken und hier wichtige Angebotslücken zu füllen.

Aufgrund des starken Wachstums der Motorrad-Taxi-Branche ergeben sich zwar mittlerweile Marktsättigungstendenzen und eine zunehmende Konkurrenz zwischen den Anbietern; diese können daher nur noch geringere Fahrpreise erzielen, was den Fahrgästen hingegen in Form sinkender Preise entgegenkommt. Für die

Anbieter ergeben sich allerdings in den schnell wachsenden randstädtischen Gebieten neue Verdienstmöglichkeiten, weil diese aufgrund der infrastrukturellen Gegebenheiten von den öffentlichen Bussen nur eingeschränkt erreicht werden können. Doch auch in den innerstädtischen Gebieten werden die Motorrad-Taxis aller Voraussicht nach weiterhin von Bedeutung sein; denn das starke Wachstum des motorisierten Individualverkehrs wird sich weiterhin negativ auf die Stausituation auswirken und einen Bedarf für das flexible Motorrad-Taxi-Angebot schaffen.

Den Motorrad-Taxis kommt zudem in Zusammenhang mit dem neuen Schnellbussystem eine wichtige Rolle zu. Auf den Hauptstraßen haben die Motorrad-Taxis zwar ihren Wettbewerbsvorteil eingebüßt und werden weniger für die lukrativen Langstreckenfahrten genutzt; denn die Schnellbusse können diese Dienstleistung aufgrund der separaten Fahrspuren annähernd genauso schnell und zugleich deutlich günstiger anbieten. Allerdings zeigt sich, dass die Motorrad-Taxis für Zubringer- und Verteilerfahren zu/von den Haltestellen der Schnellbusse – wie auch der Minibusse – genutzt werden *(Abb. 1)*. Die Motorrad-Taxis verbinden damit die wachsenden Siedlungsgebiete entlang der Schnellbusrouten mit den Busstationen, verbessern so die Erreichbarkeit und stärken dadurch das ÖPNV-Angebot.

Berücksichtigung in der Stadt- und Verkehrsplanung

Trotz dieser Bedeutung und ihrer staatlichen Anerkennung spielen die Motorrad-Taxis in der Verkehrsplanung bisher keine Rolle. Eine wesentliche Erklärung dafür ist, dass die Motorrad-Taxis von den Behörden nicht als städtisches Verkehrsmittel betrachtet werden, das angesichts des derzeitigen Ausbaus von Straßeninfrastruktur und Schnellbussystem auch künftig noch von Bedeutung sein wird. Insbesondere die genannten Zubringer- und Verteilerfahrten der Motorrad-Taxis zu/von den Bushaltestellen wären aber ein potenzielles Handlungsfeld im Rahmen einer integrierten Stadt- und Verkehrsplanung, die ein intermodales Verkehrssystem fördern möchte – dieses würde dann auf der Kombination verschiedener ÖPNV-Angebote und nicht-motorisierter Fortbewegungsformen basieren. Beispielsweise wäre hier dann zu überlegen, inwiefern diese Funktionen über infrastrukturelle Maßnahmen oder Koordinierungsmaß-

nahmen des Verkehrsmanagements unterstützt werden könnten, wie es z.B. die nationale Verkehrspolitik im benachbarten Kenia anvisiert (*United Republic of Kenya* 2015).

Dabei wäre unter anderem zu prüfen, ob beispielsweise infrastrukturelle Verbesserungen der Taxistände in Verbindung mit einer besseren physischen Zugänglichkeit für Fahrgäste und einem Informations- und Leitsystem zur besseren Koordination sinnvoll sein könnten. Dies könnte z.B. Wegweiser zu den Taxiständen, markierte Drop-Off-Haltestellen an den Bushaltestellen und – insofern praktisch umsetzbar – ggf. eigene Fahrspuren für Motorrad-Taxis beinhalten. Letzteres würde die Motorrad-Taxis von anderen Verkehrsteilnehmern trennen und hätte damit potenziell einen positiven Effekt für die Verkehrssicherheit. Ebenso wäre ein integriertes Ticketsystem, das die intermodale Nutzung von Motorrad-Taxis und anderen ÖPNV-Angeboten begünstigt, denkbar. Eine infrastrukturelle Aufwertung der Taxistände könnte z.B. auch die Installation von Unterständen beinhalten, die die wartenden Fahrer vor Sonneneinstrahlung und Regen schützen, sowie das Aufstellen von Verkehrsschildern und Markierungen, die die Taxistände klar erkennbar werden lassen. Dies würde potenziellen Fahrgästen nicht nur die Gewissheit vermitteln, dass es sich um registrierte Taxistände handelt. Neben diesem Beitrag zur Sicherheit der Fahrgäste hätte es außerdem die Funktion, potenzielle Konflikte zwischen Motorrad-Taxi-Anbietern und anderen Nutzern des öffentlichen Raumes (beispielsweise Straßenhändlern) zu mindern. Sinnvoll wäre zudem die Berücksichtigung der Motorrad-Taxi-Dienstleistung bei der Planung von Busrouten und dem Ausbau der ÖPNV-Infrastruktur, sodass sich Schnellbusstationen, Bushaltestellen der Minibusse und Taxistände der Motorrad-Taxis sinnvoll ergänzen können. Auf allgemeiner Ebene könnte diese stärkere Berücksichtigung der Motorrad-Taxis Bestandteil einer strategischen Förderung von ÖPNV-Angeboten sein, die neben ihrem Beitrag zur Deckung lokaler Mobilitätsbedarfe zugleich Alternativen zum wachsenden motorisierten Individualverkehr eröffnen würde. Dadurch würden zugleich die Nachhaltigkeitsziele der *Vereinten Nationen* adressiert, die unter anderem eine emissionsarme und für alle sozialen Gruppen zugängliche Mobilität vorsehen.

Abb. 1: Bus-Rapid-Transit-Routen und ÖPNV-Haltestellen der Minibusse in Dar es Salaam 2020.

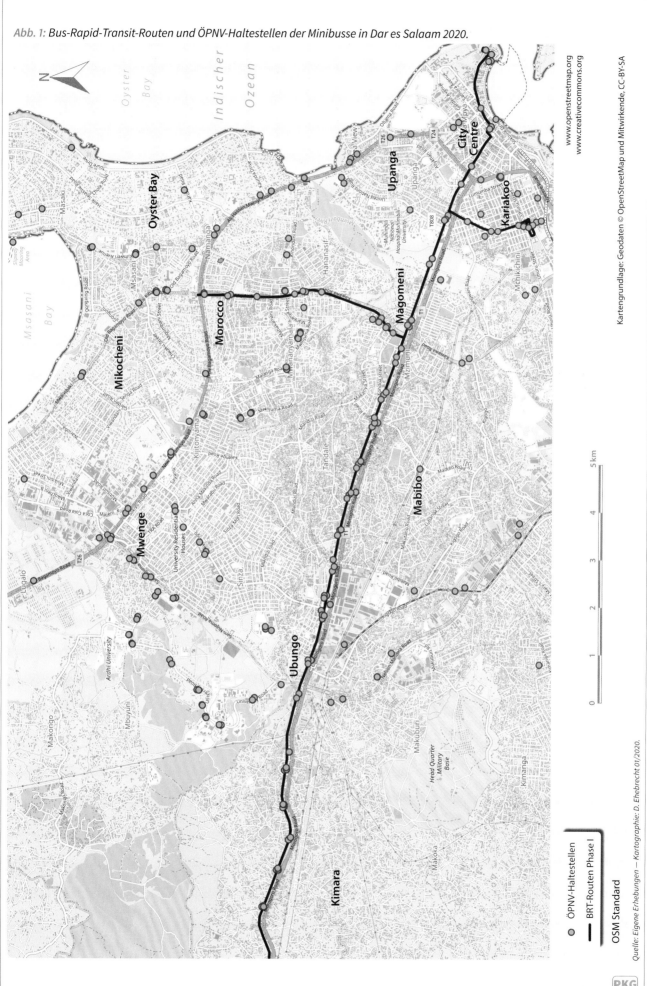

www.openstreetmap.org
www.creativecommons.org

Kartengrundlage: Geodaten © OpenStreetMap und Mitwirkende, CC-BY-SA

ÖPNV-Haltestellen
BRT-Routen Phase I
OSM Standard

Quelle: Eigene Erhebungen — Kartographie: D. Ehebrecht 01/2020.

5   Schlussbetrachtung

Die Metropolen Subsahara-Afrikas sind von einem starken Bevölkerungs- und Flächenwachstum gekennzeichnet, das einerseits eine Veränderung von Mobilitätsbedarfen und Mobilitätslösungen mit sich bringt. Andererseits ist die Transformation der städtischen Verkehrssysteme als ein wichtiger Faktor der räumlichen Entwicklung und der Ausdehnung der Städte zu betrachten. Ein Großteil der städtischen Mobilitätsbedarfe wird über weitgehend informell und flexibel organisierte Angebote des Öffentlichen Personennahverkehrs abgedeckt. Neben Kleinbus-Dienstleistungen haben dabei die Motorrad-Taxis in den vergangenen Jahren in vielen subsaharischen Städten eine zentrale Bedeutung erlangt. Sie erfüllen wichtige Ergänzungsdienste in den zentralen Bereichen der Städte und decken darüber hinaus die Mobilitätsbedarfe in den schnell wachsenden randstädtischen Gebieten ab. Wie für das Fallbeispiel Dar es Salaam gezeigt, spielen sie zudem eine wichtige ökonomische Rolle; die Motorrad-Taxi-Branche stellt ein profitables Investitionsfeld dar und stellt eine Vielzahl dringend benötigter Arbeitsplätze bereit. Diese Doppelfunktion der Motorrad-Taxis hat dazu beigetragen, dass Politik und Behörden die Dienstleistung in Tansania bzw. Dar es Salaam und teilweise auch in anderen subsaharischen Kontexten formell anerkannt haben. Widersprüchlich ist allerdings, dass sich diese rechtliche Anerkennung kaum in der städtischen Verkehrsplanung widerspiegelt. Diese setzt vor allem auf den Ausbau der Straßeninfrastruktur und auf die Förderung formeller Busdienstleistungen, ohne die aktuell zentrale und auch künftig wichtige Rolle der Motorrad-Taxis zu berücksichtigen. Unter der Voraussetzung, dass in Kooperation von Behörden und Anbietern negative Effekte der Dienstleistung weiter reduziert werden, könnten die Motorrad-Taxis bei stärkerer institutioneller Förderung allerdings noch besser in das sich verändernde Verkehrssystem integriert werden. Zusammen mit anderen ÖPNV-Angeboten könnten sie so dazu beitragen, eine Alternative zum wachsenden motorisierten Individualverkehr zu schaffen und dadurch eine zukunftsfähige Ausgestaltung des städtischen Verkehrssystems zu ermöglichen.

Literatur

Agyemang, W. (2013): Measurement of Service Quality of "Trotro" as Public Transportation in Ghana: A Case Study of the City of Kumasi. In: R. Behrens, B. Cameron u. P. Froschauer (Hrsg.): 32nd Annual Southern African Transport Conference 2013. – Pretoria: 283–291.

Automobile Association Tanzania (2016): On the Move. Official Magazine of the Automobile Association of Tanzania. 8th Edition. – Dar es Salaam.

Behrens, R. (2014): Urban mobilities: innovation and diffusion in public transport. In: S. Parnell, S. Oldfield (Hrsg.): The Routledge Handbook on Cities of the Global South. – Abingdon, New York: 459–473.

Behrens, R., Salazar Ferro, P. (2016): Barriers to Comprehensive Paratransit Replacement. In: R. Behrens, D. McCormick u. D. Mfinanga (Hrsg.): Paratransit in African Cities. Operations, Regulation, and Reform. – Abingdon, New York: 199–220.

Bwana, K. M., Mwakujonga, J. (2013): Issues in SACCOS Development in Kenya and Tanzania: The Historical and Development Perspectives. – Developing Country Studies 3(5): 114–121.

Cervero, R. (2000): Informal Transport in the Developing World. – Nairobi [United Nations Centre for Human Settlements (Habitat)].

Cervero, R. (2013): Linking urban transport and land use in developing countries. – The Journal of Transport and Land Use 6(1): 7–24.

Cervero, R., Golub, A. (2007): Informal transport: A global perspective. – Transport Policy 14(5): 445–457.

Del Mistro, R., Behrens, R. (2015): Integrating the informal with the formal: An estimation of the impacts of a shift from paratransit line-haul to feeder service provision in Cape Town. – Case Studies on Transport Policy 3(2): 271–277.

Diaz Olvera, L., Guézéré, A., Plat, D. u. P. Pochet (2016): Earning a living, but at what price? Being a motorcycle taxi driver in a Sub-Saharan African city. – Journal of Transport Geography 55: 165–174.

Diaz Olvera, L., Plat, D. u. P. Pochet (2013): The puzzle of mobility and access to the city in Sub-Saharan Africa. – Journal of Transport Geography 32: 56–64.

Diaz Olvera, L., Plat, D., Pochet, P. u. M. Sahabana (2012): Motorbike taxis in the "transport crisis" of West and Central African cities. EchoGéo 20: 1–18.

Ehebrecht, D. (2020): Urbane Mobilität und Informalität in Subsahara-Afrika – Eine Studie zur Marktintegration der Motorrad-Taxis in Dar es Salaam. – Berlin [Dissertationsschrift an der Humboldt-Universität zu Berlin] https://t1p.de/jvvh – letzter Zugriff: 12/2021].

Ehebrecht, D., Heinrichs, D. u. B. Lenz (2018): Motorcycle-taxis in sub-Saharan Africa: Current knowledge, implications for the debate on "informal" transport and research needs. – Journal of Transport Geography 69: 242–256.

Ehebrecht, D., Lenz, B. (2018): Practices,

positions, and power relations: Pathways of transport workers in the field of motorcycle-taxi Services in Dar es Salaam. In: D. E. Agbiboa (Hrsg.): Transport, Transgression and Politics in African Cities. The Rhythm of Chaos. – Abingdon, New York: 121–146 (Cities and Society Series).

Evans, J., O'Brien, J. u. B. Ch Ng (2018): Towards a geography of informal transport: Mobility, infrastructure and urban sustainability from the back of a motorbike. – Transactions of the Institute of British Geographers 43(4): 674–688.

Goodfellow, T., Titeca, K. (2012): Presidential intervention and the changing 'politics of survival' in Kampala's informal economy.– Cities 29(4): 264–270.

Guézéré, A. (2015): The reconstruction of shared taxis as rural transport due to the competition of motor bike taxis in Togo secondary cities. – Case Studies on Transport Policy 3(2): 253–263.

Gwilliam, K. (2008): Bus transport: Is there a regulatory cycle? – Transportation Research Part A: Policy and Practice 42(9): 1183–1194.

Hill, A., Hühner, T., Kreibich, V. u. C. Lindner (2014): Dar es Salaam, Megacity of Tomorrow: Informal Urban Expansion and the Provision of Technical Infrastructure. In: F. Kraas, S. Aggarwal, M. Coy u. G. Mertins (Hrsg.): Megacities. Our Global Urban Future. – Dordrecht, Heidelberg, New York, London: 165–177 (International Year of Planet Earth).

Howe, J. (2003): 'Filling the middle': Uganda's appropriate transport services. – Transport Re-views 23(2): 161–176.

Kamuhanda, R., Schmidt, O. (2009): Matatu: A Case Study of the Core Segment of the Public Transport Market of Kampala, Uganda. – Transport Reviews 29(1): 129–142.

Khayesi, M., Nafukho, F. M. u. J. Kemuma (2015): Informal Public Transport in Practice: Matatu Entrepreneurship. – Abingdon, New York.

Klopp, J. M. (2012): Towards a Political Economy of Transportation Policy and Practice in Nairobi. – Urban Forum 23(1): 1–21.

Klopp, J. M., Cavoli, C. M. (2018): The paratransit puzzle. Mapping and master planning for transportation in Maputo and Nairobi. In: T. P. Uteng, K. Lucas (Hrsg.): Urban Mobilities in the Global South. – Abingdon, New York: 95–110 (Transport and Mobility Series).

Kumar, A. (2011): Understanding the emerging role of motorcycles in African cities. A political economy perspective. – Washington D.C. (SSATP Discussion Paper, 13. Urban Transport Series).

Kumar, A., Barrett, F. (2008): Stuck in Traffic: Urban Transport in Africa. – Washington D.C.

Lamri, N., Hocine, A. K. u. K. Salah (2017): Particulate matter from road traffic in Africa. – Journal of Earth Sciences and Geotechnical Engineering 7(1): 289–304.

Lucas, K. (2011): Making the connections between transport disadvantage and the social exclusion of low income populations in the Tshwane Region of South Africa. – Journal of Transport Geography 19(6): 1320–1334.

McCormick, D., Schalekamp, H. u. D. Mfinanga (2016): The nature of paratransit operations. In: R. Behrens, D. McCormick u. D. Mfinanga (Hrsg.): Paratransit in African Cities. Operations, Regulation, and Reform. – Abingdon, New York: 59–78.

Melbye, D. C., Møller-Jensen, L., Andreasen, M. H., Kiduanga, J. u. A. G. Busck (2015): Accessibility, congestion and travel delays in Dar es Salaam – A time–distance perspective. – Habitat International 46: 178–186.

Mfinanga, D., Madinda, E. (2016): Public transport and daladala service improvement prospects in Dar es Salaam. In: R. Behrens, D. McCormick u. D. Mfinanga (Hrsg.): Paratransit in African Cities. Operations, Regulation, and Reform. – Abingdon, New York:

155–173.

Nkurunziza, A., Zuidgeest, M., Brussel, M. u. M. Van Maarseveen (2012): Examining the potenzial for modal change: Motivators and barriers for bicycle commuting in Dar-es-Salaam. – Transport Policy 24: 249–259.

Nwaogbe, O. R., Ibe, C. C. u. S. I. Ukaegbu (2012): Quality of the Paratransit Service (Tricycle) and its Operation in Aba, Nigeria: An Analysis of Customers' Opinions. – Journal of Transport and Supply Chain Management 6: 262–276.

Oteng-Ababio, M., Agyemang, E. (2012): Virtue out of Necessity? Urbanisation, Urban Growth and Okada Services in Accra, Ghana. – Journal of Geography and Geology 4(1): 148–162.

Oteng-Ababio, M., Agyemang, E. (2015): The Okada War in Urban Ghana: A Polemic Issue or Policy Mismatch? – African Studies Quarterly 15(4): 25–44.

Palangyo, R. (2016): Tanzania: New Police Initiative to Curb Road Accidents. – Tanzania Daily News vom 23. August 2016 [https://t1p.de/uemi – letzter Zugriff: 12/2021].

Pendakur, V. S. (2005): Non-Motorized Transport in African Cities. Lessons from Experience in Kenya and Tanzania. – Washington D.C. (SSATP Working Paper, 80).

Pirie, G. (2014): Transport pressures in urban Africa: practices, policies, perspectives. In: S. Parnell, E. Pieterse (Hrsg.): Africa's Urban Revolution. – London, New York: 133–147.

Rizzo, M. (2014): The Political Economy of an Urban Megaproject: The Bus Rapid Transit Project in Tanzania. – African Affairs 114(455): 249–270.

Rizzo, M. (2017): Taken for a Ride. Grounding Neoliberalism, Precarious Labour, and Public Transport in an African Metropolis. – Oxford (Critical Frontiers of Theory, Research, and Policy in International Development Studies).

Salazar Ferro, P., Behrens, R. u. P. Wilkinson (2013): Hybrid urban transport systems in developing countries: Portents and prospects. – Research in Transportation Economics 39(1): 121–132.

Salum, J. H., Kitali, A. E., Bwire, H., Sando, T. u. P. Alluri (2019): Severity of motorcycle crashes in Dar es Salaam, Tanzania. – Traffic Injury Prevention 20(2): 189–195.

Schalekamp, H., Golub, A. u. R. Behrens (2016): Approaches to paratransit reform. In: R. Behrens, D. McCormick u.

D. Mfinanga (Hrsg.): Paratransit in African Cities. Operations, Regulation, and Reform. – Abingdon, New York: 100–124.

Sietchiping, R., Permezel, M. J. u. C. Ngomsi (2012): Transport and mobility in sub-Saharan African cities: An overview of practices, lessons and options for improvements. – Cities 29(3): 183–189.

Smit, W., Pieterse, E. (2014): Decentralisation and institutional reconfiguration in urban Africa. In: S. Parnell, E. Pieterse (Hrsg.): Africa's Urban Revolution. – London, New York: 148–166.

UN-Habitat (2013): Planning and Design for Sustainable Urban Mobility. Global Report on Human Settlements 2013. – Abingdon, New York (United Nations Human Settlements Programme).

UN-Habitat (2014): The State of African Cities 2014. Re-imagining sustainable urban transitions. – Nairobi (United Nations Human Settlements Programme).

United Nations Department of Economic and Social Affairs (2019): World Population Prospects 2019. Volume I: Comprehensive Tables. – New York.

United Republic of Kenya (2015): The National Transport and Safety Authority (Operations of Motorcycles) Regulations, 2015. – https://t1p.de/rjmb [letzter Zugriff: 12/2021].

United Republic of Tanzania (2010): The Transport Licensing (Motor Cycles and Tricycles) Regulations, 2010. – https://t1p.de/xosp [letzter Zugriff: 12/2021].

United Republic of Tanzania (2016): Crime and Traffic Incidents Statistics Report. January–December 2015. – Dar es Salaam: Tanzania Police Force, Ministry of Home Affairs, National Bureau of Statistics, and Ministry of Finance and Planning.

United Republic of Tanzania (2019): Tanzania in Figures 2018. – Dodoma: National Bureau of Statistics.

Vermeiren, K., Verachtert, E., Kasaija, P., Loopmans, M., Poesen, J. u. A. Van Rompaey (2015): Who could benefit from a bus rapid transit system in cities from developing countries? A case study from Kampala, Uganda. – Journal of Transport Geography 47(1): 13–22.

Voukas, Y., Palmer, D. (2012): Sustainable Transportation in East Africa. The Bus Rapid Transit Evolution in Addis Ababa, Ethiopia. Paper Presented at the Conference CODATU XV, 22 to 25 October 2012 – Addis Ababa, Ethiopia. – https://t1p.de/y6kj [letzter Zugriff: 12/2021].

WOOD, A. (2014): Moving policy: global and local characters circulating bus rapid transit through South African cities. – Urban Geography 35(8): 1238–1254.

Dr. DANIEL EHEBRECHT M.A.
Mobilitätsforscher und Projektmanager in der Internationalen Klimaschutzinitiative
https://www.researchgate.net/profile/Daniel_Ehebrecht
daniel.ehebrecht@posteo.de

Jana Hofäcker und Matthias Gebauer

Airbnb in Townships Südafrikas: eine neue Stufe des Township-Tourismus?

Mit zwei Abbildungen

1 Einleitung

Die Townships südafrikanischer Metropolen sind Orte sozialer Benachteiligung und sozioökonomischer Ausgrenzung. Sie entstanden zu Beginn des 20. Jahrhunderts und entwickelten sich insbesondere während der Zeit der Apartheid zu stadt- und sozialräumlich segregierten Gebieten und spiegeln somit eine rassistische Stadtplanungspolitik – bestehend aus einer rassistisch motivierten Einteilung der Bevölkerung, dem Bestreben eine Vermischung dieser Bevölkerungsgruppen zu vermeiden bzw. zu unterbinden und den daraus folgenden Zwangsumsiedlungen – wider. Bis heute gelten Townships als relativ unsicher, geprägt von Armut, Arbeitslosigkeit und Kriminalität. Die impliziten und expliziten Warnungen vor dem Betreten, geschweige denn vor einem längeren Aufenthalt, die im Alltagsdiskurs vor allem an Besucher gerichtet werden, reproduzieren den in den Raum eingeschriebenen Rassismus und die daraus resultierenden Stigmata (Briedenhann, Ramchander 2006). Dennoch ist gerade hier, an Orten alltäglich produzierter und reproduzierter Ausgrenzung, ein Tourismussektor entstanden (Booyens 2021; Steinbrink 2012). Der Township-Tourismus weist aufgrund der historischen Einbettung in und nach der Apartheid eine ganz besondere Entwicklung auf. Mit geschätzt 500 000 Besuchern pro Jahr ist er in jüngster Zeit zu einem Massentourismusphänomen geworden (Frenzel et al. 2015: 238). Darüber hinaus werden die Touren durch ein Township von Südafrikareisenden häufig als Höhepunkt ihrer Reise bezeichnet.

Während der Besuch von Townships im Rahmen einer Tour zu einem festen Bestandteil des südafrikanischen Tourismus wurde, war eine individuelle Unterbringung von internationalen Gästen innerhalb dieser Gebiete bislang die Ausnahme. Jüngst ist jedoch zu beobachten, dass immer mehr Übernachtungsorte in Townships auf der globalen Peer-to-Peer Plattform Airbnb[1] angeboten werden, was ein Hinweis darauf sein kann, dass sich die Wahrnehmung der Townships als Reiseziele durch die Besucher verändert. Anhand einer qualitativen Fallstudie[2], die sich mit den Auswirkungen von Airbnb auf die Unterbringung in Privathaushalten (Homestays) im Township Langa in Kapstadt befasst, wird in diesem Artikel diskutiert, ob die hier vorgestellten Entwicklungen auf eine neue Stufe des Township-Tourismus hindeuten. Dabei stehen zwei Fragen im Fokus der Untersuchung:

1) Inwieweit hat Airbnb als Modus des Anbietens einer Übernachtungsunterkunft innerhalb des Townships Auswirkungen auf den Ort in Bezug auf die persistent eingeschriebenen und sich somit reproduzierenden rassistischen Raumordnungen?
2) Welche Auswirkungen kann eine Veränderung des Übernachtungssektors mittels Airbnb auf die Gestaltung des Township-Tourismus haben?

Über die Erforschung der dominantesten Form des Township-Tourismus, nämlich der Township-Touren (siehe unter anderem Ludvigsen 2002; Rolfes et al. 2009; Butler 2010; Frenzel et al. 2015; Steinbrink et al. 2016; Frenzel 2020) hinaus haben sich bisher nur wenige isolierte Studien mit dem Unterkunftssystem in südafrikanischen Townships befasst. Rogerson (2004) untersucht die Entwicklung und die Herausforderungen der aufkommenden, von als *Black African*[3] bezeichneten Personen geführten Bed and Breakfasts (B&B) in Südafrika. Er interpretiert bestehende Probleme als eine Folge der Apartheid, insbesondere vor dem Hintergrund ungleich verteilter Besitzverhältnisse, da die meisten Tourismusunternehmen noch immer von Personen geleitet werden, die der als *Weiß* bezeichneten Minderheit des Landes zugerechnet werden. Hikido (2018) betrachtet auch B&B's, jedoch mit Blick auf die Rolle, die soziale Verbindungen und Netzwerke für den Erfolg dieser Unternehmen spielen. In Ergänzung zu diesen existierenden Arbeiten, die sich vornehmlich auf Kleinunternehmen und deren Entwicklung konzentrieren, untersucht dieser Artikel den in Townships vorzufindenden Übernachtungssektor innerhalb des Kontextes des Township-Tourismus und unter den besonderen Vorzeichen des Anbietens von Übernachtungen auf Airbnb.

Die Peer-to-Peer-Apartment-Vermittlungsplattform und ihr Einfluss auf den Gastgewerbesektor, den Tourismus und die gesamte Stadtentwicklung wird in einer Reihe von Beiträgen auf globaler Ebene diskutiert (siehe unter anderem Oskam,

1) Airbnb ist eine in 2008 in Kalifornien gegründete Peer-to-Peer-Apartment-Vermittlungsplattform zur Buchung und Anmietung von Unterkünften (Peuckert et al. 2017: 9ff.). Sowohl private als auch kommerzielle Anbieter bieten ihre Unterkünfte oder Teile davon über die Plattform an (Peuckert et al. 2017: 9), ohne dass Airbnb jedoch rechtliche Verpflichtungen übernimmt.

2) Zeitraum der Forschung: 19. September bis 16. Dezember 2019. Die Studie basiert auf qualitativen Interviews mit Gastgebern (und anderen relevanten Schlüsselpersonen im Zusammenhang mit dem Gastgewerbe in Langa) sowie auf dem partizipativen Ansatz der teilnehmenden Beobachtung (das heißt z.B. mittels Übernachtungen in den Airbnbs).

3) Die Verwendung von rassifizierten Bevölkerungskategorien birgt in einer wissenschaftlichen Arbeit stets das Risiko ihrer Reproduktion in sich. Dennoch sind Zuschreibungen wie *Black African/Bantu, White/European, Coloureds, Indian* oder *Asian* für die gegenwärtige Diskussion von entscheidender Bedeutung, da sie den Kolonialismus in Südafrika überdauert haben und auch über das formale Ende der Apartheid hinaus eine soziale Realität und Praxis geblieben sind (Posel 2001: 56). So wird z.B. diese Unterteilung auch heute noch in der offiziellen Volkszählung erfasst, wenngleich unter Ergänzung der Kategorie „Other" (*Statistics South Africa* 2011). Vor diesem Hintergrund wird in diesem Artikel bewusst von den englischen Begrifflichkeiten Gebrauch gemacht und als Hinweis auf die diskriminatorische Konnotation auch deutsche Übersetzungen ausschließlich in kursiv verwendet.

Malte Steinbrink, Matthias Gebauer und Dieter Anhuf (Hrsg.): Afrika – ein Kontinent in Bewegung.
Passau 2021 (Passauer Kontaktstudium Geographie 16)

BOSWIJK 2016; VARMA et al. 2016). In den letzten Jahren sind nun auch mehrere Beiträge mit Schwerpunkt Südafrika in die Debatte eingebracht worden. HARIPERSHAD, JOHNSTON (2017) diskutieren z.B. den Gesamteinfluss der sogenannten Sharing- oder Gig-Economy am Beispiel von Uber und Airbnb in Südafrika (für eine kritische Darstellung der Gig-Economy im Allgemeinen siehe RAVENELLE 2017). VISSER et al. (2017) liefern eine spezifischere Perspektive auf die Rolle von Airbnb im Bereich der Touristenunterkünfte in Kapstadt. MHLANGA (2019, 2020a, 2020b) vergleicht den traditionellen Sektor von Unterkünften (in Form von Hotels etc.) mit den neuen Angeboten der Sharing Economy und weist auf die verschiedenen und durchaus konfliktreichen Haltungen zwischen beiden Akteuren auf dem Unterkunftsmarkt hin. In ähnlicher Weise, aber mit Blick auf die Tourismusindustrie im Allgemeinen, diskutiert HENAMA (2018) den Einfluss von Airbnb auf die unternehmerische Landschaft in Südafrika. Eine kürzlich erschienene Masterarbeit von PRINSLOO (2019) diskutiert die Entstehung von Airbnbs in Kapstadt im Zusammenhang mit Ressourcenverbrauch und Klimawandel.

Insgesamt ist Airbnb in Südafrikas urbanen Townships ein bisher wenig erforschtes Thema. BOOYENS, ROGERSON (2019) erwähnen das Phänomen kurz in ihrem Bericht über Kreativtourismus. Die Masterarbeit von SIEGENTHALER (2019) über Tourismus im Township Langa gibt Einblicke in das Leben und die Geschäftsmotivation *einer* Airbnb-Gastgeberin und liefert so eine erste Diskussionsgrundlage für die Auswirkungen, die die neue Form der Unterbringung auf die touristische Begegnung mit einem Township haben kann. Diese Fallstudie ergänzt diesen wachsenden Bestand an Literatur und beschäftigt sich speziell mit Airbnb als einer Variante oder sogar einer neuen Art der touristischen Erfahrung von Townships.

Im Unterricht ließe sich der Artikel in der Mittel- und Oberstufe nutzen. Z.B., wenn man Segregation nicht nur in den USA thematisieren möchte und anhand des besonderen Fallbeispiels südafrikanischer Großstädte den Einfluss von Politik und interkulturellem Dialog auf Raumentwicklung, Armut und Reichtum, Disparitäten oder Ferntourismus behandelt.

2   Geschichte des Township Langa

Um die Jahrhundertwende führte die wirtschaftliche Entwicklung Südafrikas im Zuge der Industrialisierung zunehmend zur Migration *einheimischer* Arbeiter in die durch Prozesse europäischen Kolonialismus entstandenen Städte (SWANSON 1977: 410). Diese Prozesse der beschleunigten Urbanisierung wurde von Teilen der Bevölkerung als ein Zustrom „unkontrollierter Horden" und „unzivilisierter Barbaren" (SWANSON 1977: 392) und letztlich als Bedrohung der sozialen und räumlichen Ordnung beschrieben. So kam 1900 der Vorschlag auf, für den als *Black African* kategorisierten Teil der Bevölkerung, östlich der Stadt und ihrer entstehenden Vorstädte separate Wohnorte zu entwickeln. Während solche anfänglichen Prozesse geplanter Segregation nach rassistischen Bevölkerungskategorien mit der Verstädterung zusammenhingen, waren es die Ausbrüche der Beulenpest am Kap 1901 (SWANSON 1977) und der Spanischen Grippe 1918 (PHILLIPS 1990), die den Bau der ersten Townships in den sogenannten Cape Flats östlich von Kapstadt *(Abb. 1)* maßgeblich beschleunigten. Schlechte soziale und sanitäre Bedingungen, die die Pest hervorbrachten (SWANSON 1977: 392) wurden primär in den städtischen Siedlungen der Gruppe der *Black Africans* verortet. Da sich „arm" als gesellschaftliche Klasse in nahezu allen Fällen mit der Klassifizierung *Black* deckte (SWANSON 1977: 396), konzentrierte sich das Notfallkomitee für Seuchenbekämpfung auf eben diese Bevölkerungsgruppe und sah die Anwesenheit der *Urban Blacks* für die Ankunft der Pest in der Stadt verantwortlich (SWANSON 1977: 392ff.). Die Vorstellung einer gesundheitlichen Bedrohung, die von der als *Black African* bezeichneten Bevölkerung ausging, gewann zunehmend an Popularität und kann als ein wichtiger Strang in der Entstehung der städtischen Apartheid angesehen werden, da sie frühere Bemühungen zur Segregation der Bewohner dieser Siedlungen rationalisierte (WILSON, MAFEJE 1963). Im März 1901 entstand so unter dem Public Health Act das erste Township Kapstadts namens Ndabeni als Mittel zur Beseitigung der gesundheitlichen Bedrohung aus der Stadt (SWANSON 1977: 393, 409; SAMBUMBU 2010: 184ff.). Mit dem Ausbruch der Spanischen Grippe-Epidemie 1918 wiederholten sich diese Fragen der städtischen Sozialordnung (SWANSON 1977: 410; PHILLIPS 1987). Da Ndabeni jedoch zum einen zu klein war, um für alle als *Black African* klassifizierten Bewohner Platz zu bieten und zum anderen zu nah an Pinelands, einem neuen geplanten Wohngebiet für ökonomisch und gesetzlich besser gestellte lag, wurde die Errichtung eines neuen Townships gefordert (COETZER 2009: 16). Unter den neu geschaffenen rechtlichen Bedingungen des Native Urban Area Act von 1923, der das Aufenthaltsrecht der indigenen Landbevölkerung innerhalb städtischer Gebiete regelte und einschränkte, begannen somit die Bauarbeiten für das Township Langa mit seiner offiziellen Eröffnung 1927

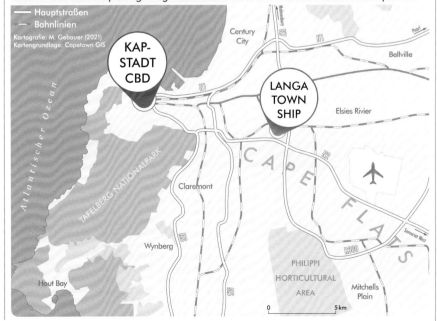

Abb. 1: Das Township Langa liegt östlich des Central Business Distrikt von Kapstadt.

(Ludvigsen 2002: 26; Coetzer 2009: 5). Das Township war für 5000 Ndabeni-Bewohner und 5000 Kapstädter geplant mit der Möglichkeit, maximal 12 000 Einwohner aufzunehmen (Coetzer 2009: 7). Betrachtet als ein Ort für *Black Africans*, die auf dem Territorium des europäischen, städtischen Südafrika lebten, kann Langa als eine Repräsentation der historischen Genese von Ausgrenzung, Rassismus, Umsiedlung und Segregation betrachtet werden, die in Südafrika während des gesamten 20. Jahrhunderts stattfand und als urbane Realität der heutigen Post-Apartheid-Städte immer noch existiert. Der Praxis der Township-Planung in Bezug auf die infrastrukturelle Gestaltung entsprechend, gab es nur zwei Punkte, an denen das Township betreten oder verlassen werden konnte, ein Faktor, der insbesondere später während der Apartheid eine verstärkte Polizeikontrolle ermöglichte (Ludvigsen 2002: 27).

Diesen ersten Entwicklungen folgend wurden Südafrikas Townships in der Nähe größerer städtischer Gebiete und Wirtschaftszentren in erster Linie als Schlafstädte und Übergangszonen für wandernde Arbeitskräfte konzipiert, die für den wirtschaftlichen Wohlstand des städtischen Südafrikas von entscheidender Bedeutung waren. Während die Investitionen in die Infrastruktur auf ein notwendiges Minimum beschränkt blieben (Ludvigsen 2002: 28; Turok 2001: 2350f.),

war ein effizienter und kostengünstiger öffentlicher Nahverkehr unerlässlich, um die tägliche Mobilität der Arbeitskräfte zu gewährleisten (Pirie 1992: 172; Ludvigsen 2002: 29). Dies gilt auch als sichtbares Zeichen der Idee, dass die Bewohner der Townships nur in der Stadt geduldet wurden, um die Bedürfnisse der ökonomisch herrschenden Bevölkerung zu befriedigen, während sie gleichzeitig in ihrer eigenen Bewegungsfreiheit eingeschränkt und stark reguliert waren (Swanson 1977: 395; Savage 1986: 193). Die Raumpolitik der Apartheid und die Praktiken der rassistisch motivierten Segregation und Kontrolle der Mehrheit, der im (urbanen) Südafrika lebenden Menschen sind daher entscheidend mit den bereits vor 1948 begonnenen Versuchen verbunden, die städtische Bevölkerung in rassistischer Weise zu regulieren. Die daraus resultierenden Raumstrukturen schufen eine sozialräumliche Ordnung, die durch Zugangsbeschränkungen und Pufferzonen zu benachbarten Wohngebieten unterstrichen wurde. Die als *Natives* oder später als *Black Africans* kategorisierte Bevölkerung wurde einerseits als Arbeitskraft in den Städten benötigt, sollte aber auch aus dem als geordnet verstandenen, *weißen* oder europäischen Stadtraum ausgegrenzt werden.

Diese historischen Entwicklungen der rassistischen Territorialisierung manifestierten soziale und räumliche Modi der

Ordnung und des Ordnens der südafrikanischen Stadt, die das Ende der Apartheid überlebten (Gebauer 2021: 25ff.). Trotz politischer Sanierungs- und Integrationsprogramme sind die Townships nach wie vor relativ benachteiligte Gebiete. Haferburg (2013) geht sogar so weit zu argumentieren, dass aufgrund der anhaltenden sozialen und wirtschaftlichen Ungleichheiten selbst die auf Desegregation und Integration abzielende Stadtplanung nach der Apartheid dazu neigt, die eingeschriebenen Logiken sozialer und räumlicher Ordnungen bzw. Unordnungen zu reproduzieren. Um auf das hier vorgestellte Beispiel des Townships Langa zurückzukommen, gilt die Logik der kontinuierlichen Ausgrenzung ebenfalls, insbesondere wenn der städtische Raum des Townships durch die Linse des Tourismus kontextualisiert wird. Während die historische Exklusivität der Townships zweifellos als einer der Gründe für die Entstehung des Township-Tourismus beschrieben werden kann, kann die tatsächliche Praxis ebenso als Grenzüberschreitung angesehen werden: Der Besuch von Townships birgt die Möglichkeit, die eingeschriebenen räumlichen Zugehörigkeiten und zeitlichen Rahmen der Interaktion mit dem tatsächlichen Ort infrage zu stellen, indem er Begegnungen zwischen Individuen ermöglicht, die sonst durch die Persistenz der Geschichte von Kolonialismus und Apartheid unwahrscheinlich wären (Ludvigsen 2002: 77).

3   Entwicklung des Township-Tourismus in Langa

In Townships treffen Touristen auf Relikte und Manifestationen historischer und soziostruktureller Marginalisierung. Seit dem Ende der Apartheid ist das internationale Interesse am Township-Tourismus stetig gewachsen (George, Booyens 2014; Rogerson 2013; Rolfes et al. 2009). Dabei spiegelt sich auch das auf globaler Ebene wachsende Interesse am sogenannten Slumtourismus wider (Hoogendoorn et al. 2020; Frenzel et al. 2012). Der Besuch von Marginalsiedlungen und Armenvierteln in großen Städten ist dabei keineswegs ein neues Phänomen, sondern kann bis ins viktorianische London zurückverfolgt werden (Koven 2004; Freire-Medeiros 2013; Steinbrink 2012). Steinbrink (2012) konzeptualisiert das im Globalen Süden wachsende Angebot dieser Form des Tourismus als „global slumming" und verbindet damit den Post-Apartheid-Township-Tourismus in Südafrika mit weltgeschichtlichen Kontexten des Besuchs der „anderen Seite" einer

Stadt oder auch der ethnisierten „Veränderung" bestimmter Stadtviertel, die immer auch mit Aspekten der Armut in Zusammenhang stehen (siehe auch Freire-Medeiros 2013). Mit zunehmendem Reifegrad der Destinationen ist zudem eine Diversifizierung und thematische Spezialisierung zu beobachten. Insbesondere das Kunsterlebnis kommt als die häufigste Form der Spezialisierung zu den klassischen Slum- bzw. Township-Touren, (die zu Fuß, mit dem Fahrrad, Quad oder Bus unternommen werden) hinzu (Frenzel et al. 2015: 242). Darüber hinaus scheinen sich immer mehr touristische Angebote mit Aspekten der Interaktion herauszubilden, wie z.B. die Teilnahme an Festivitäten, kurzfristige Freiwilligeneinsätze oder Übernachtungen (Frenzel et al. 2015: 242f.). Im Mittelpunkt steht dabei immer das Erleben einer bestimmten lokalen Kultur, die sich beispielsweise über Gemeinschaftssinn und Ortsverbundenheit definiert (Steinbrink 2012: 17).

In Anlehnung an Rogerson (2013) definieren George, Booyens (2014: 450) den Township-Tourismus in Südafrika als ein Nischenmarktsegment des Städtetourismus und damit Teil des Freizeitangebots in allen drei großen Städten Südafrikas. Dennoch wurde der Besuch eines Townships zu einem wichtigen Element innerhalb einer „authentischen" südafrikanischen Tourismuserfahrung. In Übereinstimmung mit dem Konzept des Slumtourismus erwarten Township-Touristen, dass sie bei der Besichtigung eines Townships ein Gefühl für die „andere" bzw. „echte Seite" der Stadt gewinnen (Rolfes et al. 2009: 29; Dondolo 2002: 39; Steinbrink 2012). Anhaltende Armut und die historisch eingeschriebene sozio-räumliche Ausgrenzung fungieren als Garant für die Authentizität des touristischen Erlebens und werden damit konstitutiv für diese „Realität". Wie es Steinbrink et al. (2016: 50) formulieren: „Armut ist also nicht die eigentliche Attraktion, sondern in erster Linie das Medium, durch das »Wirklichkeit« erfahren wird."

In Langa lässt sich der Tourismus bis in die späten 1980er Jahre zurückverfolgen (vgl. Dondolo 2002; für eine umfassende und sehr lesenswerte Darstellung siehe Booyens 2021). Nach dem formalen Ende der Apartheid war Paula Gumede eine der ersten, die internationale Besucher nach Langa brachte. Bevor sie ihr eigenes Township-Tourunternehmen gründete, sammelte sie Erfahrungen bei der Arbeit für eine lokale NGO und bei der Begleitung internationaler Politiker und Entwicklungshelfer in die Townships (Ludvigsen 2002). In den frühen 1990er Jahren, als das Interesse internationaler Besucher an den tatsächlichen Schauplätzen des Anti-Apartheid-Kampfes zunahm, weitete sich der Markt für Township-Touren aus (Ludvigsen 2002: 17). Zu Beginn konzentrierten sich die Reisen hauptsächlich auf die politische Situation in Südafrika sowie auf spezifische Orte, die mit dem Kampf in Verbindung standen. Sie dienten somit als Nischentourismus für politisch interessierte Reisende (Steinbrink 2012: 4). Mit der Zeit rückten allerdings historische und politische Aspekte immer weiter in den Hintergrund (Rolfes et al. 2009; Steinbrink 2012: 4) und das Interesse begann sich auf das Gewinnen einer kulturellen Erfahrung zu konzentrieren. Dabei ist eine Verschiebung in der Wahrnehmung des Slums oder des Townships zu beobachten. Der Grund dafür liegt in der negativen Semantik der Begrifflichkeiten.

Slums und Townships werden in öffentlichen Diskursen vor allem als Orte von Armut, Krankheit und Kriminalität wahrgenommen (Burgold, Rolfes 2013: 164). Mit dem neuen Fokus auf Kultur und Alltag und der Darstellung eines Bildes des Townships als Ort der Vielfalt versuchen die Touranbieter, einen direkten Einfluss auf das negative Vorverständnis zu nehmen (Burgold, Rolfes 2013: 167). In Langa beispielsweise werden den Besuchern vier verschiedene sozioökonomische Bereiche vorgestellt, die sich in unterschiedlichen Wohnsituationen widerspiegeln (von zu Wohnungen umfunktionierten Schiffscontainern, Blechhütten und Sozialwohnungen bis hin zu Backsteinhäusern), um mit einem eher eindimensionalen Bild des Townships zu brechen, wie es häufig in den Medien zu finden ist oder sich in den Köpfen „Außenstehender" verfestigt zu haben scheint. Darüber hinaus werden Kinderkrippen, Schulen, kleine Sozialprojekte (meist mit der Möglichkeit, eine Kleinigkeit zu spenden) und Shebeens (informelle Bars) besucht; ebenso das Kunst- und Kulturzentrum Guga S'thebe, wo unter anderem Töpferwaren in „afrikanischem" Design, Gemälde und Kunst aus recycelten Materialien hergestellt und an Touristen verkauft werden.

Es wird auch immer wieder betont, dass die Führungen das „echte Langa" präsentieren (siehe z.B. *Siwiwe Tours* 2020), wobei lokale Guides, das heißt Bewohner des Townships, engagiert werden, um die Authentizität dieser Erfahrung zu garantie-

ren (Dondolo 2002: 82; Burgold, Rolfes 2013: 166). Durch den Tourismus wird das Township als ein „authentischer" afrikanischer Raum innerhalb des urbanen Südafrikas gefeiert und seine Bewohner somit als die „echten" Südafrikaner („real people") (Dondolo 2002: 43). Damit werden Townships einem touristischen Blick gerecht, der Authentizität sucht bzw. fordert (Mkhize, Ivanovic 2020). Der erwünschte Effekt der Verbesserung des Images des Townships kann als erfolgreich angesehen werden.

„Die meisten verlassen das Township mit einem ganz anderen Eindruck als dem, mit dem sie angereist sind, da sie durch die von lokalen Unternehmern geführten Touren neue Erkenntnisse gewonnen und entdeckt haben, dass Townships keine verkommenen Gebiete mit Gewaltkriminalität, sondern lebendige Zentren sind, die von freundlichen Menschen mit inspirierenden Geschichten bewohnt werden" (Ramchander 2004: 8 [Übersetzung durch die Autoren]).

Eine Studie von Rolfes et al. (2009) kommt zu ähnlichen Schlüssen. Ihre Ergebnisse deuten darauf hin, dass Touristen nach den Touren ein viel positiveres Bild des Townships haben und den Ort und seine Bewohner als viel freundlicher, hoffnungsvoller, friedlicher und entwickelter beschreiben als vor der Tour erwartet.

Zusätzlich zu den etablierten Township-Tourunternehmen scheint eine neue Entwicklung an Dynamik zu gewinnen: die Übernachtung im Township.

4   Veränderungen im Unterkunftssektor in Langa

In den Townships Südafrikas existiert bereits ein vielfältiger Unterkunftssektor, der von Gästehäusern, B&B's und Homestays bis hin zu einem Vier-Sterne-Hotel reicht, das in Soweto bei Johannesburg zu finden ist (Rogerson 2004, 2008; Sin 2009; Hikido 2018). Abgesehen von einem Hotel spiegelt Langa heute diese Entwicklungen wider. Aufgrund der Tatsache, dass die Mehrzahl der Unterkünfte in diesem Township Homestays[4] sind, und im Hinblick auf den spezifischen Einfluss, den Airbnb auf diese Art der Unterbringung in Langa hat, wird im folgenden Kapitel ein allgemeiner Schwerpunkt auf Homestays gelegt (für einen Überblick und eine Diskussion über die Vielfalt der Unterbringungslandschaft in Südafrika siehe

Visser et al. 2017: 154 und Visser, Eastes 2020).

Aus einer historischen Perspektive begann die Unterbringung von Besuchern in Langa lange vor dem Ende der Apartheid. Laut Interviewpartnerin 3 (IVP3[5]) suchten während der Zeit der Unterdrückung Angehörige der auf Robben Island inhaftierten Sträflinge gelegentlich eine Unterkunft in Langa, um ihre Verwandten zu besuchen. Eine andere Befragte der Studie erwähnte darüber hinaus Frauen, deren Ehemänner in den Männerunterkünften wohnten, in denen Frauen nicht zugelassen waren und die deshalb, wenn eine Razzia bevorstand, zu anderen Bewohnern Langas flohen, um sich für einige Nächte zu verstecken (IVP6). Auch

Händler, die nach Kapstadt kamen, um Waren zu kaufen, suchten ab und an eine Übernachtungsmöglichkeit in Langa (IVP6). All dies waren jedoch – in der Logik der Apartheid – Begegnungen zwischen Personen ein und derselben rassifizierten Bevölkerungsgruppe.

Die Idee, nicht ausschließlich als *Black African* klassifizierte Besucher im Township unterzubringen, entstand Ende der 1990er Jahre. Einige Kinder, die in Langa wohnten, hatten die Möglichkeit, in anderen Teilen der Stadt zur Schule zu gehen, was ebenfalls zu Freundschaften mit Kindern anderer Bevölkerungsgruppen führte. Hin und wieder kamen einige von ihnen an den Wochenenden ins Township, um bei ihren Freunden zu übernachten

---

4) In diesem Artikel werden Homestays als eine kommerzielle Form der Unterbringung verstanden, bei der Gäste ein Zimmer in der Wohnung eines Einheimischen mieten. Die Unterbringung kann auch die Bereitstellung von Mahlzeiten umfassen, die in der Regel mit der Familie eingenommen werden. Die Dauer des Aufenthalts kann von einer Nacht bis zu mehr als einem Jahr variieren.

5) Siehe Anhang für weitere Informationen zu den Befragten.

(IVP9; IVP6; IVP8). Dieser private Austausch kurz nach dem Ende der Apartheid lässt sich mit dem damaligen politischen Diskurs der Versöhnung und der Idee, eine Transformation herbeizuführen, in Verbindung bringen, nämlich dem „Versuch, die Menschen zusammenzubringen und ihnen die andere Seite der Gesellschaft näher zu bringen" (DONDOLO 2002: 128 [Übersetzung durch die Autoren]). Seit dem Ende der Apartheid gab es keine Gesetzgebung mehr, die es bestimmten Bevölkerungsteilen verbot, ohne Erlaubnis in *Black African*-Townships einzureisen. Daher hielt rechtlich gesehen niemanden mehr etwas davon ab, diese Orte zu betreten. Die Wahrnehmung von Townships als im Allgemeinen unsichere Orte hielt jedoch an (LUDVIGSEN 2002: 77). Der Mut und das Vertrauen in die Freundschaft, das daher auf einer sehr individuellen Ebene notwendig war, war der Beginn für einige der bis heute bestehenden Homestays und legte den Grundstein für weitere Entwicklungen. Trotz alledem muss an dieser Stelle auch erwähnt werden, dass in weiten Teilen der südafrikanischen Bevölkerung nach wie vor große Vorbehalte gegen das Betreten von Townships existieren (LUDVIGSEN 2002: 32).

2001 fragte eine internationale Studentenorganisation einige Haushalte in Langa an, ob sie bereit wären, ausländische Studenten für ein Wochenende im Rahmen eines universitären Austauschprogramms aufzunehmen (IVP4). In der Folge nahmen mehrere Familien regelmäßig zweimal pro Jahr und je nach Kapazität, zwei oder drei Studenten auf (IVP4). Dies führte zur Entstehung der ersten Homestays nach der Apartheid. Etwa zur gleichen Zeit hörte eine andere Interviewpartnerin von einem B&B in Khayelitsha (einem anderen Township in Kapstadt), was ihr Interesse weckte, selbst eines zu führen. „Es ärgerte mich, dass die Touristen, die die Townships besuchten, nicht mit uns interagierten. Sie blieben im Bus und hatten Angst, herauszukommen" (IVP6 [Übersetzung durch die Autoren]). Mit Beginn ihrer Rente nahm sie Kontakt

zu verschiedenen Reiseveranstaltern auf und öffnete 2002 ihr Haus für Mittagessen und Übernachtung. Damit wurde sie zum ersten B&B in Langa (IVP6). Dieser Einstieg in das Beherbergungsgewerbe scheint ein regelmäßiges Muster zu sein: Die in dieser Studie vorgestellten Unterkünfte wurden allesamt von Frauen eröffnet, in der Regel nach ihrer Berentung, da sie von diesem Zeitpunkt an mehr Zeit zur Verfügung hatten, Zimmer im Haus durch mittlerweile erwachsen gewordene Kinder frei wurden und durch die Unterbringung von Gästen neben der Rente ein zusätzliches Einkommen erzielt werden konnte, ohne das Haus verlassen zu müssen. Der Erfolg verlief eher mäßig bis das Ministerium für Tourismus und Umwelt 2004 die nationale Marketingkampagne „Sho't Left"[6] (FREEMAN 2004) ins Leben rief und damit offiziell die Entwicklung des Tourismus in Townships unterstützte. In der Nacht vor dem Start der Kampagne übernachtete der zuständige Minister, Marthinus van Schalkwyk, im ersten B&B Langas (MASIBA 2004). Sein Aufenthalt brachte diesem Sektor erhebliche Medienaufmerksamkeit, was zu einem Anstieg der Gästezahlen führte (IVP6). Die Einbeziehung in eine nationale Marketingkampagne zu diesem Zeitpunkt steht im Einklang mit der allgemeinen Phase der Kommerzialisierung des Township-Tourismus, wie BOOYENS (2021) hervorhebt. Sie kann auch als ein Schritt zur Professionalisierung des Gastgewerbes in Langa angesehen werden, was auch dadurch zum Ausdruck kommt, dass 2007 eines der oben genannten Homestays offiziell als B&B registriert wurde, um auch unabhängig vom oben erwähnten Austauschprogramm mit Studenten Gäste aufnehmen zu können.

In Vorbereitung auf die FIFA Fußball-Weltmeisterschaft 2010 renovierten weitere Bewohner des Townships ihre Häuser, um den touristischen Bedürfnissen gerecht zu werden (IVP1; IVP5). Von staatlicher Seite wurde propagiert, dass kleine Homestays und B&B's, insbesondere aus ehemals benachteiligten Gemeinden, bei der Klassifizierung und Registrierung

als offizielle Unterkunftsanbieter während der Veranstaltung unterstützt würden (*GCIS* 2010: 497). Der erhoffte Gästeansturm blieb jedoch aus und die meisten Unterkünfte blieben leer (IVP1; IVP5). In den folgenden Jahren begannen viele Gastfamilien ihre wirtschaftlichen Aktivitäten zusammenzulegen, ein Prozess, der mit zwei unterschiedlichen Dynamiken zusammenhing. Eine davon ist der Austausch von Kompetenzen unter befreundeten Gastgeberinnen, die sich die Idee des Beherbergens untereinander näherbrachten, wie es beispielsweise im Homestay-Cluster im östlichen Langa stattfand (*Abb. 2*). Die andere Entwicklung hängt mit den Aktivitäten eines einzelnen (Wirtschafts-)Akteurs (IVP1) zusammen, der im Beherbergungssektor in Langa ein großes Potenzial sah. Seine persönliche Bekanntschaft mit einer der bereits erwähnten Homestay-Inhaberinnen im Westen Langas verschaffte ihm den nötigen Zugang zur Community für die Verwirklichung seiner Idee. Im Gegensatz zu ihm war sie Teil der Gemeinschaft und genoss deren Vertrauen. Sie kannte die häusliche Situation der anderen Bewohner (das heißt derer, die freie Zimmer zur Verfügung hatten) und konnte sie ermutigen, ihre eigenen Homestays zu eröffnen. In der Folge entstanden nach und nach 18 Homestays im westlichen Teil Langas. Diese wurden dann kollektiv beworben, wobei die Buchungen zentral entgegengenommen und verteilt wurden, was den Gastgeberinnen gleichfalls die Möglichkeit bot, größere Gruppen unterzubringen. Solche Gruppen machen gegenwärtig die Hauptgäste dieser Homestays aus und setzen sich zumeist aus Studenten oder sogenannten Voluntouristen[7] (vorwiegend aus den Vereinigten Staaten oder Europa) zusammen, die ihren Aufenthalt über eine Organisation in ihrem Heimatland gebucht haben (IVP1; IVP4; IVP10). Während Studentengruppen in der Regel nur wenige Tage verweilen, werden Freiwillige für zehn Tage und bis zu einem Jahr im Township untergebracht.

5　Die Einführung von Airbnb in den Unterkunftssektor in Langa

Ende 2016 wurde Airbnb auf der Suche nach Partnern für die Einführung der neu-

en Sparte *Airbnb Experiences*[8] auf Langa aufmerksam. Als einer von sechs Eröff-

nungspartnern weltweit wählte das Unternehmen eine Veranstaltung in Langa aus,

---

6) „Sho't Left" ist aus dem südafrikanischen Taxi-Jargon abgeleitet. Ein Pendler, der zu einem nahegelegenen Ziel fahren möchte, sagt: „Sho't left, driva" – was bedeutet, dass er gleich um die Ecke wieder aussteigen will (*Brand South Africa* 2004).

7) Volunteer Tourismus ist eine Form des Tourismus, bei der Touristen freiwillig einen (variierenden) Teil ihrer Zeit für die Arbeit in lokalen Gemeinden im Rahmen ihrer Reise aufwenden (SIN 2009: 480). Der Reisende setzt sich – unterstützt von einer Organisation – dafür ein, die sozialen und ökologischen Bedingungen am gewählten Reiseziel zu verbessern (WEARING 2001: 1) und gleichzeitig touristische Angebote zu nutzen (SIN 2009: 480). Der Zeitrahmen einer solchen Reise variiert stark, bleibt aber meist unter einem Jahr (WEARING 2001: 1).

8) *Experiences* sind Aktivitäten wie Touren, Kurse oder Workshops, die von und mit Einheimischen angeboten werden. Laut Airbnb bieten diese *Experiences* die Mög-

Abb. 2: *Unterkunftsarten im Township Langa mit besonderer Kennzeichnung der auf Airbnb aufgeführten Unterkünfte (Stand Dezember 2019).*

◆ **Homestay**
◇ **Bed & Breakfast**
◆ **Guesthouse**
◇ **Auf Airbnb geführt**

Cape Town CBD

Washington Street

Bhunga Ave

Harry Gwala Street

Settlers Way (N2)

Maßstab der Vergrößerung:
0   500 m   1 km

Kartengrundlage der Vergrößerung: OpenStreetMap
Entwurf: J. Hofäcker • Kartografie: M. Gebauer (2021)

Quelle: Umfrage J. Hofäcker 09/2019 bis 12/2019.

bei der ein typischer Tag im alten Passbüro[9] re-inszeniert wurde (IVP1). Einer der Gründer von Airbnb reiste persönlich nach Langa, um an der Einführung der neuen Sparte teilzunehmen, und lernte dabei das bestehende Homestay-Cluster im Westen Langas kennen. Daraus entstand die Idee, Workshops für diese Homestay-Besitzerinnen anzubieten, um ihnen zu vermitteln, wie man eine Airbnb-Gastgeberin wird. Neun von 18 Frauen schlossen den Workshop erfolgreich ab und begannen nun, sich auch über diese Plattform zu vermarkten (IVP1). Gründe für ein Aufgeben oder Nicht-Abschließen des Kurses waren z.B. die Voraussetzung des Besit-

zens eines Smartphones und ständigem Zugang zum Internet bzw. stets ausreichendem Datenvolumen sowie die Tatsache, dass die Plattform von manchen als zu kompliziert in der Bedienung empfunden wurde (IVP9; IVP10; IVP4).

Workshops dieser Art wurden zum Zeitpunkt dieser Studie weiterhin abgehalten. Sie sind mit einem Konzept namens *Airbnb Africa Academy* (*Airbnb* o.J.) verbunden. Die Akademie hat keinen festen Standort, sondern ist vielmehr ein mobiles dreimonatiges Intensivprogramm für Gastgeber, das sich darauf konzentriert, Menschen aus finanziell benachteiligten Gemeinschaften auf dem ganzen Konti-

nent dabei zu helfen, bei Airbnb als Unterkunftsgastgeber oder als *Airbnb Experience*-Gastgeber erfolgreich zu sein. Die Teilnehmer erhalten lokale Online- und Offline-Schulungen, beginnend mit einem zweitägigen Bootcamp (*Airbnb* 2019). Die beobachtete Fortbildungskampagne des Unternehmens für die Gastgeberausbildung in Townships und marginalisierten Gebieten Afrikas könnte mit einer Imagestrategie verbunden sein. Airbnb wirbt für diesen Geschäftszweig mit den Schlüsselwörtern „gesunder Tourismus" und „Inklusion" (*Airbnb* 2018, 2017b), was in starkem Kontrast zu den massiven Vorwürfen als Gentrifizierungsbeschleuniger[10] steht,

lichkeit, Hobbys, Fähigkeiten oder Fachwissen mit anderen zu teilen, ohne dass ein zusätzlicher Raum benötigt wird (*Airbnb* 2020b). *Experiences* dauern im Durchschnitt nur wenige Stunden, reichen von Workshops bis hin zu langen Wanderungen und können für verschiedene Qualifikationsniveaus und Interessen zur Verfügung stehen (*Airbnb* 2020b).

9) Während der Apartheid mussten die Bewohner der Townships beim Verlassen der Townships und bei der Einreise in andere Stadtteile Pässe mit sich führen. Das Passbüro verfügte zudem über einen Arrestraum für diejenigen, die gegen die Passgesetze und Ausgangssperren verstießen (Dondolo 2002: 105).

10) Dem Unternehmen wird vorgeworfen, die Gentrifizierung in Großstädten rund um den Globus zu fördern. Vertreter dieser Meinung führen an, dass das Geschäftsmodell die Wohnungsnot und damit die Mietpreise erhöhe. Vermieter können mit Airbnb ein Vielfaches dessen erzielen, was sie mit der regulären Vermietung einer möblierten Wohnung einnehmen würden. Als Folge dieses Anreizes wurden immer mehr Wohnungen aus dem lokalen Wohnungsmarkt zurückgezogen, die dann stattdessen an Kurzzeitgäste vermietet werden (Gurran, Phibbs 2017). Auch reagierten weltweit mehrere Städte mit immer strengeren Regulierungen zum Wohnraumschutz, um die Zweckentfremdung von Wohnraum durch Kurzzeit-Vermietungen einzudämmen.

denen sich das Unternehmen in den letzten Jahren stellen musste (vgl. GURRAN, PHIBBS 2017 für eine weitere Diskussion). Der oben erwähnte Workshop in Langa diente als Pilotprojekt (*Airbnb* 2017a: 6). Heute kommen die Teilnehmer des Programms auch aus vielen anderen Townships.

Im Dezember 2019 waren von den ehemals 18 Homestays im Westen von Langa noch elf aktiv. Von diesen elf waren sieben ebenso auf Airbnb gelistet. Die Gründe für die Aufgabe der Tätigkeit reichten von einer geringen Belegung über das Wegziehen der Familie oder des Familienmitglieds, das das Unternehmen leitete, bis hin zu dem Problem, dass die Unterbringung aus zeitlichen Gründen nicht mit einer anderen gewerblichen Tätigkeit kombiniert werden konnte (IVP10; IVP4; IVP9). Das Cluster im östlichen Teil Langas ist weiterhin aktiv, wenn auch nicht auf Airbnb. Zusätzlich ist im geographischen Zentrum Langas noch ein Homestay, das auch auf Airbnb gelistet ist. Kurz gesagt, die Gesamtzahl der aktiven Homestays, die in dieser Untersuchung gefunden wurden, beläuft sich auf 17, von denen acht zum Zeitpunkt der Untersuchung auf Airbnb gelistet waren.

6 Airbnb in Langa: eine neue Entwicklung im Township-Tourismus?

Zweifelsohne geht ein Aufenthalt in einer Gastfamilie über die klassische Township-Tour hinaus. Man kann jedoch argumentieren, dass gerade die Touren Übernachtungen für Touristen erst vorstellbar oder denkbar machten, da diese Aktivitäten begannen, Townships als sehenswerte Orte für internationale Touristen zu bewerben. Die Entwicklung gleicht einem langsamen, vorsichtigen Herantasten. Die zwei- bis dreistündigen Touren durch das Township hatten sich bereits etabliert mit dem Gesamteffekt, dass sich die Bewohner der Teile Langas, die von den Touren stark frequentiert wurden, an die Anwesenheit von Touristengruppen gewöhnt hatten. Ebenso war die regelmäßige Anwesenheit internationaler Gruppen für ein Abendessen in einem Restaurant in Langa (z.B. im Rahmen eines Ausflugs einer Sprachschule) zu einer alltäglichen Erscheinung geworden. Mit der Möglichkeit zu übernachten, geht die Entwicklung des Township-Tourismus nun noch einen Schritt weiter, da sich die tatsächliche Aufenthaltsdauer eines Besuchers im Township verlängert. Das Township wird nicht nur für ein paar Stunden, sondern für mehrere Tage zu einem touristischen Ziel. Abgesehen davon, dass es den Einheimischen mehr wirtschaftliche Möglichkeiten zum Verkauf von Waren und Dienstleistungen bietet, impliziert es auch eine Veränderung in der Raum-Zeit-Erfahrung der Touristen. Ein Ort kann viel differenzierter wahrgenommen werden, wenn die Aufenthaltslänge steigt. Darüber hinaus wird eine allmähliche Ausweitung der Zielgruppe sichtbar, die Zugang zu dem ehemals strukturell und diskursiv segregierten und ausgegrenzten Teil Kapstadts erhält. Zunächst ermöglichten Freiwilligenorganisationen und Austauschprogramme einer bestimmten Gruppe den Zugang zu Übernachtungsmöglichkeiten, nämlich Studenten und Freiwilligen. Mit dem Online-Auftritt einiger Homestays über Airbnb kommt nun eine weitere Öffnung hinzu. Die Auflistung auf der weltweit operierenden Plattform ermöglicht (theoretisch) jedem Touristen einen einfachen und direkteren Zugang zu Übernachtungsmöglichkeiten in Langa. Darüber hinaus vermittelt Airbnb im Gegensatz zu vorab ausgearbeiteten Besuchsprogrammen, wie sie bei Austauschstudenten oder Freiwilligenaufenthalten üblich sind, lediglich die Buchung der Unterkunft. Dies führt zu weniger vorstrukturierten Aufenthalten und eröffnet gleichzeitig Raum und Zeit für ungeplante Begegnungen mit und im Township. Dies deutet ebenso auf eine veränderte Raumnutzung im Sinne von „wer bewegt sich wie und in Begleitung von wie vielen" in Langa hin. Mit zunehmendem Reifegrad der Destination scheinen sich die Angebote von (ausschließlich) vororganisierten und paketierten Gruppenreisen auch um Angebote für Individualtouristen zu erweitern. Gäste, die derzeit individuell anreisen, sind in den meisten Fällen Journalisten, Forscher und Paare, letztere meist mit dem Ziel, einige Nächte in dem Township zu verbringen, um ihren Besuch in Südafrika abzurunden (IVP2).

Durch die Übernachtung erhöht sich auch die Zahl der Personen, die im Township-Tourismussektor Langas tätig sind. Das Einkommen ist sehr viel breiter gestreut als zuvor. Nicht nur ausgebildete Reiseleiter, Agenturen und Souvenirverkäufer profitieren nun von den Touristen, sondern auch die Gastgeberfamilien, Taxifahrer, die die Touristen während ihres Aufenthalts (innerhalb der Stadt oder durch Langa) transportieren, Jugendliche oder junge Erwachsene, die die Gäste so manches Mal zu Fuß begleiten, und Nachbarn, die anbieten, Gäste zu Gottesdiensten oder Zeremonien mitzunehmen (IVP2). In der Tat scheint es rund um die Aufnahme und Unterhaltung von Besuchern eine regelrechte „Wirtschaft des Kümmerns" zu geben, wenn sich die Aufenthaltsdauer von Gästen verlängert.

Es stellt sich nun noch die Frage, ob die Übernachtungen (via Airbnb) den Fokus des Township-Tourismus im Allgemeinen verändern. Wenn dies der Fall ist, müsste es einen merklichen Unterschied geben zwischen dem, worum es bei den Touren geht, und dem, worum es bei den Aufenthalten geht. Ob dem so ist, wird im Folgenden diskutiert.

Zunächst fällt auf, dass ähnlich wie bei den Touren (vgl. BURGOLD, ROLFES 2013: 166) vonseiten der Gastgeberinnen betont wird, dass Übernachtungsgäste (ob Studenten, Freiwillige oder Urlaubstouristen, die Gastgeberinnen machen hier keinen Unterschied) einen Einblick in das Leben im Township erhalten, wie es „wirklich" ist. Die unmittelbare Erfahrung des Alltagslebens dient als Garant für diese Authentizität. Auf die Frage, was Touristen im Township sehen wollen, antworteten die meisten Gastgeberinnen: „Sie wollen sehen, wie wir leben" (IVP2; IVP4; IVP9). Mehrmals wurde berichtet, dass die anfragenden Organisationen versicherten, dass die Gastgeberinnen bei der Aufnahme von Gästen ihren Lebensstil nicht ändern müssten und dass Homestay bedeute, dass die Gäste die Gastgeberinnen in ihrem Alltag begleiten. Wenn eine Zeremonie ansteht, kann der Gast mitgehen. Wenn die Gastgeberin zur Kirche geht, dann kann auch der Gast mitkommen (IVP10). Der Aufenthalt in einer Gastfamilie im Township Langa – mit oder ohne Airbnb – verspricht folglich dem Besucher, die „Realität" des Township-Lebens noch sehr viel näherzubringen, als dies auf den Township-Touren möglich ist. Diese soziale und räumliche Nähe spiegelt sich gleichfalls in der Unternehmensphilosophie von Airbnb wider: „Airbnb steht für einzigartige Erlebnisse, das Gefühl von Zugehörigkeit und den Wunsch, dass aus Fremden Freunde werden. [...] [L]ass dich davon überraschen, wie unsere Community Leute in der ganzen Welt zusammenbringt und -schweißt" (*Airbnb* 2016).

Es geht demnach scheinbar um das Interesse an einer anderen „Lebensrealität" bzw. der Lebensrealität der Anderen, das MacCannell (1999: 91) als das vorherrschende Motiv des modernen Tourismus beschreibt. Seiner Analyse zufolge entsteht diese Faszination für die Authentizität der Lebensweise und Lebensumstände anderer Menschen durch die soziale Entfremdung, unter der der moderne Mensch aufgrund der sozioökonomischen Veränderungen in der westlichen Welt leide. Im obigen Zitat wird darüber hinaus noch auf ein Zugehörigkeitsgefühl verwiesen, und in der Tat lassen sich Veränderungen in Bezug auf die soziale Distanz beobachten. Die Aufenthalte relativieren teilweise die Stereotypen, die das Leben im Township begleiten (Burgold, Rolfes 2013: 171). Gleichzeitig wird die wahrgenommene Kriminalitätsgefahr in Interviews (immer noch) häufig thematisiert: "I'm not saying nothing will happen while you are here. Anything can happen anywhere. But it's not as bad as people think" (IVP4).

Als bewusste Reaktion auf diese mögliche Angst des Besuchers werden die Gäste beim Verlassen des Hauses stets begleitet.

"Most probably nothing will happen, when you walk here by yourself. But it's better to be too careful than not being careful enough for once" (IVP7).

Zugleich werden mit Stolz Geschichten über Langzeitgäste erzählt, die sich, sobald die Nachbarn sie kannten, alleine fortbewegten: "As soon as people know your face and know; ah yes, she/he belongs to [IVP9/IVP7], nobody will bother you. Even the little children will watch out for you" (IVP9; IVP7).

Dem Stereotyp der Unsicherheit und Kriminalität wird so versucht, durch Vertrauen, Fürsorge und die Vermittlung eines Zugehörigkeitsgefühls entgegenzuwirken. Das hohe Bemühen, ein Gefühl der Sicherheit zu schaffen, infantilisiert den Touristen dabei geradezu.

Wie bereits von Burgold, Rolfes (2013) in Bezug auf die Touren beschrieben, ist ebenso bei den Homestays eine Absicht zu beobachten, die individuellen Einstellungen der Besucher während ihres Aufenthalts zu beeinflussen. Die nachfolgende Beschreibung eines der Airbnbs bringt dies recht anschaulich auf den Punkt: "Bridging the gaps at Nombulelo's home of learning. Everyone is welcome at my home and every guest can be sure to learn something new when they visit my home in Langa! [...] Most guests are surprised by my home so I call it the home of learning! We offer a

friendly environment that is extremely culture rich! [...] There are many negative stories about townships but people should know this is not true. They will see this when they visit Langa!" (Airbnb 2020b).

Der Besuch ist demzufolge deutlich erwünscht und dient der Aufklärung oder Entstigmatisierung. Die meisten Rückmeldungen der internationalen Gäste, die die informativen Aufenthalte loben und auf erhellende Erkenntnisse verweisen, legen nahe, dass die Lektion im „Township-Leben" dankbar angenommen wird:

"we spent the whole evening chatting and learned a lot about living in a South African township. [...] It was one of the best AirBnB places I stayed at so far and I would definitely recommend Linda's homestay to everyone who wants to experience everyday life in a township. Thanks again, Linda, for this awesome experience."
(User Christian, July 2018)

"Langa is an incredible place, with great things going on."
(User Adam, November 2019)

"It was interesting to stay with her in Langa to learn a bit about township life. Thank you for the hospitality and stimulating conversation."
(User Scott, January 2020)

"I really can't recommend it more highly. [...] her lifestory [sic!] is fascinating. It's a great way to experience Langa life."
(User Lena, December 2018)

"Embrace the township, you'll learn a lot."
(User Mike, December 2019)

(Auszüge aus Airbnb-Bewertungen, Airbnb 2020c, 2020a)

So geht es bei den Übernachtungen internationaler Reisender weiterhin um den Abbau des negativen Township-Images, um Authentizität und Bildung. Übernachtungen im Township scheinen aufgrund des Gästeinteresses, das Township(-Leben) zu erleben, gebucht zu werden, und nicht aufgrund möglicherweise günstiger Preise oder der Art der Unterbringung. (Auch wenn es noch weiterer Forschungen bedarf, um diese These weiter zu untermauern). Die hier vorgestellten Ergebnisse deuten daher darauf hin, dass sich die Gründe für die Buchung von Township-Touren, mit denen für die Buchung der Übernachtungen größtenteils decken und der Township-Tourismus auf diese Weise eine Ausweitung und Manifestation erfährt.

Über ihre Gäste sind die Airbnb-Homestays auch mit anderen Formen des Tourismus verbunden. Obwohl Austausch-

studenten nicht per se Touristen sind, ist ihre Perspektive auf das Township bei einem Wochenendbesuch durchaus touristischer Natur. Dasselbe gilt für Freiwillige, die für einige Wochen und bis zu einem Jahr im Township Langa bleiben und in diesen Airbnb-Homestays (und Homestays, die sich andernorts vermarkten) untergebracht sind. Auch sie sind keine klassischen Urlaubstouristen. Nichtsdestotrotz sind sie in den organisatorischen Kontext des (Township-)Tourismus integriert, weil die Reisen a) über Tourismusorganisationen gebucht werden und b) der Kurzzeitfreiwilligendienst ähnlich funktioniert wie andere Tourismusarten, bei denen die Gastgebergemeinden/-gemeinschaften stärker auf die Bedürfnisse der Besucher eingehen als umgekehrt (Borland, Adams 2013: 3). Nach Sin (2009: 488) sind diese Bedürfnisse hauptsächlich die Suche nach persönlicher Entwicklung, Exotik und authentischen Begegnungen. Mit einem Blick auf die Website des deutschen entwicklungspolitischen Freiwilligendienstes Weltwärts, der auch Freiwillige nach Langa entsendet (IVP11) scheint diese Annahme bestätigt. Weltwärts beschreibt sich selbst als Lerndienst, durch den Freiwillige andere Kulturen, Lebensumstände, Einstellungen und Gewohnheiten kennenlernen können und dadurch einen neuen Blick auf die Welt sowie das persönliche Verhalten gewinnen und gleichzeitig einen Beitrag in einem lokalen Projekt leisten (Engagement Global o.J.). Im Fokus steht also der Reisende und dessen Entwicklung, nicht unbedingt das Helfen. Dies könnte allerdings auch mit dem Bestreben zusammenhängen, eine gewisse Augenhöhe zwischen Gast und Gastgeber herzustellen und Abstand von dem Bild des Gastgebers als uneingeschränkt hilfsbedürftig und dem Gast als uneingeschränktem Helfer zu gewinnen. Das dadurch entstehende Machtgefälle hatte dem Volunteer Tourismus wie auch bereits der Entwicklungshilfe in der Vergangenheit große Kritik eingebracht (Banki, Schonell 2017: 4). Interessanterweise weist der Volunteer Tourismus damit starke Parallelen zum Township-Tourismus auf. Auch hier geht es darum, andere Alltagswelten möglichst authentisch kennenzulernen, einen „neuen Blick auf die Welt" zu gewinnen und durch das Abenteuer Freiwilligendienst Einfluss auf die persönliche Entwicklung des Gastes zu nehmen. Der Aspekt des Helfens scheint dabei die Eintrittskarte in die Gastgebergesellschaft zu sein.

7 Fazit

Seit dem Ende der Apartheid und parallel zur wachsenden Zahl an Township-Touren erfuhr auch der Unterkunftssektor in den Townships Veränderungen hinsichtlich der verschiedenen Arten und der Gesamtzahl der Unterkünfte sowie hinsichtlich des Kundenkreises. Hier wurde die Unterbringung von Studentengruppen und später von Freiwilligen zu einer wichtigen Schlüsselgruppe, um Menschen in das vormals (aufgrund rassistischer Kategorisierung) segregierte Stadtgebiet zu bringen, die es sonst vermieden hätten, dorthin zu gehen, geschweige denn dort zu übernachten. Wie die vorgestellte Fallstudie über das Township Langa zeigt, ist Airbnbs Einführung in das Township als touristische Erfahrung in gewisser Weise neu, und doch nicht neu, da sie als Variante eines bereits bestehenden Unterkunftskunftssektors sowie als Weiterentwicklung des Township-Tourismus verstanden werden muss. Dies ist auf die folgenden Aspekte zurückzuführen: Erstens brachte die Peer-to-Peer-Plattform zwar eine hochgradig individualisierte Reiseerfahrung mit einer globalen Reichweite in Bezug auf Buchungen mit sich, aber sie schuf keine neue Art von Unterkünften. Alle Airbnbs in Langa waren zuvor als Homestays tätig. Airbnb stellt lediglich eine neue Plattform dar, um sich selbst zu vermarkten, und hat nicht das Entstehen völlig neuer Unterkünfte eingeleitet. Zweitens wird diese spezifische Homestay-Qualität des Besucheraufenthalts zwar stark als ein Element (süd)afrikanischer Authentizität vermarktet, die nur in einem ehemaligen *Black African*-Township erlebt werden kann, doch die Logik eines spezifischen Ortsgefühls steht ebenso in Übereinstimmung mit den bestehenden Bestrebungen des Township-Tourismus. Mit anderen Worten, die eingeschriebene Exklusivität des Townships passt in das Gesamtschema hinter der Peer-to-Peer-Ökonomie, die danach strebt, die Erfahrung eines bestimmten und einzigartigen Ortes zu verkaufen. Und drittens markiert der Einzug von Airbnb in Langas Beherbergungsgewerbe eine neue Stufe im Township-Tourismus (mit seinen bekannten Motiven, wie oben beschrieben), insofern als er eine Entwicklung von einer Form des reinen Tagestourismus hin zu einer Form des „authentischen" Übernachtungstourismus bewirkt. Das soll nicht heißen, dass es in Langa vorher keinen Übernachtungstourismus gab. Aber im Konzept des Township-Tourismus ist das Übernachten neu. Das inhärente Paradoxon der hier diskutierten Entwicklung besteht darin, dass die Einführung von Airbnb im Township Langa zwar den lokalen Unterkunftssektor einer breiteren Öffentlichkeit zugänglich macht, dies allerdings durch die Vermarktung der Erzählung einer spezifischen Qualität des Ortes geschieht, die immer noch mit der rassistischen Segregation verbunden ist.

Das Interesse des Unternehmens an den Townships und der Ausbildung von Gastgebern in marginalisierten Gebieten Afrikas könnte mit einer Imagestrategie verbunden sein, da dies Airbnb ermöglicht, seine Aktivitäten eher als eine Art verantwortungsbewussten Tourismus darzustellen. Abgesehen davon steht die Airbnb-Erfahrung in Langa insofern im Gegensatz zu Airbnb-Erfahrungen in anderen Stadtteilen, als die Gäste nicht nur bei der Familie leben (Homestay-Erfahrung), sondern auch mehr oder weniger stark in die täglichen Aktivitäten der Familie integriert sind, während für den Rest Kapstadts von einer anonymeren Gasterfahrung berichtet wurde (siehe VISSER et al. 2017).

Airbnb in den Townships ist ein relativ unbekanntes Phänomen und viele Touristen in Südafrika reagieren überrascht, wenn man ihnen davon erzählt. Und vielleicht ist es der Widerspruch zwischen dieser Erwartungshaltung in Bezug auf die tatsächliche Qualität des Ortes und der Praxis, bei einer Airbnb-Gastgeberin zu übernachten, der langfristige Auswirkungen auf die Exklusivität und Inklusivität des Townships selbst haben kann.

Danksagung

Besonderer Dank geht an Ndipiwe Mkuzo für seine unermüdliche Unterstützung vor Ort, entscheidende Ratschläge und Gespräche sowie wertvolle Einblicke in die südafrikanische Gesellschaft, an Prof. Dr. Malte Steinbrink für seine Betreuung und das Vorantreiben dieser Forschung, an die Universität Passau für die Finanzierung, die diese Forschung ermöglicht hat, an das HSRC Kapstadt für die Aufnahme und Unterstützung und an Dr. Irma Booyens für ihre freundliche und großzügige Betreuung vor Ort. Allen Interviewten, besonders allen Gastgeberinnen bei denen Jana übernachtet hat, sei an dieser Stelle für ihre Gastfreundschaft und die große Unterstützung dieser Forschung gedankt. Und nicht zuletzt sei auch Freunden und der Familie herzlich gedankt, für ihre kritischen und motivierenden Kommentare zu früheren Versionen dieses Artikels.

Literatur

Airbnb (2016): Blog. Eine Welt, in der jeder zuhause ist. – https://t1p.de/ncdd [letzter Zugriff: 12/2021].

Airbnb (2017a): Airbnb Africa Insight Report. – https://t1p.de/d7b6 [letzter Zugriff: 12/2021].

Airbnb (2017b): Building a more inclusive tourism sector in South Africa. – https://t1p.de/nw4u [letzter Zugriff: 12/2021].

Airbnb (2018): Report: The Growing Impact of Airbnb in South Africa. – https://t1p.de/jh01 [letzter Zugriff: 12/2021].

Airbnb (2019): Airbnb Africa Academy: Training in the Western Cape. – https://t1p.de/tvpw [letzter Zugriff: 12/2021].

Airbnb (2020a): Bridging the gaps at Nombulelo's home of learning. – https://www.airbnb.co.uk/rooms/17299276?adults=1&guests=1&location=Langa%2C+Cape+Town%2C+Western+Cape%2C+South+Africa&source_impression_id=p3_1586607481_VNrSTjdTCiKKQE23 [letzter Zugriff: 04/2020].

Airbnb (2020b): Help Centre. How Airbnb works. An introduction to Airbnb Experiences. – https://t1p.de/nv1i [letzter Zugriff: 12/2021].

Airbnb (2020c): Super Cozy and Welcoming Langa Home. – https://t1p.de/k403 [letzter Zugriff: 12/2021].

Airbnb (o.J.): Airbnb Africa Academy: Empowering emerging African entrepreneurs. – https://t1p.de/r1m0 [letzter Zugriff: 12/2021].

BANKI, S., SCHONELL, R. (2017): Voluntourism and the contract corrective. – Third World Quarterly 39(8): 1–16.

BOOYENS, I. (2021): The Evolution of Township Tourism. In: J. ROGERSON, J. SAARINEN (Hrsg.): Tourism, Change and the Global South. – Abingdon [erscheint in Kürze].

BOOYENS, I., ROGERSON, C. M. (2019): Creative tourism: South African township explorations. – Tourism Review 74(2): 256–267.

BORLAND, K., ADAMS, A. E. (Hrsg.) (2013): International Volunteer Tourism. Critical Reflections on Good Works in Central America. – New York, Basingstoke, Hampshire.

Brand South Africa (2004): South Africans: take a Sho't Left! – https://t1p.de/l4yx [letzter Zugriff: 12/2021].

BRIEDENHANN, J., RAMCHANDER, P. (2006): Township Tourism: Blessing or blight? The Case of Soweto in South Africa. In: M. K. SMITH, M. ROBINSON (Hrsg.): Cultural Tourism in a Changing World. Politics, Participation and (Re)Presentation. – Clevedon, Buffalo, Toronto: 124–142 (Tourism and Cultural Change, 7).

BURGOLD, J., ROLFES, M. (2013): Of voyeuristic safari tours and responsible tourism with educational value: Observing moral communication in slum and township tourism in Cape Town and Mumbai. – Die Erde 144(2): 161–174.

BUTLER, S. R. (2010): Should I stay or should I go? Negotiating township tours in post-apartheid South Africa. – Journal of Tourism and Cultural Change 8 (1–2): 15–29.

COETZER, N. (2009): Langa Township in the 1920s – an (extra)ordinary Garden Suburb. – South African Journal of Art History 24(1): 1–19.

DONDOLO, L. (2002): The Construction of Public History and Tourist Destinations in Cape Town's Townships: A study of routes, sites and heritage. – Kapstadt [Masterarbeit an der University of the Western Cape].

Engagement Global (o. J.): Was bringt es? Sich engagieren und Erfahrungen sammeln. – https://www.weltwaerts.de/de/was-bringt-es.html [letzter Zugriff: 06/2020].

FREEMAN, C. (2004): South Africa: Sho't Left Proves to Be Successful. – BuaNews (Tshwane) vom 16. Juli 2004 [https://t1p.de/tbu8 – letzter Zugriff: 12/2021].

FREIRE-MEDEIROS, B. (2013): Touring Poverty. – Abingdon, New York (Routledge Advances in Sociology, 82).

FRENZEL, F. (2020): Touring Poverty in Townships, Inner-City, and Rural South Africa. In: J. M. ROGERSON, G. VISSER (Hrsg.): New Directions in South African Tourism Geographies. – Cham: 167–181 (Geographies of Tourism and Global Change).

FRENZEL, F., KOENS, K. u. M. STEINBRINK (Hrsg.) (2012): Slum Tourism. Poverty, Power and Ethics. – Abingdon, New York (Routledge Studies in Contemporary Geographies of Leisure, Tourism and Mobility, 32).

FRENZEL, F., KOENS, K., STEINBRINK, M. u. C. M. ROGERSON (2015): Slum Tourism:

State of the Art. – Tourism Review International 18(4): 237–252.

GCIS (= Government Communications and Information System. Republic of South Africa) (2010): South Africa Yearbook 2009/10. Tourism 22. – https://t1p.de/7jbx [letzter Zugriff: 12/2021].

GEBAUER, M. (2021): Black Islam South Africa. Religious Territoriality, Conversion, and the Transgression of Orderly Indigeneity. – Passau (Passauer Schriften zur Geographie, 32).

GEORGE, R., BOOYENS, I. (2014): Township Tourism Demand: Tourists' Perceptions of Safety and Security. – Urban Forum 25: 449–467.

GURRAN, N., PHIBBS, P. (2017): When Tourists Move In. How Should Urban Planners Respond to Airbnb. – Journal of the American Planning Association 83 (1): 80–92.

HAFERBURG, C. (2013): Townships of Tomorrow? Cosmo City and inclusive visions for post-apartheid urban futures. – Habitat International 39: 261–268.

HARIPERSHAD, S., JOHNSTON, K. (2017): Impact of the Gig Economy (Uber and AirBnB) in South Africa. In: A. SKARŽAUSKIENĖ, N. GUDELIENĖ (Hrsg.): Proceedings of the 4th European Conference on Social Media. Mykolas Romeris University Vilnius, Lithuania 3–4 July 2017. – Sonning Common: 146–153.

HENAMA, U. S. (2018): Disruptive Entrepreneurship using Airbnb: The South African Experience. – African Journal of Hospitality, Tourism and Leisure 7 (1): 1–16.

HIKIDO, A. (2018): Entrepreneurship in South African township tourism: the impact of interracial social capital. – Ethnic and Racial Studies 41(14): 2580–2598.

HOOGENDOORN, G., LETSATSI, N., MALLEKA, T. u. I. BOOYENS (2020): Tourist and resident perspectives on 'slum tourism': the case of the Vilakazi precinct, Soweto. – GeoJournal 85(4): 1133–1149.

KOVEN, S. (2004): Slumming. Sexual and Social Politics in Victorian London. – Princeton (NJ), Oxfordshire.

LUDVIGSEN, A. (2002): Langa is not an island. Township Tourism in South Africa. – Kopenhagen [Masterarbeit an der University of Copenhagen].

MACCANNELL, D. (1999): The Tourist. A New Theory of the Leisure Class. – Berkeley, Los Angeles, London.

MASIBA, P. K. (2004): Our people must travel in own country, says minister. –

Zeitungsartikel aus einem unbekannten Publikationsorgan.

MHLANGA, O. (2019): Peer-to-peer-travel: is Airbnb a friend or foe to hotels? – International Journal of Culture, Tourism and Hospitality Research 13(4): 443–457.

MHLANGA, O. (2020a): The innovation- employment nexus: an analysis of the impact of Airbnb on hotel employment. – Journal of Hospitality and Tourism Technology 11(3): 407–423.

MHLANGA, O. (2020b): Airbnb and hotels: friends, enemies or frenemies? – International Journal of Culture, Tourism and Hospitality Research [erscheint in Kürze].

MKHIZE, S. L., IVANOVIC, M. (2020): Building the Case for Transformative Tourism in South Africa. – African Journal of Hospitality, Tourism and Leisure 9 (4): 717–731.

OSKAM, J., BOSWIJK, A. (2016): Airbnb: the future of networked hospitality business. – Journal of Tourism Futures 2 (1): 22–42.

PEUCKERT, J., BÄTZING, M., FÜNNING, H., GOSSEN, M. u. G. SCHOLL (2017): Kontexte des Teilens. Herausforderungen bei der gesellschaftlichen Verankerung von Peer-to-Peer Sharing am Beispiel von Übernachten und Autoteilen. – Berlin (PeerSharing Arbeitsbericht, 4) [https://t1p.de/5ltb – letzter Zugriff: 12/2021].

PHILLIPS, H. (1987): Why Did it Happen? Religious and Lay Explanations of the Spanish 'Flu Epidemic of 1918 in South Africa. – Kronos (12): 72–92.

PHILLIPS, H. (1990): 'Black October': The Impact of the Spanish Influenza Epidemic of 1918 on South Africa. – Pretoria (Archives Year Book for South African History, 1).

PIRIE, G. (1992): Travelling under apartheid. In: D. M. SMITH (Hrsg.): The Apartheid City and Beyond. Urbanization and Social Change in South Africa. – London, New York, Johannesburg: 173–182.

POSEL, D. (2001): What's in a name? Racial categorisations under apartheid and their afterlife. – Transformation 47: 50–74.

PRINSLOO, A. S. (2019): A case study of resource consumption in the sharing economy: Airbnb as tourist accommodation in Cape Town, South Africa. – Johannesburg [Masterarbeit an der University of the Witwatersrand].

RAMCHANDER, P. (2004): Towards the Responsible Management of the Social-Cultural Impact of Township Tourism. –

Pretoria [unveröffentlichte Dissertation an der University of Pretoria].

RAVENELLE, A. J. (2017): Sharing economy workers: selling, not sharing. – Cambridge Journal of Regions, Economy and Society 10(2): 281–295.

ROGERSON, C. M. (2004): Transforming the South African tourism industry: The emerging black-owned bed and breakfast economy. – GeoJournal 60(3): 273–281.

ROGERSON, C. M. (2008): Shared Growth in Urban Tourism: Evidence from Soweto, South Africa. – Urban Forum 19(4): 395–411.

ROGERSON, C. M. (2013): Urban tourism, economic regeneration and inclusion: Evidence from South Africa. – Local Economy 28(2): 188–202.

ROLFES, M., STEINBRINK, M. u. C. UHL (2009): Townships as Attraction. An Empirical Study of Township Tourism in Cape Town. – Potsdam (Praxis Kultur- und Sozialgeographie, 46).

SAMBUMBU, S. (2010): Reading Visual Representations of 'Ndabeni' in the Public Realms. – Kronos 36(1): 184–206.

SAVAGE, M. (1986): The Imposition of Pass Laws on the African Population in South Africa 1916–1984. – African Affairs 85 (339): 181–205.

SIEGENTHALER, F. (2019): Cosmopolitan Gazes, Envisioning the Township: Local Agents and Contemporary Tourism Encounters in Langa, Cape Town. – Basel [unveröffentlichte Masterarbeit an der University of Basel].

SIN, H. L. (2009): Volunteer Tourism—"Involve Me and I Will Learn"? – Annals of Tourism Research 36(3): 480–501.

Siwiwe Tours (2020): Siwiwe Tours. About Langa. – https://t1p.de/egpw [letzter Zugriff: 12/2021].

Statistics South Africa (2011): Census 2011. Statistics by place. City of Cape Town. Main Place. My settlement Langa. – https://t1p.de/vqs1 [letzter Zugriff: 12/2021].

STEINBRINK, M. (2012): 'We did the Slum!' – Urban Poverty Tourism in Historical Perspective. – Tourism Geographies: An International Journal of Tourism 14 (2): 213–234.

STEINBRINK, M., BUNING, M., LEGANT, M., SCHAUWINHOLD, B. u. T. SÜSSENGUTH (2016): TOURING KATUTURA! Poverty, Tourism, and Poverty Tourism in Windhoek, Namibia. – Potsdam (Potsdamer Geographische Praxis, 11).

SWANSON, M. W. (1977): The Sanitation Syndrome: Bubonic Plague and Urban Native Policy in the Cape Colony,

1900–1909. – Journal of African History 18(3): 387–410.

TUROK, I. (2001): Persistent Polarisation Post-Apartheid? Progress towards Urban Integration in Cape Town. – Urban Studies 38(13): 2349–2377.

VARMA, A., JUKIC, N., PESTEK, A., SHULTZ, C. J. u. S. NESTOROV (2016): Airbnb: Exciting innovation or passing fad? – Tourism Management Perspectives 20: 228–237.

VISSER, G., EASTES, N. (2020): Mainstreaming Guesthouses: Reflections on the Evolution of South Africa's First Alternative Tourist Accommodation Sector. In: J. M. ROGERSON, G. VISSER (Hrsg.): New Directions in South African Tourism Geographies. – Cham: 75–92 (Geographies of Tourism and Global Change).

VISSER, G., ERASMUS, I. u. M. MILLER (2017): Airbnb: The Emergence of a New Accommodation Type in Cape Town, South Africa. – Tourism Review International 21(2): 151–168.

WEARING, S. (2001): Volunteer Tourism: Experiences that Make a Difference. – Wallingford, Oxon, New York.

WILSON, M., MAFEJE, A. (1963): Langa. A Study of Social Groups in an African Township. – Kapstadt.

Anhang

IVP1: Interview mit dem Gründer eines Projekts zur Entwicklung von sozialen Unternehmen in Langa am 15. Oktober 2019

IVP2: Interview mit Gastgeberin 2 (Airbnb) am 24. Oktober 2019

IVP3: Interview mit dem Ehemann von Gastgeberin 2 (Airbnb) am 25. Oktober 2019

IVP4: Interviews mit Gastgeberin 4 (Airbnb) am 28. Oktober 2019 und am 16. November 2019

IVP5: Interview mit Gastgeberin 5 (Airbnb) am 04. November 2019

IVP6: Interview mit Gastgeberin 6 (B&B) am 10. November 2019

IVP7: Interview mit Gastgeberin 7 (Homestay) am 20. November 2019

IVP8: Interview mit Gastgeberin 8 (Homestay) am 20. November 2019

IVP9: Interview mit Gastgeberin 9 (Airbnb) am 02. Dezember 2019

IVP10: Interview mit Gastgeberin 10 (Airbnb) und ihrer Tochter am 08. Dezember 2019

IVP11: Interview mit Volunteer 1 am 26. Oktober 2019

JANA HOFÄCKER
Geographie-Studentin an der Universität Passau
jana.hofaecker@gmx.de

Dr. MATTHIAS GEBAUER
Wissenschaftlicher Mitarbeiter am Lehrstuhl für Sozial- und Bevölkerungsgeographie • Universität Bayreuth
Universitätsstraße 30 • D–95447 Bayreuth
matthias.gebauer@uni-bayreuth.de

Malte Steinbrink und Hannah Niedenführ

Binnenmigration und ländliche Entwicklung in Afrika

Mit vier Abbildungen

1 Einleitung – nicht nur „Flucht"

In den deutschen Medien wird – spätestens seit dem Sommer 2015 – allzu leicht der Eindruck erweckt, als sei „afrikanische Migration" vor allem Fluchtwanderung, die insbesondere über das Mittelmeer in Richtung Europa stattfindet. Um diese Migrationen geht es in diesem Artikel jedoch nicht. Im Mittelpunkt stehen stattdessen zahlenmäßig viel größere Migrationsbewegungen, die aber bisher deutlich weniger Aufmerksamkeit erhalten: die „alltäglichen Wanderungen" innerhalb Afrikas bzw. innerhalb afrikanischer Staaten. Und es geht in diesem Artikel um die herausragende Bedeutung, die Migration für die alltägliche Existenzsicherung auf dem afrikanischen Kontinent hat. Gleichzeitig geht es um soziale Netzwerke, die sich zum Teil über sehr große Entfernungen hinweg aufspannen und die ebenfalls von ganz entscheidender Bedeutung für die Lebensführung sind.

Ein Großteil der Menschen in Afrika südlich der Sahara organisiert die Existenzsicherung in sozialen Zusammenhängen, die sich raumübergreifend erstrecken. Die Herausbildung sogenannter translokaler Livelihoods ist kein neuer, aber ein zunehmend an Bedeutung gewinnender Prozess, der gleichzeitig immer stärkere Effekte auf die lokalen Bedingungen und Entwicklungen haben wird. Sowohl Stadtentwicklungsdynamiken als auch Prozesse des ländlichen Strukturwandels werden hiervon künftig noch mehr beeinflusst, als sie es ohnehin schon sind.

Dass die informellen sozialräumlichen Land-Stadt-Verflechtungen von „Entwicklungs-Experten" in Wissenschaft und Praxis zu wenig beachtet werden, hat nicht zuletzt institutionelle Gründe. So etablierten sich zwei spezialisierte und eigenständige Fachgemeinden, von der sich die eine um Stadtentwicklung und die andere um ländliche Entwicklung im Globalen Süden kümmert. Beide Expertenkreise blieben sich oft fremd und agierten weitgehend unabhängig voneinander. Insofern ist die Forderung nach einer stärkeren inhaltlichen und strategischen Berücksichtigung translokaler Beziehungen in der Praxis durchaus voraussetzungsvoll, zumal die Experten auf beiden Seiten sowohl die Regulierungs- als auch die Interventions- und Förderbedarfe nicht im Management des rural-urbanen Gefüges sehen, sondern – je nach fachlicher Provenienz – entweder in Hinblick auf die Problemlagen der städtischen oder der ländlichen Entwicklung. Hinzu kommt, dass die administrative Logik von Planung und Politik nach wie vor auf territoriale Einheiten fokussiert ist. Politik und Verwaltung halten oftmals an sedentären bzw. lokalen Entwicklungskonzepten fest; immer noch werden Migration und „Entwicklung" ehe als alternative denn als unmittelbar miteinander verwobene Prozesse betrachtet.

Diesen institutionellen Hindernissen zum Trotz, ist es sowohl für die Entwicklungsforschung als auch für die praktische Entwicklungszusammenarbeit an der Zeit, eine translokale Perspektive einzunehmen und anzuerkennen, dass Land und Stadt sozioökonomisch vielfach so stark miteinander verflochten sind, dass eine getrennte Betrachtung immer mehr an Sinnhaftigkeit einbüßt, wenn es darum geht, die alltägliche Existenzsicherung vieler Menschen in Afrika sowie die Komplexität translokaler Verflechtungen und ihrer Wirkungen zu verstehen. Es gilt zu erkennen, dass Mobilität und raumüberspannende Verflechtung zur normalen Lebensrealität gehören und somit als integrale Momente von ländlicher und städtischer „Entwicklung" zu bewerten sind.

Der vorliegende Artikel zielt darauf ab, die Bedeutung translokaler Livelihoods herauszustellen und auf deren Wirkungen auf verschiedene Dimensionen ländlicher Entwicklung aufmerksam zu machen. Er ist ein Plädoyer für eine translokale Perspektive auf „Entwicklung" und möchte dazu beitragen, ein „translokales Bewusstsein" herauszubilden – auch bei Geographie-LehrerInnen.

Der Artikel ist eine Zusammenfassung eines Gutachtens, das im Auftrag des SLE (Seminar für Ländliche Entwicklung, Humboldt Universität Berlin) im Rahmen des Forschungsprojekts „Ländlichen Strukturwandel in Afrika sozial und ökologisch nachhaltiger gestalten" erstellt wurde (STEINBRINK 2017).

Mittlerweile liegen die Erkenntnisse in weitaus ausführlicherer Form sowohl als deutsche als auch als englischsprachige Buchpublikation vor:

STEINBRINK, NIEDENFÜHR 2017: Afrika in Bewegung. Migration, Translokale Livelihoods und ländlicher Strukturwandel in Subsahara Afrika. – Bielefeld (Global Studies).

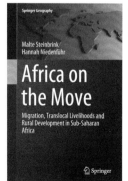

STEINBRINK, NIEDENFÜHR 2020: Africa on the Move. Migration, Translocal Livelihoods and Rural Development in Sub-Saharan Africa. – Berlin, Heidelberg.

Malte Steinbrink, Matthias Gebauer und Dieter Anhuf (Hrsg.): Afrika – ein Kontinent in Bewegung. Passau 2021 (Passauer Kontaktstudium Geographie 16)

Der vorliegende Text will nicht nur eine Einführung in eine translokale Perspektive und ein „translokales Entwicklungs-Denken" sein, sondern kann gleichermaßen auch als Buchvorstellung und Lesehilfe für diese beiden Monografien fungieren. Jeweils zu Beginn der einzelnen Abschnitte wird deshalb auf die entsprechenden Kapitel und Seiten der beiden Monografien verwiesen, um das vertiefende Nachlesen zu erleichtern.

2   Konzeptionelles

2.1   Was ist Translokalität?

 Kap. 2.3: S. 41ff.   Sec. 2.3: pp 26ff.

Entwicklungs- und Migrationsforschung, die sich auf dichotome Kategorien wie modern/traditionell, Herkunft/Ziel oder Stadt/Land stützt, stellt stets das Trennende in den Vordergrund. Der Komplexität und Kontextualität empirischer Realitäten kann ein solches Denken nicht gerecht werden. In den letzten Jahren haben sich in der Migrations- und Entwicklungsforschung demzufolge zunehmend Ansätze herausgebildet, deren Ziel es ist, die analytische Relevanz trivial-dualistischer Kategorien auszuhebeln. Hierzu gehört auch die konzeptionelle Etablierung einer translokalen Perspektive, die vor allem das konventionelle Containerraumdenken zu überwinden sucht (unter anderem Steinbrink, Lohnert 2018; Steinbrink 2007, 2009a/b, 2010, 2012; Brickell, Datta 2011; Zoomers, van Westen 2011; Verne 2012; Greiner, Sakdapolrak 2013; Steinbrink, Peth 2014; Benz 2014) und damit insbesondere das Verbindende in den Fokus rückt.

Dass der Begriff der „Translokalität" keineswegs eindeutig definiert ist, liegt insbesondere daran, dass der Entstehungskontext des Terminus samt seinen Bedeutungen recht diffus ist und sich nicht klar auf das Werk eines einzelnen Autors zurückführen lässt. Heute wird der Begriff als akademisches *catch word* in sehr unterschiedlichen thematischen und disziplinären Zusammenhängen verwendet. Doch trotz bestehender definitorischer Unklarheiten und deutlicher Unterschiede im Detail lassen sich fraglos Gemeinsamkeiten feststellen: Disziplinübergreifend benutzen Autoren den Begriff der Translokalität gemeinhin, wenn sie bestimmte Limitierungen herkömmlicher, implizit auf spezifische räumliche Grenzziehungen basierender Konzepte überwinden wollen und gesellschaftliche Phänomene betrachten, die aus intensiven grenz- und distanzüberschreitenden Mobilitäten von Menschen, Gütern, Informationen, Ideen und Symbolen etc. hervorgehen. Die Translokalitätsforschung ist darum bemüht, die durch immer komplexere sozialräumliche Dynamiken entstehenden Spannungen zwischen Mobilität und Lokalität besser zu verstehen und den Realitäten der „Netzwerkgesellschaft" (Castells 2001) Rechnung zu tragen.

Für die Entwicklungsforschung definiert Greiner (2011: 610) Translokalität als „the emergence of multidirectional and overlapping networks created by migration that facilitate the circulation of resources, practices and ideas and thereby transform the particular localities they connect. Translocality thus refers to the dynamics, linkages and interdependencies of the multidimensional social space connecting migrants' areas of origin and destination".

2.2   Translokalisierung der Livelihood-Forschung

 Kap. 2.3: S. 41ff.   Sec. 2.3: pp 26ff.

Livelihood-Ansätze werden in der Entwicklungsforschung seit etwa drei Jahrzehnten als Analyserahmen verwendet, wenn es darum geht, menschliche Handlungsstrategien in von Risiko und Unsicherheit geprägten ländlichen und städtischen Kontexten zu untersuchen. Als handlungs- und akteursorientiertes Analyseinstrument fokussiert die Livelihood-Forschung auf die Mikroebene der Haushalte und deren Ausstattungen mit materiellen wie immateriellen Ressourcen sowie auf die Handlungsoptionen und -strategien der Ressourcennutzung in spezifischen Handlungskontexten. Die Stärke des Ansatzes besteht darin, dass er ein Verständnis der Entscheidungs- und Handlungslogiken sowie der konkreten strategischen Handlungen von Haushaltsmitgliedern ermöglicht. Analysiert wird der Einsatz der Haushaltsressourcen als Anpassungs- oder Bewältigungsstrategien im Alltagshandeln. Somit stellt der Livelihood-Ansatz eine Zielgruppenorientierung für die praktische EZ her und liefert somit auch konkrete Ansatzpunkte für externe Interventionen. Dieser praktischen Anwendbarkeit mag es geschuldet sein, dass Livelihoods-Untersuchungen allzu leicht auf einer deskriptiven Ebene verharren.

Der Livelihood-Ansatz hat in den letzten beiden Jahrzehnten viel Kritik ob seiner theoretischen und heuristischen Begrenztheit erfahren. Ein Hauptkritikpunkt bezieht sich auf die konzeptionelle Schwäche hinsichtlich der Berücksichtigung makrostruktureller Faktoren und gesellschaftlicher Machtverhältnisse jenseits der Haushaltsebene (Benz 2014). Der Ansatz gilt als sozialtheoretisch unterkomplex. Eine weitere konzeptionelle Schwäche konventioneller Livelihood-Forschung ist die „flächenräumliche Befangenheit" (Steinbrink 2009a) der konventionellen Forschungsperspektive: Da die empirischen Forschungen überwiegend auf lokalen Fallstudien basierten, vernachlässigten die Untersuchungen oft, dass die erforschten lokalen Lebenszusammenhänge nur als Teilstrukturen eines Gesamtzusammenhangs verständlich werden. Eine Livelihood-Forschung, die sich an territorialen Grenzziehungen orientiert, zerschneidet leicht die zu untersuchenden sozialen Zusammenhänge, zumal es zunehmend die Migration ebenso wie die soziale Vernetzung über große Distanzen und Grenzziehungen hinweg sind, die die Existenzsicherung erst ermöglichen. Insofern wundert es auch nicht, dass die herkömmlichen Livelihood-Studien große Schwierigkeiten damit hatten, die neuen Mobilitäten in den ländlichen Peripherien des Globalen Südens konzeptionell zu fassen. Erst in den letzten zehn Jahren bemüht sich die internationale Entwicklungsforschung, die räumliche bzw. raumübergreifende Dimension der Livelihoods stärker zu berücksichtigen (King 2011). In der Konsequenz hieß das: Der Blickwinkel der Livelihood-Forschung musste sich verändern, um sich von dem Containerdenken der bisherigen Paradigmen zu befreien. Für einen Gegenentwurf respektive eine Erweiterung kommt es also zunächst darauf an, eine translokale Perspektive in der Livelihood-Forschung zu entwickeln. Das setzt jedoch einige Anpassungen des begrifflich konzeptionellen Instrumentariums sowie des empirischen Forschungsdesigns voraus.

2.2.1 Translokale Community

Die Livelihood- und Verwundbarkeitsforschung steht in der Tradition der sozial-anthropologischen „community studies" – und diesen liegt die Vorstellung einer Kongruenz von Sozialraum und Territorium zugrunde. Angesichts heutiger Migrationsprozesse und der großen Bedeutung sozialer Vernetzung jenseits von Gemeindegrenzen verliert diese Vorstellung immer mehr an empirischer Plausibilität. Deswegen ist es sinnvoll von translokalen Communities zu sprechen. Eine „translokale Community" lässt sich als eine Gemeinschaft von Menschen definieren, deren Mitglieder an verschiedenen Orten leben, die durch funktionale Interdependenzen verknüpft sind, die tendenziell stärker sind als jene, die sie mit anderen Menschen im weiteren sozialen Umfeld verbinden. Die Community ist demnach nicht als räumliche Entität, sondern als soziales Netzwerk zu verstehen. Das prinzipielle Definitionskriterium ist demnach das, was Menschen füreinander tun, und nicht der Ort, an dem sie leben. Also ist der Begriff der translokalen Community weitgehend deckungsgleich mit dem abstrakteren Begriff des translokalen (Sozial-)Raums, verweist jedoch stärker auf die besondere Bedeutung der Gemeinschaftlichkeit als Ressource.

2.2.2 Translokaler Haushalt

Der Haushalt stellt die zentrale Betrachtungs- und Analyseeinheit der Livelihood-Forschung dar; gemeinhin wird der Haushalt als Träger der Livelihoods betrachtet. Die gängigen Definitionen definieren den Haushalt als eine Gruppe von Menschen, die koordiniert Entscheidungen über die Ressourcenverwendung trifft, ihre Einkünfte zusammenlegt und gemeinsam wohnt. Insbesondere in dem Definitionskriterium des Zusammenwohnens manifestiert sich erneut eine containerräumliche Befangenheit.

Eine translokale Perspektive erfordert deshalb, den Haushalt aus seinen „vier Wänden" zu befreien! Stattdessen sollten die durch spezifische soziale Rollen und kulturelle Normen geregelten, reziproken Beziehungen des Teilens, der Kooperation und des Austauschs als Definitionskriterium gelten. Es geht also darum, auch den Haushalt darüber zu bestimmen, was Menschen füreinander tun, und nicht darüber, wo sie schlafen. Es bietet sich somit an, Haushalt als eine im spezifischen sozialen Kontext anerkannte „haushaltende" Gemeinschaft zu definieren, deren Mitglieder ihre Aktivitäten der Konsumtion, Reproduktion und Ressourcennutzung über lange Zeit hinweg koordinieren. Wenn die Mitglieder eines so definierten Haushalts an unterschiedlichen Orten leben und über eine räumliche Distanz hinweg „haushalten", kann von einem „translokalen Haushalt" gesprochen werden *(Abb. 1)*. Diese Bezeichnung trägt der Tatsache Rechnung, dass die Organisation der Existenzsicherung oft gar nicht räumlich sedentär gebunden ist. Vielmehr ist sie eben gerade nur mithilfe der translokalen Organisation einer Mehrfachverortung möglich.

Innerhalb translokal organisierter Haushaltsgemeinschaften bestehen soziale, emotionale und kulturelle Bindun-

Abb. 1: Translokale Verflechtungen.

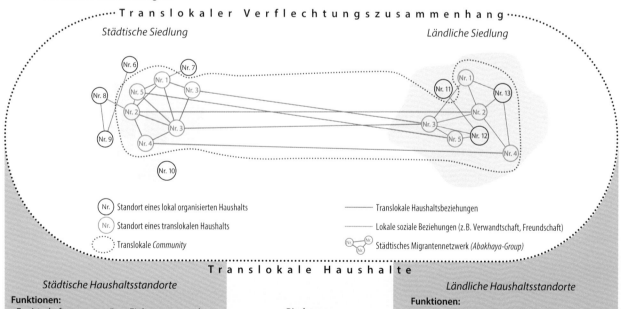

Quelle: STEINBRINK, PETH 2014: 34.

gen zwischen Akteuren an verschiedenen Orten sowie vielfältige Austausch- und Kooperationsbeziehungen in Form von Geld-, Waren-, Personen- und Informationstransfers. Aus dieser Perspektive

handelt es sich bei der rural-urbanen Arbeitsteilung eher um eine Funktionsteilung zwischen verschiedenen Haushaltsstandorten als um eine strikte Verteilung von Aufgaben zwischen den Haushalts-

angehörigen, die häufig – mal länger, mal weniger lang – sowohl in der Stadt als auch auf dem Land leben und dort jeweils ortsspezifische Aufgaben übernehmen.

2.2.3 Translokale Livelihoods

Mit dem Begriff des translokalen Haushalts steht nun der wichtigste Terminus für die translokale Perspektive der Livelihood-Forschung zur Verfügung: Translokale Haushalte sind die Träger translokaler Livelihood-Systeme. Ein „translokales Livelihood-System" ist demnach ein System der Lebenshaltung eines Haushalts, dessen Mitglieder sich nicht alle an demselben Ort aufhalten. In einem translokalen Livelihood-System wird sowohl die Nutzung der an den unterschiedlichen Haushaltsstandorten verfügbaren materiellen und immateriellen Ressourcen koordiniert als auch das strategische Handeln der dort lebenden Mitglieder, um die individuellen wie kollektiven Be-

dürfnisse zu befriedigen und die Existenz aller Haushaltsmitglieder langfristig zu sichern.

Mithilfe dieser Definition lassen sich translokale Handlungen (z.B. zwischen Land und Stadt in Afrika) als strategische Handlungen und integraler Bestandteil der kollektiven Existenzsicherung konzeptualisieren.

Die Akteure an den unterschiedlichen Orten stehen in einem flächenraumübergreifenden Interaktionszusammenhang und sind in ihrer Lebensabsicherung aufeinander angewiesen. Struktur und Organisation der translokalen Haushalte verdeutlichen das existenzielle Abhängigkeitsverhältnis zwischen den Akteu-

ren an den unterschiedlichen Standorten. Städtische wie ländliche Existenzsicherung sind demzufolge oft nur Elemente eines translokalen Existenzsicherungssystems: Die räumliche Diversifizierung erlaubt es, Wirtschaftsaktivitäten miteinander zu kombinieren und die jeweiligen Möglichkeiten an den verschiedenen Orten zu nutzen. Durch die translokalen Netzwerke verschmelzen die Opportunitätsstrukturen an den unterschiedlichen Orten zu der einen Opportunitätsstruktur des translokalen Sozialraums. Migration, Kooperation und Austausch sind die Bedingungen für das Funktionieren translokaler Livelihood-Systeme.

3   Translokale Livelihoods in Afrika südlich der Sahara

3.1   „Urbanisierung ohne Wachstum aber mit Translokalisierung"

 Kap. 5.1:
S. 89ff.

 Sec. 5.1:
pp 86ff.

Obwohl Afrika mit einem durchschnittlichen Urbanisierungsgrad von ca. 40 % nach wie vor der am wenigsten verstädterte Erdteil ist, werden die Staaten gerade wegen des enormen Tempos der Verstädterung vor weitreichende Probleme gestellt; denn mit einer geschätzten Urbanisierungsrate von jährlich 3,4 % ist Afrika mit Abstand der am schnellsten sich verstädternde Kontinent (*UN* 2018: 10).

Die besonderen Herausforderungen resultieren jedoch weniger aus dem quantitativen Ausmaß der Urbanisierungsdynamik als vielmehr aus den ökonomischen und sozialen Rahmenbedingungen, unter denen das enorme Städtewachstum abläuft. Anders als in Nordamerika und Europa geht die afrikanische Verstädterung nämlich nicht mit einer positiven volkswirtschaftlichen Entwicklung einher, sondern findet auch in Zeiten wirtschaftlicher Stagnation und immenser nationaler Verschuldung statt. Inzwischen sind die ärmsten Länder oft jene mit den höchsten Urbanisierungsraten.

Die wirtschaftliche Krise des subsaharischen Afrikas nach der Entkolonialisierung war zu Beginn vor allem eine ländliche

Krise, die sich in einer stetig rückläufigen landwirtschaftlichen Pro-Kopf-Produktionsrate und einer fortschreitenden Verringerung der Möglichkeiten für (Semi-) Subsistenzwirtschaft ausdrückte. Die *ökonomische* Situation verschlechterte sich in vielen ländlichen Gebieten so weit, dass als einziger Ausweg oft nur die Abwanderung in städtische Gebiete blieb.

Afrikas Städte indes verfügen vor allem aufgrund ihrer schwach entwickelten Produktionsstrukturen nicht über die Kapazitäten, die nötig wären, um die große Zahl der aus ländlichen Gebieten Zugewanderten in den formellen Bereich der Wirtschaft einzugliedern. Deshalb sind die meisten der Land-Stadt-Migranten auf informelle oder semi-formelle, meist prekäre Wirtschaftstätigkeiten angewiesen.

Die Urbanisierungsdynamik in Afrika ist also ein Prozess des Städtewachstums ohne entsprechendes Wirtschaftswachstum; man kann ihn auch als „Urbanisierung der Armut" bezeichnen. Viele Land-Stadt-Migranten geraten in eine Art städtische Armutsfalle, der sie aufgrund der prekären Bedingungen des Arbeitsmarktes und der stark steigenden Preise für städtischen Wohnraum und Nahrungsmittel nicht entkommen können.

Solange die Entwicklung der Erwerbsmöglichkeiten nicht mit der Dynamik des Bevölkerungswachstums in den Städten

Afrikas Schritt hält, wird die urbane Lebenssituation vieler Land-Stadt-Migranten dauerhaft von Unsicherheit und Risiko geprägt sein. Deshalb finden die Land-Stadt-Wanderungen auch sehr selten als Umzug kompletter Haushaltsgemeinschaften statt. Meist ziehen lediglich einzelne Familienmitglieder auf der Suche nach Arbeit in die Städte; und das Aufrechterhalten enger sozialer und ökonomischer Verbindungen in die Herkunftsregionen ist ein wichtiger Aspekt des sicherheitsrationalen Handelns verwundbarer städtischer Gruppen (STEINBRINK 2009b).

Städtische Sesshaftigkeit ist deshalb bis heute in Afrika nicht zur Norm geworden: Zirkuläre Mobilität, der intensive Kontakt zum Herkunftsdorf und die translokale Haushaltsführung sind in den meisten urbanen Zentren Afrikas als dauerhaft zu erachten. Das heißt, entgegen den klassischen Modellen der „urban transition" und der „Mobilitätstransition" (ZELINSKY 1971) stellen zirkuläre Formen der Migration und intensive Land-Stadt-Verflechtungen in Afrika keine temporären, sondern zeitlich stabile Erscheinungen dar. Die Urbanisierung in Afrika ist deshalb nur unter Berücksichtigung der Translokalität und deren starker strukturbildender Wirkung umfassend zu beschreiben. Für Politik, Planung und Entwicklungszusammenarbeit gilt es, die Tatsache anzuerkennen, dass Urbanisierung und

Translokalisierung in Afrika parallele Prozesse darstellen und afrikanische Urbani-

tät kaum ohne Translokalität zu denken ist.

3.2 Verbreitung translokaler Livelihoods

 Kap. 5.2: S. 95ff.

 Sec. 5.2: pp 90ff.

Das beschriebene Muster der Urbanisierung ist trotz regionaler Unterschiede im Einzelnen auf den gesamten afrikanischen Kontext übertragbar, sodass man insgesamt von einer sehr starken Verbreitung translokaler (rural-urbaner) Existenzsicherungssysteme ausgehen kann.

Quantitativ zu erfassen, wie viele Menschen in Subsahara-Afrika ihre Livelihoods in translokalen Zusammenhängen organisieren, ist indes äußerst schwierig. Die ohnehin in vielen Staaten Afrikas defizitäre Zensusdatenlage gibt kaum Hinweise auf Umfang und Richtung translokaler Verflechtungen. Eine Hauptschwierigkeit besteht außerdem darin, dass bei der Erhebung von Zensusdaten in der Regel von Sesshaftigkeit ausgegangen wird und Haushaltsgemeinschaften über die Ko-Residenz definiert werden, sodass mit den

gängigen Erhebungsinstrumenten translokale Haushaltsstrukturen methodisch also nicht erfasst werden können. Auch Migrationsbewegungen werden vornehmlich nur international – und ebenfalls sehr lückenhaft – registriert. Einwohnermeldesysteme, aus denen sich belastbare Umzugsdaten ermitteln ließen, existieren nicht.

Da verlässlich aggregierte Daten über Prozesse innerstaatlicher Binnenmigration also nicht vorliegen, lässt sich der Grad der Einbettung der afrikanischen Gesamtbevölkerung in translokale Zusammenhänge kaum seriös abschätzen. Demzufolge muss eine quantitative Abschätzung auf den Erkenntnissen aus lokalen und regionalen Einzelstudien aufbauen. Auf Grundlage einer umfangreichen Zusammenschau zahlreicher Studien und quantitativer Daten aus verschiedenen regionalen Kontexten lässt sich eine Schätzung zum Phänomen der translokalen Livelihoods im subsaharischen Afrika wagen: Danach leben zwischen 40 % und 60 %

der Menschen in ländlichen Regionen in translokal organisierten Haushaltsstrukturen. Bei einer angenommenen Bevölkerungszahl von 973 Mio. (*The World Bank* o. J.) und einem Urbanisierungsgrad von ca. 37 % bedeutet das eine Gesamtzahl von 245 bis 365 Mio. Menschen. Da in städtischen Gebieten der Anteil der Bevölkerung mit engen translokalen Bezügen noch höher liegt, lässt sich hier ein grober Schätzwert von 70 % anlegen, was einer Zahl von weiteren ca. 250 Mio. Menschen entspräche. In der Summe bedeutete das, dass in Subsahara-Afrika mehr als eine halbe Milliarde Menschen – also über 50 % der Gesamtbevölkerung – in translokale Livelihood-Systeme eingebunden sind.

Wenn diese sehr grobe Schätzung auch nur annähernd der tatsächlichen Größenordnung entspricht, wird erneut deutlich, dass Politik, Planung und Entwicklungszusammenarbeit dem Phänomen der translokalen Existenzsicherung zwingend mehr Beachtung schenken sollten.

3.3 Räumliche Muster translokaler Livelihoods

 Kap. 5.3.1: S. 101ff.

 Sec. 5.3.1: pp 95ff.

Wie dargestellt, ist Translokalität in Afrika gewissermaßen ubiquitär. Ob es zwischen afrikanischen Großregionen regionale Unterschiede hinsichtlich der Intensität translokaler Verflechtungen und der Bedeutung translokaler Livelihood-Systeme gibt, ist anhand der bisher vorliegenden Fallstudien nicht zu beantworten. Hierzu wären weitere und dezidiert vergleichende Studien notwendig.

Trotzdem lassen sich einige räumliche Muster und Regelmäßigkeiten feststellen, die nur stichpunktartig aufgeführt werden:

• Entgegen dem gängigen medialen Bild von der „Flut" afrikanischer Migranten, die nach Europa kommen, ist festzustellen, dass die interkontinentale Migration im Vergleich zu der grenzüberschreitenden innerafrikanischen Migration nur einen geringen Anteil ausmacht. Etwa zwei Drittel der internationalen Migranten wandern in andere subsaharische Staaten. Der Binnenwanderung allerdings kommt sicherlich die größte Bedeutung im afrikanischen Migrationsgeschehen zu.

• Die Migration findet häufig in Richtung Küste statt, wo sich vielfach die größeren Städte befinden.

• Obwohl die translokalen Livelihoods, die sich zwischen ländlichen und städtischen Gebieten organisieren, sicherlich dominieren und vor allem am besten untersucht sind, ist dies keinesfalls die einzige Konstellation. So gibt es auch zahlreiche Hinweise auf starke translokakale Verflechtungen zwischen ländlichen Gebieten.

• Es gibt einen Zusammenhang zwischen klimatischen bzw. agrarökologischen Bedingungen und temporärer Migration in translokalen Kontexten: So weisen z.B. laut der vergleichenden Studie im Sahel von RAIN (1999) die aridesten Gebiete die höchsten Migrationsraten auf. Insofern ist anzunehmen, dass es bei klimatischen bzw. landwirtschaftlichen Extremverhältnissen eine stärkere Tendenz zu translokal diversifizierter Haushaltsführung gibt als in fruchtbareren Gebieten.

• „step-wise migration": Oft wird aus den ländlichen Gemeinden zunächst in kleinere, näher gelegene urbane Zentren migriert und dann in größere und weiter entfernte Städte im In- oder Ausland. Diese „step-wise migration" bedeutet

ebenfalls eine weitere räumliche Ausdehnung des translokalen Feldes, was auch nachfolgenden Migranten neue Möglichkeiten eröffnet.

• Die Entwicklungen im Transportsektor sowie vor allem im Zuge der immensen technologischen Fortschritte im Bereich der Telekommunikation (siehe Kap. 4.1.2 und 4.1.6) und der neuen Medien (inklusive „mobile cash transfers") bedingen die Tendenz, dass sich die translokalen Livelihoods über immer größere Distanzen aufspannen. Das Kontakthalten, die Mobilität und der translokale Austausch werden dank dieser technologischen Neuerungen auch über große Entfernungen hinweg erleichtert.

• Die sich im Zuge der Translokalisierung der Livelihoods etablierenden rural-urbanen Netzwerkbeziehungen, die von den jeweiligen Dörfern ausgehen, richten sich meist auf relativ wenige andere Orte aus; bilden also klare räumliche Schwerpunkte aus, die aus kumulativen Prozessen der Netzwerkverdichtung resultieren. Einmal etablierte Netzwerkbezüge zwischen Orten sind durch eine große Persistenz geprägt, die Ausrichtung der Netzwerke ist zeitlich oft erstaunlich stabil. Andererseits erweisen sich die translokalen Netzwerke nach innen hin als sehr flexibel. Hinsichtlich der räumlichen Mobilität, die innerhalb der etablierten Strukturen stattfindet, sind die translokalen Livelihoods anpassungsfähig und „reaktionsschnell": So stellen sich die Wanderungsbewegungen und -richtungen in den trans-

lokalen Netzwerkstrukturen oft unmittelbar auf bestimmte Veränderungen der Handlungskontexte und -opportunitäten in den unterschiedlichen vernetzten Teilräumen des translokalen Gefüges ein (z.B. auf klimatische Bedingungen, Preisschwankungen für Nah-

rungsmittel und Mieten, Lohnerwerbsmöglichkeiten, politische Situation). Diese Form der flexiblen Anpassung ist letztlich nur dank tragfähiger sozialer Land-Stadt-Netzwerke möglich, also nur deshalb, weil die Livelihoods translokal organisiert sind.

3.4 Zeitliche Muster

 Kap. 5.3.2: S. 107ff.   **Sec. 5.3.1:** pp 100ff.

Das Mobilitätsverhalten in den translokalen Netzen reagiert sehr unmittelbar auf Veränderungen der Handlungskontexte an den verschiedenen Orten. Diese Veränderungen sind abhängig von vielfältigen politischen wie ökonomischen Faktoren auf unterschiedlichen räumlichen Maßstabsebenen und ihr Auftreten somit nicht vorauszusagen. Trotzdem lassen sich bestimmte zeitliche Regelmäßigkeiten feststellen, die sich hauptsächlich auf Muster der Mobilität im Jahresverlauf beziehen: Das betrifft (1) die „Saisonalität" zirkulärer Arbeitsmigrationen und (2) Besuche im Heimatdorf im Zusammenhang mit „Festen und Urlaubszeiten":

Zu (1): Zirkuläre Arbeitsmigration aus kleinbäuerlich geprägten Gebieten im subsaharischen Afrika folgt häufig dem jährlichen Zyklus der Landwirtschaft, ist also verbunden mit Aussaat und Ernte bzw. den Regen- und Trockenzeiten. Viele arbeitsfähige Männer und Frauen verlassen zum Ende der Regenzeit ihre Heimatdörfer, um entweder in Städten einer Erwerbstätigkeit nachzugehen oder aber „dem Regen folgend" Lohnarbeit in einem anderen ländlichen Gebiet zu finden. Diese Form der Arbeitswanderung dient oft dem sicherheitsrationalen Zweck, die Ver-

sorgungslücke in landwirtschaftlich inaktiven Phasen zu schließen. Die Rückkehr erfolgt meist zu Beginn der nächsten Regenzeit bzw. in landwirtschaftlich aktiven Phasen, da die Migranten dann wieder als Arbeitskräfte für den Ackerbau benötigt werden. Die saisonalen Zirkularitätsmuster sind jedoch nicht nur vom landwirtschaftlichen Produktionszyklus in den Herkunftsgebieten abhängig. Gerade bei Land/Land-Netzwerken ist der saisonale Bedarf an landwirtschaftlicher Arbeitskraft im agrarischen Lohnsektor im Zielgebiet ausschlaggebend. Nach Ablauf des Saisonarbeitsvertrags gehen die Arbeiter oft wieder zurück in ihre Herkunftsdörfer – unabhängig davon, ob dort landwirtschaftliche Arbeitskräfte benötigt werden oder nicht.

Zu (2): Neben der saisonal-zirkulären Migration kehren die meisten Migranten ebenso zu Besuchszwecken in ihre Herkunftsdörfer zurück. Hierbei sind auch zeitliche Muster erkennbar, denn die Besuchsfrequenz ist meist aufgrund fester Urlaubszeiten und Feiertage zyklisch im Jahresverlauf strukturiert. In christlich geprägten Gegenden Afrikas z.B. stellen vor allem die Weihnachts- und Osterfeiertage wichtige „Fixpunkte" im Jahr dar. STEINBRINK (2009a) berichtet beispielsweise aus Townships in Kapstadt, wo sich die Wohnbevölkerung im Dezember und Januar teilweise auf etwa ein Drittel reduziert, während sich die Zahl jener, die sich zeitgleich in ländlichen Gebie-

ten in der Eastern Cape Province aufhielten, nahezu verdopple. Diese deutliche saisonale Verschiebung der Aufenthaltsorte großer Bevölkerungsteile ist in verschiedenen afrikanischen Ländern zu beobachten. Oft werden ebenfalls andere (zum Teil regional- und kulturspezifische) Feste und Rituale wie Hochzeiten, Taufen und Beschneidungszeremonien in die jährlichen Ferien- und Urlaubszeiten gelegt. Häufig bringen die Migranten zu diesen Anlässen Geld- oder Sachgeschenke für die Familienangehörigen auf dem Land mit. „Glücklose" Arbeitssuchende kehren gerade zu diesen Gelegenheiten in die Dörfer zurück – nicht zuletzt in der Hoffnung, von den dann ebenfalls anwesenden „erfolgreicheren" Migranten Informationen über Erwerbsmöglichkeiten an anderen Orten zu erhalten.

Im translokalen Netzwerk bilden die Herkunftsdörfer meist den zentralen räumlichen Knoten; und jede Festivität ist eine wichtige Gelegenheit für den Face-to-Face-Kontakt zwischen den Mitgliedern der translokalen Community, die ansonsten oft sehr weit voneinander entfernt leben. Feiertage, Feste und Rituale im Herkunftsgebiet der Migranten haben demnach eine immense Bedeutung für den translokalen Zusammenhalt, da sie verlässliche Gelegenheiten darstellen, um bestehende soziale Bindungen zu festigen, neue aufzubauen und um Informationen auszutauschen.

3.5 Muster des Wandels der Migrationsformen im Translokalisierungsprozess

 Kap. 5.3.3: S. 112ff.   **Sec. 5.3.3:** pp 104ff.

Translokale Livelihoods sind nicht nur das Ergebnis von Wanderungsprozessen, vielmehr bringt Translokalität auch Migrationen hervor. Die Wanderungsformen, die Migrationsmotive sowie die beteiligten Personengruppen unterliegen im Kontext von Translokalisierungsprozessen dabei einem zeitlichen Wandel. Sich diesen Wandel zu vergegenwärtigen hilft, das Migrations-/Mobilitätsgeschehen in Afrika besser

zu verstehen. Hier soll deshalb ein idealtypisches dreiphasiges Modell *(Abb. 2)* der „Entstehung, Konsolidierung und Reifung translokaler Netzwerke" vorgestellt werden, um zu veranschaulichen, welche Formen der Migration und welche „Migrantentypen" in verschiedenen Phasen der Translokalisierung vorherrschend sind.

Phase 1: Translokale Expansion
In der ersten Phase des Translokalisierungsprozesses zwischen zwei Orten kommt den Pioniermigranten bzw. Expandisten eine besondere Rolle zu. Sie erhalten ihre sozialen Bindungen zum Herkunftsgebiet durch Rücküberweisun-

gen, Besuche, Informationsaustausch etc. aufrecht. Expandisten sind in der Regel die „typischen Arbeitsmigranten": Die Suche nach Arbeit stellt den Hauptgrund für ihre Migration dar. In dieser Phase geht es vor allem um die Anpassung der wirtschaftlichen Aktivitäten der Haushalte im Sinne einer ökonomischen Diversifizierung. Die meisten Expandisten sind junge Männer, sie bilden gewissermaßen die Kristallisationskerne der nachfolgenden translokalen Netzwerkbildung.

Phase 2: Konsolidierung (Haushaltsexterne Transmigrationen)

Abb. 2: Phasenmodell der Translokalisierung: Diversifizierung des Migrationsgeschehens im Translokalisierungsprozess.

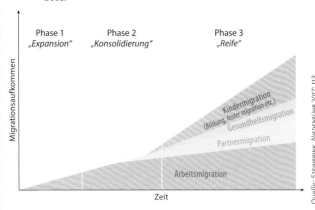

In dieser zweiten Phase kommt ein sich selbst verstärkender Prozess der Kettenmigration in Gang. Die Expandisten (s.o) sind die Anlaufpunkte für weitere Migranten aus der Herkunftsregion. In Phase 2 dominiert ebenfalls noch die Arbeitsmigration. Die sich nun etablierenden translokalen Netzwerke werden von nachfolgenden Arbeitssuchenden genutzt, um das Migrationsrisiko zu senken. Die Kontakte am Zielort eröffnen z.B. den Zugang zu Wohnraum sowie Unterstützung bei der Jobsuche.

In dieser Phase werden hautsächlich freundschaftliche und verwandtschaftliche Bindungen *außerhalb* der Migrantenhaushalte genutzt, da die Netzwerke innerhalb der Haushalte noch nicht ausreichend ausgebaut sind. Auch in dieser Phase dominieren noch junge männliche Migranten.

Phase 3: „Reifephase" (Haushaltsinterne Transmigrationen)

In der dritten Phase kommt es vermehrt zu haushaltsinternen Transmigrationen: Nachdem sich der erste Migrant eines translokal organisierten Haushalts an einem bestimmten Ort etabliert bzw. konsolidiert hat – also über eine relativ sichere Unterkunft und Einkommen verfügt –, kommen oft andere Haushaltsmitglieder nach, die vorhandenen Netzwerkbeziehungen nutzend.

In dieser Phase werden die Migrationsformen vielfältiger und andere Migrationsmotive kommen hinzu. Die Suche nach

Arbeit bleibt zwar oft das wichtigste Migrationsmotiv, aber das Migrationsgeschehen diversifiziert sich deutlich. In dieser „Reifephase" wandelt sich auch die Zusammensetzung der Gruppe der Migranten:

• *Es migrieren vermehrt Frauen:* Die Migration von Frauen findet eher innerhalb bereits etablierter translokaler Felder und meist innerhalb translokalisierter Haushaltstrukturen statt (siehe Kap. 4.3.2). Die Migrationsgründe sind in der Regel etwas vielfältiger als bei Männern. Einerseits findet weibliche Migration als Arbeitsmigration, andererseits als „Partnerschaftsmigration" statt, oder aber um sich am städtischen Haushaltsstandort um andere Haushaltsmitglieder zu kümmern. Letzteres ist vor allem dann der Fall, wenn sich Kinder am städtischen Haushaltsstandort aufhalten.

• *Es migrieren vermehrt Kinder:* Kinder sind ebenso meist innerhalb etablierter translokaler Netzwerke bzw. innerhalb der translokalen Haushalte mobil. Schon in den ersten Lebensjahren wachsen viele Kleinkinder (in Abhängigkeit von der jeweiligen Situation) mal an den ländlichen, mal an den städtischen Haushaltsstandorten auf – teilweise mit, teilweise ohne ihre leiblichen Eltern. Auch Schulkinder sind oft innerhalb translokaler Netzwerkstrukturen mobil (siehe Kap. 4.3.1). Manche Kinder und Jugendliche werden für den Schulbesuch zu Verwandten oder Haushaltsangehörigen in städtische Gebiete geschickt; aber auch in Richtung Land findet mitunter Bildungsmigration statt. Arbeitsmigration von Kindern ist im subsaharischen Afrika ebenfalls verbreitet. Teilweise verlassen Kinder und Jugendliche schon in sehr jungem Alter ihre Herkunftsdörfer, um einen ökonomischen Beitrag zur

Existenzsicherung der Haushalte zu leisten. Die Migration von Kindern in translokalen Netzwerken ist bisher ein wenig erforschter Aspekt, obgleich deren Wanderung zahlenmäßig vermutlich einen beachtlichen Anteil der Binnenmigration in Afrika ausmacht (NIEDENFÜHR 2019).

• *Es migrieren vermehrt Alte und Kranke:* Migration von arbeitsunfähigen alten oder kranken Menschen findet überwiegend von der Stadt aufs Land statt (siehe Kap. 4.3.3). Viele ältere Migranten geben an, dass sie ihren Lebensabend in ihrer dörflichen Heimat verbringen wollen. Haushaltsökonomisch betrachtet, geht es bei dieser Migrationsform häufig auch um die Minimierung der Lebenshaltungskosten. Gesundheitsbezogene Migration findet aber auch in die andere Richtung statt: Ältere und kranke Personen gehen zum Teil vorübergehend in die Städte, um schulmedizinisch versorgt zu werden und die benötigten Medikamente zu bekommen. Auch diese Form der Migration findet vornehmlich innerhalb translokaler Haushaltsstrukturen statt.

In der dritten Phase können die etablierten translokalen sozialen Netzwerkstrukturen auch für Migrationen genutzt werden, die als kurzfristige Reaktion auf plötzlich auftretende Krisenereignisse am ländlichen Haushaltsstandort bzw. in der Herkunftsregion notwendig werden. Ein stabiles etabliertes translokales Netzwerk kann insofern krisenabfedernd wirken und die Resilienz der Livelihood-Systeme stärken.

Bildungsmigration, Gesundheitsmigration, Migration von Kleinkindern etc. in städtische Gebiete sind vor allem Migrationen von wirtschaftlich abhängigen Personen. Es ist somit nicht erstaunlich, dass der weitaus größte Teil dieser Wanderungsereignisse innerhalb des engeren familiär-sozialen Zusammenhangs der translokalen Haushalte erfolgt. Trotz mangelnder Datenlage besteht die begründete Annahme, dass mittlerweile ein bedeutender Teil des afrikanischen Binnenmigrationsaufkommens auf diese Formen von Migrationen zurückzuführen ist.

3.6   Sozioökonomische Muster: Wer bleibt, wer geht, wer kommt zurück?

Kap. 5.3.4: S. 118ff.

Sec. 5.3.4: pp 109ff.

Wie bereits oben dargestellt, kommt es in verschiedenen Phasen der Entstehung

und Etablierung eines translokalen Livelihood-Systems und aus unterschiedlichen Gründen zu Verschiebungen in der demografischen Struktur der Daheimgebliebenen sowie der Migranten. Insofern lässt sich die Frage nach dem Typus des Migranten bzw. nach dem Typus des Da-

heimgebliebenen nicht pauschal, sondern letztlich nur in Verbindung mit Faktoren wie der Bestehensdauer des translokalen Netzwerks und den Migrationsmotiven beantworten. Trotzdem sollen nachfolgend einige Muster skizziert werden.

Gender

Die Forschung zu Migration in Afrika fokussierte sehr lange auf Phänomene der (zirkulären) Arbeitsmigration. In den Studien setzte sich deshalb die Überzeugung durch, dass Migration in Afrika vor allem eine „männliche Angelegenheit" sei.

In der Tat scheint die klassische Variante der männlichen Arbeitsmigration nach wie vor zahlenmäßig dominant, und diese hat in vielen Teilen Afrikas zu einem demografischen Ungleichgewicht im zahlenmäßigen Geschlechterverhältnis in der Wohnbevölkerung in Land und Stadt geführt. Allerdings gibt es zahlreiche Anzeichen, dass sich diese Ungleichgewichte zukünftig deutlich abschwächen werden, weil immer mehr Frauen migrieren. Die beobachtbare „Feminization of Migration" (siehe Kap. 4.3.2) ist nicht zuletzt auch Ergebnis von Translokalisierungsprozessen. Denn mit der Verfestigung translokaler Netzwerke werden immer mehr Frauen in das Migrationsgeschehen eingebunden. Es gibt gewissermaßen einen *time lag* zwischen männlicher und weiblicher Migration im Translokalisierungsprozess, weil Frauen deutlich seltener zu den frühen Migranten (Pioniermigranten, „Expandisten") gehören; sie migrieren – auch als Arbeitssuchende – eher innerhalb bereits etablierter Netze. Mit der Diversifizierung der Migrationsformen (s.o) aber werden ebenso weibliche Haushaltsmitglieder zunehmend mobil.

Die lange Zeit in der Entwicklungsforschung und -planung verbreitete Vorstellung, dass es vor allem Männer sind, die migrieren, während die Frauen im Dorf zurückbleiben, ist im subsaharischen Kontext keineswegs mehr uneingeschränkt und für alle Regionen zutreffend. Auch die Vorstellung, die „Feminisierung der Migration" sei eine direkte Folge sich wandelnder Geschlechterverhältnisse, erscheint als zu einfach (siehe Kap. 4.3.2).

Alter

Das wohl typischste und in der Forschung bestbelegte altersbezogene Muster in translokalen Zusammenhängen ist, dass hauptsächlich jüngere Menschen im erwerbsfähigen Alter in die Stadt migrieren. Zurück bleiben infolgedessen die ganz Jungen und die Alten, wobei zurückbleibenden erwerbsfähigen Erwachsenen am ländlichen Haushaltsstandort neben der kleinbäuerlichen Landwirtschaft auch eine wichtige Rolle in der Erziehung von Kindern sowie der Pflege von Alten und Kranken zukommt. Das demografische Ungleichgewicht in der Altersstruktur wird in vielen Studien problematisiert. Dieses ist auch Folge des Remigrationsverhaltens: Ältere Menschen migrieren am Ende ihres Erwerbslebens oft an die ländlichen Haushaltsstandorte zurück, um dort ihren Lebensabend zu verbringen. Zu erwähnen ist allerdings, dass der in etlichen Studien und unterschiedlichen regionalen Kontexten immer wieder belegte „Rückkehrwunsch" bisweilen eher die soziale Erwartungshaltung widerspiegelt als den tatsächlichen Willen zur Rückkehr. Auch im translokalen Kontext gibt es durchaus einen „Myth of Return". Es gibt Anzeichen, dass die Remigration im Alter derzeit an Bedeutung verliert. Insgesamt ist davon auszugehen, dass sich die Altersungleichgewichte im Zuge der Reifung translokaler Netze verringern.

Bildung

Bildung ist ein wichtiger migrationsinduzierender Faktor in translokalen Lebenszusammenhängen in Afrika: Menschen migrieren, um monetäres Einkommen zu erwirtschaften, das ebenso für den Schulbesuch von Kindern eingesetzt wird; Kinder migrieren zu Aufenthaltsorten von anderen Haushaltsmitgliedern oder weiteren Verwandten, um Zugang zu (besserer oder weiterführender) Schulbildung zu erhalten; und es migrieren zum Teil Erwachsene – meist Frauen –, um am Wohnort der Schüler die Kinder zu versorgen (detaillierter siehe Kap. 4.3.1).

Ob es indes einen Zusammenhang zwischen Bildungsgrad und Migration bzw. Translokalisierung gibt, kann derzeit nicht eindeutig beantwortet werden. Jedoch findet sich in verschiedenen wissenschaftlichen Studien die Einschätzung, dass Menschen mit (höherer) Schulbildung eine etwas höhere Migrationswahrscheinlichkeit und -frequenz aufweisen, und die schulische Ausbildung eine Art Vorbereitung auf Arbeitsmigration sei. Meist wird dann der positive Zusammenhang zwischen Bildungsniveau und Migrationswahrscheinlichkeit mit besseren Arbeitsmarktchancen (in der Stadt) begründet.

Da die Gründe für Translokalisierung vielfältig und nicht auf eine universelle, an Nutzenmaximierung oder an Sicherheit orientierte Handlungslogik zurückzuführen sind, sind auch die Zusammenhänge zwischen Bildung und Translokalisierung keineswegs eindeutig. Hier besteht deutlicher Bedarf für zusätzliche Forschungen.

3.7   Neue Kommunikationsformen und -muster

 Kap. 5.3.5: S. 135ff.

 Sec. 5.3.5: pp 123ff.

Die Formen und Muster der Kommunikation in translokalen Zusammenhängen unterliegen derzeit rapiden Wandlungsprozessen. Waren es lange Zeit hauptsächlich (sporadische) Briefkontakte und (un-)regelmäßige Besuche, die als Medien des translokalen Informationsflusses fungierten, werden diese seit etwa zehn Jahren immer mehr von neuen, mobilen Technologien ergänzt bzw. abgelöst. Nicht zuletzt aufgrund der schwach ausgebauten Festnetzinfrastruktur hat es in Afrika einen regelrechten Boom der Mobilfunknutzung gegeben: Die Zahl der Mobiltelefonverträge stieg innerhalb von nur einer Dekade von weniger als 25 Mio. (2001) auf etwa 650 Mio. (2012) an. Der afrikanische Kontinent ist der am schnellsten wachsende Markt für Mobiltelefonie weltweit. Heute haben mehr als zwei Drittel der erwachsenen Personen in Afrika Zugang zu moderner Informations- und Kommunikationstechnologie (YONAZI et al. 2012).

Die immer stärkere Vernetzung von Menschen durch Telefon und Internet hat einen immensen Einfluss auf die alltägliche Lebens- und Kommunikationspraxis sowohl der urbanen wie auch der ruralen Bevölkerung und somit auf die Beziehung zwischen ihnen. Die verbesserten Kommunikationsmöglichkeiten haben das früher oft komplizierte Kontakthalten zwischen den „Daheimgebliebenen" und den Migranten auch über große Distanzen hinweg deutlich erleichtert, die finanziellen und sozialen Netzwerke gestärkt und gleichzeitig die sozialen Dynamiken stark verändert. Die rasanten Entwicklungen im Bereich der mobilen Telekommunikation und die damit verbundenen mobilen Geldtransfer-Technologie haben die Möglichkeiten der translokalen Livelihood-Organisation substanziell erweitert, sodass sich heute auch nicht anwesende Mitglieder translokaler Haushalte wesentlich stärker in Entscheidungsprozesse hinsichtlich Gesundheit, Bildung und Landwirtschaft etc. einbringen können.

Angesichts der Tatsache, dass ein extrem hoher Anteil der Gesamtbevölkerung in Afrika südlich der Sahara in translokale Lebenszusammenhänge eingebunden ist, kann zweifelsfrei konstatiert werden, dass die Mobilfunktechnologie eine extrem angepasste Technologie ist. Heute ist translokales Kommunizieren fast überall und jederzeit möglich. Und dieser Umstand hat enormen Einfluss auf die unterschiedlichen Bereiche der Lebensführung.

Schon das immense Wachstum des afrikanischen Mobilfunkmarktes ist ein Zeichen dafür, wie elementar die raum- bzw. grenzübergreifende Kommunikation eingeschätzt wird; noch augenfälliger wird das, wenn man sich vergegenwärtigt, wie viele ökonomisch sehr schwache Haushalte oft enorm hohe Anteile ihres verfügbaren Monatseinkommens für die verbesserten Kommunikationsmöglichkeiten zu zahlen bereit sind. Im Verhältnis zu anderen Weltregionen ist der Zugang zu Mobilfunknutzung in afrikanischen Ländern extrem teuer. Handy und Smartphone sind in Afrika jedoch keineswegs Luxusartikel, vielmehr ist die Nutzung der Mobilfunktechnologie eine zwar kostspielige, aber für viele Menschen existenzielle Investition in das Aufrechterhalten translokaler Netzwerke. Der Mobilfunk hat sich zum wichtigsten Medium innerhalb der translokalen Livelihood-Systeme entwickelt. Deshalb ist auch in Afrika eine translokale Lebensführung ohne Handy heute kaum noch vorstellbar.

4 Einfluss translokaler Livelihoods auf den ländlichen Strukturwandel

Translokale Livelihoods haben sehr vielfältige Einflüsse auf unterschiedliche Dimensionen des ländlichen Strukturwandels im subsaharischen Afrika. Die folgenden Ausführungen werden grob nach den drei Dimensionen der Nachhaltigkeit gegliedert: „Ökonomie" (Kap. 4.1), „Ökologie" (Kap. 4.2) und „Soziales" (Kap. 4.3).

4.1 Ökonomische Dimension

 Kap. 6.1: S. 139ff.   Sec. 6.1: pp 136ff.

Für die Beurteilung der ökonomischen Dimension der Wirkungen translokaler Livelihoods auf den ländlichen Strukturwandel im subsaharischen Afrika gilt es zunächst anzuerkennen, dass der Prozess der Translokalisierung vornehmlich wirtschaftliche Ursachen aufweist: Das starke Bevölkerungswachstum gepaart mit überwiegend unattraktiven Bedingungen des Marktes für landwirtschaftliche Produkte und dem gleichzeitigen Mangel an außerlandwirtschaftlichen Erwerbsmöglichkeiten führte in großen Teilen Afrikas zu ländlichen Existenzkrisen. Es entstand so eine ökonomische Notwendigkeit der Arbeitsmigration. Aufgrund der prekären Arbeitsmarktbedingungen in den (städtischen) Zielgebieten kam es zu einer Situation, in der ein Großteil der Haushalte seine Livelihoods über mehrere Standorte hinweg organisierte und – im Sinne einer Kombination landwirtschaftlicher Subsistenz- und Marktproduktion – mit Lohnarbeit ökonomisch diversifizierte.

4.1.1 Migrantische Rücküberweisungen

In translokalen Livelihood-Systemen sind die monetären Rücküberweisungen der Migranten an ihre ländlichen Angehörigen zentral: Die Hoffnung (bzw. Erwartung), die ländlichen Haushaltsmitglieder finanziell unterstützen zu können, stellt gemeinhin den wichtigsten Auslöser von Translokalisierung dar. Außerdem ist der monetäre Transfer wesentliches Kennzeichen translokal diversifizierter Livelihood-Systeme. Entsprechend gut untersucht ist dieser Aspekt.

Im globalen Maßstab wird seit einiger Zeit immer wieder auf die überragende Bedeutung von Rimessen für die volkswirtschaftliche Entwicklung vieler Länder des Südens hingewiesen. Es wird betont, dass die internationalen Rücküberweisungen in der Summe den Wert der weltweit geleisteten Transfers im Rahmen der Official Development Assistance (ODA) bei Weitem übersteigen: 2010 gab die *Organisation für wirtschaftliche Zusammenarbeit und Entwicklung (OECD)* bekannt, dass die jährlich geleistete ODA der *OECD*-Mitgliedsstaaten einen historischen Hochstand erreicht habe: 129 Mrd. US$. Nach Schätzungen der *Weltbank* beliefen sich im gleichen Jahr die weltweiten Rücküberweisungen von Migranten indes auf mehr als 440 Mrd. US$. Auch für Afrika spielen die internationalen Rücküberweisungen eine große volkswirtschaftliche Rolle, wenngleich hier starke regionale Unterschiede bestehen. Die offiziellen Angaben zu internationalen Rücküberweisungen liegen mit sehr großer Wahrscheinlichkeit um einiges unterhalb der tatsächlichen Zahlen, da ein Großteil der Gelder über informelle Kanäle transferiert und somit nicht erfasst wird.

Noch schwieriger ist die Schätzung der Größenordnung der Rimessen von Binnenmigranten an ihre ländlichen Angehörigen. Zum Ausmaß dieser Rücküberweisungen fehlen für das subsaharische Afrika spezifische und aggregierte Daten. Diese schwache Datenlage steht in eklatantem Missverhältnis dazu, dass Rücküberweisungen von Binnenmigranten für wesentlich mehr ressourcenarme ländliche Haushalte von existenzieller Bedeutung für die Lebenssicherung sind als internationale Rimessen. Die einzelnen überwiesenen Geldsummen der „domestic remittances" sind zwar im Durchschnitt deutlich geringer als internationale Rücküberweisungen, aber sie kommen regelmäßiger und sind in der Gesamtsumme wesentlich umfangreicher.

In einer vergleichenden Studie kommen McKay, Deshingkar (2014) zu dem Schluss, dass es insbesondere die ressourcenschwächeren Haushalte sind, die Rücküberweisungen von Binnenmigranten erhalten und dass wohlhabendere Haushalte eher von internationalen Rimessen profitieren. Die Strategie der internationalen Migration wird also eher von ressourcenstärkeren Haushalten verfolgt.

Auf Grundlage der Auswertung quantitativer Angaben zu Rimessen von Binnenmigranten aus zahlreichen Fallstudien zeigen Steinbrink, Niedenführ (2017), wie viele Menschen in ländlichen Gebieten in Afrika südlich der Sahara Rücküberweisungen erhalten und vermitteln so einen Eindruck von Umfang und Relevanz dieses translokalen Kapitalflusses. Ungeachtet recht starker regionaler Unterschiede kann – grob geschätzt – davon ausgegangen werden, dass im subsaharischen Afrika durchschnittlich etwa 25 % des im ländlichen Raum verfügbaren monetären Einkommens aus Rücküberweisungen stammen und dass zwischen 20 % und 40 % der ländlichen Haushalte regelmäßig Geldüberweisungen erhalten.

4.1.2 „Mobile cash" – *neue Modi des Transfers*

Das enorme Wachstum im Bereich der Mobilfunktechnologie hat nicht nur direkten Einfluss auf die translokale Kommunikation (siehe Kap. 3.7) innerhalb translokaler Livelihood-Systeme, sondern auch auf die Praxis der Rücküberweisungen.

Lange Zeit war das System der Rücküberweisungen in den meisten Regionen Afrikas von dem schwach ausgebauten Netz von Bankfilialen und dem schwierigen Zugang zu Bankkonten geprägt. Diese Situation führt dazu, dass Rimessen noch heute häufig in Form von Bargeld transferiert werden.

Mittlerweile haben Banken und Mobilfunkbetreiber aber den wachsenden Markt im Bereich der Rücküberweisungen erkannt und bauen das System des „mobile cash" aus. Und die Menschen in Afrika nutzen diese Möglichkeiten des „mobile money transfers" immer stärker. In der Côte d'Ivoire, dem für diese Form der Transfertechnologie derzeit größten Markt in Westafrika, gab es bereits 2013 etwa 6,2 Mio. registrierte „mobile Geldkonten". Auch in Mali weist der Hauptanbieter *Orange Money* enorme Wachstumsraten bei den Kundenzahlen auf. Nach Scharwatt, Williamson (2015: 9) entsprechen die Transaktionen von „mobile money" heute etwa 20 % des Bruttoinlandsprodukts des westafrikanischen Staates.

Das 2007 gegründete Netzwerk von *M-PESA* in Kenia ist mittlerweile einer der weltweit größten Anbieter des mobilen Transaktionsservice. 17 Mio. Kenianer sind bereits bei diesem Dienstleister registriert – das entspricht etwa zwei Drittel der Erwachsenen in Kenia (Watkins, Quattri 2014: 17). In Kenia werden inzwischen deutlich über 30 % des Bruttoinlandproduktes via Mobiltelefon ausgegeben.

Insbesondere der ländliche Raum profitiert von der neuen Transfertechnologie. Die Annahme, dass sich wegen der organisatorischen und technischen Vereinfachung im Bereich der Rücküberweisungen auch die Summe des transferierten Kapitals erhöht, ist plausibel. Auch deshalb, weil sich für die Migranten der soziale Druck, regelmäßig zu überweisen, durch den häufigen direkten Mobiltelefonkontakt mit ihren ländlichen Angehörigen deutlich erhöht. Insofern kann davon ausgegangen werden, dass sich mit dem wachsenden Mobilfunkmarkt auch die Rücküberweisungsquote erhöhen wird *(Abb. 3)*.

Abb. 3: Das Werbeplakat von Airtel Money *aus Burkina Faso thematisiert direkt den Transfer zwischen Land und Stadt und fordert gleichzeitig bestimmte geschlechtsbezogene Rollenerwartungen heraus.*

Quelle: Steinbrink, Niedenführ 2020: 145.

4.1.3 Profiteure der Rücküberweisungen – „Who get's it?"

In der Literatur gilt es als fast unumstritten, dass Rimessen positive ökonomische Effekte für die Herkunftsregionen haben können: Erstens können die Zahlungen dort unmittelbar zur Verbesserung des Lebensstandards der Empfänger beitragen; zweitens können dank der größeren Kaufkraft endogene Wirtschaftskreisläufe gestärkt werden. Hierbei wird entweder darauf verwiesen, dass die Empfängerhaushalte in die Lage versetzt werden, zusätzliches Kapital in landwirtschaftliche oder außerlandwirtschaftliche Aktivitäten zu investieren, oder es wird der vielbeschworene „Trickle-Down-Effekt" angeführt.

Vielfach wird allerdings darauf hingewiesen, dass Arbeitsmigration und Rücküberweisungen die sozioökonomischen Disparitäten in den Empfängerregionen verstärken können. Es stellt sich also die Frage, wer in welcher Weise von Rücküberweisungen profitiert.

Die Strategie der Arbeitsmigration wird zumeist nicht von den verwundbarsten Gruppen angewendet, da sie für den Sendehaushalt oft zusätzliche finanzielle Aufwendungen bedeutet und somit besondere Risiken birgt. Haushalte, die aufgrund existenzieller Sicherheitserwägungen auf die Entsendung von Arbeitsmigranten verzichten müssen, werden also nicht (direkt) von den Rücküberweisungen profitieren.

Hinzu kommt, dass die Arbeitsmarktchancen von besser ausgebildeten Arbeitssuchenden tendenziell größer sind. Die Wahrscheinlichkeit, dass diese Migranten einen Teil ihres im Zielgebiet erwirtschafteten Einkommens (bzw. größere Summen) an ihre ländlichen Angehörigen schicken, nimmt somit zu. Da das Bildungsniveau auch in Afrika sehr stark mit dem ökonomischen Status eines Haushalts korreliert, können bestehende Wohlstandsunterschiede in den Herkunftsregionen durch die Rücküberweisungen somit zirkulär-kumulativ verschärft werden.

Der Anteil der Rimessen am Gesamteinkommen in ressourcenärmeren Haushalten liegt gemeinhin höher als bei reicheren Haushalten, allerdings nimmt der absolute Wert der Rücküberweisungen mit steigendem Einkommen tendenziell zu. Diese Tendenz kann ebenfalls einer Verschärfung bestehender Ungleichheiten Vorschub leisten.

De Haas (2010) ergänzt diese Sichtweise allerdings, indem er den Einfluss der Bestehensdauer von Migrationsnetzen einbezieht: Zwar kämen Pioniermigranten bzw. Expandisten (s.o.) in der Regel aus wohlhabenderen Haushalten, sodass auch Geldsendungen zunächst die ohnehin schon finanziell bessergestellten Haushalte erreichten. Im Zuge der Reifung eines translokalen Netzwerkes aber sinke die Selektivität der Migranten durch netzwerkbedingte Reduzierung der Migrationskosten und -risiken, sodass die zunächst die Disparitäten verstärkenden Effekte von Rimessen bis zu einem gewissen Grad abgemildert würden.

Grundsätzlich lässt sich daraus schließen, dass die Arbeitsmigration mit dem Ziel der ökonomischen Diversifizierung keineswegs vornehmlich den wohlhabenden ländlichen Haushalten dient, die dann von den Rücküberweisungen profitieren. Es ist stattdessen eine Strategie, die vor allem von ressourcenärmeren Haushalten angewendet wird, jedoch weniger der Maximierungslogik folgend als vielmehr der Risikominimierung. In dieser Hinsicht muss eindeutig unterschieden werden.

4.1.4 Verwendung von Rücküberweisungen – *„What is it spent for?"*

Zur Beantwortung der Frage, inwiefern die Rücküberweisungen nachhaltig positive Effekte für die wirtschaftliche Entwicklung der ländlichen Herkunftsregionen haben und ob Wachstumsimpulse und Trickle-Down-Effekte zu erwarten sind, ist es hilfreich, den Blick auf die Verwendung des transferierten Kapitals zu lenken. Es bietet sich hierbei an, zwischen *konsumtiven* und *investiven* Verwendungszwecken zu unterscheiden: Werden die überwiesenen Gelder unmittelbar für die Bedarfsdeckung am ländlichen Haushaltsstandort aufgewendet? Oder werden in der Herkunftsregion Investitionen getätigt, die der Wohlstandsmehrung und letztlich dem lokalen bzw. regionalen Wirtschaftswachstum dienen?

Bei der Beantwortung dieser Fragen gilt es allerdings zu bedenken, dass eine analytische Trennung von Konsum- und Investitionsausgaben auf der Haushaltsebene letzten Endes uneindeutig bleibt. So können sich die Ausgaben für Bildung, bessere Ernährung und Gesundheit durchaus positiv auf die (zukünftige) Arbeitskraft und dadurch auf die wirtschaftlichen Chancen des Haushalts auswirken – auch wenn sie formal zu den konsumtiven Ausgaben zählen. Zusätzlich erhöhen die monetären Rücküberweisungen, selbst wenn sie vollständig für Konsumzwecke verwendet werden, die Gesamtnachfrage im Herkunftsgebiet und ziehen so im Optimalfall Investitionen im Unternehmersektor nach sich. Hierbei ist allerdings maßgeblich, dass die konsumierten Produkte lokal oder regional hergestellt sind und die nachgefragten Dienstleistungen lokal erbracht werden; ansonsten fließt das Kapital aus diesen Gebieten wieder ab, ohne die endogenen Wirtschaftskreisläufe und Beschäftigungseffekte zu stimulieren.

Die meisten wissenschaftlichen Studien kommen zu der Einschätzung, dass der überwiegende Teil der Rimessen nicht in „productive assets" investiert wird, sondern von zur direkten Sicherung oder Verbesserung des Lebensstandards verwendet wird. Ein Gutteil der transferierten Gelder wird für die täglichen Bedürfnisse wie Ernährung und Wohnen, aber auch für Bildung und Gesundheit eingesetzt.

Gerade Migrantenhaushalte mit sehr niedrigem Gesamteinkommen müssen einen großen Teil hiervon für die Befriedigung grundlegender Bedürfnisse aus-

geben; erst wenn dieser Bedarf gedeckt ist, werden Mittel für investive Zwecke freigesetzt. Wenn also die in den Zielgebieten der Migranten erwirtschafteten Mittel vornehmlich konsumtiv zur Grundbedürfnisbefriedigung der ländlichen Haushaltsmitglieder verwendet werden, ist das ein Zeichen dafür, dass ein Großteil der ländlichen Haushalte die Rimessen nutzt, um systemische „Subsistenzlücken" zu schließen oder auch den Bedarf an Geld in Notfallsituationen zu decken. Deutlich weniger Haushalte nutzen demnach die Strategie der Migration und der translokalen ökonomischen Diversifizierung, um Kapital für zukünftige Investitionen in einkommensgenerierende Aktivitäten im Herkunftsgebiet zu akkumulieren.

Dass die Translokalisierung von Livelihood-Systemen und die Remittances nicht zwangsläufig zu einem höheren Lebensstandard führen, machen auch Ergebnisse einer Studie der *Weltbank* deutlich (MOHAPATRA et al. 2009: 45). Diese Studie zeigt unter anderem, dass die Qualität der Wohngebäude bei Haushalten ohne Rimessen im Durchschnitt besser ist als bei jenen, die Rücküberweisungen von Binnenmigranten empfangen; auch der Elektrifizierungsgrad der Häuser ist bei den nicht translokal organisierten Haushalten höher. Hinsichtlich des Bildungsniveaus zeigt diese Studie ebenfalls, dass dieses bei translokalen Haushalten mit rücküberweisenden Binnenmigranten im Durchschnitt niedriger ist als bei lokal organisierten Haushalten. Lediglich bei Haushalten, die Rücküberweisungen von internationalen Migranten empfangen, sind die Wohlstandsindikatoren positiver ausgeprägt als bei lokal organisierten Haushalten – insbesondere, wenn sich die Migranten in einem *OECD*-Staat aufhalten.

Auch MCKAY, DESHINGKAR (2014) stellen Unterschiede bei der Verwendung internationaler und „domestic remittances" dar, die daraus resultieren, dass internationale Migranten eher aus bessergestellten Haushalten stammen (s.o.), weshalb die internationalen Geldüberweisungen weniger zur Deckung des alltäglichen Bedarfs (z.B. an Nahrungsmitteln) aufgewendet werden (müssen) als beispielsweise für den Bau besserer Wohngebäude.

SMIT (2012: 100) kommt in seiner Studie zu ländlichen Migrantenhaushalten in Ruanda zwar gleichermaßen zu dem Ergebnis, dass die meisten Rimessen in

die Bereiche „Hausbau", „Nahrungsmittel", „Bildung" und „Gesundheit" fließen, aber gleichzeitig beschreibt er, dass durchaus ebenfalls in ökonomische Aktivitäten (insbesondere im landwirtschaftlichen Bereich) investiert wird. Das erklärt gleichzeitig die Beobachtung, wonach die landwirtschaftliche Produktion bessergestellter Haushalte eher von Migration profitiert als jene von ärmeren Kleinbauern. Auch für Kenia dokumentiert die sehr häufig zitierte Forschung von TIFFEN et al. (1994), dass Rücküberweisungen von Land-Stadt-Migranten durchaus eine zentrale Rolle im Prozess der landwirtschaftlichen Intensivierung und Produktionssteigerung spielen können.

Vor dem Hintergrund der Ergebnisse muss die allgemeine Wirkung von Rücküberweisungen im Hinblick auf Wohlstandsentwicklung bzw. Reduzierung von Armut in ländlichen Räumen allerdings eher als geringfügig eingeschätzt werden. Die diversifizierten translokalen Livelihood-Systeme, die auf der Kombination von Subsistenzproduktion, Marktproduktion und Lohnarbeit basieren, orientieren sich zumeist vornehmlich am Ziel der Risikominimierung und reduzieren dadurch in der Tat die Verwundbarkeit der Haushalte. Allerdings reichen die verfügbaren Finanzmittel für einen Großteil von ihnen nicht aus, um nachhaltig zu investieren (bzw. werden solche Investitionen als zu riskant angesehen). Insofern werden die monetären Rücküberweisungen hauptsächlich aufgewendet, um den Konsumbedarf der ländlichen Wohnbevölkerung zu decken, was selten über die Befriedigung der unmittelbaren Grundbedürfnisse hinausgeht.

Derzeit kann nicht davon ausgegangen werden, dass der Kapitalfluss der Rimessen starke endogene Wachstumsdynamiken in den ländlichen Lokalökonomien stimuliert. Produktive Investitionen in den landwirtschaftlichen oder außerlandwirtschaftlichen Sektor werden lediglich von einer zahlenmäßig deutlich kleineren Gruppe von Haushalten getätigt, die meistens auch ohne Rimessen zu den ökonomisch Bessergestellten gehören.

Solange also ein Großteil der ländlichen Haushalte im Kontext erhöhter Verwundbarkeit am Existenzminimum wirtschaftet, sind auch von Rücküberweisungen keine „Wirtschaftswunder" im ländlichen Raum Subsahara-Afrikas zu erwarten.

4.1.5 Arbeitskraft und Arbeitslast

Ein Effekt der Translokalisierung der Livelihoods ist die Veränderung in der demografischen Struktur der Wohnbevölkerung im ländlichen Raum (s.o). Oft wird diese Bevölkerungsstruktur als wachstumshemmende demografische Anomalie beschrieben, die eine eigenständige wirtschaftliche Entwicklung deutlich erschwere, weil ein Großteil der arbeitsfähigen Bevölkerung – insbesondere junge und innovativere Menschen – die ländlichen Gebiete verlässt.

Angesichts der unverändert arbeitsintensiven kleinbäuerlichen Bewirtschaftungsmethoden in den meisten ländlichen Regionen Afrikas mündet die Migration in einen Mangel an familiären Arbeitskräften und einer Verminderung der landwirtschaftlichen Kapazitäten.

Oft übernehmen Frauen die Landbewirtschaftung – ein Prozess, der als „feminization of agriculture" (siehe Kap. 4.3.2) beschrieben wird. Die Frauen erfüllen dadurch häufig doppelte Produktions- und Reproduktionsaufgaben: Sie betreuen Kinder, Kranke und Alte, bewirtschaften zudem die Felder und kümmern sich um den Viehbestand. Aber auch die Arbeit von Alten und Kindern wird bisweilen zur Kompensation der abgewanderten landwirtschaftlichen Arbeitskraft eingesetzt. Eine Intensivierung kleinbäuerlicher Landwirtschaft wird so deutlich erschwert.

Hinzu kommt, dass landwirtschaftliches Wissen im Translokalisierungsprozess teilweise verloren geht und auch der Einzug neuen agrarwirtschaftlichen Wissens verlangsamt wird (siehe Kap. 4.1.6).

In einigen Studien wird zudem berichtet, dass sich im Kontext der Translokalisierung von Livelihoods eine gewisse „landwirtschaftliche Initiativlosigkeit" einstellt, was wiederum Produktivitätsminderung und somit eine größere ökonomische Abhängigkeit von dem nichtagrarischen, andernorts erwirtschafteten Einkommen nach sich zieht.

Während einige Studien Hinweise liefern, dass der Ausfall der „starken Arbeitskräfte" teilweise mithilfe von Mitteln aus Rücküberweisungen kompensiert wird, indem externe Arbeitskräfte für die Bewirtschaftung des Landes eingestellt werden, betonen andere, dass die Rimessen in vielen Fällen schlichtweg nicht ausreichen, um die fehlende Arbeitskraft zu ersetzen. Diese Strategie gehe somit nur für die wirtschaftlich bessergestellten Haushalte mit erfolgreichen Migranten auf.

Translokale Livelihoods – so lässt sich resümieren – führen in Afrika südlich der Sahara häufig zu einem Defizit an Familien-Arbeitskraft in der Landwirtschaft, das häufig nicht mithilfe der Rücküberweisungen kompensiert werden kann. Dieser Umstand führt unter Umständen zu einer Beeinträchtigung jener Arbeits- und Innovationskapazitäten, die für viele kleinbäuerliche Produzenten notwendig wären, um auf die Nachfrageanreize des (globalen) Markts flexibel und angemessen zu reagieren. So betrachtet erschwert die translokale Livelihood-Organisation die effektive Nutzung der wichtigsten Ressource auf dem Land – des Bodens. Nicht nur bleiben Marktpotenziale ungenutzt, auch Nahrungskrisen und die Degradation von Böden werden wahrscheinlicher.

4.1.6 Innovation/Wissen

Translokalität bedeutet Vernetzung und Mobilität zwischen Orten, wobei hier nicht ausschließlich die räumliche Bewegung von Personen, Gütern und Kapital gemeint ist, sondern auch insbesondere die Mobilität von Wissen und Innovationen. Entlang der raumübergreifenden Netzwerklinien verläuft die translokale Kommunikation und damit ebenso der Fluss von Wissen, und entlang der Netzwerkkorridore wandern die Wissensträger und bringen so gleichfalls ihr Wissen von einem lokalen Kontext in den anderen.

Die Mobilität von Ideen, Werten und Wissen innerhalb translokaler Zusammenhänge beeinflusst so unterschiedliche Bereiche wie Bildung und Gesundheit, landwirtschaftliche Produktion, politische Teilhabe und Geschlechterverhältnisse – und hat daher unmittelbare Effekte auf die Lebensbedingungen der Haushalte. Die ökonomischen Auswirkungen translokalen Wissenstransfers spielen sich sowohl auf der Haushaltsebene als auch ggf. auf der gesamtwirtschaftlichen Ebene ab. Sie haben also das Potenzial, zu umfassenden Veränderungen und Entwicklungen zu führen. Im Bereich von Innovationen und Wissenstransfer spiegelt sich die wechselseitige Beeinflussung dieser „social remittances" und translokaler Livelihoods wider: Translokalität kann (1) die Akquirierung und Verbreitung neuen Wissens im ländlichen Herkunftsraum der Transmigranten beschleunigen (z.B. Wissen über neue [landwirtschaftliche] Technologien und Methoden), gleichzeitig jedoch (2) die vorhandene Wissensbasis (z.B. Wissen über Landwirtschaft) stören oder sogar zerstören.

Zu (1): Transmigranten erwerben am Zielort ihrer Wanderung oft wertvolle Kenntnisse, lernen neue Handlungsweisen kennen und eignen sich unter Umständen Wissen über neue Technologien und Methoden an. Sie transferieren dieses Wissen in die Herkunftsdörfer, deren Lokalökonomien davon profitieren können. Aufgrund dieses translokalen Wissenstransfers kann unter anderem die landwirtschaftliche Produktivität gesteigert werden; aber auch nicht agrarische Bereiche können von den Erfahrungen der Migranten profitierten. So betont z.B. DESHINGKAR (2004), dass in Migration angeeignete Wissen insbesondere auch für die Errichtung außerlandwirtschaftlicher Unternehmen nützlich sein kann.

Zu (2): Translokalität bedeutet aber nicht nur den Zufluss von neuem, unter Umständen ökonomisch nutzbarem Wissen in den ländlichen Raum; die Migration in translokalen Zusammenhängen kann auch zu einem „Abfluss" von Wissen führen. Das betrifft vor allem den landwirtschaftlichen Bereich: Translokale Haushaltsführung kann dazu beitragen, dass über Generationen übermitteltes landwirtschaftliches Wissen nicht mehr weitergegeben wird. In translokalen Zusammenhängen bildet sich häufig eine Art „Kultur der Migration" heraus, in der die Arbeitswanderung fester Bestand. teil des Rollenverständnisses junger Männer (und zunehmend auch Frauen) ist. In solchen Kontexten besteht die Gefahr, dass bewährtes agrarökologisches Wissen nicht mehr von den Alten an die Jugend weitergegeben wird, weil letztere dieses Wissen als nicht mehr relevant für ihre Lebensentwürfe erachtet. Notwendiges landwirtschaftliche *Know-how* und das agrarökologische Wissen über Bodenbeschaffenheit, Niederschlagsverhältnisse etc. kann so verloren gehen. Damit verringert sich die Flexibilität der ländlichen Bevölkerung, auf Chancen und/oder Bedrohungen (z.B. des Agrarmarktes oder ökologischer Veränderungen) zu reagieren. Das führt nicht nur dazu, dass vorhandene Potenziale zur Anpassung, Intensivierung oder Ausweitung der Produktion nicht effektiv genutzt werden, sondern kann zudem Produktivitätseinbrüche zur Folge haben. Außerdem werden die Bewältigungskapazitäten („coping capacities") der Haushalte in Krisenzeiten verringert, sodass sich ihre Resilienz (z.B. gegenüber Ernährungskrisen) verringert. Die Folgen: Die Ver-

4.2 Ökologische Dimension

 Kap. 6.2: S. 174ff.

 Sec. 6.2: pp 163ff.

Die ökologische Dimension translokaler Livelihoods wurde von der Wissenschaft bislang noch zu wenig in den Blick genommen. Im Mittelpunkt steht hierbei die Frage nach dem Zusammenhang zwischen Translokalität und der Veränderung der natürlichen Umwelt. Dieser Nexus ist bislang recht einseitig, nämlich im Kontext der Diskussion um umwelt- bzw. klimabedingte Migration, behandelt worden: *Wie wirken sich Umweltveränderungen auf das Migrationsgeschehen aus?*

In dieser Debatte kann zwischen „Alarmisten" und „Skeptikern" unterschieden werden (GREINER et al. 2015: 5): Während Erstere in neo-geodeterministischer Manier versuchen, einen unmittelbaren kausalen Zusammenhang zwischen Umweltwandel und Migration herzustellen und die Wanderung als unvermeidbare „emergency response" betrachten, sehen die Skeptiker diesen unmittelbaren Wirkungszusammenhang keineswegs und werfen den alarmistischen Argumentationen „shaky empirical character and sloppy nature" (PIGUET 2013: 155) vor.

In zahlreichen Studien zur umwelt- bzw. klimabedingten Migration wird die These vertreten, dass Verwundbarkeit, Anpassungsfähigkeit und Resilienz eng verknüpft sind mit den Livelihoods, der Risikoexposition und den Anpassungsmöglichkeiten von Einzelpersonen, Haushalten oder Gruppen. Migration wird dabei entweder als gescheiterte Anpassung an Umweltwandel, als ein Versuch angesehen, die Verwundbarkeit gegenüber Umweltstress zu mindern, oder als wichtiger Bestandteil der Existenzsicherung angesehen.

Inzwischen setzt sich zunehmend wieder die Überzeugung durch, dass Umweltveränderungen eben nicht determinierend auf das Wanderungsgeschehen wirken, sondern dass unterschiedliche, sehr komplexe und miteinander verknüpfte Formen sozialer Ungleichheit ebenso zur Verwundbarkeit gegenüber Umweltveränderungen – und somit auch zur Mi-

wundbarkeit nimmt zu, ebenso wie die Abhängigkeit von außerlandwirtschaftlichen Erwerbsmöglichkeiten (und weiterer Arbeitsmigration).

Das Verhältnis von Migration, Translokalität und Wissensfluss ist somit ambivalent.

gration – beitragen. Die sogenannte „klimabedingte Migration" ist eben nicht primär klimabedingt, sondern maßgeblich abhängig von den jeweils spezifischen Befähigungen („capabilities") und Anpassungsmöglichkeiten der einzelnen Personen, Haushalte, Gemeinschaften etc. – und diese sind eben deutlich weniger klimatisch als strukturell bedingt.

Wenn man Migration als Prozess und nicht als Zustand betrachtet, wird deutlich, dass die ökologischen Bedingungen sich nicht nur auf Migrationsbewegungen auswirken, sondern dass Migration umgekehrt auch die Umweltbedingungen mitprägt. Bisher jedoch wurden die Wirkungen der Migration bzw. der Translokalität von Livelihoods auf die natürlichen Bedingungen in den ländlichen Räumen Afrikas zu wenig untersucht: *Welche Rückkopplungseffekte haben Aspekte des Translokalen wie z.B. Rücküberweisungen etwa auf Bodenqualität und andere ökologische Parameter?*

Eine ganzheitliche Betrachtung des wechselseitigen Verhältnisses von Umweltveränderungen, landwirtschaftlicher Nutzung des Bodens und Translokalität wäre also notwendig. Einen in diesem Sinne geeigneten Ansatz könnte die von GREINER et al. (2015) vorgeschlagene Synthese aus dem Konzept der sozioökologischen Systeme („socio-ecological systems") und einer translokalen Perspektive darstellen. Diese Idee darauf ab, nicht nur die Betrachtung der Effekte von Umweltwandel auf Wanderung und Translokalisierung zu ermöglichen, sondern auch die Analyse der Rückkopplungsprozesse von Migration und Translokalität auf die Umwelt. Darüber hinaus öffnet diese Perspektive explizit den Blick auf die Handlungsweisen von Akteuren im Umgang mit „Umweltstress" über räumliche Distanzen hinweg (GREINER et al. 2015: 9–10).

Hinsichtlich der Frage, ob sich Migration und Translokalität nun positiv oder negativ auf die natürliche Ressourcenbasis in den Herkunftsgebieten auswirken, gibt es in den vorliegenden empirischen Studien sehr unterschiedliche Antworten. Diese Varianz wird beispielsweise deutlich, wenn man sich Studien zu Kenia

bivalent. Für eine genauere Abschätzung und Abwägung der ökonomischen Vor- und Nachteile der Wissenszu- und abflüsse sind weitere komparative Forschungen in unterschiedlichen regionalen Kontexten notwendig.

anschaut (GREINER, SAKDAPOLRAK 2012). Einige Studien stellen heraus, dass kleinbäuerliche Haushalte, die ein translokal diversifiziertes Einkommen haben, auch produktivere Landwirtschaft betreiben, da sie wegen der Rimessen leichter finanzielle Risiken, z.B. für Investitionen in intensiveren oder diversifizierteren Anbau, eingehen können. Auch wird dargestellt, dass die durch Rimessen begründete erfolgreiche kommerzielle Landwirtschaft letztlich ebenso auf die größere Bereitschaft zur Investition in Boden- und Wasserschutzmaßnahmen zurückzuführen ist. MORTIMORE, TIFFEN (2004) beschreiben z.B., dass das zusätzliche Einkommen aus Rücküberweisungen den Bauern die Möglichkeit eröffne, vermehrt in Landwirtschaft zu investieren, sodass unter anderem der Terrassenfeldbau ausgebaut werde. Dies habe nicht nur zu einer nachhaltigen Produktionssteigerung geführt, sondern auch zu einer Erholung der Umwelt in zuvor stark degradierten Gebieten.

Konträr zu diesen positiven Einschätzungen gibt es auch zahlreiche Studien, die negative Auswirkungen translokaler Haushaltsführung auf landwirtschaftliche Aktivitäten und die natürlichen Ressourcen betonen. Die hohe Abwanderungsrate führe dazu, dass immer mehr landwirtschaftliche Aufgaben von den Zurückbleibenden übernommen werden müssten. Deren höhere Arbeitsbelastung münde in eine Vernachlässigung arbeitsintensiven Wasser- und Bodenerhaltungsmaßnahmen. Auch führe die Abwanderung junger Arbeitskräfte zu einer Deintensivierung der Landwirtschaft, in deren Folge z.B. terrassierte Anbauflächen aufgegeben und auch andere Maßnahmen der Erosionsbekämpfung eingestellt wurden, sodass es zum Teil zu kompletten Ernteausfällen gekommen sei. Unter anderem stellt NYANGENA (2006) in einer komparativen Studie fest, dass die Wahrscheinlichkeit der Investition in Erosionsschutz und bodenerhaltende Maßnahmen sinke, wenn Haushalte Rücküberweisungen bekämen. Als zentralen Grund führt er an, dass sich im Zuge der Translokalisierung auch die ländlichen Haushaltsmitglieder umorientieren: Innerhalb des diversifizierten ökonomischen Haushaltsportfolios werde landwirtschaftlichen Aktivitäten geringere Bedeutung beigemessen, und damit verlören auch Fragen der Bodenqualität und des Ressourcenschutzes für die ländliche Wohnbevölkerung an Relevanz.

Angesichts der sehr unterschiedlichen empirischen Forschungsergebnisse hinsichtlich der ökologischen Auswirkungen von Migration in ländlichen Herkunftsgebieten wird ersichtlich, dass in diesem Bereich noch dezidierter Forschungsbedarf besteht. Gleichzeitig wird deutlich, dass die translokale Livelihood-Perspektive hierbei einen angemessenen Forschungsrahmen bilden kann, da diese Perspektive es ermöglicht, Migration als integralen Bestandteil der Existenzsicherung und als Strategie der Anpassung zu betrachten. Sakdapolrak et al. (2016) weisen darüber hinaus darauf hin, dass das zudem die Möglichkeit eröffnet, die Livelihood-bezogene Migrationsforschung näher an die Forschung zur „sozial-ökologischen Resilienz" heranzuführen. Sie schlagen das Konzept der „translocal social resilience" als Analyserahmen vor; ein solches Konzept ist ohne die Idee der translokalen Livelihoods kaum denkbar. Die Vorteile des Konzepts der translokalen sozialen Resilienz umreißen die Autoren aus dem TransRe-Projekt folgendermaßen: "Conceptualizing translocal social resilience in this way emphasizes i)

the everyday practices of social actors who are embedded in social fields, which are structured by the endowment of social actors with different forms of unequally distributed capital and at the same time are ii) embedded in translocal social networks that facilitate the flow of resources, practiced and ideas between places. An approach to translocal social resilience as constituted by practices in translocal social fields therefore places emphasis on the circumstances under which connectedness emerges, is maintained or non-existent. Furthermore a translocal social resilience approach to the environment-migration nexus stresses iii) agency of mobile and immobile actors with regard to the articulation, regulation and distribution of ecosystem services and hence unravels the constructed and politicized nature of human-environment relations" (Sakdapolrak et al. 2016: 89).

Zusammenfassend lässt sich konstatieren, dass es derzeit keinen generellen Konsens in der Wissenschaft gibt, wie sich Migration (und Rimessen) auf die Landnutzung und somit auf die natürlichen Ressourcen im ländlichen Raum in Subsahara-Afrika auswirkt. Einige Studien weisen der Migration zerstörerische Effekte auf die Ressourcenbasis und die sozioökologischen Systeme nach, andere gelangen zu der gegenteiligen Auffassung. Die auffallende Widersprüchlichkeit der empirischen Ergebnisse aus Einzelstudien verweist letztlich darauf,

dass die Wirkungen nicht nur sehr komplex, sondern vor allem kontextabhängig sind. Das meint zweierlei: Zum einen wird deutlich, dass Menschen in Abhängigkeit vom Handlungskontext und ihrer jeweiligen Verwundbarkeitssituation unterschiedlich handeln und insofern auch der „outcome" ihrer Strategien (inklusive ihrer migratorischen Handlungen) sich unterscheiden wird. Zum anderen wird zunehmend ersichtlich, dass sich die Handlungskontexte immer mehr innerhalb raumübergreifender sozialer Felder translokal formieren. Während in der Forschung zwar nach wie vor die Tendenz feststellbar ist, Umweltmigration als einmalige und unidirektionale „emergency response" zu deuten, gibt es mittlerweile immer mehr wissenschaftliche Studien, die ausdrücklich anerkennen, dass Migranten und Nicht-Migranten eingebettet sind in multi- bzw. translokale soziale und sozial-ökologische Netze (Greiner, Sakdapolrak 2012).

Es zeigt sich also, dass eine translokale Livelihood-Perspektive geeignet ist, auch die Resilienzforschung aus ihrer containerräumlichen Befangenheit zu befreien und der Kontextabhängigkeit der sozioökologisch relevanten Handlungsfolgen analytisch gerecht zu werden. Für künftige Forschungen zum Zusammenhang von Migration und Umweltveränderungen bietet es sich also an, Resilienz gegen Umweltstress vor dem Hintergrund translokaler Realitäten zu analysieren.

4.3   Soziale Dimension

Kap. 6.3: S. 183ff.   Sec. 6.3: pp 170ff.

In zahlreichen Studien zu Migration in Afrika klingen verschiedene Aspekte der

Wirkungen translokaler Livelihoods auf soziale Praktiken und Prozesse an. Dabei geht es um die (Neu-)Verhandlung von Geschlechterrollen, den Wandel sozialer Normen, Werte und Einstellungen ebenso wie um den Umgang mit Fragen der Bildung und Gesundheit.

Im Folgenden sollen einige der genannten Bereiche in Hinblick auf ihre Beeinflussung durch translokale Livelihoods betrachtet werden. Im Mittelpunkt stehen die Aspekte Bildung (Kap. 4.3.1) und Gender (Kap. 4.3.2) sowie der Bereich der Gesundheit (Kap. 4.3.3).

4.3.1 Bildung

Bildung gilt gemeinhin als Schlüssel für gesellschaftliche Entwicklung. Deshalb wurde auch das Millenniumsziel 2 „Grundschulbildung für alle Kinder" formuliert, wonach bis 2015 allen Kindern ein Grundschulbesuch ermöglicht werden sollte. Es wird geschätzt, dass weltweit etwa die Hälfte aller Kinder, die keinen Zugang zu Bildung haben, in Afrika lebt. 29 Länder weltweit zeigen eine Nettoeinschulungsquote von unter 85 % auf – 16 von ihnen liegen in Afrika südlich der Sahara.

Trotz der Fortschritte der letzten Jahre ist die Bildungssituation in Afrika nach

wie vor extrem ungenügend. Nicht nur die geringen Einschulungsquoten, sondern auch die hohe Anzahl der Schulabbrüche und der häufig fehlende Lernerfolg sind Indikatoren für die Bildungsmisere in weiten Teilen Afrikas. Die Problemquellen sind vielfältig: Geringe Verfügbarkeit und Qualität der Lehrmittel und Schulbücher; zum Teil hohe Schulgebühren, geringe Qualität der schulischen Infrastruktur; zum Teil extrem lange Schulwege; Mängel bei Ausbildung, Bezahlung und Motivation sowie Fehlzeiten des Lehrpersonals spielen eine ebenso wichtige Rolle wie die jeweilige Gesundheit der Kin-

der, der familiäre Hintergrund, die Ernährungssituation und soziale bzw. geschlechterspezifische Disparitäten.

Insbesondere im ländlichen Raum kulminieren die Bildungsprobleme: Die Einschulungsraten dort sind nicht zuletzt aufgrund der großen Distanzen zwischen den Schulen sehr gering, die Abbrecherquoten besonders hoch und die Chancenungleichheiten zwischen den Geschlechtern am stärksten ausgeprägt.

Welchen Einfluss hat nun die translokale Organisation der Livelihoods auf die Bildungssituation im ländlichen Raum in Afrika südlich der Sahara?

In diesem Artikel wurde bereits herausgestellt, dass Bildung bzw. der Schulbesuch einen wichtigen migrationsinduzierenden Faktor darstellt, zum einen weil Erwachsene migrieren, um mit ihren Rücküberweisungen anderen Familienmitgliedern (den Schulbesuch zu ermöglichen, zum anderen weil Kinder zu entfernt lebenden Haushaltsmitgliedern (oder sonstigen Verwandten) ziehen, um dort von besser ausgebauter schulischer Infrastruktur zu profitieren. Das heißt, entweder migrieren die Schüler selbst, um (bessere) Schulbildung zu erhalten, oder die Schulbildung im ländlichen Raum wird durch Rimessen ermöglicht.

Studien, die sich mit der Verwendung migrantischer Rücküberweisungen auseinandersetzen, zeigen, dass der Finanzierung von Bildung beim Ausgabeverhalten in der Tat ein großer Stellenwert zukommt – oft mit dem Ziel, den Kindern bessere Chancen auf dem Arbeitsmarkt zu eröffnen. Im Optimalfall kann diese Strategie eine Positivspirale aus Schulbesuch, Bildungserfolg, Arbeitsmarktchancen, Einkommensgenerierung und Investition in Gang setzen.

Für die translokalen Haushalte in Tansania stellt DILGER (2013) dar, dass es bei den auf dem Land lebenden Haushaltsmitgliedern eine deutliche Erwartungshaltung gegenüber den in der Stadt arbeitenden Mitgliedern gibt, einen Teil ihres erwirtschafteten Einkommens in die Schulbildung ihrer jüngeren Verwandten zu investieren. Dies kann zum einen geschehen, indem mit Rücküberweisungen der Schulbesuch in den ländlichen Herkunftsgebieten finanziert wird oder indem die Kinder und Jugendlichen am städtischen Haushaltsstandort aufgenommen werden, um ihnen dort den Zugang zu Bildung zu ermöglichen. In zahlreichen Studien finden sich Hinweise darauf, dass viele Kinder und Jugendliche im subsaharischen Afrika gewissermaßen als Bildungsmigranten innerhalb translokaler Zusammenhänge mobil sind.

Dass sich Migration(serfahrung) auf das Bildungsverhalten auswirkt, unterstreicht eine Studie der *International Organization for Migration (IOM)*. Sie zeigt z.B. für Kamerun, dass die Ausgaben für Bildung in Familien von zurückgekehrten Migranten höher ausfallen als in Familien ohne Migranten, wobei die Ausgaben für Bildungszwecke dann am höchsten sind, wenn aktuell ein Mitglied in Migration ist. Dieses Ergebnis lässt sich auf zweierlei Weise interpretieren: Entweder erwirtschaften die Migranten ausreichend Einkommen, um die Bildungsausgaben zu finanzieren, oder es kommt in den Migrantenfamilien zu einem Wertewandel, der zu einer größeren Wertschätzung des Nutzens formaler Schulbildung führt.

Translokalität und die innerhalb der ländlichen Bevölkerung teilweise mit Arbeitsmigration assoziierten Aufstiegschancen (an anderem Ort) können einen konkreten Anreiz für Bildung bieten: Die Inhalte und der Nutzen der formellen Schulbildung beziehen sich oft vornehmlich auf urbane Lebens- und Arbeitswelten und weniger auf ländliche bzw. landwirtschaftliche Kontexte. Wenn die Migration in eine Stadt oder ins Ausland nun als eine Chance gesehen wird, die eigenen Lebensbedingungen bzw. die der Familie zu verbessern, dann stellt das eine zusätzliche Motivation dar, in Bildung zu investieren.

Migration und translokale Haushaltsführung können aber auch zu einer Verschlechterung der Bildungssituation führen, wenn junge Erwachsene oder auch Kinder vom Schulbesuch ferngehalten werden, um den migrationsinduzierten Arbeitskräftemangel in der Landwirtschaft auszugleichen oder wenn sie ihrerseits durch Arbeitsmigration zur Existenzsicherung der translokalen Haushalte beitragen müssen.

Obwohl sich die Translokalität der Livelihoods wohl insgesamt eher positiv auf die Bildungssituation auswirkt, weil sie für viele Kinder in Afrika einen Zugang zu (besserer) Schulbildung eröffnet, lässt sich diese Aussage keineswegs dahingehend erweitern, dass translokale Haushalte ein durchschnittlich höheres Bildungsniveau aufweisen als lokal organisierte. Für Ghana zeigt z.B. eine *Weltbank*-Studie (*World Bank* 2009), dass das durchschnittliche Bildungsniveau translokaler Haushalte mit rücküberweisenden Binnenmigranten im Durchschnitt sogar niedriger ausfällt als bei lokal organisierten Haushalten und dass nur bei Haushalten, die Rücküberweisungen von internationalen Migranten empfangen, ein positiver Zusammenhang zu Bildungsindikatoren feststellbar ist. In dieser Diskrepanz manifestiert sich der sich selbst verstärkende Zusammenhang zwischen der ökonomischen Situation und dem Bildungsniveau von Haushalten einerseits und die Kontextabhängigkeit der Translokalisierungsmotive andererseits: Verwundbarere bzw. ärmere Haushalte (mit niedrigerem Bildungsniveau) translokalisieren sich aus Alternativlosigkeit; die Option der internationalen Migration (insbesondere in *OECD*-Staaten) ist ihnen aufgrund von Ressourcenmangel eh meist verwehrt. Ökonomisch bessergestellte Haushalte (mit durchschnittlich höherem Bildungsniveau) hingegen haben eher die Wahl, sich nicht zu translokalisieren oder aber die sich an anderen Orten – unter Umständen auch im Ausland – ergebenden Chancen gezielt im Sinne einer Maximierungslogik zu nutzen. Dank der Rimessen von ökonomisch erfolgreichen Migranten können wohlhabendere Haushalte mehr Geld für Bildung ausgeben und damit wiederum ihre Arbeitsmarktchancen verbessern.

Insofern stellt Migration zwar eine Strategie der Anpassung an die in weiten Teilen Afrikas äußerst schwierige Schulsituation dar, und oft werden die translokalen Strukturen genutzt, um mit den Hindernissen auf dem Weg zu formeller Schulbildung umzugehen, bestehende Ungleichheiten innerhalb der (translokalen) Gemeinschaften aber werden dadurch vermutlich nicht überwunden, sondern eher verstärkt.

4.3.2 Gender

In der Literatur besteht Einigkeit, *dass* Migration und Translokalität von Livelihoods Effekte auf die bestehenden Geschlechterverhältnisse in Afrika südlich der Sahara haben. Aber in Hinblick auf die Fragestellung, *wie* sich Migration und Translokalität auf Genderbezüge und Geschlechterrollen auswirken, finden sich indes deutlich divergierende Sichtweisen. Manche Autoren argumentieren, dass die Rolle der Frau durch translokale Lebensführung gestärkt würde, andere sehen die Konsequenzen für Frauen deutlich kritischer.

In der Diskussion um Translokalität/Migration und Gender in Subsahara-Afrika lassen sich zwei Hauptlinien ausmachen: Zum einen wird (1) die Migration von Frauen thematisiert (oft unter dem Schlagwort „feminization of migration"), zum anderen (2) stehen die veränderten Rollen und Aufgaben der Frauen im Fokus, wenn diese nach der Arbeitsmigration männlicher Haushaltsmitglieder im ländlichen Raum zurückbleiben (Schlagwort: „feminization of agriculture").

Zu (1): Die lange von männlicher Arbeitswanderung dominierten Migrationssysteme in Afrika verändern sich in jüngerer Zeit deutlich. Zu den augenfälligsten Veränderungen gehört, dass mittlerweile immer mehr Frauen in das Migrationsgeschehen in Afrika involviert sind.

Hinsichtlich der Bedeutung dieses Prozesses der „Feminisierung der Migration" für die gesellschaftliche Rolle der Frau stellen sich zuerst zwei grundsätzliche Fragen:

1. Evoziert die Migration von Frauen einen Wandel in den vorherrschenden Geschlechterverhältnissen in Afrika südlich der Sahara? Oder ist die vermehrte Wanderung von Frauen in Afrika südlich der Sahara bereits Ausdruck eines Wertewandels?

2. Hat die Feminisierung der Migration eventuell letztlich viel weniger mit Wertewandel und Befreiung der Frauen aus dem Korsett traditioneller Rollenmuster zu tun, als Entwicklungsforscher es gerne hätten? Ist weibliche Migration somit doch vornehmlich Ausdruck von Verwundbarkeit, die nicht nur aus der gegenwärtigen sozialen Stellung der Frauen resultiert, sondern auch aus der verwundbaren Situation des jeweiligen Haushalts?

Letztlich stellt sich also die Frage, ob bestehende Geschlechterbezüge sich im Zuge der Feminisierung der Migration dahingehend ändern, dass Frauen mehr Selbstbestimmungsmöglichkeiten und gesellschaftliche Teilhabechancen erlangen, oder ob die Frauen wandern und ihre Rollen und „geschlechtsspezifischen" Handlungsmuster im Gepäck mitnehmen. Wandern die Frauen, um mehr (soziale, ökonomische, kulturelle etc.) Unabhängigkeit zu erreichen, oder wandern sie, um bestehenden Rollenerwartungen gerecht zu werden? Einhellige Antworten liefern die vorliegenden Fallstudien keineswegs.

Es gibt verschiedene Studien, die die emanzipatorische Wirkung von weiblicher Migration betonen und bisweilen die Flucht aus genderspezifischen sozialen Verpflichtungen und der Befreiung aus ländlichen Traditionen als Ursache für weibliche Migration sehen. Migration also als Möglichkeit für Frauen, sich aus der Zwangsjacke traditioneller Geschlechterverhältnisse zu befreien. Die zunehmende Mobilität von Frauen wird somit als Chance gedeutet, konventionelle Geschlechterrollen zu verändern und neu zu definieren.

Jene Studien, die emanzipatorische Effekte herausstellen, beziehen sich meist auf solche Wanderungen, bei denen Frauen allein migrieren, also nicht innerhalb bestehender Haushaltsnetzwerke. Diese Form der weiblichen Migration in Afrika wurde in der Tat zu lange von der Wissenschaft vernachlässigt; Frauen wurden vor allem als zurückbleibende Ehefrauen zirkulärer Arbeitsmigranten in den Blick genommen oder als nachziehende Ehepartner.

Dass der direkte Zusammenhang zwischen „Feminisierung der Migration" und Wandel der Geschlechterbezüge in der Afrika-Forschung heute aber bisweilen deutlich überbewertet wird, liegt meines Erachtens nicht nur daran, dass der Grad der Unabhängigkeit der allein migrierenden Frauen überschätzt wird, sondern auch deren quantitativer Anteil an der gesamten weiblichen Migration.

Aufgrund der weitverbreiteten Verwundbarkeit in vielen afrikanischen Lebenszusammenhängen, ist eine Migration ohnehin kaum ohne soziale Kontakte möglich. Für Frauen stellt sich eine „unabhängige" Migration jedoch als noch ungleich schwieriger dar, da sie wegen ihrer sozialen Position in vielen afrikanischen Gesellschaften in besonderem Maße strukturell benachteiligt sind. Hinzu kommt, dass Frauen größere Schwierigkeiten auf dem städtischen Arbeitsmarkt haben und zudem signifikant niedrigere Löhne erhalten. Insofern dürften soziale Kontakte und die Einbindung in soziale Netzwerke für Frauen in der Regel noch essenzieller sein als für Männer. Darüber hinaus wird die „unabhängige" Land-Stadt-Migration von Frauen in vielen ländlichen Regionen häufig argwöhnisch betrachtet, da das „städtische Leben" mit Werteverfall und „unmoralischen" Verhaltensweisen assoziiert wird. Die Migration von Frauen birgt folglich auch die Gefahr von Reputations- und Statusverlust.

Es gibt viele Hinweise darauf, dass der seit Jahrzehnten zu beobachtende Anstieg weiblicher Wanderungen vor allem mit der steigenden Bedeutung translokaler Livelihoods zusammenhängt. Vermutlich findet ein Großteil der weiblichen Migration heute innerhalb translokaler sozialer Felder und zwischen verschiedenen Standorten translokaler Haushalte statt. Das heißt: Die Migration von Frauen bedeutet kein Verlassen bzw. Hintersichlassen eines sozialen Gefüges, sondern räumliche Mobilität innerhalb eines bestehenden sozialen Zusammenhangs, der sich raumübergreifend formiert. Die meisten Frauen wandern nicht, um ihrer Verantwortung im Haushalt zu entkommen, sondern oft um dieser im translokalen Haushalt gerecht zu werden.

Allerdings scheint sich die Rolle der Frau in translokalen Zusammenhängen erheblich zu verändern, denn ihre Aufgabenbereiche beschränken sich keineswegs mehr auf die Versorgung von Kindern, Alten und Kranken. Vielmehr ist die Frau verstärkt in die Erwerbstätigkeit eingebunden: Innerhalb der translokalen Zusammenhänge wandern heute deutlich mehr Frauen, um in städtischen Gebieten Einkommen zu erwirtschaften. ADEPOJU (2005) interpretiert diese Entwicklung weniger als Ausdruck eines vollzogenen Wertewandels als im Sinne einer Reaktion auf die sich verschärfende Armutssituation: Das klassische System der Arbeitsteilung der Geschlechter sei vor allem auch dadurch im Umbruch, dass sich die städtischen Erwerbsbedingungen für Männer verschlechterten und die Frauen somit gezwungen seien, ihrerseits nach zusätzlichen Einkommensmöglichkeiten zu suchen, um für ihre Familien nun auch finanziell zu sorgen.

Auch der gestiegene Bildungsgrad bei Frauen hat einen Einfluss, denn die formelle Schulbildung eröffnet jungen Frauen (verbesserte) Erwerbschancen auf dem städtischen Arbeitsmarkt. Insofern gewinnt die Schulbildung der im ländlichen Raum lebenden Mädchen für die Haushalte einen höheren – auch ökonomischen – Stellenwert.

Obwohl die weibliche Arbeitsmigration in den meisten Fällen eher ökonomischen Zwängen entspringen dürfte, als direkter Ausdruck weiblicher Selbstbestimmung zu sein, ist zu vermuten, dass die veränderte Rolle von Frauen innerhalb translokal organisierter Livelihood-Systeme langfristig doch auch zu einem Wandel der gesellschaftlichen Positionierung der Frauen führen wird. Denn die weibliche Arbeitsmigration bedeutet – nicht zuletzt, da erwerbstätige Frauen über ein eigenes Einkommen verfügen – eindeutig einen Zugewinn an Unabhängigkeit.

Mehr ökonomische Unabhängigkeit und somit größere Eigenständigkeit der Frauen hat offensichtlich auch einen recht starken Einfluss auf deren Rückwanderungsverhalten im Alter. Verschiedene Studien verweisen darauf, dass offenbar deutlich mehr ältere Männer in die Herkunftsgebiete zurückkehren als Frauen. Die geschlechtsbezogenen Unterschiede beim Rückwanderungsverhalten lassen darauf schließen, dass das Leben in der Stadt insbesondere für Frauen attraktiver zu sein scheint als auf dem Land. Wenn man bedenkt, dass Frauen in Afrika südlich der Sahara jährlich insgesamt 40 Mrd. Stunden damit verbringen, Wasser zu holen – dieser Wert übersteigt den Vergleichswert der Männer etwa um das Achtfache (FAO 2003) –, erstaunt das nicht. Das bedeutet jedoch nicht unbedingt, dass Frauen sich eher aus translokalen Zusammenhängen lösen als Männer; sie zeigen zunächst nur, dass sie ihre Aufgaben im translokalen Livelihood unter Umständen lieber auf der städtischen Seite übernehmen und diese Möglichkeit aufgrund ihrer wachsenden ökonomischen Unabhängigkeit im Zuge der zunehmenden Einbindung in den (städtischen) Arbeitsmarkt auch eher wahrnehmen können.

Derzeit zeichnet sich nicht ab, dass die „feminization of migration" zu einer Auflösung translokaler Livelihoods führt. Zu groß ist die sozioökonomische Notwendigkeit zur Translokalität. Alternativen bieten sich vielen Haushalten derzeit nicht. Aber im Falle einer substanziellen Verbesserung der Lebens- und Arbeitsmarktsituation in städtischen Gebieten – so deuten die Ergebnisse an – wären vermutlich die Frauen eher bereit, die ländliche Haushaltsbasis aufzugeben. GUGLER, LUDWAR-ENE (1995: 263) bringen es auf den Punkt: "[…] women are more urban than men."

Zu (2): Die landwirtschaftliche Produktion und Ernährungssicherung in Afrika liegt heute überwiegend in weiblicher Hand: Über 90 % der Grundnahrungsmittel und über 30 % der Marktfrüchte werden mittlerweile von Frauen produziert; und in den meisten Regionen sind 50 % bis 80 % der landwirtschaftlichen Arbeitskräfte Frauen (SCHÄFER 2002; FAO 2011: 5, 32). Eine wichtige Ursache für diese Entwicklung ist die Translokalität der Livelihoods.

Der Einfluss männlicher zirkulärer Arbeitsmigration auf die geschlechtsspezifische Arbeitsteilung im ländlichen Raum in Subsahara-Afrika ist vergleichsweise gut untersucht. Im Zentrum steht hierbei die Beobachtung, dass die Migration arbeitsfähiger Männer angesichts der meist unverändert arbeitsintensiven Bewirtschaftungsmethoden zu einem Mangel an Familienarbeitskraft an den ländlichen Haushaltsstandorten geführt hat. Frauen übernehmen immer häufiger auch solche Arbeiten der Landbewirtschaftung, die nach klassischen Rollenverständnis zum männlichen Aufgabenbereich gehören und tragen zentrale Verantwortung für den Produktionsprozess. Dieses Phänomen wird häufig als „feminization of agriculture" bezeichnet.

Zahlreiche Arbeiten verweisen vor allem auf die Mehrbelastung, die mit der Verdopplung der Produktions- und Reproduktionsaufgaben einhergehen. Frauen kommen weiterhin ihren „traditionellen" häuslichen Aufgaben (z.B. Betreuung von Kindern, Kranken und Alten) nach und müssen zusätzlich die Felder bewirtschaften und sich um das Vieh kümmern.

De facto befinden sich die zurückbleibenden Frauen von Arbeitsmigranten also in der Rolle des Haushaltsvorstands am ländlichen Standort, was mit einer Erweiterung des Aufgabenspektrums einhergeht. Dies umfasst eben unter anderem auch landwirtschaftliche Aufgaben: Frauen müssen sich oft in kürzester Zeit die erforderlichen Kenntnisse und Fähigkeiten in Bereichen aneignen, die bis dato männliche Domänen waren. Es findet also eine Verschiebung der traditionellen Geschlechterrollenverteilung in der realen Alltagspraxis statt. Diese Verschiebung der Aufgaben- und Arbeitsbereiche führt jedoch nicht zu einer gleichzeitigen Veränderung der Hierarchie- und Machtverhältnisse innerhalb des (translokalen) Haushalts bzw. der Gemeinschaft: Zwar werden überkommene geschlechtsspezifische Kategorisierungen einzelner Arbeitsbereiche revidiert, indem nun auch Frauen in Eigenregie pflügen, säen oder ernten, allerdings finden die Frauen (und ihre Arbeitsleistung) auch mit der Übernahme „männlicher" Aufgaben oft keine zusätzliche gesellschaftliche Anerkennung (etwa in Form größerer Entscheidungsbefugnisse). Die Geschlechterrollen bleiben also häufig stabil.

RAMISCH (2016) berichtet in einer Studie zu rural-urbaner Migration Kenia, dass sich die alten Geschlechterrollen vor allem im Zuge der Ausbreitung der Mobilkommunikation tatsächlich (re-)stabilisieren: Wegen der extrem hohen Frequenz des Telefonkontakts entstehe eine telekommunikative Dauerpräsenz des Mannes, sodass die gewachsene Autonomie und Verantwortlichkeit der Frauen für den ländlichen Teil des Haushalts zunehmend wieder verloren geht. In dem Bemühen des abwesenden Mannes, seiner Rolle als Haushaltsvorstand gerecht zu werden, mische dieser sich, ohne Kenntnis der Situation vor Ort, in die täglichen häuslichen und landwirtschaftlichen Entscheidun-

gen ein. Der Mann kann so seine patriarchale Machtposition (wieder) festigen – wenngleich nicht unbedingt zum Wohle des Haushalts und dessen landwirtschaftlicher Produktivität.

Die im Zuge der Translokalisierung stattfindende „Feminisierung der Landwirtschaft" – so lässt sich zusammenfassen – hat zwar die Aufgaben- und Verantwortungsbereiche weiblicher Haushaltsmitglieder im ländlichen Raum deutlich erweitert, allerdings hat sich damit deren gesellschaftliche Position kaum verbessert. Und selbst wenn die Frauen substanziell zum Haushaltseinkommen beitragen, bleibt die Verfügungsmacht über diese Mittel meist gering. Auch die Verfügungsmacht über das Land stellt sich nach wie vor als schwierig dar: Obwohl Frauen den überwiegenden Teil der Arbeitskraft stellen, besitzen sie in den meisten afrikanischen Staaten nur geringfügige Anteile der landwirtschaftlichen Betriebsflächen (FAO o.J.). Vielfach wird afrikanischen Frauen der Zugang zu Land auch durch das geltende Erb- und Landnutzungsrecht erschwert.

Auch beim Zugang zu landwirtschaftlichen Beratungsservices werden Kleinbäuerinnen häufig benachteiligt. Nur fünf Prozent der Kleinbäuerinnen erhalten überhaupt landwirtschaftliche Beratung (TANDON, WEGERIF 2013). Probleme gibt es darüber hinaus beim Zugang zu Kleinkrediten für Investitionen (z.B. in landwirtschaftliche Technologie oder Betriebsmittel) (FAO 2011).

Die wirtschaftlichen Potenziale von Frauen in der Landwirtschaft sind also aufgrund zahlreicher rechtlicher, agrarpolitischer und soziokultureller Hindernisse beschränkt. Diese Schwierigkeiten im Ressourcenzugang und die geringe Ressourcenkontrolle verringern insgesamt die Chancen der Frauen, in die Marktproduktion einzusteigen, um so wirtschaftlich autonomer zu werden und die landwirtschaftliche Produktion zu steigern.

An der generellen Benachteiligung von Frauen in der Landwirtschaft hat auch die Translokalisierung der Livelihoods bislang offenbar nicht viel geändert: In Afrika südlich der Sahara ist das Geschlecht weiterhin *die* zentrale Kategorie, die über Ressourcenzugang und -kontrolle entscheidet.

4.3.3 Gesundheit

Der Zusammenhang zwischen Translokalität und Gesundheit ist vielschichtig. Er erstreckt sich über Fragen nach der Verbreitung von Krankheiten im Zuge von Mi-

gration und translokaler Lebensführung sowie über eine veränderte Einstellung zu Gesundheitsfragen bis hin zu eventueller Verbesserung der Gesundheitsver-

sorgung durch mehr finanzielle Mittel oder den verbesserten Zugang zu Gesundheitseinrichtungen aufgrund translokaler Haushaltsführung zwischen Land und Stadt. Er umfasst zudem die physische wie psychische Gesundheit sowohl der Migranten als auch der Daheimgebliebenen sowie die Auswirkung von Translokalität auf das allgemeine Gesundheitsniveau einer Gesellschaft.

Ausbreitung von Krankheiten: Die *IOM* (2013) geht in ihrem Bericht zu Migration und Entwicklung davon aus, dass die Mobilität von Menschen die Verbreitung ansteckender Krankheiten deutlich begünstige. Sehr prominente Beispiele hierfür sind die jüngste Corona-Pandemie sowie die Ebola-Epidemie in Westafrika, die sich in rasantem Tempo entlang der Migrationsrouten in die Hauptstädte und lokalen urbanen Zentren ausbreitete. Weit weniger ansteckend, jedoch wesentlich weiter verbreitet und damit folgenreicher ist der HI-Virus. Eine konkrete Einschätzung der Auswirkungen von Translokalität auf die Verbreitung von HIV und AIDS ist anhand der Literaturlage nur schwer möglich, da die Studien sich zum Teil widersprechen – wenngleich die Mehrheit der Studien den Zusammenhang zwischen (zirkulärer) Migration und der Verbreitung von HIV betonen. Sehr viele Studien weisen darauf hin, dass sich zirkuläre Arbeitsmigranten hauptsächlich am Zielort ihrer Migration mit dem HI-Virus infizierten und dann ihre Frauen oder Freundinnen während temporärer Aufenthalte im Herkunftsdorf ansteckten. Die Ausbreitung des HI-Virus entlang von Migrationsrouten und translokaler Netzwerklinien konnte vielfach und eindeutig nachgewiesen werden.

Aber der in den späten 1980er und 1990er Jahren immer wieder postulierte Zusammenhang zwischen der Verbreitung von HIV/AIDS und Migration hat mittlerweile deutlich an Signifikanz eingebüßt: Schon zu Beginn der 2000er Jahre stellte BRUMMER (2002: 2) für das südliche Afrika fest, dass dieser Zusammenhang an Relevanz verliere, weil AIDS mittlerweile flächendeckend in der Gesamtbevölkerung verbreitet sei: HIV und AIDS sind in vielen Teilen Afrikas inzwischen ubiquitär. Vor diesem Hintergrund erstaunt ebenfalls das Ergebnis einer aktuellen Studie von KENYON et al. (2014) nicht, die nach der Analyse von Daten aus 141 Ländern, darunter 28 subsaharische Länder, keinen statistischen Zusammenhang mehr zwischen Migrationsintensität (Binnenwanderung und internationale Migration) und der Verbreitung von HIV feststellen konnten.

Somit lässt sich schlussfolgern, dass die Translokalisierung der Livelihoods in den 1990er Jahren die Verbreitung des HI-Virus sehr stark begünstigte, weil viele Arbeitsmigranten sich an den Zielorten infiziert hatten und dann als Überträger des Virus fungierten, der dann ebenso in den ländlichen Herkunftsgebieten streute. Mittlerweile jedoch hat die (translokale) Migration keinen unmittelbaren Einfluss mehr auf die Ausbreitung der Krankheit.

Auswirkungen von AIDS auf (translokale) Haushalte: Man kann heute nicht mehr zweifelsfrei sagen, translokale Haushalte seien häufiger von AIDS betroffen als lokal organisierte Haushalte. Trotzdem lässt sich vermuten, dass die AIDS-Pandemie extrem viele translokale Haushalte im subsaharischen Afrika vor existenzielle Probleme stellt, die dann vor allem im ländlichen Raum wirksam werden: Die Krankheit bedeutet zum einen den Ausfall von Arbeitskraft, und im Falle erkrankter Arbeitsmigranten den Wegfall oft überlebensnotwendiger Rimessen. Zum anderen führt die Krankheit unter Umständen zu Prozessen der „Detranslokalisierung", denn erkrankte Arbeitsmigranten kehren oft an den ländlichen Haushaltsstandort zurück, um dort gepflegt zu werden und letztlich zu sterben („Returning-Home-to-Die"-Phänomen). Die Rückkehr der Kranken bedeutet zusätzliche soziale, ökonomische und auch emotionale Belastungen sowie oft eine folgenschwere Destabilisierung des Haushaltsgefüges.

Oft sind es die Kinder in von AIDS betroffenen Haushalten, die in besonderem Maße leiden, und zwar schon bevor sie zu Waisen werden: Wenn Eltern oder andere erwachsene Haushaltsmitglieder HIV-bezogene Symptome zeigen, müssen die Kinder oft neue Aufgaben übernehmen, seien es zusätzliche Pflichten im Haushalt (Kochen, Putzen, Wassertragen und Wäsche), Pflege von erkrankten Personen oder ihrer Geschwister im Kleinkindalter (Füttern, Waschen, Hilfe beim Toilettengang, Begleitung bei Arztbesuchen etc.) sowie landwirtschaftliche oder außerlandwirtschaftliche Arbeit. Die schulischen Leistungen sinken im Falle einer AIDS-Erkrankung der Eltern häufig deutlich, weil die kindliche Arbeitskraft im Haushalt gebraucht wird oder weil aufgrund des Verdienstausfalls der Eltern und der hohen Medikamentenkosten keine finanziellen Mittel mehr für Schulgebühren etc. vorhanden sind.

Die Versorgung von AIDS-Waisen stellt die translokalen Haushalte auch vor immense ökonomische und sozial-psychologische Probleme – mit weitreichenden Folgen für die Erziehung und Bildung der betroffenen Kinder und Jugendlichen. Auch der allgemeine Gesundheitszustand von AIDS-Waisen im ländlichen Raum ist erheblich schlechter als jener von Nicht-Waisen.

Die Logik rural-urbaner Livelihoods führt dazu, dass das Leben im ländlichen Raum am stärksten von den folgenschweren Auswirkungen von AIDS betroffen ist: In den ländlichen Gemeinden wird ein Großteil der Last dieser sozialen Katastrophe getragen.

Hoffnung bieten derzeit Programme zur antiretroviralen HIV-Therapie (ART). Aktuelle Studien (z.B. aus Südafrika) belegen, dass ART-Programme dazu beitragen, sowohl die Ansteckung zu verringern als auch die Lebenserwartung von HIV-Infizierten zu erhöhen. BOR et al. (2013) fanden heraus, dass sich infolge des Programms die Lebenserwartung drastisch erhöht hat. Die durchschnittliche Lebenserwartung eines 15-Jährigen stieg von 2003 bis 2011 von 49,2 Jahren auf 60,5 Jahre. TANSER et al. (2013) haben in derselben Region vergleichende Untersuchungen zum Ansteckungsrisiko durchgeführt. Demnach sinkt das Infektionsrisiko mit Ausweitung des ART-Programms signifikant. Da AIDS in Afrika – wie dargestellt – aufgrund der translokalen Logik in besonderer Weise ein ländliches „Entwicklungsproblem" darstellt, hätten großangelegte ART-Programme gleichzeitig die Wirkung „integrierter ländlicher Entwicklungsprogramme", da sie deutlich übersektorale Effekte (neben Gesundheit z.B. auch auf Bildung und Landwirtschaft) aufweisen.

Gesundheitsausgaben von Haushalten: Es ist plausibel, davon auszugehen, dass die Translokalität von Livelihoods sowohl Einfluss auf das Ausgabeverhalten der Haushalte für gesundheitsbezogene Dienste und Medikamente hat als auch zu veränderten Einstellungen und Handlungsweisen hinsichtlich Gesundheitsfragen führt. Ob indes höhere Gesundheitsausgaben von Haushalten Ausdruck eines Wertewandels bzw. eines größeren „Gesundheitsbewusstseins" sind oder ob sich darin lediglich ein höheres verfügbares Einkommen ausdrückt, bleibt derzeit letztlich unbeantwortet.

Rimessen von städtischen Haushaltsangehörigen werden am ländlichen Haushaltsstandort oft auch für die Finanzierung von Gesundheitsausgaben verwendet. Anhand der vorliegenden Studien ist es jedoch schwierig, den Anteil dieser Ausgaben an der Gesamtsumme der Rücküberweisungen zu quantifizieren, auch weil vor allem zu Rimessen aus Binnenmigrationen keine verlässlichen aggregierten Daten vorliegen (s.o.). Die Quellenlage lässt daher Einschätzungen vor allem für die internationalen Rücküberweisungen zu: In Bezug auf Kenia und Nigeria zeigen WATKINS, QUATTRI (2014: 15), dass zwischen fünf Prozent (Nigeria) und sieben Prozent (Kenia) der internationalen Rücküberweisungen für die Gesundheitsversorgung ausgegeben werden. Obwohl diese Werte in Relation zu anderen Ausgabeposten recht klein erscheinen, machen sie absolut betrachtet vermutlich doch einen Unterschied. Denn ZOURKALEINI et al. (2013) stellen für Kamerun fest, dass die Ausgaben für Gesundheit bei Haushalten mit internationalen Migranten signifikant höher sind als bei Haushalten ohne Migranten. Insofern ist davon auszugehen, dass internationale Migration zu einer Verbesserung der Gesundheitsversorgung bzw. -situation der Angehörigen im Herkunftsgebiet führt.

Fraglich ist jedoch, ob sich diese Ergebnisse auf den Kontext translokaler Binnenmigrationen übertragen lassen. Wie bereits oben beschrieben, weisen Haushalte mit internationalen Migranten und solchen mit Binnenmigranten deutliche Unterschiede im Wohlstandsniveau auf, was sich auch auf das Ausgabeverhalten (im Gesundheitssektor) auswirkt. SMIT (2012) stellt für eine ländliche Region in Ruanda in Bezug auf interne Rimessen dar, dass über 40 % der Migrantenhaushalte angeben, sie würden Teile der Rimessenzahlungen für den Bereich „Gesundheit" verwenden, lediglich der Bereich „Ernährung" wurde häufiger genannt. In absoluten Zahlen jedoch ist der Betrag, der für Gesundheit ausgegeben wird, relativ gering. Trotzdem gaben 43 % der von SMIT (2012) befragten Migrantenhaushalte an, dass sie durch die Migration eine Verbes-

serung im Bereich Gesundheit erfahren haben; ein Großteil gab konkret an, dass sie durch die Rimessen in der Lage seien, sich eine Krankenversicherung zu leisten, die ihnen im Krankheitsfall die Versorgung mit notwendigen Medikamenten und medizinischen Leistungen ermöglicht. Hierbei ist allerdings der sozioökonomische Status des Migrantenhaushalts entscheidend: "Better-off migrant households namely experience significantly more often a positive change in access to health care than poorer migrant households" (SMIT 2012: 105).

Aufschlussreich sind hier die Angaben der 130 von SMIT (2012) im ländlichen Raum untersuchten Migrantenhaushalte auf die Frage, in welchen Bereichen sich aufgrund von Migration die wichtigsten Veränderungen ergeben hätten. Hier fallen erhebliche Diskrepanzen zwischen verschiedenen Wohlstandsgruppen auf (Abb. 4).

Die häufigste Antwort der ärmsten Haushalte: Die Migration habe zu keinen wesentlichen Änderungen geführt. Und jene Haushalte, die Verbesserungen feststellen, nennen zumeist den Aspekt, dass die alltäglichen Ausgaben gesunken seien („Ein Esser weniger"). Mit wachsendem Wohlstand – so zeigen die Ergebnisse – rückt dieser Gesichtspunkt in den Hintergrund. Und am häufigsten wird von den wohlhabenderen Haushalten die Verbesserung in den Bereichen „Bildung" und „Gesundheit" genannt.

Insgesamt wird deutlich, dass sich die sozioökonomische Stratifizierung ebenso im Gesundheitsbereich manifestiert – das gilt im lokalen wie im translokalen Kontext. Für einen Teil der translokalen Haushalte ergeben sich dank der Rücküberweisungen vermutlich sehr konkrete Verbesserungen im Bereich der Gesundheitsversorgung und -vorsorge (z.B. in Form einer Krankenversicherung); für viele verwundbare Haushalte indes reichen die Rimessen, so sie denn kommen, gerade für das Nötigste.

Dass sich Einstellungen und Verhalten in Bezug auf Gesundheit aufgrund von Migrationserfahrungen durchaus ändern können, stellen HELGESSON SEKEI et al. (2014: 59) in ihrer Studie zu „social re-

mittances" in Tansania dar: Eine Veränderung des Gesundheitsbewusstseins findet am ehesten bei den Migranten selbst statt; wegen der Kontakte und der translokalen Kommunikation erreicht „neues" Wissen allerdings auch Verwandte, Freunde und Bekannte in den ländlichen Herkunftsgebieten. Es ist davon auszugehen, dass sich der Austausch von Wissen und Erfahrungen über gesundheitsrelevante Fragen sowie die gesundheitsbezogenen Entscheidungsprozesse in translokal organisierten Haushalten mit der verbreiteten Nutzung von Mobiltelefonen heute anders gestalten als vor der Mobilfunkära. Der Einfluss der Mobiltelefonie auf die gesundheitliche Situation translokaler Haushalte ist aber bisher nicht erforscht.

Ebenfalls fehlen uns derzeit Kenntnisse darüber, ob die translokalen Netze bereits für öffentliche gesundheitliche und medizinische Präventionsarbeit genutzt werden. So böte es sich z.B. an, die bestehenden komplexen und geographisch weit ausgreifenden translokalen Kanäle informeller Kommunikation gezielt im Sinne größerer „Health Awareness Campaigns" zu nutzen und zirkuläre Migranten als Multiplikatoren für gesundheitliche Aufklärungsarbeit einzusetzen.

Zugang zu Pflege und medizinischer Versorgung: Die translokale Organisation der Lebensführung hat nicht nur Auswirkungen auf die ökonomischen Voraussetzungen der Haushaltsmitglieder, um im Alter oder Krankheitsfall Pflege und medizinische Versorgung zu erhalten. Auch die soziale und räumliche Struktur der Netzwerke bildet dafür eine wichtige Bedingung.

Innerhalb etablierter translokaler Netzwerke zwischen ländlichen und städtischen Gebieten sind auch alte und kranke Menschen mobil. Grund dafür ist, dass die Netze oft solche Orte miteinander verbinden, die jeweils unterschiedliche soziale und infrastrukturelle Opportunitätsstrukturen hinsichtlich der Gesundheitsversorgung aufweisen. Und im Bedarfsfall ermöglichen die translokalen Netzwerke den Alten und Kranken die Mobilität, um die an den verschiedenen Orten jeweils vorhandenen medizinischen Versorgungs- und/oder Pflegemöglichkeiten zu nutzen. Die translokale Mobilität alter und kranker Menschen zwischen Land und Stadt findet deshalb aus jeweils unterschiedlichen Gründen in beide Richtungen statt, (1) von der Stadt aufs Land und (2) vom Land in die Stadt:

Zu (1): In diesem Artikel wurde bereits mehrfach darauf verwiesen, dass viele

Abb. 4: *Wichtigste positive Veränderungen durch die Migration von Haushaltsmitgliedern (getrennt nach sozioökonomischen Statusgruppen; n=130).*

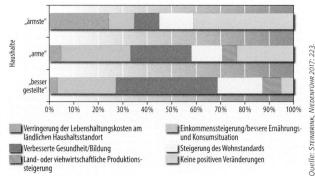

Quelle: STEINBRINK, NIEDENFÜHR 2017: 223.

Migranten nach ihrem Berufsleben oder wenn sie ihre Arbeitsfähigkeit einbüßen, von der Stadt zurück aufs Land ziehen („retirement migration", „returning-home-to-die"). Diese Migration kann haushaltsökonomisch und vor dem Hintergrund kultureller Normen (z.B. Ahnenglaube) erklärt werden. Wichtig in diesem Zusammenhang ist jedoch auch, dass – dem System translokaler Arbeitsteilung und Kooperation entsprechend – den Mitgliedern am ländlichen Haushaltsstandort, vor allem den weiblichen, die Pflegeaufgaben („care role") zukommen. Die alters- oder krankheitsbedingte Remigration eröffnet den (Arbeits-)Migranten also die Möglichkeit informelle soziale Unterstützung in Anspruch zu nehmen, die am städtischen Haushaltsstandort oft nicht gegeben ist. Die Gesundheitsmigration von der Stadt aufs Land findet aber auch statt, um im Herkunftsdorf auf traditionelle Heilmethoden zurückzugreifen. Teilweise geht es dabei um die Verfügbarkeit spezifischer Heilmittel oder um die Konsultation bestimmter Heiler mit besonderer Reputation; auch die „Befra-gung" der Ahnen ist bisweilen ein Grund für die Rückreise von Kranken ins Herkunftsgebiet.

Zu (2): Die alters- und krankheitsbedingte Mobilität aus ländlichen Herkunftsgebieten in urbane Zentren erklärt sich meist aus der räumlich ungleichen Verteilung von medizinischen Versorgungseinrichtungen. In vielen ländlichen Regionen Subsahara-Afrikas ist die medizinische Versorgung kaum gewährleistet; es gibt zu wenige Ärzte, Krankenhäuser und -stationen, und auch die Qualität der Ausstattung der medizinischen Infrastruktur ist meist miserabel. Selbst wenn die Bedingungen in den meisten afrikanischen Städten ebenfalls höchst problematisch sind, so sind sie in der Regel doch besser als auf dem Land. Die translokalen sozialen (Haushalts-)Netzwerke werden deshalb genutzt, um einen (besseren) Zugang zu der in Städten vorhandenen medizinischen Infrastruktur und (modernerer) medizinischer Versorgung zu bekommen. Dies betrifft ebenso akute Krankheitsfälle wie auch längerfristige oder vorbeugende Behandlungen sowie beispielsweise die prä- und postnatale Versorgung von Müttern. Der städtische Haushaltsstandort bietet ihnen eine Unterkunftsmöglichkeit und die dort lebenden Angehörigen die notwendige soziale finanzielle Unterstützung während der Zeit der Behandlung.

Insgesamt ist davon auszugehen, dass translokale Netzwerke in vielen afrikanischen Gesellschaften von essenzieller Bedeutung für das Funktionieren des formellen und informellen Pflege- und Versorgungssystems sind. Große Teile der städtischen Bevölkerung sind im Krankheitsfall auf die informell organisierte Pflege von Verwandten im ländlichen Raum angewiesen; und es sind ebenfalls die translokalen sozialen Netzwerke, die für viele Menschen im ländlichen Raum den Zugang zu medizinischen Versorgungsdienstleistungen in der Stadt erst ermöglichen.

Die Bedeutung der Translokalität der Livelihoods für die Gesundheitsversorgung in Afrika ist bislang allerdings nicht genauer untersucht worden. Auch hier besteht also Forschungsbedarf.

5   Schlussbetrachtung

 Kap. 7: S. 229ff.

 Sec. 7: pp 219ff.

Das Phänomen der translokalen Livelihood-Organisation ist in Afrika südlich der Sahara ausgesprochen weit verbreitet. Vorhandene Zahlen zum Ausmaß der internationalen und innerstaatlichen zirkulären Migration sowie der Rücküberweisungen sind Indikatoren dafür, dass ein erheblicher Bevölkerungsanteil in Subsahara-Afrika in translokale Zusammenhänge eingebunden ist – grob geschätzt 40 % bis 60 % der Menschen aus ländlichen Regionen und ca. 70 % der Stadtbevölkerung, insgesamt also ca. eine halbe Milliarde Menschen.

Sesshaftigkeit und die lokale Organisation des alltäglichen Lebens stellen in Afrika also keineswegs die universelle Norm darstellen. Vielmehr ist Migration ebenso integraler Bestandteil der Livelihoods wie soziale Vernetzung über teils große Entfernungen und flächenräumliche Grenzziehungen hinweg. Entsprechend stark hängen die Lebenssituationen in den ländlichen und städtischen Lebensräumen zusammen, weshalb konsequenterweise – und anstelle der Differenzierung nach ländlichen und städtischen Lebensbedingungen – von „translokalen" Lebensbedingungen gesprochen werden muss.

Die sich in vielen Staaten Afrikas verschlechternden Lebensbedingungen – in ländlichen ebenso wie in städtischen Gebieten – geben Anlass, die translokalen Verflechtungszusammenhänge vor allem als Produkt von Verwundbarkeit zu verstehen; denn es sind überwiegend verwundbare Bevölkerungsgruppen, die existenziell auf die Strategie der translokalen Haushaltsführung angewiesen sind. Insofern sind die translokalen Strukturen meist das Ergebnis eines Livelihood-Handelns, das auf Krisenbewältigung und/oder auf die Verringerung von Risiko und Unsicherheit abzielt.

Verwundbarkeit ist allerdings nicht nur Auslöser von Translokalisierungsprozessen, sondern die Translokalität ist gleichzeitig ein prägendes strukturelles Moment der Handlungsbedingungen: Es entstehen dauerhafte translokale sozialräumliche Strukturen. Somit ist der Kontext, in dem gehandelt wird und an den sich die Livelihood-Systeme anpassen müssen, selbst translokal.

Zwar wirkt die Translokalität der Livelihoods mildernd auf die Verwundbarkeit, weil sie die Handlungsmöglichkeiten der eingebundenen Akteure erweitert; jedoch entsteht in den vernetzten Teilräumen eine direkte Abhängigkeit von der Situation in den anderen Teilräumen: Sowohl Veränderungen der handlungsbeeinflussenden Rahmenbedingungen an einem Ort als auch die Handlungen selbst können die Akteure am jeweils anderen Ort direkt oder indirekt mitbestimmen. Es resultiert ein quasi-räumliches Interdependenzgefüge, in dem lokale Einflüsse translokale Effekte haben. So kann es im Land-Stadt-Zusammenhang durchaus zur „Ruralisierung urbaner Krisen" oder auch zur „Urbanisierung ruraler Risiken" kommen.

Wie stehen nun Translokalität und ländlicher Strukturwandel zueinander?

Wenn wir „Ländlichen Strukturwandel" – wie in Rauch et al. (2016: iv) vorgeschlagen – als „langfristigen multi-dimensionalen Prozess der Veränderung grundlegender Merkmale der Wirtschafts- und Lebensweise der Menschen in ländlichen Räumen unter Berücksichtigung ihrer Einbettung in gesamtgesellschaftliche und globale Dynamiken" begreifen, müssen wir die Translokalisierung der Livelihoods als wesentlichen Ausdruck dieses Strukturwandels verstehen. Im Zuge des Prozesses der Translokalisierung der Livelihood-Organisation verändern sich die Wirtschafts- und Lebensweisen gravierend, und zwar vor allem deshalb, weil sich die Strukturen in ihrer sozialräumlichen Ausprägung verändern: Die sozialräumlichen Strukturen dehnen sich aus und überspannen die Grenzen zwischen Land und Stadt. Diese Expansion schlägt sich in fast allen ökonomischen, gesellschaftlichen und kulturellen Aspekten der Lebensorganisation der Menschen, die in diesen translokalen Feldern agieren, nieder. Es stellt sich also die grundsätzliche Frage, ob dieser tiefgreifende strukturelle Wandel überhaupt noch sinnvoll als „ländlicher" Strukturwandel bezeichnet wird?

Ungeachtet einiger Zweifel, lassen sich zumindest einige Rückschlüsse ziehen, die das Verhältnis von Translokalität und „(ländlicher) Entwicklung" betreffen.

Translokale Livelihoods wirken nicht ausgleichend auf (räumliche) Ungleichheit!

Translokale Livelihoods bilden sich letztlich nur aufgrund struktureller Ungleichheiten aus. Denn es geht bei der translokalen Livelihood-Organisation stets um die Kombination unterschiedlicher Wirtschaftätigkeiten sowie um die Nutzung unterschiedlicher Möglichkeiten und infrastruktureller Ausstattung an verschiedenen Orten bei gleichzeitigem Streben nach Minimierung der Lebenshaltungskosten. Und es geht darum, mittels sozialer Netzwerke die an den jeweiligen Orten vorhandenen Opportunitätsstrukturen zu der einen Opportunitätsstruktur des translokalen Sozialraums verschmelzen zu lassen. Auf den Punkt gebracht: Gäbe es kein räumliches Muster struktureller Ungleichheit, gäbe es auch keine translokalen Livelihoods.

So plausibel es deshalb ist, raumstrukturelle Ungleichheiten als Auslöser von Translokalisierungsprozessen zu begreifen, so vorschnell wäre es, daraus – im Sinne neoklassischer Gleichgewichtsmodelle – eine Ausgleichstendenz abzuleiten.

Betrachtet man zunächst die Rimessen, die in translokalen Zusammenhängen überwiesen werden, so erscheinen diese in ihrer Summe wie ein mächtiger Kapitalfluss, der von strukturstärkeren, wohlhabenden Regionen auf strukturschwächere, ärmere Regionen gerichtet ist. Was vordergründig zwar wie ein großer Ausgleichsstrom aussehen mag, entpuppt sich jedoch, wenn man die sozio-ökonomischen Bedingungen der allermeisten Arbeitsmigranten betrachtet, oft lediglich als eine Umverteilung zwischen „Armen hier und Armen dort". Die translokalen

Strukturen sind kein Medium sozialer Umverteilung, sondern die Verwundbaren zahlen an Verwundbare. Dieser Transfer findet außerdem innerhalb translokaler Haushaltsstrukturen statt, sind also Teil jener internen Verteilungsprozesse auf der Mikroebene, um die sich Volkswirtschaftler normalerweise nicht kümmern. Durch diese Zahlungen allein werden die Haushalte nicht wohlhabender!

Bei der Beantwortung der Frage, ob die migrantischen Rücküberweisungen trotzdem langfristig positive Folgeeffekte für ländliche Entwicklungsprozesse haben und zum Abbau raumstruktureller oder sozialer Disparitäten führen, hilft der Blick auf die „Verwendung von Transferzahlungen". Immerhin erhalten geschätzt zwischen 20 % und 40 % der Haushalte im ländlichen Raum Subsahara-Afrikas regelmäßig Rücküberweisungen, und etwa 20 % des im ländlichen Raum verfügbaren monetären Einkommens stammt aus Rücküberweisungen. Allerdings wird der überwiegende Teil der Rimessen nicht in „productive assets" investiert, sondern von den Empfängern im ländlichen Raum für konsumtive Zwecke verwendet. Produktive Investitionen in den landwirtschaftlichen oder außerlandwirtschaftlichen Sektor werden – wenn überhaupt – von bessergestellten Haushalten getätigt. Der Großteil der translokalen Haushalte, die nahe dem Existenzminimum wirtschaften, kann sich produktive Investitionen gar nicht leisten, weil die verfügbaren Finanzmittel entweder nicht ausreichen oder das Risiko einer Fehlinvestition als zu groß erachtet wird. Insofern ist davon auszugehen, dass die Rücküberweisungen kaum endogene Wachstumsdynamiken in der ländlichen Lokalökonomie stimulieren. Und obgleich es durchaus Beispiele dafür gibt, dass insbesondere Rimessen von internationalen Migranten positive, regionalökonomische Effekte in den Herkunftsgebieten haben können, gilt: Solange ein Großteil der ländlichen Haushalte im Kontext erhöhter Verwundbarkeit wirtschaftet, sind von Rücküberweisungen keine „Wirtschaftswunder" im ländlichen Raum zu erwarten.

Hinzu kommt, dass die Translokalität der Livelihoods oftmals eine wachstumshemmende Anomalie in der demografischen Struktur der ländlichen Wohnbevölkerung bedingt, was eine eigenständige wirtschaftliche Entwicklung auf dem Land deutlich erschwert. Das Bemühen in den ländlichen Regionen, den Mangel an familiärer Arbeitskraft zu kompensieren, führt zu einer starken Mehrfachbelastung

der Zurückgeblieben. Die in diesem Zusammenhang zu beobachtende „Feminisierung der Landwirtschaft" hat – nicht zuletzt wegen der nach wie vor schwächeren gesellschaftlichen Position und eingeschränkten Verfügungsmacht von Frauen – vielerorts zu einer weiteren Verschlechterung der Produktionsbedingungen und der Marktposition kleinbäuerlicher Betriebe geführt.

All das trägt dazu bei, dass die wichtigste verfügbare Ressource auf dem Land – der Boden – häufig ineffektiv genutzt oder gar der agrarwirtschaftlichen Nutzung gänzlich entzogen wird. Wachstumschancen im landwirtschaftlichen Bereich, die sich unter Umständen aus dem globalen Marktgeschehen ergeben, werden unter den derzeitigen Bedingungen häufig nicht genutzt. Auch deswegen leistet die Translokalität der Livelihoods keinen Beitrag zum Ausgleich der regionalen Disparitäten.

Als Resümee lässt sich formulieren, dass das System der translokalen Existenzsicherung auch zukünftig vermutlich eher dazu beitragen wird, bestehende Muster räumlicher Disparitäten und sozialer Ungleichheiten zu verschärfen und zu verfestigen.

Translokale Livelihoods sind kein transitives Phänomen!

Wenn wir davon ausgehen, dass raumstrukturelle Disparitäten ursächlich für Translokalisierungsprozesse sind und wir gleichzeitig feststellen, dass die Translokalität von Livelihoods nicht zu einer Abschwächung der Ungleichheiten führt, dann ist die Annahme, Translokalität von Livelihoods sei nur ein transitives Phänomen, bereits auf logischer Ebene unwahrscheinlich.

Aber auch auf empirischer Ebene gibt es wenig Anlass, davon auszugehen, dass translokale Livelihoods in näherer Zukunft an Bedeutung verlieren werden oder lediglich ein Übergangsphänomen im afrikanischen Urbanisierungsprozess darstellen. Zumal sich in der neueren Literatur eine Fülle von Hinweisen findet, wonach raumübergreifende Organisationsformen der Livelihoods eher noch weiter im Vormarsch sind. Dabei spielen nicht zuletzt die mobilen Kommunikationsmedien sowie das Internet eine entscheidende Rolle, weil intensive translokale Vernetzungsstrukturen dadurch entscheidend erleichtert und befördert werden.

Die Translokalität der Livelihoods ist das Ergebnis von Anpassung an sich verändernde Handlungsbedingungen und -optionen und darüber hinaus als Folge rationalen (Haushalts-)Handelns zu begreifen. Das heißt: Solange es den Akteuren sinnvoll erscheint, in translokalen Lebenszusammenhänge eingebunden zu sein, werden diese fortbestehen. Viele der vorliegenden Studien lassen sich dahingehend deuten, dass die Hauptursache für das Ent- und Bestehen translokaler Verflechtungen nicht die großen Chancen auf Wohlstand sind, sondern die meist fehlenden Alternativen: Für ein Gros der Haushalte ist die Translokalisierung der Livelihoods weniger eine Frage des Wollens als eine Frage des Müssens!

Die Triebkräfte der Translokalisierung lassen sich dabei keineswegs eindeutig im ländlichen oder im städtischen Raum verorten, denn auf beiden Seiten wirken (strukturelle) Rahmenbedingungen verursachend auf die Translokalität. Die landwirtschaftliche Produktionssituation (inklusive Krisenanfälligkeit aufgrund von Marktentwicklungen, Bodendegradation und klimatischen Unsicherheiten), die Schwierigkeiten bei der Marktintegration sowie die ungenügenden außerlandwirtschaftlichen Erwerbsmöglichkeiten in den ländlichen Herkunftsgebieten erschweren eine „sesshafte Existenzsicherung" auf dem Land für große Bevölkerungsteile immens. Extrem niedrige Löhne und diverse Unwägbarkeiten auf dem städtischen Arbeitsmarkt, schlechte und unsichere Wohnbedingungen sowie vergleichsweise hohe Lebenshaltungskosten indes machen eine Abwanderung aller Haushaltsmitglieder oft unmöglich. Deshalb sind viele Haushalte gezwungen, die lokalen Opportunitäten – die jeweils für sich genommen eine Existenzsicherung nicht gewährleisten würden – translokal miteinander zu kombinieren.

Über die translokalen sozialen Vernetzungen findet also letztlich eine Verknüpfung verschiedenartiger lokaler Verwundbarkeitskonstellationen statt, deren Ziel es ist, die jeweiligen Risiken aufzufangen. Die Risikofaktoren selbst bleiben davon jedoch unbeeinflusst; vielmehr werden die Risiken lediglich (sozial, ökonomisch und räumlich) verteilt, um ihre potenziellen Auswirkungen abzufedern.

Viele der in diesem Artikel thematisierten Aspekte deuten darauf hin, dass die Verwundbarkeitssituationen nicht nur dazu beitragen, dass translokale Zusammenhänge entstehen, sondern auch dazu, diese zu festigen. Anders ausgedrückt: Die räumlichen Verflechtungen stabilisieren sich durch die dauerhafte Instabilität der Lebensbedingungen in den sozial vernetzten Teilräumen. Das lässt den Schluss

zu, dass die translokale Organisation der Haushalte zwar unter Umständen sehr wohl als Strategie geeignet ist, mit den jeweiligen Unsicherheiten umzugehen, jedoch ist die Translokalität der Livelihoods allein kein Mittel, um die Notwendigkeit der Translokalität zu verringern.

Fazit: Die Notwendigkeit zur Translokalität bleibt sowohl im ländlichen als auch im städtischen Zusammenhang bestehen, und sie ergibt sich in hohem Maße aus den translokalen sozialen Wirklichkeiten selbst.

Ein translokales planerisches Bewusstsein ist notwendig!

Viele LeserInnen dürften sich vor der Lektüre dieses Artikels wohl eine Antwort auf diese Frage erhofft haben, ob Migration und Translokalität der Existenzsicherung – mit Blick auf die Armuts- und Verwundbarkeitsproblematik im ländlichen Raum Subsahara-Afrikas – nun als positiv oder als negativ zu bewerten ist. Der Autor indes hofft seinerseits, dass nach der Lektüre deutlich geworden ist, dass es hier keine eindeutige Antwort geben kann. Vielmehr schält sich die Erkenntnis heraus, dass es letztlich auch gar nicht darum geht, ob die raumübergreifende Form der Existenzsicherung Lösung oder Problem ländlicher Entwicklung in Afrika ist. Denn translokale Livelihoods sind das eine wie das andere bzw. weder das eine noch das andere. Doch auch eine so ambivalente Einsicht hat große praktische Relevanz: Entwicklungspolitik und Entwicklungszusammenarbeit sollten also weder spezifische Maßnahmen entwickeln, um die „Translokalität zu fördern", noch direkte „Maßnahmen gegen Translokalität" ergreifen.

Aus der richtigen Beobachtung, dass die Translokalität der Livelihoods das Resultat dynamischer Anpassungsprozesse darstellt, kann nicht einfach der Schluss gezogen werden, das Ergebnis sei eine „angepasste Lösung", die als Selbsthilfebemühung der Zielgruppe deshalb unterstützungswürdig sei. Denn mit dieser Schlussfolgerung ließe man außer Acht, dass die Translokalität in ihrer Ausprägung oftmals Ausdruck von Zwängen und Alternativlosigkeit ist und die Verwundbarkeit der Akteure zudem mitunter perpetuiert. Andererseits: Wenn die Entwicklungspraxis die wichtige Erkenntnis, dass Translokalität oft sowohl Manifestation als auch Moment von Verwundbarkeit darstellt, ins Zentrum rückt, und somit die Translokalität der Livelihoods als ein zu lösendes Problem deutet, würde sie deren zum Teil existenzielle Notwendig-

keit verkennen und auch die Chancen, die Migration und Translokalität zweifellos für bestimmte Haushalte haben.

Am Ende dieses Artikels soll deshalb die Empfehlung an die Entwicklungspraxis stehen, dass es nicht primär um Maßnahmen gehen sollte, welche die translokalen Systeme selbst zum Gegenstand machen. Etwaige Maßnahmen sollten sich allenfalls darauf beschränken, die translokalen „Reibungsverluste", die durch Kosten und Aufwand für Transport, Kommunikation und Transfer (z.B. von Rimessen) entstehen, zu minimieren. Ansonsten kommt es in der Praxis vor allem darauf an, die translokalen Livelihoods als Tatsache anzunehmen, ihre Dynamiken zu verstehen und diese zu berücksichtigen. Translokalität muss als Kontext entwicklungspraktischer Arbeit anerkannt werden. An die Stelle des containerräumlichen (Land/Stadt-)Denkens sollte daher die politische und planerische Einsicht treten, dass Entwicklungsmaßnahmen, die translokal organisierte Zielgruppen betreffen, immer in deren translokalen Lebenszusammenhängen wirken.

Ein solches „translokales planerisches Bewusstsein" bedeutet zum einen die Anerkennung, dass lokal implementierte Maßnahmen fast zwangsläufig raumübergreifende Effekte in dem Sinne haben, dass Eingriffe auf der einen Seite auch Folgewirkungen auf der anderen Seite des translokalen Systems mit sich bringen und zudem Auswirkungen innerhalb des translokalen Systems selbst haben.

Translokales planerisches Bewusstsein bedeutet aber zum anderen auch, sich die translokalen Strukturen als Gelingensbedingung für die erfolgreiche Implementierung von Projekten und Maßnahmen zu vergegenwärtigen. Beispielhaft dafür sind spezielle Programme zur landwirtschaftlichen Beratung für Frauen: Solche Programme wären leicht zum Scheitern verurteilt, wenn nicht die sich andernorts aufhaltenden männlichen (de jure) Haushaltsvorstände in den Prozess eingebunden wären. Denn trotz ihrer Abwesenheit bleiben sie oft maßgeblich an landwirtschaftlichen Entscheidungen des Haushalts beteiligt.

Die komplexen Wirkungszusammenhänge des Translokalen stellen zweifellos große Anforderungen an die Entwicklungsplanung. Doch die translokale Planungsperspektive ist unabdingbar, um den sozialen Realitäten im ländlichen Raum Subsahara-Afrikas gerecht zu werden. Insofern möchte sich dieser Artikel vor allem als Plädoyer für eine (räumlich) integrierende Sichtweise auf „ländliche Entwicklungsprobleme" in Afrika verstanden wissen.

Planerische Patentrezepte gibt es nicht. Grundsätzlich lässt sich aber festhalten, dass all jene Maßnahmen zielführend sind, die dazu beitragen, die „Notwendigkeit zur Translokalität" zu verringern, und zwar erst mal ganz unabhängig davon, ob diese Maßnahmen im ländlichen oder im städtischen Raum implementiert werden.

Mit einer positiven Veränderung der lokalen Verwundbarkeitskontexte – sei es in der Stadt oder auf dem Land – gewinnen die Akteure an Handlungsspielraum und -freiheit. Ob dieses Mehr an Handlungsfreiheit von ihnen dann im Sinne von Relokalisierung und Sesshaftigkeit – hier oder dort, auf dem Land oder in einer Stadt – genutzt wird oder für die Etablierung neuer Strukturen und Formen von Translokalität, die für die Eingebun-

denen dann aber größere Prosperitätschancen eröffnen, kann hier nicht beantwortet werden – „besser" wäre es in jedem Fall.

Und wenn Translokalität der Livelihoods schließlich nicht mehr Ausdruck von Alternativlosigkeit ist, sondern sich für die Menschen zu einer Möglichkeit entwickelt, die eigene Lebenssituation zu verbessern, dann wird auch „translokale Entwicklung" möglich.

Literatur

ADEPOJU, A. (2005): Migration in West Africa. – Lagos (Global Commission on International Migration).

BENZ, A. (2014): Mobility, multilocality and translocal development: changing livelihoods in the Karakoram. – Geographica Helvetica 69: 259–270.

BOR, J., HERBST, A. J., NEWELL, M.-L. u. T. BÄRNIGHAUSEN (2013): Increases in adult life expectancy in rural South Africa: valuing the scale-up of HIV treatment. – Science 339(6122): 961–965.

BRICKELL, K., DATTA, A. (Hrsg.) (2011): Translocal Geographies. Spaces, Places, and Connections. – Abingdon, New York.

BRUMMER, D. (2002): Labour Migration and HIV/AIDS in Southern Africa. – Genf (International Organisation for Migration (IOM). Regional Office for Southern Africa).

CASTELLS, M. (2001): Das Informationszeitalter I. Die Netzwerkgesellschaft. – Wiesbaden.

DE HAAS, H. (2010): Migration and Development: A Theoretical Perspective. – International Migration Review 1(44): 227–264.

DESHINGKAR, P. (2004): Understanding the Implications of Migration for Propoor Agricultural Growth. – London (Overseas Development Institute).

DILGER, H. (2013): Securing Wealth Ordering Social Relations: Kinship, Morality, and the Configuration of Subjectivity and Belonging across the Rural-Urban Divide. In: A. KANE, T. H. LEEDY (Hrsg.): African Migrations Today. Patterns and Perspectives. – Bloomington: 113–132.

FAO (= Food and Agriculture Organization of the United Nations) (2003): Gender. Key to Sustainability and Food Security. Plan of Action. Gender and Development. – Rom.

FAO (2011): The State of Food and Agriculture. Women in Agriculture. Closing the gender gap for development. – Rom.

FAO (o.J.): Gender and Land Rights Database. Statistics. Gender and Land Sta-

tistics. – https://t1p.de/oyn7 [letzter Zugriff: 12/2021].

GREINER, C. (2011): Migration, Translocal Networks and Socio-Economic Stratification in Namibia. – Africa 81(4): 606–627.

GREINER, C., SAKDAPOLRAK, P. (2012): Rural-urban migration, agrarian change, and the environment in Kenya: A critical review of the literature. – Population and Environment 34: 524–553.

GREINER, C., SAKDAPOLRAK, P. (2013): Translocality: Concepts, Applications and Emerging Research Perspectives. – Geography Compass 7(5): 373–384.

GREINER, C., SAKDAPOLRAK, P. u. S. A. PETH (2015): Deciphering migration in the age of climate change. Towards an understanding of translocal relations in social-ecological systems.– Bonn (TransRe Working Paper Series, 2).

GUGLER, J., LUDWAR-ENE, G. (1995): Gender and Migration in Africa South of the Sahara. In: J. BAKER, T. A. AINA (Hrsg.): The Migration Experience in Africa. – Uppsala: 257–268.

HELGESSON SEKEI, L., ALTVATER, A., MREMA, J. C. u. A. KISINDA (2014): Sending Ideas Back Home: Exploring the potenzial of South-South social remittances in the United Republic of Tanzania. – Brüssel (ACP: Research Report).

IOM (= International Organization for Migration) (2013): Migration and Development within the South: New evidence from African, Caribbean and Pacific Countries. – Genf (IOM Migration Research Series, 46).

KENYON, C., BUYCE, J. u. R. COLEBUNDERS (2014): Classification of incidence and Prevalence of certain sexually transmitted infections by world regions. – International Journal of Infectious Diseases 18: 73–80.

KING, B. (2011): Spatialising livelihoods: resource access and livelihood spaces in South Africa. – Transactions of the Institute of British Geographers 36(2):

297–313.

MCKAY, A., DESHINGKAR, P. (2014): Internal Remittances and Poverty: Further Evidence from Africa and Asia. – Brighton (Migrating out of Poverty. Working Paper, 12).

MOHAPATRA, S., JOSEPH, G. u. D. RATHA (2009): Remittances and Natural Disasters. Ex-post Response and Contribution to Ex-ante Preparedness. – Washington D.C. (Policy Research Working Paper, 4972).

MORTIMORE, M., TIFFEN, M. (2004): Introducing Research into Policy: Lessons from District Studies of Dryland Development in Sub-Saharan Africa. – Development Policy Review 22(3): 259–285.

NIEDENFÜHR, H. (2019): Kindermigration in Burkina Faso. Die Praxis der „Anvertrauung" (confiage). – Solidarische Welt. Das Themenheft. Recht auf Gehen, Recht auf Bleiben – (Binnen-)Migration in Afrika, Indien und Brasilien: 15–18.

NYANGENA, W. (2006): Essays on Soil Conservation, Social Capital and Technology Adoption. Department of Economics, School of Economics and Commercial Law. – Göteborg (Economic Studies, 148).

PIGUET, E. (2013): From "Primitive Migration" to "Climate Refugees": The Curious Fate of the Natural Environment in Migration Studies. – Annals of the Association of American Geographers 103(1): 148–162.

RAIN, D. (1999): Eaters of the Dry Season. Circular Labor Migration in the West African Sahel. – Boulder (CO).

RAMISCH, J. J. (2016): "Never at ease": cellphones, multilocational livelihoods, and the metabolic rift in western Kenya. – Agriculture and Human Values 33(4): 979–995.

RAUCH, T., BECKMANN, G., NEUBERT, S. u. S. RETTBERG (2016): Ländlicher Strukturwandel in Subsahara Afrika. Konzeptionelle Studie. – Berlin (SLE Discussion Paper, 1).

SAKDAPOLRAK, P., NARUCHAIKUSOL, S., OBER, K., PETH, S., PORST, L., ROCKENBACH, T. u. V. TOLO (2016): Migration in a changing climate. Towards a translocal social resilience approach. – Die Erde 147(2): 81–94.

SCHÄFER, R. (2002): Gender und ländliche Entwicklung in Afrika. – Aus Politik und Zeitgeschichte B(13-14): 31–38.

SCHARWATT, C., WILLIAMSON, C. (2015): Mobile money crosses borders: New remittances models in West Africa. – London.

SMIT, A. (2012): Impacts of rural-urban migration on rural migrant households in the surroundings of Kigali. How migration affects their livelihood. – Utrecht [Master Thesis MSc International Development Studies].

STEINBRINK, M. (2007): Exploring the Role of Migrants' Networks in the Context of Translocal Livelihoods in South Africa. In: B. LOHNERT (Hrsg.): Social Networks: Potenzial and Constraints. Indications from South Africa. – Saarbrücken: 73–113 (Studien zur geographischen Entwicklungsforschung, 33).

STEINBRINK, M. (2009a): Leben zwischen Land und Stadt. Migration, Translokalität und Verwundbarkeit in Südafrika. – Wiesbaden.

STEINBRINK, M. (2009b): Urbanisation, Poverty and Translocality: Insights from South Africa. – African Population Studies 23: 219–252.

STEINBRINK, M. (2010): The Role of Amateur Football in Circular Migration Systems in South Africa. – Africa Spectrum 45(2): 35–60.

STEINBRINK, M. (2012): Migration, Netzwerk und ›Entwicklung‹. Translokale Livelihoods in Südafrika. In: M. GEIGER, M. STEINBRINK (Hrsg.): Themenheft. Migration und Entwicklung: Geographische Perspektiven. – Osnabrück: 165–203 (IMIS-Beiträge, 42).

STEINBRINK, M. (2017): Translokale Livelihoods und ländlicher Strukturwandel in Afrika südlich der Sahara. – Berlin (SLE Discussion Paper Serie, 1).

STEINBRINK, M., LOHNERT, B. (2018): Jenseits von Stadt und Land. Plädoyer für eine translokale Perspektive in der Migrations- und Verwundbarkeitsforschung im Globalen Süden. In: Vorstand des Instituts für Migrationsforschung und Interkulturelle Studien (Hrsg.): IMIS-Beiträge 52. – Osnabrück: 139–173.

STEINBRINK, M., NIEDENFÜHR, H. (2017): Afrika in Bewegung. Migration, Translokale Livelihoods und ländlicher Strukturwandel in Subsahara-Afrika. – Bielefeld (Global Studies).

STEINBRINK, M., NIEDENFÜHR, H. (2020): Africa on the Move. Migration, Translocal Livelihoods and Rural Development in Sub-Saharan Africa. – Berlin, Heidelberg.

STEINBRINK, M., PETH, S. (2014): Hier, dort und dazwischen. – Geographische Rundschau 74(11): 32–39.

TANDON, N., WEGERIF, M. (2013): Promises, Power, and Poverty. Corporate land deals and rural women in Africa. – Oxford (170 OXFAM Briefing Paper).

TANSER, F., BÄRNIGHAUSEN, T., GRAPSA, E., ZAIDI, J. u. M.-L. NEWELL (2013): High Coverage of ART Associated with Decline in Risk of HIV Acquisition in Rural KwaZulu-Natal, South Africa. – Science 339(6122): 966–971.

The World Bank (o.J.): Data. Population, total. – https://t1p.de/1ttg [letzter Zugriff: 12/2021].

TIFFEN, M., MORTIMORE, M. u. F. GICHUKI (1994): More People, Less Erosion. Environmental Recovery in Kenya. – Chichester.

UN (= United Nations) (2018): Economic Development in Africa Report. Report 2018. Migration for Structural Transformation. – New York, Genf.

VERNE, J. (2012): Living Translocality. Space, Culture and Economy in Contemporary Swahili Trading Connections. – Stuttgart (Erdkundliches Wissen, 150).

WATKINS, K., QUATTRI, M. (2014): Lost in intermediation. How excessive charges undermine the benefits of remittances for Africa. – London.

YONAZI, E., KELLY, T., HALEWOOD, N. u. C. BLACKMAN (2012): The Transformational Use of Information and Communication Technologies in Africa. – Washington D.C. (eTransform Africa).

ZELINSKY, W. (1971): The Hypothesis of the Mobility Transition. – Geographical Review 64(3): 219–249.

ZOOMERS, A., VAN WESTEN, G. (2011): Introduction: translocal development, development corridors and development chains. – International Development Planning Review 33(4): 377–388.

ZOURKALEINI, Y., MIMCHE, H., NGANAWARA, D., NOUETAGNI, S., SEKE, K., CHOUAPI, N. K., SAIDOU, H. u. J. P. LEDOUX TJOMB (2013): UN regard vers le sud. Profil des migrants et impact des migrations sur le développement humain au Cameroun. – Brüssel (Rapport de recherche. ACPOBS/PUB12).

Prof. Dr. MALTE STEINBRINK
Lehrstuhl für Anthropogeographie • Universität Passau
Innstraße 40 • D–94032 Passau
malte.steinbrink@uni-passau.de

HANNAH NIEDENFÜHR M.A.
Institut für Migrationsforschung und Interkulturelle Studien
Universität Osnabrück
Neuer Graben 19/21 • D–49069 Osnabrück
hannah.niedenfuehr@outlook.de

Hannah Niedenführ

Kindermigration in Burkina Faso: die soziale Praxis der Anvertrauung in translokalen Netzwerken

Translokale Netzwerke zwischen ländlichen und städtischen Gebieten sind für große Bevölkerungsgruppen in Subsahara-Afrika, insbesondere in Burkina Faso, von entscheidender Bedeutung für die Existenzsicherung. Innerhalb dieser raum- und grenzüberspannenden Netzwerke migrieren Kinder aus vielerlei Gründen und mit unterschiedlichen Resultaten, die von der Notwendigkeit der Arbeits- und Betreuungsverteilung innerhalb des sozialen Netzwerks, ihrem Geschlecht und Alter sowie von individuellen Eigenschaften abhängen. Diese Kindermigration hat einen enormen Einfluss auf Bildungsbiografien und die Sozialisation der Kinder.

Der vorliegende Artikel konzentriert sich auf Sozialisations- und Bildungsaspekte wie die formale Bildung (Schulbesuch), aber ebenso auf die informelle Bildung durch den Wissenstransfer innerhalb der Netzwerke und das Lernen durch eigene Erfahrungen. Darüber hinaus thematisiert er die kulturelle und traditionelle Sozialisation der Kinder, ihr psychologisches Wohlbefinden und nicht zuletzt Aspekte der Emanzipation und den Aufbau von Handlungsmacht durch diese Form der Migration. Ziel dieses Artikel ist es, die Funktion von Kindermigration im Zuge von Anvertrauung für Existenzsysteme zu analysieren und die Auswirkungen dieser Form der Migration auf das Kind in den Blick zu nehmen.

1   Einleitung: Forschungsfrage und Forschungsfokus

Dieser Artikel basiert auf meinem Dissertationsprojekt „Kindermigration in Burkina Faso", das sich mit der Funktion von netzwerkinterner und -externer Anvertrauung von Kindern auseinandersetzt sowie mit den Aushandlungsprozessen um diese beiden Formen von Kindermigration. Das zentrale Forschungsinteresse ist es, soziale Sicherungssysteme in Burkina Faso zu untersuchen sowie die Rolle, die Migration von Kindern in diesem Kontext spielt.

Diese Abhandlung setzt den Fokus auf die Sozialisation durch die soziale *Praxis der Anvertrauung* im Rahmen der netzwerkinternen Anvertrauung. Zunächst soll eine kurze Einführung in den theoretischen Rahmen der *translokalen Livelihoods* vorgenommen werden, um dann zu den Auswirkungen von Anvertrauung in sozialen Netzwerken auf die Sozialisation und Bildung der Kinder zu kommen. Hierbei wird auf formelle und informelle, kulturelle und traditionelle Erziehungsaspekte eingegangen sowie auf das psychische Wohlbefinden der Kinder. Außerdem werden die Auswirkungen der Migrationserfahrung im Prozess des Erwachsenwerdens und der Emanzipation von Kindern thematisiert.

Dieser Artikel gründet auf einer Literaturanalyse sowie Interviewmaterial aus der eigenen, qualitativen Feldforschung für die Dissertation. Die Namen der interviewten Personen wurden anonymisiert bzw. verändert.

2   Die Anvertrauung von Kindern als Alltagsphänomen

Kindheit und Jugend in Burkina Faso ist schwerlich vergleichbar mit dem Aufwachsen in Deutschland oder anderen westeuropäischen Ländern. So ist es in weiten Teilen der ‚westlichen Welt' nicht nur unüblich, dass ein Kind nicht bei seinen leiblichen Eltern aufwächst, sondern ein Weggeben der eigenen Kinder und deren Aufwachsen bei anderen Personen wird darüber hinaus als Zeichen elterlichen Versagens angesehen und gilt als eine gravierende Abweichung von der Norm der bürgerlichen Kleinfamilie, bestehend aus Vater, Mutter und Kind, die unter einem Dach leben (GEISSLER 2014: 36–38; PEUCKERT 2019: 1, 8, 11–16). Entsprechend stellt die Anvertrauung von Kindern in Deutschland eindeutig die Ausnahme dar. In einigen Teilen der Welt indes ist das Phänomen, seine Kinder zu Verwandten oder Bekannten zu geben, durchaus weit verbreitet.

Dies ist auch in einigen Teilen Subsahara-Afrikas der Fall, unter anderem in Burkina Faso, wo viele Kinder nicht bei ihren leiblichen Eltern aufwachsen, sondern bei verschiedenen Verwandten oder anderen Personen. Die folgenden zwei Beispiele in der Textbox sollen dies illustrieren:

> ### Mado und Jérémy
> Mado ist 14 Jahre alt. Sie ist vor zwei Jahren aus einem ländlichen Dorf, wo sie mit ihren leiblichen Eltern und Geschwistern lebte, zu ihrer Tante und deren Familie nach Ouagadougou (Hauptstadt von Burkina Faso) gekommen. Dort hat sie zahlreiche Aufgaben im Haushalt übernommen: So erledigt sie die Einkäufe auf dem Markt, bringt ihren sechsjährigen Cousin zur Schule und holt ihn dort nachmittags wieder ab, sie wäscht die Wäsche, schneidet Gemüse und kümmert sich um ihren elf Monate alten Cousin. Sie bekommt dafür nicht mehr als eine Art kleines Taschengeld und geht auch nicht zur Schule. Ihre Tante spart aber für ihre Aussteuer und Mado fühlt sich in Ouagadougou sehr wohl.

Die Situation von Mado ist nur teilweise mit der von Jérémy vergleichbar, der ebenfalls aus einem ländlich gelegenen Dorf nach Ouagadougou gekommen ist. Auch er lebt bei einem Verwandten, nämlich dem älteren Bruder seines Vaters, der von diesem ein Kind angefordert hat, um ihm in seiner Autowerkstatt zur Hand zu gehen. Tagsüber hilft Jérémy also seinem Onkel in der Werkstatt und abends besucht er eine Abendschule, in der sein Onkel ihn eingeschrieben hat.

Malte Steinbrink, Matthias Gebauer und Dieter Anhuf (Hrsg.): Afrika – ein Kontinent in Bewegung.
Passau 2021 (Passauer Kontaktstudium Geographie 16)

Die Beispiele von Mado und Jérémy können durchaus als repräsentativ für den burkinischen Kontext beschrieben werden, in dem schätzungsweise neun Prozent aller Kinder und Jugendlichen unter 18 Jahren bei Verwandten oder anderen Personen als ihren leiblichen Eltern aufwachsen (Lachaud et al. 2016: 31). Diese Zahl fällt für Ouagadougou vermutlich sogar noch höher aus. Ouagadougou ist ein Hauptzielort der anvertrauten Kinder und Lachaud et al. (2016: 31–32) schätzen, dass 28,4 % der Haushalte in der Hauptstadt solche anvertrauten Kinder aufnehmen. Eigene Forschungen legen die Vermutung nahe, dass auch diese Zahl noch zu niedrig gegriffen ist. Grund dafür ist die weitgehende ‚Unsichtbarkeit' von anvertrauten Kindern, die häufig nur sehr schwer von den anderen Kindern im Haushalt unterscheidbar sind und somit eventuell von Forscher*innen nicht bemerkt werden.

Das Abgeben eines Kindes wird hier also in starkem Kontrast zur westlichen Konzeption von Adoption nicht als Versagen der biologischen Eltern angesehen, sondern vielmehr als ganz normale und sozial anerkannte Praxis. Alber (2014) beschreibt hier anekdotisch für den Benin, dass die Frage danach, warum Eltern ihre Kinder an Verwandte weggeben, dort aufgrund der Selbstverständlichkeit und Etabliertheit dieser Praxis auf ebenso viel Unverständnis stoße wie die entsprechende Gegenfrage im westlichen Kulturkreis, warum das Kind bei den leiblichen Eltern aufwachse (Alber 2014: 182).

Aber warum ist das so? In manchen Teilen der Welt – und dazu zählt auch Burkina Faso – gibt es ein große Bevölkerungsteile umfassendes Konzept der geteilten Verantwortlichkeit für ein Kind innerhalb der Großfamilie bzw. Gemeinschaft. Demnach sind Erziehung und die

Sozialisation von Kindern nicht nur die alleinige Aufgabe der leiblichen Eltern, sondern die einer größeren Gruppe von Menschen. Diese Gruppe von Menschen soll hier als *Haushalt* bzw. *Netzwerk* bezeichnet werden, da der Begriff der *Familie* im Rahmen des im Folgenden dargestellten Analyserahmens zu unklar, zu vage und damit nicht operationalisierbar ist.[1]

Ein burkinisches Kind wächst also häufig nicht innerhalb der Kernfamilie auf, sondern innerhalb eines Haushaltsnetzwerks. Im Folgenden soll der theoretische Rahmen der *translokalen Livelihoods* in Grundzügen dargestellt werden, um Fragen nach der Funktion dieser Form des Aufwachsens weit weg von den leiblichen Eltern sowie den Auswirkungen auf die Sozialisation von Kindern und den Auswirkungen auf die sendenden und empfangenden Eltern zu beantworten.

3 Translokale Netzwerke

Basierend auf Erkenntnissen der Migrations- und Entwicklungsforschung beschreibt der Ansatz der *translokalen Livelihoods* ein System von Lebenssicherungsstrategien, in dem eine Gruppe von Menschen, die die Familie sein kann, aber ebenso Freunde, Nachbarn etc. miteinschließen kann, gemeinsam und gleichzeitig ihre Leben an verschiedenen Orten organisiert. Ein Beispiel könnte ein Haushalt sein, der ein Mitglied zur Arbeit in die Stadt schickt, um Geld zurück an die ländliche Haushaltsbasis zu schicken, wenn es dort z.B. zu Ernteausfällen kommt, während andere auf dem Land zurückbleiben und den städtischen Teil des Haushaltsnetzwerks mit Ernteerzeugnissen unterstützen, wenn die Preise in der Stadt übermäßig steigen oder es zu Lohnausfällen kommt. Der grundlegende Punkt ist, dass diese Gruppe von Menschen ein translokales soziales Netzwerk zwischen verschiedenen Orten bildet, das sie unterhalten und nutzen, um ihre Lebensbedingungen zu stabilisieren oder zu verbessern.

Die Haushaltsorganisation in translokalen Netzwerken ist von besonderer Relevanz in Kontexten, in denen der Staat nur wenig soziale Absicherung gewährleistet bzw. gewährleisten kann, wie z.B. in weiten Teilen Subsahara-Afrikas. Große Bevölkerungsteile in Subsahara-Afrika und eben auch in Burkina Faso sind als sehr vulnerabel bzw. verwundbar einzustufen. Das bedeutet, dass ihnen die Ressourcen fehlen, um ihr tägliches Einkommen und ihre persönliche Entwicklung langfristig zu sichern. Die Verteilung von Risiken und Chancen auf verschiedene Orte stellt also eine Möglichkeit dar, mit dieser Verwundbarkeit umzugehen und auf sich verändernde Handlungsbedingungen zu reagieren. Es ist davon auszugehen, dass schätzungsweise die Hälfte der Bevölkerung Subsahara-Afrikas diese Form der Lebensorganisation praktiziert. Über den ganzen afrikanischen Kontinent spannen sich translokale soziale Netzwerke auf; und entlang dieser Netzwerklinien findet ein enormes

Ausmaß an zirkulärer Mobilität von Gütern, Geld, Ideen/Wissen, Werten und Personen statt.[2]

Die Zirkulation von Menschen kann als Migration bezeichnet werden. Es gibt eine Vielzahl von Definitionen für *Migration* und *Mobilität* in der akademischen als auch der politischen Welt, was eine trennscharfe Unterscheidung oft schwierig werden lässt. Für diesen Artikel soll die soziologische Definition von Migration als temporärer oder permanenter Prozess einer räumlichen Bewegung herangezogen werden, der einen Wechsel der sozialen Beziehungen sowie Grenzerfahrungen in sozialer, politischer und/oder kultureller Hinsicht impliziert (Oswald 2007: 13). Migration ist demzufolge die Verlagerung des Lebensmittelpunkts und nur selten ein unidirektionales, dauerhaftes Phänomen. Vielmehr gestaltet sich Migration häufig als schrittweise und saisonal bzw. zirkulär, was bedeutet, dass es viele oszillierende Bewegungen gibt.

4 Kinder in translokalen Netzwerken

Unter jenen, die in translokalen Netzwerkzusammenhängen migrieren, befinden sich zu einem erheblichen Teil anvertraute Kinder – wenngleich diese Migration in der Forschung bislang we-

nig Beachtung findet. Basierend auf der oben genannten Definition von Migration kann die Anvertrauung von Kindern als eine spezifische Form der Migration betrachtet werden, allerdings sehen die

beteiligten Personen in Burkina Faso diese nicht unbedingt als Migration an: Für sie gibt es oftmals keine Grenzerfahrung, da das Kind bei einem seiner ‚Väter' verbleibt.

---

1) Siehe zum Haushaltsbegriff auch Steinbrink (2009: 46ff.).

2) Siehe insgesamt zu translokalen Livelihoods in Subsahara-Afrika auch Steinbrink, Niedenführ (2017, 2020) sowie den Artikel von Malte Steinbrink und Hannah Niedenführ „Binnenmigration und ländliche Entwicklung in Afrika" in diesem Band.

Anvertrauung wurde in der Literatur eher selten als Migrationsphänomen betrachtet. Einer der Autoren, der am meisten über Anvertrauung geschrieben hat, ist Isiugo-Abanihe (1984: 8–13); er unterscheidet fünf verschiedene Arten der Anvertrauung:

1) „Kinship Fostering"
2) „Crisis Fostering"
3) „Wardship and Alliance Fostering"
4) „Domestic Fostering"
5) „Educational Fostering"

Wie oben herausgestellt, sind translokale Netzwerke im subsaharischen Afrika von entscheidender Bedeutung für die Existenzsicherung weiter Bevölkerungsteile (Steinbrink, Niedenführ 2017). Translokale Netzwerke sind gemeinhin langfristig angelegt, das heißt auf ein Bestehen in der Zukunft ausgerichtet. Insofern haben Handlungen und Entschei-dungen in der Gegenwart einen Einfluss auf den Zustand des Netzwerkzusammenhangs in der Zukunft. In einer Logik, die nicht von schierer Verzweiflung getrieben ist, werden sich diese Handlungen und Entscheidungen dementsprechend immer auch daran ausrichten, den Zustand des Netzwerks zu verbessern bzw. zumindest nicht zu verschlechtern.

Die Redewendung ,Kinder sind die Zukunft' hat vor diesem Hintergrund besonderes Gewicht: Investitionen in Kinder und Jugendliche haben nicht nur für diese individuell eine positive Wirkung, sondern stärken zugleich das gesamte Netzwerk, indem jene, die zukünftig das Netzwerk tragen sollen, auf ihren Weg gebracht werden. Kinder sind dabei aktive Mitgestalter des Netzwerks – in der Gegenwart, aber vor allem auch in der Zukunft. Die Anvertrauung hat auf die Kinder als aktuelle und zukünftige Akteure im translokalen Netzwerk bedeutende Auswirkungen und beeinflusst somit nicht nur das Leben der Kinder selbst direkt, sondern mittelbar auch das Netzwerk insgesamt.

Kinder werden innerhalb des Netzwerks aus vielfältigen Gründen anvertraut. Die Gründe bestimmen maßgeblich die Wirkungen der Praxis, beispielsweise in den Bereichen der frühen Lernprozesse des Kindes, der Ausbildung sowie der Sozialisation. Im Folgenden sollen daher Gründe und Auswirkungen im Zusammenhang dargestellt werden. Es handelt sich hierbei selbstverständlich um grobe Vereinfachungen, die nicht annähernd alle Facetten der Praxis der Anvertrauung in translokalen Netzwerken in Burkina Faso widerspiegeln können.

4.1 Schulbildung

Ein Großteil der Forschung beschreibt, dass einer der Hauptgründe, sein Kind wegzugeben, die Ermöglichung des Schulbesuchs sei. Für den burkinischen Kontext berichten Bougma et al. (2014: 444) in ihrer Studie in einigen peripheren Vierteln Ouagadougous, dass 13,3 % der Frauen ihre Kinder an Verwandte weggegeben haben, damit diese beschult werden.

Diese Form der Anvertrauung *(schooling fosterage)* wird in vielen Teilen Westafrikas beobachtet (Goody 1982: 168), vor allem in Regionen mit unzureichender Schulinfrastruktur, was immer noch auf viele ländliche Gebiete des subsaharischen Afrikas zutrifft (Beck et al. 2012: 2; Pilon, 2003: 14; Deleigne, Pilon, 2011: 106–107).

Dieses Muster wird ebenso in den Interviews aus Burkina Faso deutlich: Eltern, die in entlegenen ländlichen Gebieten leben, schicken ihre Kinder für den Schulbesuch zu Verwandten in die Stadt, sobald die Kinder ins schulfähige Alter kommen bzw. sie ein Schulniveau erreicht haben, das in dem ländlichen Gebiet nicht vorhanden ist, wie z.B. eine weiterführende Schule oder später gar Universität (Mitarbeiter*in GIZ 2015: R1; Mitarbeiter*in TdH 2016: R1).

Neben der allgemein anerkannten Ansicht, dass ein Hauptgrund bzw. -auslöser für Anvertrauung die Ermöglichung des Zugangs zu formeller Schulbildung ist, gehen die Meinungen hinsichtlich der Resultate in der Literatur stark auseinander.

Nach wie vor wird in vielen Studien herausgestellt, dass Anvertrauung für die betroffenen Kinder ein schlechteres Bildungsergebnis nach sich zieht. Pilon (2003: 14) beschreibt in seinem Bericht für die *UNESCO*, dass mit Ausnahme der Côte d'Ivoire in jedem anderen westafrikanischen Land die anvertrauten Kinder schlechter beschult seien als die Kinder der aufnehmenden Familie. Diese Diskrepanz zwischen anvertrauten und biologischen Kindern sei bei Mädchen besonders auffällig (Deleigne, Pilon 2011: 96). Für Burkina Faso stellen Lachaud et al. (2016: 43) fest, dass

"However, those who have been fostered in the past show lower probabilities of attaining postprimary school than those who have never been fostered. […] being fostered during late childhood appears to negatively impact educational outcomes […]."

Zu einer Abkehr von dieser pessimistischen Sichtweise auf die Praxis der Anvertrauung haben vor allem die Arbeiten von Akresh (2004, 2005) beigetragen. Er kommt zu dem Ergebnis, dass anvertraute Kinder nach ihrer Migration nicht nur eine höhere Schulbesuchsrate haben, sondern dass alle beteiligten Kindergruppen (also das anvertraute Kind selbst, die biologischen Geschwister im Herkunftsgebiet und die Kinder der aufnehmenden Familie) von der Anvertrauung pro-fitieren: Alle drei Gruppen erfuhren eine Erhöhung in der Schulbesuchsrate im Vergleich zu Kindern aus Familien, in denen die Anvertrauung nicht praktiziert wird (Akresh 2004: 3, 23; Akresh 2005). Diese Ergebnisse haben in der Fachliteratur zu heftigen Debatten geführt, da sie die von vielen Autoren proklamierte Ausbeutung anvertrauter Kinder infrage stellen. Der Diskurs über Schulbildung hängt stark zusammen mit jenem über Kinderarbeit, die den Schulbesuch komplett verhindern kann – auch, wenn dieser der ursprüngliche Grund für die Anvertrauung war. Pilon (2003: 3) bringt es folgendermaßen auf den Punkt:

« D'un côté, la mise à l'école peut être le motif du confiage des enfants ; d'un autre côté, le confiage peut carrément empêcher la scolarisation »[3]

Oft wird die Ausbeutung von anvertrauten Kindern als billige Arbeitskraft und Haushaltshilfe in einem Zug mit dem daraus resultierenden Bildungsmisserfolg genannt:

« Ces enfants sont pratiquement considérés des domestiques et cela ne peut qu'avoir une influence négative sur leurs performances scolaires » (Vandermeersch 2000: 431).[4]

Diese Erschwerung des Schulbesuchs aufgrund der übermäßigen Belastung mit häuslicher Arbeit bestätigen auch einige meiner Interviewpartner aus Burkina Faso: Es kommt bei der Anvertrauung in der

---

3) Eigene Übersetzung: „Einerseits kann die Schule der Grund für die Anvertrauung von Kindern sein; andererseits kann die Anvertrauung den Schulbesuch komplett verhindern."

4) Eigene Übersetzung: „Diese Kinder werden praktisch als Haushaltshilfe angesehen, und das kann nichts anderes als einen negativen Einfluss auf ihre schulischen Leistungen haben."

Tat zu Fällen, in denen die anvertrauten Kinder so viel im Haushalt helfen müssen, dass es zu schwerwiegenden Lernbeeinträchtigungen kommt (Mitarbeiter*in GIZ 2015: R2; Mitarbeiter*in Fond Enfant 2016: R3). Dieser Aspekt kommt auch im Interview mit einem Jugendlichen in Ouagadougou zum Ausdruck, der einen Gutteil seiner Kindheit bei dem Bruder seiner Mutter verbrachte:

„Oft, wenn du da bist, möchte die Person immer, dass man alle Arbeiten erledigt. Es ist, als ob die Frau, die da ist, nichts macht. Du bist es, der alles macht. Obwohl du nur für die Schule lernen wolltest. Wenn du Zeit hast, kannst du ihnen helfen. Aber es sollte keine Vollzeitbeschäftigung sein. Aber oft ist es so" (Sié 2016: R20).

In einem anderen Interview wird sogar davon berichtet, dass aufnehmende Eltern den anvertrauten Kindern systematisch das Lernen unmöglich machen, indem sie ihnen immer dann Arbeit geben, wenn sie sich für Schulaufgaben o.Ä. hinsetzen. Wenn das Kind in der Folge schlechte Noten mit nach Hause bringt, wird behauptet, es sei nicht intelligent genug für die Schule. Die Folge: Das Kind wird aus der Schule genommen und verbringt nun den ganzen Tag mit häuslicher Arbeit, ohne Aussicht auf sozialen Aufstieg:

„Es gibt Familien, die das Kind leiden lassen. Die harten Arbeiten im Haushalt, die wird das Kind machen. Holz hacken und so etwas. Und dann schreiben sie das Kind vielleicht in eine schlechte Schule ein. Wenn das Kind dann abends lernen will, werden sie es stören und es zum Einkaufen schicken oder so etwas. Sie möchten nicht, dass das Kind eine gute Ausbildung erfährt. Und dann, wenn das Kind nicht mit der Durchschnittsnote nach Hause kommt, nimmt man es aus der Schule, obwohl es intelligent ist. Sie sind es, die für den Misserfolg deines Kindes verantwortlich sind. Es gibt aufnehmende Familien, die so sind. Es gibt viele davon" (Yssouf 2016: R41).

Es bleibt letztlich fraglich, ob dieses Boykottieren des schulischen Vorankommens wirklich intendiert ist und sich darin die eigentliche Absicht des aufnehmenden Haushalts bei der Entscheidung zur Anvertrauung offenbart oder unabsichtlich und durch Unbedachtheit geschieht. Vermutlich liegt die Wahrheit irgendwo in der Mitte und die aufnehmenden Haushalte handeln nicht aus schierer Böswilligkeit, sondern passen ihr Verhalten den von ihnen wahrgenommenen Alltagsrealitäten an.

Es wird erkennbar, wie unterschiedlich die Effekte von Anvertrauung auf den formellen Bildungserfolg von Kindern sein können. Ein entscheidender Faktor für den Bildungserfolg ist in erster Linie das handlungsleitende Motiv der Anvertrauung: Wurde das Kind zu Zwecken der Beschulung weggeschickt oder aus anderen Gründen? Wenn der Hauptgrund der Zugang zur formellen Bildung ist und nicht die Unterstützung im Haushalt, ist die Wahrscheinlichkeit hoch, dass das Kind auch tatsächlich eine Schule besuchen wird (AKRESH 2004: 16).

4.2 Informelle Bildung

Nicht nur die formelle Schulbildung ist einer der Hauptgründe für die Anvertrauung. Neben der Diskussion über Schulbildung stehen ebenso jene über die informelle Bildung von Kindern sowie über Sozialisationseffekte. Im Vordergrund steht hierbei besonders der Aspekt des Lernens von mehr Leuten als nur den leiblichen Eltern, das heißt in der Regel den näheren und weiteren Verwandten.

Besonders im subsaharischen Afrika, wo die formelle Schulbildung im westlichen Sinne erst spät einem signifikanten Teil der Bevölkerung zugänglich wurde, war und ist die Tradition der informellen Bildung ein Hauptbestandteil des Lernprozesses im Kinder- und Jugendalter. Dieses Lernen von Verwandten bezieht sich jedoch nicht nur auf die Erweiterung des Wissenshorizonts durch mehr als einen ‚Lehrer‘, sondern auch die Vorbereitung auf das Erwachsenenleben durch Erfahrungen, womit häufig insbesondere auch das Durchleben schwieriger Zeiten gemeint ist. Kindererziehung ist in westafrikanischen Gesellschaften nicht nur Aufgabe der biologischen Eltern, sondern vielmehr des gesamten Haushaltsnetzwerks:

„Auf dem Dorf sagt man, dass das Kind nicht das Kind seiner biologischen Eltern ist. Also betrifft seine Sozialisation und Erziehung die Großfamilie und die ganze Ge- sellschaft" *(Mitarbeiter*in CONAPO[5] 2016: R2).*

Dies gründet auf den Definitionen von *Familie, Kind* und *Elternschaft* im westafrikanischen Kontext:

„Das Kind gehört allen" (Mitarbeiter*in TdH 2016: R18).

Dies betrifft vor allem erstgeborene Kinder, die – traditionell – mehr den Geschwistern des Vaters als diesem selbst ‚gehören‘ und die tatsächlich auch überproportional oft an Verwandte abgegeben werden (DE LANGE 2006: 51–52; JONCKERS 1997: 195–196). So kümmert sich ein Vater z.B. traditionell mehr um die biologischen Nachkommen seiner Geschwister als um seine eigenen:

„Denn in unseren Gesellschaften ist dein biologisches Kind nicht wirklich dein Kind. Du kümmerst dich viel mehr um die Kinder der anderen. Wenn es eine Entscheidung in der Familie gibt [Anm.: bezüglich des leiblichen Kindes], werden die anderen Verwandten diese an deiner statt treffen" (Mitarbeiter*in CONAPO 2016: R12).

Philippe Antoine und Agnès Guillaume beschreiben für die Mossi (größte ethnische Gruppe Burkina Fasos), dass als Mutter eines Kindes traditionell nicht nur die leibliche Mutter angesehen wird, sondern auch deren Schwestern, die Töchter der Onkel mütterlicherseits, die Nebenfrauen der biologischen Mutter und die Frauen der Onkel väterlicherseits (ANTOINE, GUILLAUME 1986: 289). Dies führt zu einer Unterscheidung zwischen *„la maman qui allaite"*, also der Mutter, die stillt, und der *„mère de case"*, also jene, bei der das Kind wohnt und aufwächst (LALLEMAND 1976: 109). ISIUGO-ABANIHE (1984: 4) beschreibt die analytischen Schwierigkeiten, das westliche Modell von Elternschaft auf den afrikanischen Kontext anzuwenden:

"In Western societies children are generally raised by their own parents in the nuclear family. [...] From this viewpoint, the kinship term 'mothering' or 'parenting' is an idealized combination of behavioral roles expected to be assured or performed by a single person, biologically related to the child. On the other hand, in some West African societies where child fostering is normal and widespread, to know the real or biological mother of a child, one would often have to ask both 'Who bore you?' and 'Who reared you?'"

Manchmal bezeichnen anvertraute Kinder ihre aufnehmenden Eltern als ‚Mutter‘ oder ‚Vater‘ – und nicht ihre leiblichen Eltern (GOODY 1982; Mitarbeiter*in CONAPO 2016: R12). Dass das Familienmitglied, bei dem ein Kind aufwächst, von diesem unter Umständen viel mehr als sein ‚Vater‘ oder seine ‚Mutter‘ angesehen wird als seine biologischen Eltern, wird auch in meinen Interviews deutlich:

„Hier sagt man: Du nimmst ein kleines Kind an, du erziehst es und das Kind wird dich

---

5) CONAPO=Conseil National de Population.

mehr als seinen Vater sehen als seinen eigentlichen Vater. Da, wo das Kind groß wird, entsteht die Verbindung" (Yssouf 2016: R32).

Vor diesem Hintergrund wird es nachvollziehbar, dass Kinder zu Lernzwecken zwischen den Familienmitgliedern zirkulieren, anstatt ihre gesamte Kindheit an nur einem Ort und bei nur einem Erzieher oder Elternpaar zu verbringen: Das Kind hat mehrere ‚Eltern', die sich an unterschiedlichen Standorten aufhalten, und so wird auch das Kind zumindest zeitweise an unterschiedlichen Standorten leben.

YOUNOUSSI (2007: 204) beschreibt, dass Anvertrauung eine soziale Organisationsform sei, die zum Ziel habe, das Kind zu sozialisieren und zu erziehen. Dies hat Vorteile wie auch Nachteile für das anvertrau-

te Kind. Laut KIELLAND, SANOGO (2002: 1) erweitere sich das Lernspektrum der Kinder, da sie von mehr Verwandten lernten und so besser in Familie und Gesellschaft hineinwachsen könnten. In einem Interview beschreibt z.B. eine junge Frau, die selbst lange Zeit bei ihrer Tante gelebt hat und die im Gegenzug auch die Erfahrung von anvertrauten Kindern in ihrer biologischen Familie gemacht hat, dass die Anvertrauung die Kinder dazu bringe, gut zu sein, sich gut zu verhalten und sich dadurch ihr Leben positiv verändere (Aissata 2016: R23).

Die Großfamilie ist unter anderem dazu da, ihre Kinder auf den richtigen Weg zu bringen, wenn die biologischen Eltern dazu nicht in der Lage sind. Dies kann beispielsweise der Fall sein, wenn Kinder be-

sonders ‚schlecht zu bändigen' sind und die leiblichen Eltern hoffen, ein anderer Verwandter könne sie besser erziehen (Mitarbeiter*in CONAPO 2016: R22; Mitarbeiter*in Help 2016: R22). So beschreibt ein Interviewpartner, der seinen Neffen beherbergt:

„Oder wenn das Kind ungezogen ist. Dann nimmt man das Kind und gibt es in eine Familie, die es besser erziehen kann als ich. Es ist nicht verpflichtend, dass du selbst ein Kind erziehen können musst, das du in die Welt gesetzt hast" (Yssouf 2016: R30).

In starkem Kontrast zur westlichen Konzeption von Adoption wird das Abgeben eines Kindes also nicht als Versagen der biologischen Eltern angesehen, sondern vielmehr als soziale Normalität und anerkannte Praxis.

4.3   Verbindung zum Ort der Ahnen/Erlernen von Tradition und ‚Kultur'

Anvertrauung findet, wie bereits dargelegt, zumeist vom Land in die Stadt statt. Es gibt jedoch auch Fälle von Anvertrauung aus der Stadt in Richtung der ländlichen Haushaltsbasis.

Ein wichtiger Grund für diese Form der Anvertrauung ist vermutlich der in weiten Teilen Afrikas verbreitete Ahnenglaube, wenngleich dies in den Interviews nur indirekt geäußert wurde. In Burkina Faso hört man des Öfteren den Ausspruch, man müsse jemanden aus einer Abstammungslinie in der Heimat haben: *« Il faut avoir quelqu'un au pays »* oder *« Il faut avoir quelqu'un au village ».* Damit ist gemeint, dass sich immer mindestens ein Mitglied einer Abstammungslinie auf der *terre des ancêtres* befinden muss, auf dem Boden der Ahnen. Dieser Boden der Ahnen ist, wie SCHMIDT-KALLERT (2009: 320) aufzeigt, in der Regel das weitab gelegene Herkunftsdorf der Abstammungslinie:

"In many African cities there are large numbers of people who have lived in the metropolis all their life, even in the second or third generation, but when asked to name their home, they will invariably give the name of a remote village in the hinterland."

Auch in den Interviews kommt deutlich zum Ausdruck, dass das ‚village', wie der Ursprungsort häufig genannt wird, einen extrem hohen sozialen und symbolischen Stellenwert in der urbanen Bevölkerung hat und dass er mehr ist als nur der Sehnsuchtsort eines imaginierten Friedens:

„Auch wenn du in der Stadt bist, musst du oft ins Dorf zurückkehren. Du kehrst zurück, du grüßt die Verwandten und kommst wieder. Selbst wenn deine Verwandten nicht

da sind, muss man die Basis besuchen. Hier ist es, wo alles begann. Das Dorf ist für mich alles" (Yssouf 2016: R6).

In mehreren Interviews klang an, dass eine zu starke Loslösung vom bzw. ein Vergessen des Orts der Ahnen problematisch sei, wenngleich selten weiter expliziert wurde:

„Man darf nicht den Ursprung vergessen, von wo du kommst. Jemand, der nicht weiß, woher er kommt, muss es herausfinden. Aber jemand, der weiß, woher er kommt, der sein Dorf kennt und der es nicht besucht, das ist, als ob er seine Vorfahren vergessen würde. Bei uns, jemand der sein Dorf vergisst, das ist nicht gut. Das hat viele Folgen" (Yssouf 2016: R8).

Es liegt die Vermutung nahe, dass die beschriebenen Konsequenzen in Zusammenhang mit dem Ahnenglauben stehen, wonach die Ahnen einen *„Verwandten ohne Wert",* der den Kontakt nicht hält, mit Strafen wie beispielsweise Tod, Armut, Krankheit oder Unfruchtbarkeit belegen können (Yssouf 2016: R9, R12; Soziolog*in Burkina Faso 2016: R2). Dies kann sich ebenfalls in die nächste Generation fortsetzen: Auch die Kinder eines Migranten, der sein Heimatdorf und dessen Kulte und Traditionen vergisst, laufen entsprechend dieser Vorstellung Gefahr, von Krankheit heimgesucht zu werden. Eine Heilung sei nur möglich, wenn der Kontakt wiederhergestellt und wertgeschätzt wird (Soziolog*in Burkina Faso 2016: R2).

Doch wie kann man den alltäglichen Anforderungen und finanziellen Zwängen gerecht werden, die eine translokale Lebensweise erfordern, und gleichzeitig eine Verbindung zum Ort der Ahnen

wahren, um Strafen durch diese zu vermeiden?

Eine Strategie bildet die Anvertrauung. Durch diese kann die Verbindung eines Migranten mit der Großfamilie, das heißt mit dem Ort der Ahnen, aktiv aufrechterhalten werden. Ein Kind, und besonders ein Junge, gilt in den Ethnien der befragten Personen als Repräsentant des Vaters und kann somit diesen am Herkunftsort ‚vertreten' (Bâ 2015: R2; Soziolog*in Burkina Faso 2016: R1): Wird das Kind z.B. von der Stadt in das Ursprungsdorf der Großfamilie geschickt, ist es, als ob der Vater selbst dort wäre. Somit kann der Vater des Kindes seiner Verpflichtung der Präsenz an diesem Ort gerecht werden, ohne selbst dort zu sein. Hierdurch bleibt also seine Verbindung zum Ort der Ahnen bestehen und der Vater kann mögliche Sanktionen seiner Vorfahren umgehen:

*„Wenigstens eines der Kinder soll da sein, es soll nah sein, denn ob er [Anm.: der Vater] will oder nicht, er wird im Angesicht gewisser Situationen immer auf das Dorf angewiesen sein" (Soziolog*in Burkina Faso 2016: R3).*

Dieser Aspekt der Anvertrauung hat durch die nachhaltige Abwendung von Bestrafungen durch die Ahnen auch einen langfristigen Effekt auf die Stabilität des *translokalen Netzwerks:* Das Kind lernt und verinnerlicht im Rahmen dieser Form der Anvertrauung die kulturellen und traditionellen Werte seiner Ethnie, die im Herkunftsdorf noch viel stärker vertreten sind als in der Stadt:

„Jedes Kind, das aus einer bestimmten Familie entsprungen ist, der Vater wird es vor seinem Tod dahin bringen und ihm zeigen, was es machen darf, was es nicht machen

darf, was die Verbote sind. [...] Das ist es, was die Familie beschützt" (Soziolog*in Burkina Faso 2016: R3).

Einige Interviewpartner betonten, dass das Wissen um den eigenen Ursprung einen Menschen erst komplett mache (Marcelin 2016: R13). Immer wieder wird betont, dass ein Kind im Herkunftsdorf der Großfamilie nicht nur die Sprache seiner Ethnie kennenlernen kann, sondern auch Traditionen, Riten, gewisse Regeln und Verbote, und es wird sich mit den ländlichen Verwandten solidarisieren (Severin 2016: R19, R20; Issa 2016: R23; Yssouf 2016: R26, R37, R39; Mitarbeiter*in Help 2016: R13, R15):

„Wenn ich z.B. mein Kind für zwei Monate ins Dorf schicken möchte. Es wird meine Sprache kennenlernen, es wird meine Onkel und alles kennenlernen. Das Kind kommt mit diesem Plus zurück, mit diesem

Wissen. Das Kind hat profitiert. Und auch ich bin zufrieden, weil ich stark profitiert habe. Das Kind kennt das Dorf, die Leute, die Bräuche, die Kultur und alles. Und das ist sehr gut" (Yssouf 2016: R39).
*„Ich habe z.B. eine Tochter, und in jeden Ferien bringe ich sie aufs Dorf. [...] Das ist zunächst, damit sie die Sprache lernt, denn hier spricht sie nur Französisch. [...] Gleichzeitig lernt sie die Neffen kennen, die auf dem Dorf leben, und das führt zu einem sozialen Zusammenhalt [...]" (Mitarbeiter*in CONAPO 2016: R8).*

So wird durch diese Ausprägung der Anvertrauung nicht nur für die aktuelle Erwachsenengeneration die Verbindung zum Ort ihrer Ahnen garantiert, sondern auch das notwendige Wissen um die kulturellen Werte an die nächste Generation weitergegeben, die dieses Wissen verinnerlicht und dessen Wertschätzung in ih-

rem eigenen späteren Handeln zum Ausdruck bringen wird:
*„Das Kind wird das verinnerlichen. Und im Laufe der Jahre, wenn es älter wird, wird sein Handeln nach dessen Erhalt ausrichten" (Soziolog*in Burkina Faso 2016: R3).*

Hierdurch wird sichergestellt, dass die Verbindung zum Ort der Ahnen von Generation zu Generation bestehen bleibt, ohne durch Migration gefährdet zu werden.

Anvertrauung (von der Stadt aufs Land) stellt somit sowohl eine kurzfristige als auch langfristige Strategie dar, mit dem Ort der Ahnen verbunden zu bleiben und die Kinder dahingehend zu sozialisieren, dass sie die Werte und Traditionen der eigenen Ethnie und Familie wertschätzen und fortleben lassen. Gleichzeitig führt sie zu einer Stabilisierung der translokalen Livelihoodstrategien.

4.4   Lernen durch Leiden

Ein besonderer Aspekt des informellen Lernens wird in mehreren Studien sowie in den Interviews deutlich: Es gibt in Westafrika die Überzeugung, dass ein Kind durch Leiden lerne (Mitarbeiter*in CONAPO 2016: R17; Mitarbeiter*in TdH 2016: R5; Isiugo-Abanihe 1984; Bledsoe 1990). Insofern stähle ein Aufwachsen bei anderen den Charakter der Kinder, da jene, die das Kind annähmen, in der Regel weniger sanft und rücksichtsvoll gegenüber den ihnen anvertrauten Kindern seien. Und das – so die Vorstellung – würde die Kinder gut auf das spätere Leben vorbereiten:
"It is generally believed, in many parts of Africa, that thrashing makes a child wise and helps it to learn quickly. In this regard, a surrogate parent is believed to be in a better position to inculcate acceptable forms of social behaviour, and spank a child, or inflict punishment, until it learns to perform useful functions" (Isiugo-Abanihe 1984: 11).

Bledsoe (1990: 70, 84) berichtet über die Mende in Sierra Leone, dass diese daran glauben, dass nur durch Leiden und große Mühsal eine positive Entwicklung von Kindern möglich sei, weshalb anvertraute Kinder bisweilen schlechterer Behandlung, unverhältnismäßig viel und schwerer Arbeit sowie Nahrungsentzug ausgesetzt seien. Kielland (2009: 265) erklärt dies mit dem Glauben daran, dass Gott (bzw. die Ahnen) einem besonders wohlgesonnen sei, wenn man Demut und Bescheidenheit z.B. durch körperliche Entbehrungen und Leidensbereitschaft zeige:

"Among the Mende in Sierra Leone, handling hard work, sleep and food deprivation in a foster home with strength and humility will make the foster parents/employers mediate with the ancestors, and have them speak the child's cause with God. Without divine credit no one can succeed, and thus support the family. Since biological parents are not likely to present the child with the hardship required, out-fostering is in itself a way to earn Gods goodwill" (Kielland 2009: 265).

In den Interviews mit Kindern, Jugendlichen und jungen Erwachsenen, die selbst Verwandten anvertraut worden waren, wird deutlich, wie ambivalent sie die oft harte Behandlung und das Leiden in der aufnehmenden Familie sehen.

Es wird zum einen herausgestellt, wie unangenehm das Leben als anvertrautes Kind sein kann: Man muss früher als alle anderen aufstehen, bekommt bisweilen weniger zu essen, hat mehr häusliche Arbeit zu erledigen und wird häufig schlechter behandelt als die biologischen Kinder (vgl. unter anderem Marcelin 2016: R18, Bâ 2015: R3, R5; Sié 2016: R20). Die härtere Behandlung führte in der Erinnerung eines jungen Mannes, der mit zehn Jahren von seinem Vater in der Côte d'Ivoire zu seinem Onkel nach Burkina Faso geschickt wurde, allerdings gleichzeitig dazu, dass er selbst stärker, härter und selbstständiger geworden ist:
„Es war nicht einfach. Naja. Aber es hat mich hart gemacht. Es hat es mir ermöglicht, selber zurechtzukommen" (Marcelin 2016: R18).

Er betont, dass man durch die Anvertrauung und die Abwesenheit der eigenen,

liebevollen Eltern erst lerne, welchen Wert diese hätten, dass man sich nicht darauf verlassen könne, dass diese immer da sein werden, um einen zu beschützen, und wie man am besten damit umgehe, sich in einer fremden und ggf. feindseligen Umgebung zu schützen, indem man sich anpasst und bescheiden wird (Marcelin 2016: R19). Insofern diene die Anvertrauung als Vorbereitung auf das spätere Leben in einer von sozialer und finanzieller Unsicherheit geprägten Umgebung.

Das Leiden als extreme Lernform ist allerdings nicht überall intendiert: So beschreiben Argenti (2010: 239) für Kamerun sowie Thorsen (2009: 305), dass die Großmutter als besonders prädestiniertes Familienmitglied gelte, um Kinder anzunehmen, da diese besonders liebevoll und fürsorglich sei. Die Fürsorglichkeit und Sanftheit der Großmutter kann diese jedoch im Zuge des Glaubens an das ‚Lernen durch Leiden' als potenziellen Empfänger von Kindern ausschließen, wie ein Interviewpartner in Burkina Faso, Vater einer kleinen Tochter, deutlich gemacht hat. Seine Mutter, in seiner Heimat Boromo wohnhaft, hatte ihn darum gebeten, ihr seine Tochter anzuvertrauen. Er hat sich dem jedoch mit der Begründung verweigert, dass das Kind danach verdorben sei:
„Aber ein Kind, das nicht bei dir aufgewachsen ist [...] Wirst du dieses Kind kontrollieren können, wenn es eines Tages kommt? Z.B. ein Kind, das bei seiner Großmutter aufgewachsen ist, das bleibt ein verwöhntes Kind. Großmütter lieben ihre Enkel. Deshalb schlagen sie sie nicht, selbst wenn das

Kind etwas gemacht hat, das nicht gut war. Also bleibt das Kind ein verwöhntes Kind, wenn es zu dir zurückkommt" (Salif 2016: R21).

Auch ein junger Händler in Ouagadougou vertrat diese Ansicht:

„Wenn das Kind fünf oder sechs Jahre alt ist, kann es in den Ferien seine Oma besuchen. Aber wenn das Kind lange bleibt, verhätschelt sie es zu sehr. Wenn das Kind vor dir einen Fehler macht, kannst du es schlagen. Aber die Oma wird das nicht machen. Man will, dass das Kind gut ist. Darum kann

es nur drei oder fünf Monate bei ihr verbringen, aber es kann nicht dort leben" (Raoul 2016: R14a).

Kinder zu ohrfeigen, wenn sie etwas falsch gemacht haben, gehört nach wie vor zu den etablierten Erziehungsmethoden in Burkina Faso und wird im Falle von Anvertrauung oft nicht als Misshandlung des Kindes angesehen, sondern als legitimer Erziehungsbeitrag:

„Und die Leute finden, dass diese Misshandlung Teil der Erziehung des Kindes ist. […] Das Kind kann das so sehen, aber seine El-

tern auf dem Dorf werden sagen, dass das für die Erziehung ist. Wenn er Dummheiten macht, muss er geschlagen werden. Das ist bei uns insgesamt immer noch Teil der Erziehung" (Mitarbeiter*in CONAPO 2016: R17).

Es wird ersichtlich, wie tief verankert der Glauben an das ‚Lernen durch Leiden' in der burkinischen Gesellschaft immer noch ist und wie dieser sowohl treibende Kraft als auch Bremse für das Anvertrauen von Kindern an Familienmitglieder sein kann.

4.5 Psychische Gesundheit

Oft nachhaltiger als die Auswirkungen auf die körperliche Gesundheit sind vermutlich die psychischen Auswirkungen bei den anvertrauten Kindern (*UNICEF, Ministère de l'Action Sociale* 2008: 21–28). Die schlechten Erfahrungen, von denen berichtet wird, beziehen sich häufig auf ein Gefühl der Zurückweisung und der Ungleichbehandlung innerhalb der aufnehmenden Familie (Mitarbeiter*in TdH 2016: R1; Mitarbeiter*in CONAPO 2016: R16). Die psychische Belastung durch schlechte und vor allem ungleiche Behandlung klingt in einigen Interviews mit früheren anvertrauten Kindern in Burkina Faso deutlich durch. Die Beschreibungen bleiben hier meist recht vage und wenig explizit, was durchaus als Zeichen dafür interpretiert werden kann, wie traumatisierend die Erlebnisse waren. Es scheint darüber hinaus eine Art soziale Konvention zu geben, nicht schlecht über Familienmitglieder und das in der Familie Erlebte zu reden. Ein großer Teil der psychischen Belastung sind neben einer eventuellen Gleichgültigkeit gegenüber den anvertrauten Kindern, die mit mangelnder emotioneller Wärme einhergeht, ebenfalls die häufig erlebten Anfeindungen und Beschimpfungen. Selbst wenn die körperlichen Grundbedürfnisse erfüllt sind, können solche fortwährenden Belastungen dazu führen, dass das Kind nachhaltig psychischen Schaden nimmt (Mitarbeiter*in Help 2016: R8; *UNICEF, Ministère de l'Action Sociale* 2008: 23–25).

Ein junger Erwachsener beschreibt z.B., wie er von der Frau seines Onkels zur Arbeit gezwungen wurde. Gleichzeitig bekam er oft nichts zu essen, sondern wurde aggressiv beleidigt (Sié 2016: R24). Er beschreibt, wie er aufgrund der vielen schweren Erlebnisse in der Zeit der Anvertrauung eigentlich ständig traurig sein müsse (Sié 2016: R17). Ähnliche Erfahrungen hat auch ein anderer junger Mann im

Haus seines Onkels gemacht, wo er besonders nach dessen Tod den massiven Anfeindungen der Witwe ausgesetzt war. Er war mit sechs Jahren von seinen Eltern aus der Côte d'Ivoire nach Ouagadougou geschickt worden und musste ab dann zusammen mit einer Cousine, die ebenfalls in diese Familie kam, sämtliche häuslichen Pflichten übernehmen, während die Kinder des Onkels nicht bei der Hausarbeit helfen mussten. Er fühlte sich nicht als vollwertiges Familienmitglied:

„Aber dann ist mein Onkel gestorben, und ab dann habe ich mich wirklich wie ein Fremder gefühlt. Denn das Verhalten der Frau war wirklich […] Ich würde sogar sagen, dass sie mich aus dem Haus vertrieben hat. Mit Komplotten und sie hat gesagt, ich sei da und nichts als eine Last, dass sie nicht die Mittel hat, sich um mich zu kümmern, solche Sachen halt. Dann gab es da noch Beleidigungen, es war wirklich nicht auszuhalten […] Sie hat mich ständig daran erinnert: Du bist nicht mein Sohn, du bist nicht der Sohn von François. Und dieses Haus, in dem du lebst, gehört seinem ältesten Kind. Also hast du nicht das Recht, dies oder jenes zu machen" (Bâ 2015: R4, R5).

Diese schlechte Behandlung der anvertrauten Kinder durch die Frauen des männlichen Haushaltsvorstands wird von einigen Interviewten in Ouagadougou angeführt:

„Es gibt Probleme, z.B. Frauen, die nicht gut sind. Die aus dem Kind eine Art Hausmädchen machen. Das Kind wird alles machen. Außerdem sind die Frauen oft nicht zufrieden mit den Kindern der großen Brüder" (Adama 2016: R19b).

Es wird behauptet, dass insbesondere Frauen die Kinder anderer nicht akzeptierten und sie deshalb schlecht behandelten (Salif 2016: R21).

Das Gefühl der Zurückweisung, der Ausbeutung und der mangelnden Fürsorge kann sich sehr negativ auf das spätere

Leben der anvertrauten Kinder auswirken (*UNICEF, Ministère de l'Action Sociale* 2008: 25–27). Nicht alle schaffen es, sich von dem Erlebten freizumachen oder die Stärkung des eigenen Charakters aufgrund der durchlebten schweren Zeiten in den Vordergrund zu stellen. Ein junger Mann erzählte im Interview von einer Bekannten, die zu ihrem Onkel gegeben wurde:

„Die anderen Kinder sind da, aber es ist dein Kind, das alles machen wird. Teller waschen, Wäsche waschen, zum Markt gehen, kochen. Das Kind wird wissen, dass es eigene Eltern hat, die aber nicht da sind. Und im Laufe der Zeit wird die Liebe von Papa und Mama aufgebraucht sein. Es wird sich sagen, dass seine Eltern es hierhin gebracht haben, weil sie es nicht lieben. Und denen, die ihre Eltern in der Nähe haben, geht es gut, die haben es bequem. Wenn es ein Mädchen ist, kann es sie dazu bringen, sich zu prostituieren. Ich habe mit Mädchen gesprochen, die mir das erzählt haben. Ein Mädchen heißt Aissa, sie ist sehr schön. Ich habe sie gefragt, warum sie diese Arbeit macht. Sie hat mir gesagt, dass sie aus Koudougou kommt. Ihre Eltern haben sie zu einem Onkel gegeben. Man hat sie dort nicht wie die anderen Kinder im Haus behandelt. Jeder hat zu den Feiertagen neue Kleidung bekommen, aber sie hat die abgelegte bekommen. Wenn sie nach Hause gekommen ist und ihren Eltern erzählt hat, was man dort mit ihr macht, haben ihre Eltern ihr nur gesagt, dass sie wissen, was man mit ihr macht. Aber dass es für ihre Erziehung ist. Die anderen Kinder werden nicht diese Erfahrungen machen, die sie macht. Da hat sie gefragt, welche Erfahrung ihr dieses Leiden wohl bringt? Die Eltern haben gesagt, dass sie verstehen werde, was Familie bedeutet, wenn sie alt ist. Ich gebe ihnen nicht Recht. Wenn das Leiden zu groß ist […] Sie ist einfach abgehauen. Sie ist hierhergekommen, als sie noch klein war. Sie war 15 Jahre alt. Sie hat in einer Bar

gearbeitet, wo man ihr 10 000 F [6) im Monat gezahlt hat. Sie hat die Annonce gehört, dass man sie sucht, aber sie hat sich versteckt. Mit 17 Jahren hat sie angefangen, sich zu prostituieren. Heute hat sie mit niemandem mehr Mitleid. Sie könnte jemanden umbringen, sie nimmt Drogen. Sie hat kein Schamgefühl mehr. Sie glaubt, dass alle Welt gemein ist. Das ist es, was daraus wird" (Salif 2016: R24).

An diesem Beispiel werden zwei Komponenten des physischen Leidens deutlich: zum einen die schlechte Behandlung in der aufnehmenden Familie, zum anderen die neutrale bis affirmative Einstellung der leiblichen Eltern dieser schlechten Behandlung gegenüber, die dazu geführt hat, dass Aissa in der für sie unerträglichen Situation keine Unterstützung erfahren hat. Dies hat dazu geführt, dass sie weggelaufen ist und sich nun alleine mit der Bürde einer unzureichenden Ausbildung sowie mangelndem sozialen Rückhalt durchschlägt.

Dieses Gefühl der Ablehnung durch die eigenen Eltern hat auch Bâ lange Zeit beschäftigt. In seinem Fall war es die Tatsache, dass er von seinen Eltern nach Burkina Faso geschickt wurde, obwohl nur kurze Zeit zuvor sein älterer Bruder, der gleichfalls dort hingeschickt worden war, kurz danach ums Leben gekommen war. Dass er nun trotzdem ebenfalls weggeschickt wurde, löste in ihm das Gefühl aus, seine Eltern wollten, dass er sterbe. Dies habe den Kontakt zu seinen leiblichen Eltern extrem belastet (Bâ 2015: R2).

Als Gründe für die Nichteinmischung der Eltern in die Erziehungsangelegenheiten im aufnehmenden Haushalt wurde entweder die Überzeugung vom ‚Lernen durch Leiden' angeführt (s.o.) oder aber auch die Übertragung der Verantwortung an den Verwandten (Mitarbeiter*in TdH 2016: R4).

Häufig unterbindet ebenso die Überzeugung, dass die familiären Bande eine ‚wirkliche' Misshandlung des Kindes verhindern, ein Einmischen der leiblichen Eltern des Kindes (Mitarbeiter*in Fond Enfant 2016: R10).

Die Auswirkungen von Anvertrauung auf die psychische Gesundheit der Kinder sind vielschichtig. Sie sind abhängig von den Motiven der Anvertrauung, also ob ein Kind z.B. zu reinen Arbeitszwecken weggegeben wird, und von den situativen Umständen, die im Leben in der aufnehmenden Familie auftreten.

4.6 Emanzipation und Handlungsmacht

Migration kann in einer von der ‚Kultur der Migration' (Hahn 2004) geprägten Gesellschaft wie der burkinischen auch ein Mittel zur Emanzipation und zum Erwachsenwerden von Kindern und Jugendlichen sein und somit einen Beitrag zur Stabilisierung eines translokalen Sicherungsnetzwerks leisten. Die Migration bringt – so die Ansicht vieler Interviewpartner – selbstständigere und handlungsmächtigere Mitglieder hervor. Ein Gemeinschaftsmitglied, das nicht zumindest für eine gewisse Zeit an einem anderen Ort gelebt hat, wird nicht als vollwertiges Mitglied erachtet:

„In manchen Lokalitäten ist es so, als ob du nicht initiiert bist, wenn du nicht gereist bist, wenn du nicht den Ort gewechselt hast. Die Migration ist also eine Art von Initiation, eine Art des Erwachsenwerdens und der Akzeptanz. Wenn eine Person von weit herkommt, hat alles, was diese Person sagt, mehr Gewicht, mehr Ansehen, als wenn jemand nicht gereist ist. Es gibt die Tendenz zu glauben, dass derjenige, der reist, einen weiteren Blickwinkel hat" (Mitarbeiter*in UNICEF 2015: R4).

Fraglich ist, ob diese Initiation ebenso durch Anvertrauung stattfindet – eine Form der Migration, in der die Kinder im familiären Rahmen verbleiben und die den Kindern oft wenige materielle und finanzielle Ressourcen ermöglicht, die für ihr Ansehen im familiären Netzwerk dienen könnten (vgl. hierzu Hahn 2004).

Ein entscheidendes Kriterium zur Beantwortung der Frage, ob Kinder *durch* die Anvertrauung eine erhöhte Emanzipation und Handlungsmacht erlangen, ist das der aktuellen Handlungsmacht der Kinder *während* der Anvertrauung. In der Literatur werden Kinder und Jugendliche allzu oft als passive Objekte beschrieben, die zwischen den einzelnen Familienteilen hin- und hergereicht werden:

"All too often, children's relocation is described in terms of being sent" (Hashim, Thorsen 2011: 17).

Einige neuere Beiträge stellen jedoch verstärkt die Handlungsmacht von Kindern in den Vordergrund und distanzieren sich so von einer einseitig viktimisierenden Perspektive. Zu dieser Handlungsmacht gehört nicht nur die Entscheidung zu migrieren, sondern auch die Entscheidung, dies nicht zu tun. Einige der Interviews aus Burkina Faso legen nahe, dass hier die Kinder und Jugendlichen durchaus ein Mitspracherecht haben, ob und zu wem sie geschickt werden. So beschreibt ein Jugendlicher, der einen Teil seiner Kindheit bei einem Onkel verbracht und dort keine guten Erfahrungen gemacht hat, dass er sich geweigert hat, noch einmal zu einem anderen Verwandten geschickt zu werden (Sié 2016: R18).

Ein anderer Interviewpartner sollte als kleiner Junge bei einem reichen Onkel wohnen. Trotz der Aufforderung dieses Onkels und seiner leiblichen Eltern hat er sich jedoch dazu entschieden, nicht zu gehen:

„Ich erinnere mich, als ich klein war, hatte ich einen reichen Onkel. Er hat mir vorgeschlagen, ich solle zu ihm kommen und meine Ausbildung dort fortsetzen. Da war ich gerade in der primaire. Meine Eltern haben gesagt ‚geh, geh, wenn du gehst, ist es gut'. Aber ich habe gesagt, dass ich nicht gehen werde. Dass ich lieber hierbleibe" (Yssouf 2016: R22).

Dass Kinder die Anvertrauung verweigern oder die aufnehmende Familie darauf hinweisen könnten, wenn diese sie nicht gut behandle, schreibt zwar schon Jonckers (1997), allerdings ist die eindeutige Anerkennung der Handlungsmacht von Kindern in der Literatur erst ab der zweiten Hälfte der 2000er Jahre erkennbar (Jonckers 1997, S. 202; Hashim, Thorsen 2011). Einen entscheidenden Beitrag hierzu hat Thorsen (2005) mit ihrer Studie zu Kindermigration aus ländlichen Gebieten Burkina Fasos geleistet. Sie sieht in der Migration von Kindern und Jugendlichen einen Aushandlungsprozess um soziale Stellung im Kontext eines Generationenvertrages und den Übergang zum Erwachsensein sowie – damit verbunden – die Übernahme der Verantwortung für eigene Entscheidungen (Thorsen 2005: 1). Dies bestätigt sich eindrücklich in einer Aussage von einer jungen Frau in Ouagadougou, die mit ca. zehn Jahren ohne die Zustimmung und das Wissen ihrer leiblichen Eltern zu einem Onkel in die Stadt gezogen ist:

„Als wir die Beerdigung gemacht haben, hatte ich die Idee, und ich habe nicht einmal meinen Eltern gesagt, dass ich gehe, um fortzubleiben. Also habe ich meinen Vater gefragt, ob ich meinen Onkel begleiten darf, als er aus dem Dorf zu einer Taufe in

---

6) Ein Euro ≈ 655 FCFA (der westafrikanische CFA-Franc ist in den Ländern Benin, Burkina Faso, Côte d'Ivoire, Guinea-Bissau, Mali, Niger, Senegal und Togo die Währung). Somit lagen ihre Einkünfte bei umgerechnet ca. 15 €.

Ouaga aufgebrochen ist. Und als er zurückkehren wollte, habe ich gesagt, dass ich bleibe und am nächsten Sonntag zurückkomme. Und so bin ich geblieben. Deshalb nehme ich es niemandem übel, wenn ich Schwierigkeiten habe, da es meine eigene Entscheidung war" (Rasmata 2016: R3).

Sie traf also sehr eigenständig die Migrationsentscheidung. Bei ihrem Onkel in Ouagadougou durchlebte sie zwar schwere Zeiten; sie musste eine Vielzahl von häuslichen Pflichten übernehmen und wurde von der Frau ihres Onkels nicht herzlich aufgenommen (Rasmata 2016: R5). Dennoch verzichtet sie auf Schuldzuweisungen, sondern sieht ihre Schwierigkeiten in Ouagadougou als Konsequenz ihrer eigenen, freien Entscheidung – sie formuliert damit selbst eine Gegenposition zu einer reinen Viktimisierung von anvertrauten Kindern (Rasmata 2016: R3).

Diesen Aushandlungsprozess um Migrationsentscheidungen und -situationen, an dem Kinder und Jugendliche aktiv beteiligt sind, thematisieren auch Whitehead et al. (2007: 19, 21, 36) und Argenti (2010: 245) für Sierra Leone. Sie stellen dar, dass Kinder aktiv ihre Handlungsmacht ausüben, indem sie ihre leiblichen Eltern einschalten, wenn sie in der aufnehmenden Familie misshandelt oder grob ausgebeutet werden. Aufgrund der häufig vorhandenen Einstellung, dass man leiden müsse, um voranzukommen, führe das jedoch nicht immer dazu, zurück zu den leiblichen Eltern gehen zu können (Hashim, Thorsen 2011: 14–17). Von einem Fall, in dem das Einschalten der leiblichen Eltern dazu führte, dass das Kind aus der aufnehmenden Familie genommen wurde und zurück zu seinen leiblichen Eltern kam, wurde mir berichtet: Ein Mädchen, das das Leben und die schlechte Behandlung in der aufnehmenden Familie nicht ausgehalten habe, wurde, nachdem diese sich über ihre Lebenssituation beschwert hatte, wieder von ihren leiblichen Eltern aus der aufnehmenden Familie genommen (Bâ 2015: R7).

Kielland (2013: 181) spricht in solchen Zusammenhängen vom *„competent child"* und bringt es folgendermaßen auf den Punkt:
"Children on the move are people with agency, but vulnerable."

Kielland (2013) spricht hier gleichzeitig die Handlungsfähigkeit und die erhöhte Vulnerabilität von Kindern an, die aufgrund ihrer schwachen sozialen und materiellen Stellung einen limitierten Handlungsspielraum haben – obgleich sie oft versuchen, zumindest diesen aktiv auszuschöpfen (Thorsen 2005: 2; Kielland 2013: 181). In der burkinischen Gesellschaft, in der nach wie vor das *,droit d'aînesse',* also das Recht der Älteren, gilt, wählen Kinder eher selten den verbalen Weg, da ihren Worten häufig weit weniger Gewicht beigemessen wird als denen älterer Personen. Es ist anzunehmen, dass sie den Aushandlungsprozess eher durch nonverbale Kommunikation und durch Handlungen bzw. Verhalten zu beeinflussen versuchen wie z.B. im Beispiel des Mädchens, das ohne Ankündigung ihre Eltern verlassen hat und durch die Schaffung einer Tatsache (dem Verbleib bei ihrem Onkel nach einem Besuch) ihre Migrationsentscheidung durchgesetzt hat (s.o.).

Ein drastischeres Beispiel dafür, wie Kinder und Jugendliche ihren limitierten Handlungsspielraum ausschöpfen, um die Situation ihrer Anvertrauung zu beeinflussen, illustriert ein Gastvater in seinen Ausführungen über die kleine Schwester seiner Frau, die seit dem Tod der Eltern bei ihnen lebte. Das Mädchen habe mit allen Mitteln versucht, ihn und seine Frau dazu zu bewegen, sie wieder in ihr Heimatdorf zu schicken. Sie habe sich z.B. absichtlich schlecht benommen, gelogen, ihn bei seinen Nachbarn angeschwärzt und ihn schlecht dastehen lassen. Als sie sich im Haus eingeschlossen und niemanden hereingelassen habe, kam es letztlich zu einem Eklat, in dessen Folge sie tatsächlich zurückgeschickt wurde. Sie habe ihm anschließend erzählt, dies alles einzig und alleine aus dem Wunsch

heraus getan zu haben, endlich zurückgeschickt zu werden (Salif 2016: R21).

Vor diesem Hintergrund ist fraglich, inwieweit einige kinder-viktimisierende Darstellungen der Anvertrauung die Realität tatsächlich widerspiegeln oder ob sie nicht eher eine abstrakt normative und ideelle (westliche) Vorstellung von sozialen und familiären Praktiken zum Ausdruck bringen und damit ein von einem (western) *,adult bias'* verzerrtes Bild der westafrikanischen Anvertrauungspraxis zeichnen.

Nachdem nun die Handlungsmacht der Kinder herausgearbeitet wurde – sei es bei der Migrationsentscheidung selbst oder im Aushandlungsprozess um die Bedingungen sowie um die Beendigung der Anvertrauung – liegt der Schluss nahe, dass ein Teil der Kinder, ähnlich wie erwachsene Migrant*innen, ihre Position im translokalen Netzwerk durch ihre Wanderung stärken und einen Schritt hin zum Erwachsenwerden und zur Emanzipation gehen können, den sie ohne die Migration anderweitig hätten aushandeln müssen.

Die Anerkennung im familiären Netzwerk steigt nicht zuletzt mit den eventuellen finanziellen oder materiellen Rücküberweisungen an ihre Familien auf dem Dorf, die manche anvertraute Kinder trotz kaum vorhandener Einkünfte leisten:
„Für die Kinder ist es eine Form der Autonomisierung. Aber gleichzeitig tragen diese Kinder zu den Bemühungen der Familie bei. […] Sie senden Geld an ihre Familien, um sich an den Ausgaben der Familie zu beteiligen" (Mitarbeiter*in TdH 2016: R14).

Entgegen weitläufiger Meinung können Kinder also im Kontext der Anvertrauung durchaus eine gewisse Handlungsmacht entwickeln und im Rahmen ihrer Möglichkeiten auch ausschöpfen. Außerdem ist zu vermuten, dass diese Kinder durch ihre Migration gleichzeitig in einen Aushandlungsprozess um Erwachsenwerden und Emanzipation eintreten, der weiterhin ihre Handlungsmacht im translokalen sozialen Netzwerk stärkt (Whitehead et al. 2007).

5 Fazit

Die soziale Praxis der Anvertrauung in Burkina Faso ist komplex. Es wäre viel zu simplifizierend, diese pauschal entweder als eine Ausprägung von Kinderausbeutung zu interpretieren oder aber in sozialromantisierender Manier als eine ,typisch afrikanische' Ausdrucksform sozialer Hilfestellungen zwischen Menschen. In Westafrika werden Kinder aus verschiedenen

Gründen und mit vielfältigen Auswirkungen anvertraut. Die Anwendung eines holistischeren Ansatzes wie dem der *translokalen Livelihoods,* der das anvertraute Kind nicht isoliert betrachtet, sondern die soziale Praxis der Anvertrauung in einen größeren sozialen Zusammenhang einbettet, ist notwendig, um dieses soziale Phänomen besser zu verstehen.

Die Anvertrauung von Kindern kann zu ihrer Sozialisation und Bildung beitragen, wenn sie es ermöglicht, dass das Kind eine Schule besucht oder es Wissen im Bereich der informellen Bildung erwirbt. Darüber hinaus kann die Anvertrauung dazu beitragen, dass das Kind eine eigene Handlungsmacht entwickelt und auf dem Weg des Erwachsenwerdens entscheidende

Schritte in Richtung mehr Emanzipation macht. Die Anvertrauung kann zudem das ganze soziale Netzwerk stabilisieren und somit die Resilienz der translokalen Livelihoodsysteme positiv beeinflussen.

Jedoch ist auch deutlich geworden, dass die Anvertrauung ebenfalls negative Auswirkungen auf das Kind haben kann. Dies ist der Fall, wenn eine Anvertrauungssituation zur Ausbeutung des Kindes führt, z.B. durch Überlastung mit häuslicher Arbeit, oder wenn dem Kind unter dem Primat des ‚Lernens durch Leiden' psychischer Schaden beigefügt wird. Dies wiederum kann das gesamte Netzwerk destabilisieren, wenn die Kinder aufgrund der langfristigen (psychischen) Verletzungen ihrer zukünftigen Rolle im Netzwerk nicht gerecht werden können, oder aber das unsoziale Verhalten der aufnehmenden Personen den sozialen Zusammenhalt im translokalen Netzwerk gefährdet.

Kindermigration im Kontext der sozialen Praxis der Anvertrauung hat eine sehr wesentliche Bedeutung für die Funktion translokaler Livelihoods. Da diese Form der Kindermigration wesentliches Element der translokalen Lebensrealität in Westafrika ist, sollte das Phänomen weder verteufelt noch romantisiert werden. Stattdessen muss es darum gehen, einen differenzierten und kultursensiblen Blick auf die Praxis der Anvertrauung zu entwickeln, der insbesondere die sozialen Handlungslogiken der Akteure berücksichtigt.

Literatur

Akresh, R. (2004): Adjusting Household Structure: School Enrollment Impacts of Child Fostering in Burkina Faso. – New Haven (CT) (Center Discussion Papers, 897; IZA Discussion Paper, 1379).

Akresh, R. (2005): Risk, Network Quality, and Family Structure: Child Fostering Decisions in Burkina Faso. – New Haven (CT) (Center Discussion Papers, 902; IZA Discussion Paper, 1471).

Alber, E. (2014): Soziale Elternschaft im Wandel. Kindheit, Verwandtschaft und Zugehörigkeit in Westafrika. – Berlin.

Antoine, P., Guillaume, A. (1986): Une expression de la solidarité familiale à Abidjan: enfants de couples et enfants confiés. In: Colloque de Genève (Hrsg.): Les familles d'aujourd'hui. – Paris: 289–297.

Argenti, N. (2010): Things that Don't Come by the Road: Folktales, Fosterage, and Memories of Slavery in the Cameroon Grassfields. – Comparative Studies in Society and History 52(2): 224–254.

Beck, S., De Vreyer, P., Lambert, S., Marazyan, K. u. A. Safir (2012): Child Fostering in Senegal. – o.O.

Bledsoe, C. (1990): 'No Success Without Struggle': Social Mobility and Hardship for Foster Children in Sierra Leone. – Man 25(1): 70–88.

Bougma, M., Pasquier-Doumer, L., Legrand, T. K. u. J.-F. Kobiané (2014): Fécondité et scolarisation à Ouagadougou: le rôle des réseaux familiaux. – Population 69(3): 433–462.

Deleigne, M.-C., Pilon, M. (2011): Migrations dans l'enfance et scolarisation en Afrique subsaharienne: apports et limites des approches quantitatives. – Journal des Africanistes 81(2): 87–117.

Geissler, R. (⁷2014): Die Sozialstruktur Deutschlands. – Wiesbaden.

Goody, E. N. (1982): Parenthood and Social Reproduction. Fostering and Occupational Roles in West Africa. – Cambridge (Cambridge Studies in Social and Cultural Anthropology, 35).

Hahn, H. P. (2004): Zirkuläre Arbeitsmigration in Westafrika und die „Kultur der Migration". – Afrika Spectrum 39(3): 381–404.

Hashim, I., Thorsen, D. (2011): Child Migration in Africa. – London.

Isiugo-Abanihe, U. C. (1984): Prevalence and determinants of child fosterage in West Africa: relevance to demografy. – Pennsylvania (PA) (African Demografy Working Papers, 12).

Jonckers, D. (1997): Les enfants confiés. In: M. Pilon, T. Locoh, É. Vignikin u. P. Vimard (Hrsg.): Ménages et Familles en Afrique. Approches et dynamiques contemporaines. – Paris: 193–208 (Les Études du CEPED, 15).

Kielland, A. (2009): Child Mobility as Household Risk Management. – Forum for Development Studies 36(2): 257–273.

Kielland, A. (2013): The Exploitation Equation: Distinguishing Child Trafficking from Other Types of Child Mobility in West Africa. In: M. C. Burke (Hrsg.): Human Trafficking. Interdisciplinary Perspectives. – New York, Abingdon: 149–182 (Criminology and Justice Studies).

Kielland, A., Sanogo, I. (2002): Burkina Faso: Child Labor Migration from Rural Areas. The Magnitude and the Determinants. – o.O.

Lachaud, J., Legrand, T. K. u. J.-F. Kobiané (2016): Child Fostering and Children's Human Capital in Ouagadougou. – Population Review 55(1): 27–48.

Lallemand, S. (1976): Génitrices et éducatrices mossi. – L'Homme 16(1): 109–124.

Lange, A. de (2006): "Going to Kompienga". A Study on Child Labour Migration and Trafficking in Burkina Faso's South-Eastern Cotton Sector. – Amsterdam.

Oswald, I. (2007): Migrationssoziologie. – Konstanz (UTB, 2901).

Peuckert, R. (⁹2019): Familienformen im sozialen Wandel. – Wiesbaden.

Pilon, M. (2003): Confiage Et Scolarisation En Afrique De L'Ouest: Un Etat Des Connaissances. – o.O.

Schmidt-Kallert, E. (2009): A New Paradigm of Urban Transition: Tracing the Livelihood Strategies of Multi-Locational Households. – Die Erde 140(3): 319–336.

Steinbrink, M. (2009): Leben zwischen Land und Stadt. Migration, Translokalität und Verwundbarkeit in Südafrika. – Wiesbaden.

Steinbrink, M., Niedenführ, H. (2017): Afrika in Bewegung. Translokale Livelihoods und ländliche Entwicklung in Subsahara-Afrika. – Bielefeld (Global Studies).

Steinbrink, M., Niedenführ, H. (2020): Africa on the Move. Migration, Translocal Livelihoods and Rural Development in Sub-Saharan Africa. – Cham.

Thorsen, D. (2005): Child Migrants in Transit. Strategies to Become Adult in Rural Burkina Faso. – Brighton (Development Research Centre on Migration, Globalisation and Poverty).

Thorsen, D. (2009): From Shackles to Links in the Chain. Theorising Adolescent Boys' Relocation in Burkina Faso. – Forum for Development Studies 36(2): 301–327.

UNICEF (= United Nations International Children's Emergency Fund), Ministère de l'Action Sociale (2008): Rapport de l'étude nationale sur les violences faites aux enfants. – Ouagadougou.

Vandermeersch, C. (2000): Les enfants confiés au Sénégal. – Paris.

Whitehead, A., Hashim, I. M. u. V. Iversen (2007): Child Migration, Child Agency and Intergenerational Relations in Africa and South Asia. – Brighton (Development Research Centre on Migration, Globalisation and Poverty. Working

Paper, T24).

YOUNOUSSI, Z. (2007): Les Determinants Demografiques Et Socio-Economiques Du Confiage Des Enfants Au Burkina Faso. – African Population Studies 22 (2): 203–231.

HANNAH NIEDENFÜHR M.A.
Institut für Migrationsforschung und Interkulturelle Studien • Universität Osnabrück
Neuer Graben 19/21 • D–49069 Osnabrück
hannah.niedenfuehr@outlook.de

Christian Ungruhe

Abseits der Krise. Migration, Jugend und soziale Teilhabe in Nordghana

Mit einer Abbildung und sechs Bildern

Migration aus ländlichen Gebieten Afrikas in urbane Zentren des Kontinents wird oft als Krisenphänomen interpretiert (FLAHAUX, DE HAAS 2016; BEAUCHEMIN 2018; STEINBRINK, NIEDENFÜHR 2020). Auf den ersten Blick scheint dies naheliegend. Vielerorts laugen der Klimawandel und intensive Landwirtschaft Ackerböden und Weideflächen aus, vernichten starke Regenfälle und Überflutungen ganze Ernten und gefährden so die Existenzgrundlage vieler Menschen (SULTAN, GAETANI 2016). Alternative Einkommensmöglichkeiten zur Landwirtschaft sind ebenso wie Bildungsperspektiven begrenzt. Es sind die Städte, die Jobs und Existenzsicherung bieten und Hoffnung auf eine bessere Zukunft verheißen, auch wenn die Lebensverhältnisse vieler Migrant*innen[1] dort oft prekär sind (STEINBRINK, NIEDENFÜHR 2020; UNGRUHE 2018 2019).

In Ghana, wie auch in anderen Ländern Afrikas, sind es insbesondere junge Menschen, die gehen. Viele migrieren saisonal oder in den Schulferien und kehren nach einigen Monaten oder wenigen Jahren in der Stadt zurück. Zunächst scheint diese Rückkehr mit dem Ziel verbunden, zur Existenzsicherung in der Heimat beizutragen und den elterlichen Haushalt an erworbenen Erfahrungen, Gütern und finanziellen Mitteln teilhaben zu lassen, um den Auswirkungen von Krisen zu entgegnen (BOATEN 1997; MEIER 2003; CASSIMAN 2010). Studien zeigen allerdings, dass diese zirkuläre jugendliche Migration für die ländlich geprägten Gesellschaften unrentabel ist: Der Rückfluss an Geld, Waren und Kompetenzen in das Heimatdorf kann den temporären Verlust der Arbeitskraft in der subsistenzbasierten Landwirtschaft meist nicht aufwiegen (HAHN 2007; siehe ADAKU 2013). Migrationspraktiken primär als Ausdruck von und Anpassungsstrategie an existenzielle Krisen zu verorten, muss daher hinterfragt werden (STEINBRINK, NIEDENFÜHR 2020). Was aber sind die zentralen Beweggründe der jungen Generation, ihr Glück für einige Zeit in den Städten zu suchen? Ausgehend von einer multilokalen empirischen Forschung und mehreren Aufenthalten in Nord- und Südghana zwischen 2007 und 2016 möchte ich diese Frage am Beispiel junger männlicher Wanderarbeiter der Ethnie der Frafra im Folgenden diskutieren. Dabei werde ich den Blick weg von Krisen als vorstrukturierende Betrachtungslinse lenken, und vielmehr individuelle und soziale Motive der jungen Menschen selbst erörtern und kontextualisieren. Die Diskussion wird zeigen, dass Migration für junge Männer ein Vehikel ist, soziale Rollen und gesellschaftliche Teilhabe in der Heimatgesellschaft auszuhandeln. Während aber die Wanderarbeit in diesem Zusammenhang oft als Zugang zum sozialen Erwachsenendasein interpretiert wird, der Rechte, Prestige und Ressourcen verspricht, zeige ich, dass die Migrationserfahrung in erster Linie eine Lebensphase im Sinne einer global zirkulierenden Idee moderner Jugend ermöglicht, deren Stile und materiellen Ausdrücke die jungen Männer in die Heimat transportieren, um den eigenen sozialen Status unter Altersgenoss*innen zu erhöhen.

Dieser Artikel ist in einer ausführlicheren Form und als Gegenüberstellung mit den Migrationspraktiken junger Frauen in Nordghana im folgenden Buch erschienen:

Abb. 1: Christian Ungruhe: Lasten tragen, Moderne befördern.

Jugendliche Migrationsmotive in Nordghana

Seit Generationen existieren Praktiken der rural-urbanen Arbeitsmigration in westafrikanischen Gesellschaften. Ghana, obwohl heute ein politischer und ökonomischer Vorbildstaat in der Region, ist da keine Ausnahme. Charakteristisch für das Land ist seine Nord-Süd-Teilung: Während die Wirtschaft, Infrastruktur und das Bildungssystem des ländlichen Nordens vernachlässigt bleiben, gibt es Aussicht auf Jobs, Geld und Konsumgüter vor allem im urbanen Süden des Landes, wie in Accra oder Kumasi. Dies hat zunächst historische Gründe: In der Kolonialzeit wurde der Norden der damaligen Goldküste von der britischen Administration vor allem als Arbeitsreservoir für die Kakao- und Holzplantagen, Minen und Häfen im Süden genutzt. Auch nach der Unabhängigkeit setzte sich die Zweiteilung des Landes fort und bis heute bleibt der Norden vergleichsweise unterentwickelt. Viele Nordghanaer verbringen unter anderem deshalb einen großen Teil ihres Lebens auf den Plantagen, Minen und Städten im Süden (CORDELL et al. 1996; LENTZ 2006; *Bild 1*).

Junge Migrant*innen treten heute also in die Fußstapfen ihrer Eltern und Großeltern, die saisonal oder über mehrere

---

1) Die Sternchenform wird verwendet, wenn sich der Terminus auf mehr als ein Geschlecht bezieht. Die männliche Form wird dementsprechend dann verwendet, wenn sich der Begriff nur auf Angehörige männlichen Geschlechts bezieht.

Malte Steinbrink, Matthias Gebauer und Dieter Anhuf (Hrsg.): Afrika – ein Kontinent in Bewegung. Passau 2021 (Passauer Kontaktstudium Geographie 16)

Bild 1: *Eine Busstation im Süden Ghanas: wichtiger Arbeitsplatz für Migrant*innen aus Nordghana.*

Aufnahme: C. Ungruhe 12/2007.

Jahre im Süden arbeiteten. Elternunabhängige Arbeitsmigrationen sind so zu zentralen Erfahrungen im Leben vieler junger Menschen geworden. Jahr für Jahr wandern hunderte Jugendliche aus dem Norden Ghanas heute in die südlichen Metropolen und arbeiten beispielsweise als mobile Verkäufer*innen, in Restaurants, als Schrottsammler*innen oder Lastenträger*innen auf Märkten, Busstationen und anderen öffentlichen Plätzen. Manche kehren nach einigen Wochen oder Monaten zu ihren Familien zurück, bevor sie sich nach kurzer Zeit oft wieder auf den Weg in den Süden machen. Andere wiederum bleiben über mehrere Jahre in den Städten (UNGRUHE 2018). Die Migrationsmotive sind vielfältig, aber eher individueller Natur als dass sie in der Existenzsicherung des familiären Haushalts gründen. Neben modernen Konsumgütern und der Erwirtschaftung von Schulgebühren ist es Studien zufolge die Aussicht, Geld für Aussteuergüter bzw. Brautgaben zu akkumulieren (THORSEN 2006; YEBOAH 2008; UNGRUHE 2014; *Bild 2*).

Individuelle Motive wie die Akkumulation von Aussteuergütern und finanziellen Mitteln zur Brautgabe deuten wiederum auf einen zentralen Beweggrund zur Migration: die Verhandlung sozialer Positionen in der Heimatgesellschaft. Tatsächlich markiert die Heirat in vielen Gesellschaften Nordghanas die Schwelle zum sozialen Erwachsenendasein. So kann ein junger Mann, der seine Stadtwanderung zur Heiratsvorbereitung nutzt, zügig seine eigene Familie gründen, Gehöftsherr werden und mit der Übertragung väterlicher Landrech-

te eigene Felder bestellen. In dieser Sichtweise sind Arbeitsmigrationen für junge Männer eine Art moderner *rite de passage*, ein kulturell normierter Übergang in eine neue, sozial prestigeträchtigere Lebensphase als Erwachsener mit neuen Verpflichtungen und Privilegien (THORSEN 2006; CASSIMAN 2008; KWANKYE 2012).

Migration als Mittel, um einen höheren gesellschaftlichen Status und legitimen Zugang zu Rechten und Ressourcen zu erlangen, erscheint für Jugendliche in Afrika heute wichtiger denn je. Angesichts eines augenscheinlich überlagernden Krisenzustandes auf dem Kontinent, der sich vielerorts, neben den erwähnten klima-

tischen Herausforderungen, durch kriegerische Konflikte, repressive politische Strukturen, schwindende ökonomische Ressourcen sowie intergenerationelle Konflikte äußert, beschreiben Studien die gegenwärtige junge Generation als sozial marginalisiert, gefangen zwischen prekärer Gegenwart und ungewissen Zukunftsaussichten (UNGRUHE et al. 2019). Populäre Konzeptionalisierungen jugendlicher Stasis wie in „waithood" (HONWANA 2012), „being stuck" (SOMMERS 2012) oder „persistent marginalization" (RESNICK, THURLOW 2015) beleben das prominente Diktum einer „lost generation" (CRUISE O'BRIEN 1996) in Afrika. Ihr Glück, zumindest zeitweise, anderswo zu versuchen, und mit der Rückkehr den Eintritt ins soziale Erwachsenendasein zu forcieren, scheint für Jugendliche aus ländlichen Gebieten daher ein möglicher Ausweg aus der Krise zu sein.

Aber sind Erfahrungen der Krise tatsächlich so allumfassend und lebensbestimmend für diese jungen Menschen? Sind sie von sozialem Aufstieg abgeschnitten und steht ein soziales Erwachsenwerden deshalb im Vordergrund ihrer Migrationsprojekte? Oder könnten andere, bisher wenig berücksichtigte Motive zentraler für ihre Stadtwanderungen und Rückkehr sein, die das dominante Bild der Krise als Migrationstreiber relativieren? Die folgende empirische Diskussion des Zusammenhangs zwischen Jugend, Migration und sozialem Erwachsenwerden unter männlichen Jugendlichen aus Nordghana soll dahingehend Einsichten liefern.

Bild 2: *Jugendliche Lastenträger befördern ein schrottreifes Taxi auf einem Handkarren.*

Aufnahme: C. Ungruhe 03/2010.

Erwachsenwerden in Nordghana

Bereits Ende der 1970er Jahre schrieb Michael FRANKE (1979) in seinem Aufsatz zur Arbeitsmigration unter jungen Frafra-Männern in Nordostghana, dass diese zunehmend Schwierigkeiten haben, eine Familie zu gründen und so den sozialen Status eines Erwachsenen zu erlangen. Vor allem aus finanziellen Gründen: Ein junger Frafra ist verpflichtet, auf den väterlichen Feldern zu arbeiten und so zur Ernährungssicherung der Familie beizutragen. Es ist durchaus üblich, dass die Jungen daneben eigene kleine Parzellen bewirtschaften dürfen. Die Erträge aus dem Verkauf der Ernte sind aber meist nicht der Rede wert. Die Jugendlichen sind daher abhängig von den Zuwendungen ihrer Väter.

Zudem erweist sich diese Abhängigkeit als soziale Barriere, vor allem in Heiratsangelegenheiten. Der Eintritt in eine Ehe markiert den sozialen Aufstieg eines jungen Mannes und seine weitgehende Unabhängigkeit vom Vater. Dieser Aufstieg ist für junge Frafra-Männer zunehmend schwierig zu erreichen. Seit mehreren Generationen existiert die Norm, dass ein Vater dem Vater der zukünftigen Ehefrau vier Rinder als Brautgabe, als Kompensation für den Verlust ihrer Arbeitskraft, zahlen muss. Es war aber lange Zeit unüblich, die Rinder vor der Hochzeit zu übergeben. Dieses konnte auch noch Jahre nach der Eheschließung geschehen. Zudem wechselten in der Regel eher nur ein bis zwei Rinder den Besitzer, sodann galt die Ehe als vollzogen. Zu der Zeit von Frankes Forschung hatte sich dieser Brauch aber zum Nachteil der jungen Generation entwickelt. Der symbolische Preis einer Frau entwickelte sich zu einer tatsächlichen und unmittelbaren Forderung: Bevor die Hochzeit stattfinden konnte, mussten die vier Rinder nun an den Vater der Braut überbracht worden sein. FRANKE (1979) erklärt diesen Wandel zum einen mit der steigenden Bedeutung von Geld und Waren in einer zunehmend markwirtschaftlich geprägten Gesellschaft. Zum anderen verknappten extensive Landnutzung und eine wachsende Bevölkerung den Zugang zu fruchtbarem Boden. Während finanzielles Kapital stark an Bedeutung gewann, waren finanzielle Mittel immer schwieriger zu generieren. Eheschließungen entwickelten sich für viele zum unerschwinglichen Luxus. Jungen Männern wurde so der Übergang in eine soziale Erwachsenenwelt verwehrt, und sie waren darauf angewiesen, selbst für die Brautgabe auf-

zukommen. Frankes Informanten bestätigten ihm, dass sie vermehrt in die südlichen Städte migrierten, um Geld für eine solche Brautgabe zu erwirtschaften. Migration wurde so zu einem Mittel, die väterliche Autorität (und Armut) zu umgehen und mehr Raum (aber auch mehr Verantwortung) in eigenen Heiratsangelegenheiten zu erlangen. Auf diese Weise, so argumentiert FRANKE (1979), trug die Arbeitsmigration junger Männer zur Heiratsfähigkeit, der Erlangung eines höheren sozialen Status und größerer individueller Unabhängigkeit von lokalen Autoritäten bei.

Heute, mehr als vierzig Jahre später, scheinen sich junge Männer die erlangte Unabhängigkeit bewahrt zu haben. Während meiner eigenen Forschung in Bongo *(Bild 3)*, rund fünfzehn Kilometer nördlich der Regionshauptstadt Bolgatanga im Nordosten des Landes und ganz in der Nähe des Ortes von Frankes Untersuchungen, lamentieren Väter und Mütter der heutigen Jugendlichen über deren Eigensinn und fehlenden Respekt.

„Zu meiner Zeit haben wir unsere Eltern noch sehr geachtet", sagt ein Vater, „weil sie uns gut versorgt haben. Heute ist der Respekt verloren gegangen. Es ist alles wegen unserer Armut. Weil ich arm bin, kann ich meinen Kindern nichts geben und sie respektieren uns überhaupt nicht mehr."[2]

Als ich einen jungen Mann in Bongo mit dieser Aussage konfrontierte, sagte dieser knapp, „er hat uns sehr gut beobachtet".

Scheinbar hat sich seit vierzig Jahren nichts geändert. „Poverty", „Armut" ist je-

dermanns Antwort, wenn man nach den Gründen für die Migration der jungen Männer fragt. Zwar hat Meyer FORTES (1936), einer der bewandertsten Nordghana-Forscher des 20. Jahrhunderts, diese Erklärung bereits vor über achtzig Jahren während seiner Forschung bei den benachbarten und verwandten Tallensi als ein weit verbreitetes Stereotyp tituliert. Die Praxis, dass junge Männer und zunehmend auch junge Frauen in den Süden ziehen, um Geld zu verdienen, ist dennoch weithin beobachtbar. Ob Frankes Informanten das in der Migration verdiente Geld tatsächlich für die Brautgabe verwendet haben, ist jedoch schwierig zu klären. Inwieweit deren Akkumulation und somit das soziale Erwachsenwerden für die junge Generation heute ein Motiv für ihre Migration ist, lässt sich aber untersuchen. Zunächst: Heiraten, eine Familie gründen und so erwachsen zu werden ist heute immer noch keine leichte Angelegenheit. Traditionell ist es die Aufgabe des Vaters eines jungen Mannes, die dafür notwendigen Rinder bereitzustellen *(Bild 4)*. Aber heute scheinen viele Väter nicht in der Lage zu sein, dieser Aufgabe gerecht zu werden. „Zu meiner Hochzeit zahlte mein Vater drei Rinder", berichtet einer der heutigen Väter, „Wenn meine Söhne heiraten werden, kann ich nichts beisteuern. Noch nicht mal einen Hahn" (der traditionell bei der Verlobung an die Familie der Frau übergeben wird).

Der Bestand an Vieh ist in der Region in den letzten Jahrzehnten drastisch zurückgegangen. Mancher Haushalt besitze

Bild 3: Die felsige Landschaft in der Gegend von Bongo.

Aufnahme: C. Ungruhe 12/2008.

2) Zitate der Forschungsteilnehmer*innen sind vom Autor des Textes vom Englischen ins Deutsche übersetzt worden.

Bild 4: Ein Junge auf dem Weg zur Feldarbeit vor dem elterlichen Gehöft in Bongo.

Aufnahme: C. Ungruhe 12/2008.

gar keine Rinder oder Ziegen, wie auch der oberste politische Würdenträger Bongos, der *chief,* bestätigt. Er macht dafür das moderne Bildungssystem und die Migration der jungen Männer verantwortlich. „Einige verkaufen ihr Vieh, um ihre Kinder auf eine Schule schicken zu können. Und wenn sie eine Schule besuchen oder eben in den Süden gehen, wer hütet dann das Vieh?", fragt er etwas ernüchtert. Wenn Armut und der schwindende Viehbestand als Gründe dafür gelten, dass Väter ihren Söhnen keinen Weg in die Erwachsenenwelt ebnen können, dann liegt es vermeintlich auf der Hand, dass die jungen Männer dieses selbst in die Hand nehmen. Es scheint also nicht zu verwundern, wenn sie ihre Migration in den Süden zum Zweck der Brautgabe unternähmen. Auf der einen Seite bedeutet dies tatsächlich, dass die heutige Generation junger Männer eine größere Unabhängigkeit von ihren väterlichen Autoritäten genießt. Ein Vater kann nicht mehr ohne weiteres eine Heirat seines Sohnes hinauszögern, um ihn z.B. als Arbeitskraft im Haushalt zu halten. Auf der anderen Seite, wenn junge Männer aber selbst auch nicht für ihre Brautgabe sorgen können, dann scheinen Lösungen in weiter Ferne zu sein und eine Heirat und damit das Erwachsenwerden liegen weiterhin außerhalb ihres Einflusses.

Man behilft sich. „Mein Vater sagte mir, dass ich einen Mann finden solle, um ihn zu heiraten. Dann könne er die Rinder für die Heirat meines Bruders verwenden", sagte mir eine junge Frau. Dass junge Männer auf die Eheschließung ihrer Schwestern warten müssen, bevor sie selbst an

der Reihe sind, ist kein neues Phänomen. Obwohl aber viele Eltern über die frühen sexuellen Beziehungen ihrer Töchter lamentieren, hat insbesondere die steigende Zahl weiblicher Schullaufbahnen das Heiratsalter von Frauen erhöht und so auch die Eheschließungen ihrer Brüder verzögert. In Zeiten großer Schwierigkeiten die Brautgabe aufzubringen, war es traditionell die Aufgabe der erweiterten Familie auszuhelfen. „Aber das passiert heutzutage nur noch selten", meint Bongos *chief.* Gemeinsam mit anderen *chiefs* in der Region plant er daher die Brautgabe offiziell auf zwei Rinder zu reduzieren, so wie es bereits bei der Nachbarethnie der Kusasi praktiziert wird. Bliebe es bei vier Rindern, werde vielen die Eheschließung verwehrt und es käme zu Konflikten, erklärt er. Oft müsse er Streitigkeiten schlichten, wenn Väter zu ihm kämen und sich darüber beschwerten, dass sie noch keine Rinder für ihre Töchter erhalten hätten, obwohl diese bereits mit ihren Partnern zusammenlebten und Kinder aus diesen Verbindungen hervorgegangen seien.

Dieses scheint auf den ersten Blick ein Hinweis darauf zu sein, dass die junge Generation traditionelle Normen zu ignorieren beginnt und so einen anderen Weg ins Erwachsenendasein sucht. Uneheliche Kinder gehören sozial aber nicht zur *lineage* (Abstammungsgruppe) ihres Vaters, sondern zu derjenigen des Vaters ihrer Mutter (also demjenigen, der die Brautgabe erhalten sollte). Kinder außerhalb einer Ehe zu zeugen, hilft einem jungen Mann also nicht, den Status eines Erwachsenen

zu erlangen, denn er hat keinerlei Recht an dem Nachwuchs. Es scheint also, dass eine Arbeitsmigration der einzige Ausweg aus dem Dilemma ist; nur so kann ein junger Mann Geld für den Rindererwerb verdienen und eine eigene, sozial anerkannte Familie gründen. Frankes Erklärung von Migrationen als Mittel zur Generierung der Brautgabe und so zur Statusgewinnung klingt daher einleuchtend. Aber ist die Migration von jungen Männern tatsächlich ein Weg von der Jugend ins Erwachsenendasein?

Falls das Erreichen einer verantwortungsvollen Lebensphase als sozial Erwachsener das zentrale Motiv für die Südwanderungen der jungen Männer ist, dann muss dabei die Erlangung ihrer Heiratsfähigkeit oberste Priorität besitzen. Der Gelderwerb zum Zweck der Brautgabengenerierung steht bei den meisten Jugendlichen jedoch nicht im Vordergrund. Während dies bei Jungen im Teenageralter einleuchtet, die beispielsweise Geld für Schulgebühren erwirtschaften wollen, ist dieses unter ihren einige Jahre älteren *peers* bemerkenswerter. „Wir denken nicht daran [an die Brautgabe, Anmerkung des Verfassers]. Wir kehren nur mit neuen Klamotten und anderen Dingen nach Hause zurück", meint beispielsweise Rich, ein Mitte zwanzigjähriger Rückkehrer. Seine neben ihm sitzenden Altersgenossen bestätigen dies.

Obwohl also in einem heiratsfähigen Alter, werden während der Migration keine ökonomischen Vorbereitungen für eine Heirat unternommen. Im Gegenteil, junge Migranten scheinen Traditionalisten zu sein, wenn es um die Brautgabe geht. Von allen dabei möglicherweise auftretenden Konflikten einmal abgesehen, ist es heute noch immer die Aufgabe des Vaters, für die Brautgabe aufzukommen. Dieses reflektiert seinen Status als sozial anerkannter und geachteter Mann in der Gesellschaft. Dabei darf er auch auf die finanziellen Mittel der Mitglieder seines Haushalts zurückgreifen. Dies ist eine vollkommen legitime Handlung. Kehren junge Männer also mit Geld aus der Stadt zurück, steht dieses dem Vater zu. Konsumgüter wie Handys oder Fahrräder bleiben dagegen im Besitz des Rückkehrers. Seinen Vater mit hart verdientem Geld aus der Stadt zu unterstützen, würde also zum einen individuelle Migrationsmotive der jungen Männer konterkarieren. Zum anderen würde es auch, weil es im Zuge der Rückkehr des Sohnes für alle offensichtlich wäre, die väterliche Autorität und dessen Ansehen in der Gesellschaft hinterfragen. Ebenso würde sich ein Sohn kaum darauf einlassen wollen, das Geld aus der Migration von seinem Vater verwalten zu lassen. Die Gefahr, dass es am Ende doch nicht für die notwendigen Rinder ausgegeben würde, ist vielen jungen Männern wohl zu groß. Zudem hätten sie keinen Spielraum in Heiratsangelegenheiten gewonnen, sondern wären weiter vom Vater abhängig.

Vielmehr spielt sich folgendes Szenario ab. Nach einer Rückkehr aus der Stadt versucht ein junger Mann, auch um das Gesicht des Vaters zu wahren, eher einen Teil der Brautgabe dadurch mitaufzubringen, indem er beispielsweise bei der Arbeit auf den Feldern seiner Nachbarn aushilft und so etwas Geld verdient. Auf dieses hat sein Vater legitimen Zugriff, denn er ist es, der die Arbeitskraft des Sohnes verleiht und zum Wohle der dörflichen Gemeinschaft zur Verfügung stellt. Während der Vater dieses Geld also als seinen Beitrag zur Brautgabe des Sohnes deklarieren kann, zeigt der Sohn durch seine tatkräftige Hilfe bei der nachbarschaftlichen Feldarbeit, dass er willens ist, seine Heiratsfähigkeit unter Beweis zu stellen *(Bild 5)*.

Bild 5: Ein abgeerntetes Feld vor einem Gehöft in Bongo.

Aufnahme: C. Ungruhe 12/2008.

Auch hier gilt, der Vater könnte das Geld für andere Zwecke als die Brautgabe für die Heirat des Sohnes ausgeben. Da sich dieses Szenario allerdings vor den Augen der Familie und der Dorfgemeinschaft für alle offen sichtbar abspielt, gilt diese Praxis als eine Art intergenerationeller Vertrag, von dem beide Seiten profitieren: Während der Vater seinen Status als sorgendes Familienoberhaupt erhält, erlangt der Sohn sozialen Aufstieg durch den so ermöglichten Zugang zur Ehe.

Jugend erleben

Wenn also junge Männer nicht migrieren, um die Brautgabe zu generieren und so auch nicht aktiv einen Übergang ins Erwachsenendasein forcieren, dann bleibt zu klären, ob Fragen nach sozialem Status und einer Unabhängigkeit von elterlichen Autoritäten im Migrationsprozess überhaupt relevant sind. Rückkehren mit einem Fahrrad oder Mobiltelefon mögen zunächst dahin deuten, dass Konsum und Erlebnis an erster Stelle stehen.

Wenn man sich einen Abend in Bongos populärer Bar *Youth Base (Bild 6)* aufhält, fühlt man sich bestätigt. Wie üblich, so beobachtete ich, sitzen Jugendliche und junge Männer, Migranten und solche, die es unbedingt werden wollen, auf den Holzbänken, trinken das lokale Hirsebier und wirken dabei wie eine Zwei-Klassen-Gesellschaft. Auf der einen Bank sitzen fünf selbstbewusste Jungen, die in ihren Klamotten aussehen wie einem Musikvideo ihrer Hip-Hop-Idole entsprungen. Sie mimen die DJs und unterhalten mit ihren neuen Mobiltelefonen den Rest von uns mit den angesagtesten Songs. Einige von ihnen bewegen sich rhythmisch oder stehen auf und tanzen zu den Beats. Andere versorgen uns mit Neuigkeiten über ihre Idole und den neuesten Geschichten aus Accra. Drei Jungen im fortgeschrittenen Teenageralter auf der Bank gegenüber wirken zwar gebannt, sind aber merkwürdig still. In ihren abgetragenen Hosen und Hemden lauschen sie aufmerksam der Musik und schauen ihren aufgedrehten Freunden zu. Dann und wann nippen sie an einer Schüssel Hirsebier, die ihnen ausgegeben wurde, halten sich aber mit eigenen Kommentaren oder Tanzeinlagen zurück. Dieses Schauspiel war rund eine Stunde zu beobachten, bevor man entschied, es sei an der Zeit, zum Erntefest eines weiter entfernt liegenden Dorfes aufzubrechen. Dort sollte die Party weitergehen. Während sich die DJ-Jungs mit ihren Rädern auf den Weg machten, erreichten die drei anderen Jungen das Dorf rund eineinhalb Stunden später. Die Fei-

Bild 6: Ein ruhiger Nachmittag in Bongos Youth Base. *PITO DEY = Hirsebier ist vorrätig.*

Aufnahme: C. Ungruhe 12/2008.

er ging bis spät in der Nacht, man verlor sich aus den Augen und ich traf die Jungen erst am nächsten Tag wieder. Die Situation am Tag zuvor aber war eindeutig. Die Jugendlichen, die uns mit Musik auf ihren Handys unterhielten und auf Rädern zum Fest fuhren, waren frisch aus Accra und Kumasi zurückgekehrte Migranten. Die drei anderen Jungs, die den langen Weg zum Dorf zu Fuß unternehmen mussten, waren dagegen noch nie in einer Stadt im Süden gewesen. Aber das, so sagten sie mir nun, sei ihr größter Traum.

„Ich möchte nach Accra oder Kumasi, aber das Ticket für den Bus kann ich mir nicht leisten. Wenn ich dort Geld verdienen würde, würde ich mir einen Fernseher kaufen. Weil wir solche Dinge nicht besitzen, werden wir dauernd von denen geneckt, die schon einmal im Süden waren. Sie sagen uns oft, dass sie uns nicht dabeihaben wollen, wenn sie auf ein Fest gehen. Sogar Jüngere als wir beleidigen uns und sagen, ‚die Klamotten, die ich habe, wirst du niemals tragen'. Manchmal geben uns unsere Eltern ein wenig Geld, um uns davon etwas zu essen zu kaufen. Jeden Cent davon spare ich, damit ich mir ein Shirt kaufen kann. So gut wie alle sind schon in Accra oder Kumasi gewesen, nur wir nicht. Wir wollen auch! Es ist eine Schande", sagt der neunzehnjährige Wisdom, der in Bongo zur Schule geht. Auch Justice, sein zwei Jahre jüngerer Klassenkamerad, ist frustriert über sein Dasein als Nicht-Migrant:

„Einmal kam ein Freund aus Accra mit einem *G-Unit*-T-Shirt zurück. Als ich mit ihm abends die Straßen entlangging, sagt er auf einmal, ich solle hier warten, er würde gleich wiederkommen. Er kam nicht wieder. Er ist tanzen gegangen und wollte mich in meinen Klamotten nicht mitnehmen."

Die Migration in den Süden und die Rückkehr mit modernen Konsumgütern ist für Jugendliche in Nordostghana wie Justice, Wisdom und ihre Freunde von zentraler Bedeutung. Ihre Aussagen zeigen die Auswirkungen, wenn dieses nicht gelingt. Den Jungen ist die Teilhabe an einer modernen „Jugendkultur" im Norden verwehrt. Nicht zu migrieren heißt in der Regel, kein Handy, Fahrrad oder cooles T-Shirt zu besitzen. Mit diesen Dingen zurückzukehren bedeutet dagegen, dass man die neuesten Songs hören und vorspielen kann und ohne Schwierigkeiten zu einem Fest in der Umgebung gelangt. Es ist aber nicht der Besitz dieser Güter allein, der den Unterschied zwischen Migranten und Nicht-Migranten ausmacht. Vielmehr ist es das, was sich in ihnen spiegelt.

Die Rückkehr mit einem Fahrrad, Handy oder stylischer Kleidung symbolisiert den Erfolg eines Migranten. Sie sind Trophäen aus der verlockenden, aber fremden Stadt und tragen zum Ruhm eines Rückkehrers bei. Sein Ansehen unter seinen Altersgenossen ist hoch. Nicht zu migrieren oder ohne diese Dinge zurückzukehren bedeutet, dass man keine Symbole des Erfolgs vorzeigen kann. In diesem Fall kann ein Jugendlicher auch nicht mit zurückgekehrten Migranten mithalten. Man kann seine Freunde nicht mit dem neuesten Handy beeindrucken oder mit angesagter Musik unterhalten. Die Mobilität ist eingeschränkt und man muss darauf hoffen, vielleicht doch auf dem Gepäckträger eines Freundes zu einem Fest mitgenommen zu werden. Es mag auch vorkommen, wie Justice es beschreibt, dass man nicht mehr willkommen ist, dabei zu sein. Diese Ungleichheit markiert eine Hierarchie unter den männlichen Altersgenossen. „Sie können sich nicht mit mir vergleichen", sagt beispielsweise Kofi, ei-

ner der zurückgekehrten Jungen über die Nicht-Migranten. Er bringt das ganze Drama auf den Punkt, wenn er sagt, „wenn sie sich in ein Mädchen verlieben, das ich auch haben will, dann haben sie keine Chance."

Aber eine Wanderung in den Süden und eine Rückkehr als moderner Jugendlicher ist kein Selbstläufer. Während einige Migranten in der Stadt kaum genug Geld zum Lebensunterhalt verdienen, ziehen viele ihren ursprünglich für einige Wochen oder Monate angedachten Aufenthalt in die Länge und entscheiden sich aus den unterschiedlichsten Gründen dazu, auf Jahre hinaus nicht nach Hause zurückzukehren. Die Angst vor dem Scheitern ist oft groß: „Sie schauen auf dich herab, sagen, du seist zu nichts zu gebrauchen. Sie necken dich und machen sich lustig", erklärt einer der migrierten Jugendlichen in der *Youth Base* das Szenario erfolgloser Migration. „Es ist besser, wenn du gar nicht zurückkommst anstatt mit leeren Händen", folgert er. Dass Rückkehrer daher ihren Erfolg und die Anerkennung ihrer Altersgenoss*innen auskosten, ist einleuchtend. Ein einmal erlangter Status als moderner, angesehener Jugendlicher hält aber nicht ewig. Man mag so lange unter seinen *peers* angesagt sein, so lang die Kleidung noch *in* und das Handy nicht altmodisch sind und die Songs darauf noch die Stimmung anheizen können. Wenn dies aber nicht mehr der Fall sein sollte und das mitgebrachte Fahrrad kaputt gegangen ist und die Freunde schon genervt von den alten Geschichten aus der Stadt sind, die man ihnen auf einem langen Fußmarsch zum Fest im Nachbardorf erzählt, dann ist es höchste Zeit, sich wieder nach Accra oder Kumasi aufzumachen und mit neuen Symbolen des Erfolgs zurückzukehren.

Schlussbetrachtung

Jugendliche Migration ist nicht, wie in der sozialwissenschaftlichen Literatur oft suggeriert wird, direkte Folge einer ökologischen, ökonomischen oder gesellschaftlichen Krise in Afrika. Gewiss mögen solche Krisen sowie die verbreitete Erfahrung von Risiken und Unsicherheit Migrationspraktiken beeinflussen, mitunter auch initiieren. Während die Gründe für Migrationen vielfältig und kontextabhängig sind, muss Migration allerdings als alltägliches Phänomen betrachtet werden (STEINBRINK, NIEDENFÜHR 2020).

Vielmehr als ein Krisenphänomen sind jugendliche Wanderungen deswegen eine

wichtige kulturelle und soziale Praxis. Erfolgreiche Arbeitsmigrationen und Rückkehren sind durchaus eine *rite de passage* und heben den Status eines jungen Menschen. Im Norden Ghanas initiieren sie den Übergang in einen Modus als moderner Jugendlicher, ein Status, der Prestige und Ansehen unter Altersgenoss*innen bringt. Dagegen ist ein soziales Erwachsenwerden als Migrationsmotiv weniger bedeutsam. Zwar sind zentrale Übergänge wie eine Heirat und die Gründung einer Familie in Gesellschaften wie den Frafra für junge Männer zunehmend schwieriger zu vollziehen, kulturelle Normen wie die

der Brautgabenakkumulation durch den Vater bleiben aber vorherrschend. Gerade die Rückkehr der Jugendlichen nach Bongo ohne finanzielle Mittel zur Generierung der Brautgabe ist ein Indiz hierfür, hilft sie doch die Autorität des Vaters in Heiratsangelegenheiten zu wahren und bestehende soziale Strukturen durch ihre Migration nicht aufzubrechen (UNGRUHE 2010).

Einhergehend mit der Beobachtung, dass traditionelle Formen des Erwachsenwerdens weiterhin Bestand haben, ist die Teilhabe an einer global zirkulierenden Idee moderner Jugend durch Arbeitsmigration kein genuin zeitgenössisches Phänomen. Vielmehr liegen die Wurzeln des heutigen modernen Jugenderlebens in Westafrika durch Arbeitsmigration in den Migrationen der heutigen Väter und Großväter, die so bereits zu Beginn des letzten Jahrhunderts eine Phase der Jugend erlebt haben. Dieses hat z. B. Isaac Schapera (1947) für das südliche Afrika bereits in den 1940er Jahren beschrieben, und es mag ebenso in den Studien von Meyer Fortes (1936, 1971) und Keith Hart (1987) im nordghanaischen Kontext anklingen. Die Anerkennung unter den Altersgenoss*innen in der Heimat durch die Rückkehr mit Erfolgssymbolen haben auch sie schon zum Teil dargestellt.

Gewiss haben sich die Werte und das, was als ein modernes Symbol aus der Stadt gilt, über die Jahrzehnte gewandelt.

Während Fahrräder allerdings seit Generationen wichtige Güter für Migranten sind, wird heute kaum noch jemand ein Radio dem Mobiltelefon vorziehen. Die heutige Generation Jugendlicher hat zudem vor allem damit zu kämpfen, dass sich Moden immer schneller wandeln, vormals begehrte Dinge schnell unattraktiv werden und es immer neue Beweise des Erfolgs in der Stadt braucht. Dieses rasante Tempo scheint im Hinblick auf ein Erleben von Jugend durch Arbeitsmigrationen der wesentliche neue Einfluss einer euro-amerikanisch geprägten und global zirkulierenden Moderne zu sein.

Es ist also keineswegs so, dass es in Afrika keinen sozialen oder kulturellen Wandel im Hinblick auf ein Jugenderleben und soziales Erwachsenwerden gibt. Die spezifischen Aushandlungsprozesse, was es heißt ein Jugendlicher oder ein Erwachsener zu sein, sind dynamisch. Dass Jugend zu erleben und erwachsen zu werden für nordghanaische Jugendliche aber ein seit Generationen verlaufender Aushandlungsprozess ist, zeigt, dass sich diese Dynamiken in einem kulturellen Kontinuum vollziehen. Jugend ist so weder eine Übergangsphase sozialer Stagnation noch eine von gesellschaftlichen Prozessen unabhängige Daseinsform, sondern eine eigenständige, gestalterische, aber eben soziokulturell eingebettete Lebensform (Martin et al. 2016). Für junge nordghanaische Migranten bedeutet sie in erster Linie eines, die Teilhabe an einer so wahrgenommenen Moderne, die ein Erleben von Jugend in diesem Kontext erst konstituiert.

Literatur

Adaku, A. A. (2013): The effect of rural-urban migration on agricultural production in the northern region of Ghana. – Journal of Agricultural Science and Applications 2(4): 193–201.

Beauchemin, C. (2018): Introduction. In: C. Beauchemin (Hrsg.): Migration between Africa and Europe. – Cham: 1–8.

Boaten, B. A. (1997): Rural Poverty in Ghana: The Failure of the Call on the Youth "to go Back to the Land". – Research Review (NS) 13(1 & 2): 74–89.

Cassiman, A. (2008): Home and Away: Mental Geographies of Young Migrant Workers and their Belonging to the Family House in Northern Ghana. – Housing, Theory and Society 25(1): 14–30.

Cassiman, A. (2010): Home call: absence, presence and migration in rural northern Ghana. – African Identities 8(1): 21–40.

Cordell, D. D., Gregory, J. W. u. V. Piché (1996): Hoe and Wage. A Social History of a Circular Migration System in West Africa. – Boulder.

Cruise O'Brien, D. B. (1996): A Lost Generation? Youth Identity and State Decay in West Africa. In: R. Werbner, T. Ranger (Hrsg.): Postcolonial Identities in Africa. – London, New Jersey: 55–74.

Flahaux, M.-L., Haas, H. de (2016): African migration: trends, patterns, drivers. – Comparative Migration Studies 4(1): 1–25.

Fortes, M. (1936): Culture Contact as Dynamic Process. An Investigation in the Northern Territories of the Gold Coast. – Africa 9(1): 24–55.

Fortes, M. (1971): Some Aspects of Migration and Mobility in Ghana. – Journal of Asian and African Studies 6(1): 1–20.

Franke, M. (1979): Perzeption von Wanderarbeit bei bäuerlichen Tallensi. – Sociologus 29(2): 132–148.

Hahn H. P. (2007): Migration as Discursive Space – Negotiations of Leaving and Returning in the Kasena Homeland (Burkina Faso). In: H. P. Hahn, G. Klute (Hrsg.): Cultures of Migration. African Perspectives. – Berlin: 149–174 (Beiträge zur Afrikaforschung, 32).

Hart, K. (1987): Rural-Urban Migration in West Africa. In: J. S. Eades (Hrsg.): Migrants, Workers, and the Social Order. London, New York: 65–81 (Association of Social Anthropologists of the Commonwealth: A. S. A. monografs, 26).

Honwana, A. (2012): The Time of Youth. Work, Social Change, and Politics in Africa. – Sterling (VA).

Kwankye, S. O. (2012): Transition into Adulthood: Experiences of Return Independent Child Migrants in Northern Ghana. – OMNES: The Journal of Multicultural Society 3(1): 1–24.

Lentz, C. (2006): Ethnicity and the Making of History in Northern Ghana. – Edinburgh (International African Library, 33).

Martin, J., Ungruhe, C. u. T. Häberlein (2016): Young Future Africa – Images, Imagination and its Making: An Introduction. – AnthropoChildren 6: 1–18.

Meier, B. (2003): Living in the bush: representations of urban life among Northern Ghanaian migrants. In: F. Kröger, B. Meier (Hrsg.): Ghana's North. Research on Culture, Religion and Politics of Societies in Transition. – Frankfurt/Main: 61–78.

Resnick, D., Thurlow, J. (Hrsg.) (2015): African Youth and the Persistence of Marginalization. Employment, politics and prospects for change. – Abingdon, New York (Routledge Studies in African Development).

Schapera, I. (1947): Migrant Labour and Tribal Life. A Study of Conditions in the Bechuanaland Protectorate. – London, New York.

Sommers, M. (2012): Stuck. Rwandan Youth and the Struggle for Adulthood. – Athens (GA) (Studies in Security and International Affairs).

Steinbrink, M., Niedenführ, H. (2020): Africa on the Move. Migration, Translocal Livelihoods and Rural Development in Sub-Saharan Africa. – Cham.

Sultan, B., Gaetani, M. (2016): Agriculture in West Africa in the Twenty-First Century: Climate Change and Impacts Scenarios, and Potential for Adaptation. – Frontiers in Plant Science 7: 1–20.

Thorsen, D. (2006): Child Migrants in Transit. Strategies to Assert New Identities in Rural Burkina Faso. In: C. Christiansen, M. Utas u. H. E. Vigh (Hrsg.): Navigating Youth, Generating Adulthood. Social Becoming in an African Context. – Uppsala: 88–114.

Ungruhe, C. (2010): Symbols of success: Youth, peer pressure and the role of adulthood among juvenile male return migrants in Ghana. – Childhood 17(2): 259–271.

Ungruhe, C. (2014): Migration, Marriage, and Modernity: Motives, Impacts, and Negotiations of Rural-Urban Circulation among Young Women in Northern Ghana. In: M. Abdalla, D. Dias Barros u. M. Berthet (Hrsg.): Spaces in Movement.

New Perspectives on Migration in African Settings. – Köln: 105–125 (Topics in Interdisciplinary African Studies, 35).

UNGRUHE, C. (2018): Lasten tragen, Moderne befördern. Wanderarbeit, Jugend, Erwachsenwerden und ihre geschlechtsspezifischen Differenzierungen in Ghana. – Berlin (Beiträge zur Afrikaforschung, 89).

UNGRUHE, C. (2019): Beyond Agency's Limits. "Street Children's" Mobilities in Southern Ghana. – Cadernos de Estudos Africanos 37: 41–61.

UNGRUHE, C., RÖSCHENTHALER, U. u. M. DIAWARA (2019): Introduction: Young people working for better lives in West and Central Africa. – Cadernos de Estudos Africanos 37: 9–16.

YEBOAH, M. A. (2008): Gender and Livelihoods: Mapping the Economic Strategies of Porters in Accra, Ghana. – Morgantown (WV) [Dissertation an der Universität von West Virginia].

Dr. CHRISTIAN UNGRUHE
Wissenschaftlicher Mitarbeiter im Forschungsprojekt „Migration und Translokalität in Westafrika"
am Lehrstuhl für Anthropogeographie • Universität Passau
Innstraße 40 • D–94032 Passau
christian.ungruhe@uni-passau.de

Ina Voshage

„Tanzanian Women Can": eine Betrachtung des afrikanischen Frauenbildes im Wandel unter Einbezug ausgewählter *Empowerment*-Beispiele aus Tansania

Mit zwei Abbildungen und vier Bildern

1 Einleitung und didaktische Hinweise

„Eine Entwicklung ohne Frauen ist wie ein Karren ohne Rad." (Afrikanisches Sprichwort)

Die Gleichberechtigung der Geschlechter ist ein grundlegendes Menschenrecht und wesentliche Voraussetzung für die Existenz friedlicher Gesellschaften, in denen sich menschliches Potenzial entfalten und nachhaltige Entwicklung stattfinden kann. Frauen und Mädchen machen die Hälfte der Weltbevölkerung aus, das heißt, sie vereinen die Hälfte des menschlichen Potenzials auf sich, weshalb es naheliegend ist, dass das Stärken von Frauenrechten positive Auswirkungen auf die Stabilität der Wirtschaft, Politik und Gesellschaft eines Staates hat. Damit also der metaphorische „Entwicklungskarren" – nicht nur in Afrika, allerdings im Rahmen dieses Artikels dort besonders – nachhaltig in Bewegung bleibt, ist die verstärkte Integration von Frauen und Mädchen in politische, wirtschaftliche und gesellschaftliche Prozesse essenziell.

Um das Ziel der Geschlechtergleichstellung zu erreichen bzw. sich diesem zumindest stetig zu nähern, sind in den vergangenen rund 50 Jahren regelmäßig international Impulse gesetzt worden, aus denen nachfolgend auch konkrete Initiativen mit zum Teil messbaren Erfolgen entstanden sind. Im Rahmen von insgesamt vier Weltfrauenkonferenzen verständigten sich Vertreter der internationalen Staatengemeinde zwischen 1975 und 1995 graduell darauf, die Stellung der Frau in allen Lebensbereichen nachhaltig zu stärken. In Peking wurde 1995 eine Aktionsplattform initiiert, die bis heute als umfassendstes Konzept zur Förderung der Gleichstellung der Geschlechter und der Stärkung von Rechten von Frauen und Mädchen gilt.

25 Jahre später zeigt sich, dass bisher kein einziger Staat die Verpflichtungen der Pekinger Erklärung vollständig erfüllt. Wenngleich Fortschritte erzielt wurden, sind diese nicht immer nachhaltig gewesen oder sehen sich mit neuen Herausforderungen konfrontiert. Aktuell ist das Ziel der Gleichstellung der Geschlechter in den insgesamt 17 *UN*-Nachhaltigkeitszielen als fünftes Ziel verankert und somit von globaler Relevanz. Bemühungen auf nationaler oder regionaler Ebene finden ihren Ausdruck meist in speziellen Programmen und Initiativen: so wurden im Rahmen der Afrikanischen Frauendekade (2010–2020) unter dem Motto „Make Every Woman Count" verstärkt Graswurzelansätze für weibliches *Empowerment* erprobt. Dies soll Frauen sowohl den Zugang zu Ressourcen als auch zu Entscheidungsgremien erleichtern. Denn obwohl Frauen und Männer in zahlreichen afrikanischen Ländern verfassungsrechtlich gleichberechtigt sind, besteht nach wie vor eine große Diskrepanz zwischen Gesetzgebung und Rechtswirklichkeit. Das Geschlecht beeinflusst also die Lebensrealitäten und -chancen von Frauen und Männern.

Im Kontext des Genderdiskurses, der weltweit unterschiedlich intensiv geführt wird, werden solche und andere vorherrschende Geschlechterungleichheiten analysiert. Das führt auch dazu, dass soziokulturell zugeschriebene und historisch gewachsene Rollenbilder infrage gestellt werden. Die Frage, wie sich *Gender*, im Sinne von „Geschlecht als soziale Kategorie", präsentiert, lässt sich ebenso im Diskurs um ein post-koloniales Afrika verorten. „Obwohl im kolonialen Afrika das Hauptziel die politische, wirtschaftliche und soziale Unabhängigkeit war, war mit der postkolonialen Agenda auch die Emanzipation der Frauen an sich verwoben" (IMAFIDON 2013: 24, eigene Übersetzung).

Afrikanische Frauen, insbesondere diejenigen, die in den Großstädten des Kontinents leben, fordern stereotype Zuschreibungen der „traditionellen" afrikanischen Gesellschaft für Frauen- und Männerrollen zunehmend heraus, indem sie die Unterwürfigkeit zum bzw. Abhängigkeit vom Mann, wie sie in der „alten Ordnung" enthalten sind, anfechten. Diesbezüglich lässt sich fragen: Sind die beobachtbaren Veränderungen im Rollenbild der afrikanischen Frau Ausdruck eines intrinsischen, nachhaltigen Wertewandels, der sich innerhalb afrikanischer Gesellschaften vollzieht? Oder handelt es sich lediglich um eine oberflächliche Projektion westlich-liberaler Werte? Und: Sind die „neuen Rollen" der afrikanischen Frau am Ende weniger das Produkt von Emanzipation und *Empowerment* als vielmehr ökonomische Notwendigkeit?

Der Artikel thematisiert die sich verändernden Geschlechterverhältnisse und Rollenzuschreibungen in Subsahara-Afrika. Nach einer kurzen Darstellung grundlegender Begrifflichkeiten der Gender- und Entwicklungsforschung (Geschlecht/ *Gender, Empowerment,* „Entwicklung") geht er den soeben gestellten Fragen nach. Dies erfolgt anhand ausgewählter Beispiele, die sich ebenfalls im Unterricht mit Schülerinnen und Schülern diskutieren lassen. So lernen diese nicht nur die zentralen Begriffe des Entwicklungsdiskurses kennen, sondern können auch eigene Rollenbilder und -zuschreibungen analysieren und hinterfragen. Die beobachtbaren Dynamiken werden zuerst auf überregionaler Ebene unter Einbezug von Studien aus verschiedenen subsaharischen Staaten diskutiert; anschließend erfolgt eine vertiefende Betrachtung mithilfe von Beispielen aus der tansanischen Politik, Wirtschaft und Gesellschaft. Der Artikel schließt mit einem Fazit und wagt darüber hinaus auch einen Ausblick.

Malte Steinbrink, Matthias Gebauer und Dieter Anhuf (Hrsg.): Afrika – ein Kontinent in Bewegung. Passau 2021 (Passauer Kontaktstudium Geographie 16)

2   Konzeptionelle Grundlagen der *Gender-* und Entwicklungsforschung

Geschlecht, Gender, Gleichheit

Zurückgehend auf Erkenntnisse der 1980er Jahre unterscheidet die Geschlechterforschung zwei Arten von Geschlecht: ein biologisches (engl. *sex*) und ein soziales (engl. *gender*). Während sich *Sex*/Geschlecht auf das biologische Geschlecht bezieht, das durch postnatal erkennbare Körpermerkmale bestimmt wird, meint *Gender*[1] das soziokulturelle Geschlecht, das ein Mensch nach der Geburt durch die Zuschreibung spezifischer Rollenbilder seitens der Gesellschaft annimmt (vgl. WASTL-WALTER 2010: 22). Die Abgrenzung verdeutlicht, dass sich Geschlechterunterschiede nicht – wie lange angenommen – allein mit körperlichen Merkmalen erklären lassen, sondern dass diese sozial konstruiert – und damit veränderbar – sind. Die Konstruktionen sind dabei nicht universell: sie unterscheiden sich geographisch und kulturell und unterliegen einem Wandel (vgl. SMYKALLA 2006; ROSS, SHINEW 2008).

"[…] as roles shift in our society gender stereotypes should as well" (ROSS, SHINEW 2008: 43; DIEKMAN, EAGLY 2000). Diese Aussage greift die zuvor erwähnte Wandelbarkeit der Geschlechtskonstruktionen auf und zeigt außerdem, dass Geschlecht weniger als Grundlage sozialer Praxis, sondern mehr als Effekt dieser verstanden werden sollte, in deren Kontext die Einstellungen, Erziehungspraktiken und Handlungsspielräume sowohl für das Selbstverständnis des Individuums als auch für die Beziehungen zu anderen Personen der Gesellschaft bedeutsam sind (vgl. ROSS, SHINEW 2008). Die gesellschaftlichen Zuschreibungen, die Männer und Frauen in Bezug auf ihr biologisches Geschlecht erfahren, beeinflussen ihre Lebensrealitäten und -chancen in unterschiedlichem Maße, wobei die Zuschreibungen für Frauen in höherem Maße vorbestimmt sind als die der Männer (vgl. DIKETMÜLLER 2007). Aus dieser Konstruktion entstammt die Ungleichheit der Geschlechter *(Gender Inequality)* bzw. der Versuch diese Ungleichheiten und die damit einhergehenden Nachteile zu verringern *(Gender Equality)*. Dies meint nicht, dass Männer und Frauen gleich sind oder sein sollen; vielmehr soll jedes Geschlecht in seiner Lebensgestaltung frei von stereotypbedingten Einschränkungen sein und gleichen Zugang zu Ressourcen für die persönliche Entwicklung besitzen. Oft wird kritisiert, *Gender* werde mit Frauen gleichgesetzt und Männer würden diskriminiert; hier ist es wichtig zu verstehen, dass *Gender Equality*-Ansätze das Stärken von Frauenrechten verfolgen, um sie aus ihrer benachteiligten Position zu heben, wofür der Dialog mit Männern essenziell ist (vgl. IMAFIDON 2013:22).

Die internationale Staatengemeinschaft hat erkannt, dass die Gleichstellung der Geschlechter integraler Bestandteil nachhaltiger Entwicklung ist. In der allgemeinen Erklärung der Menschenrechte hält sie bereits 1948 fest, dass Diskriminierung aufgrund des Geschlechts inakzeptabel sei. Diese Erkenntnis kam nicht über Nacht, sondern ist Ausdruck des Einsatzes der globalen Frauenbewegung bzw. der Integration von Frauen in das System der *Vereinten Nationen (UN)*. Auch muss festgehalten werden, dass dieses internationale Rahmenwerk – eine kraftvoll zum Ausdruck gebrachte Erklärung gemeinsamer Werte unabhängiger Staaten der internationalen Gemeinschaft –, nicht dazu geführt hat, dass die Mitgliedsstaaten zwangsläufig entsprechende Gesetze einführen, die eine Gleichstellung der Geschlechter fördern. Diese Themen auf die globale Agenda zu bringen war langwierig – und dauert an.

Angefangen von der *UN*-Dekade für Frauen, die 1975 auf der ersten Weltfrauenkonferenz in Mexiko-Stadt begann, über die Konferenzen von Kopenhagen 1980, Nairobi 1985 und Peking 1995 bis hin zu den Millenniums-Entwicklungszielen 2000 und den „Sustainable Development Goals" (SDGs) 2015 – sowie weiterer Bemühungen auf nationaler und regionaler Ebene – erkannten zahlreiche Initiativen, dass eine nachhaltige soziale und wirtschaftliche Entwicklung konkrete Maßnahmen benötigt. In den 17 SDGs von 2015 verstehen die *UN Gender Equality* (Ziel 5) als Gleichberechtigung der Geschlechter und als Ermächtigung von Frauen und Mädchen.

Weltweit hat bislang kein einziges Land den Status vollständiger Geschlechtergleichstellung erreicht. Im „Global Gender Gap Report" untersucht das *Weltwirtschaftsforum (WEF)* mithilfe eines Indexes seit 2006 jährlich die Bemühungen von mittlerweile 153 Ländern im Verringern bzw. Schließen der *Gender Gap* („Lücke zwischen den Geschlechtern"). Mithilfe von 14 sozialen Indikatoren bewertet das *WEF* die Performanz der Länder, die acht Großregionen zugeordnet werden, hinsichtlich der vier Bereiche Bildung, Gesundheit, Politik und Wirtschaft und stuft sie anschließend nach ihrem Stand ein. Der 2020 veröffentlichte globale Wert für 2019 liegt bei 0,686. Dies bedeutet, dass Frauen bisher 68,6 % der Stellung des Mannes erreicht haben; 31,4 % fehlen, um die „weltweite Lücke" zu schließen. Wenngleich derartige Untersuchungen nicht frei von Limitationen und Kritik sind, fungieren sie oft als Kompass und entwicklungspolitischer Richtungsweiser. Der Index soll Interessenvertretern der jeweiligen Länder helfen, Priorisierungen vorzunehmen und konkrete Maßnahmen in den spezifischen wirtschaftlichen, politischen und kulturellen Kontexten umzusetzen.

Das einzige afrikanische Land südlich der Sahara, das 2020 in den Top Ten des Rankings steht, ist Ruanda. Der ostafrikanische Binnenstaat rangiert auf Platz neun – und damit einen Platz vor Deutschland (vgl. *WEF* 2019).[2] Mit Namibia, Südafrika, Burundi, Sambia und Simbabwe sind 2020 insgesamt sechs Länder aus Subsahara-Afrika unter den ersten 50 Plätzen vertreten; Tansania folgt auf Platz 68 (von 153). Der diesjährige Bericht konstatiert, dass die Region „Subsahara-Afrika" 68 % der *Gender Gap* geschlossen habe, was als Fortschritt in Bezug auf die Zielerreichung gewertet wird (vgl. *WEF* 2019: 24). Die Einzelwerte in der Großregion sind breit gefächert: Insgesamt schneidet Ruanda mit einem Indexwert von 0,791 am besten ab; die Demokratische Republik Kongo steht mit einem Wert von 0,578 auf dem letzten Platz innerhalb der Großregion. In den vier Subkategorien bestehen ebenfalls starke regionale Unterschiede, z.B. in der Kategorie „Politik": laut Bericht machen in Ruanda Frauen mehr als die Hälfte des Parlaments aus; in Nigeria sind es nur 3,4 % (vgl. *WEF* 2019: 25).

Die geschlechtliche Gleichberechtigung ist ruandisches Staatsziel und in der Verfassung von 2003 festgeschrieben. Begründet werden kann dies unter anderem damit, dass nach dem Völkermord 1994 besonders Frauen bzw. Mädchen das Land „aufbauten"[3]. 2005 hat Ruan-

---

1) Im Deutschen wurde die englische Bezeichnung *Gender* für das sozialisierte Geschlecht übernommen.

2) Im Vorjahr stand Ruanda auf Platz sechs (vgl. *WEF* 2018).

3) Aufgrund der Ermordung, Flucht und Verhaftung von Männern, betrug der Frauenanteil in Ruanda unmittelbar nach dem Völkermord rund 70 %. Vereinzelt wird der ruandische Völkermord daher auch als *Gendercide* bezeichnet (vgl. SEEWALD 2006).

da ein Quotensystem eingeführt, dass es mehr Frauen ermöglichen soll, Führungspositionen zu bekleiden. Ein Drittel aller Stellen im öffentlichen Dienst ist seitdem für Frauen reserviert; im Parlament liegt der Frauenanteil mittlerweile bei 61,3 % (zum Vergleich: im Deutschen Bundestag liegt der Anteil aktuell bei rund 30 %; *Abb. 1*).

Der Weg zur Parität ist allerdings noch lang: So wird der amtierende ruandische Präsident Paul Kagame, der seit 2000 im Amt ist und den internationale Organisationen in unterschiedlichem Licht zeichnen, unter anderem für seine Symbolpolitik und den Umgang mit der Opposition kritisiert. Zuletzt sorgte beispielsweise das Verhalten gegenüber der Geschäftsfrau und Frauenrechtlerin Diane Rwigara im Rahmen der Parlamentswahlen 2017 für Aufsehen. Dennoch lässt sich erkennen, dass in Ruanda zunehmend Gesetze entstehen, die Frauenrechte stärken.

Empowerment

Der englische Begriff *Empowerment* lässt sich übersetzen mit Stärkung, (Selbst-) Befähigung oder (Selbst-)Ermächtigung. Die Ursprünge des Begriffs lassen sich bis ins 12. Jahrhundert zurückverfolgen, wo die Ideen des *Empowerments* bereits mit Kämpfen für soziale Gerechtigkeit in Verbindung standen (vgl. Batliwala 2010). Im Laufe des 20. Jahrhunderts, besonders während der amerikanischen Bürgerrechtsbewegung, erhielt der Begriff eine stärkere politische Bedeutung. Nach heutigem Verständnis steht er für ein Konzept, das die Ermächtigung benachteiligter, marginalisierter und entrechteter Gruppen und Individuen in den Fokus stellt. Im Kontext der *Gender Studies* findet der *Empowerment*-Begriff besonders im Hinblick auf das Stärken von Frauenrechten Verwendung.

Dass es um „Stärke“ – und damit auch um Macht – geht, deutet das Wortteil *power* an. Es existieren verschiedene Definitionsansätze, die unterschiedliche Schwerpunkte setzen, denen allerdings das Fokussieren benachteiligter Gruppen gemeinsam ist. Longwe (1991) schlägt ein hierarchisches Stufenmodell vor, das die fünf Level Sozialhilfe *(Welfare)*, Zugang *(Access)*, Bewusstseinsbildung *(Conscientisation)*, Teilhabe *(Participation)* und Kontrolle *(Control)* beinhaltet. Je weiter man in dem Modell nach oben steigt, desto mehr lässt sich von *Empowerment* sprechen *(Abb. 2)*.

Batliwala (1994) beschreibt einen dem Konzept zugrundeliegenden Prozess, der

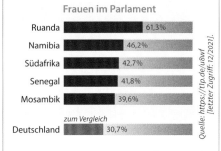

Abb. 1: Frauen im Parlament.

Frauen im Parlament

Ruanda	61,3%
Namibia	46,2%
Südafrika	42,7%
Senegal	41,8%
Mosambik	39,6%
zum Vergleich	
Deutschland	30,7%

Quelle: https://t1p.de/u8wf [letzter Zugriff: 12/2021].

es Menschen ermöglichen soll, Kontrolle über die eigenen Lebensumstände zu erlangen, indem bestehende Machtverhältnisse infrage gestellt werden. Ebenfalls als Prozess, allerdings mit stärkerem Fokus auf Teilhabe, definieren Patil et al. (2009) den Begriff: Es gelte, Mechanismen und Fähigkeiten zum Überwinden institutioneller und sozialer Barrieren zu entwickeln, um die Beteiligung benachteiligter Gruppen und Individuen an politischen, wirtschaftlichen und sozialen Entscheidungsprozessen zu stärken. Ziel dessen sei eine Verbesserung der Lebensqualität. Die Definitionen verdeutlichen auch, dass der Prozess mehrere Ebenen anspricht: eine individuelle, eine institutionelle und eine gesellschaftliche.

Vor dem Hintergrund von Geschlechterfragen bringt *Empowerment* Frauen in die politische Sphäre und ist in diesem Kontext als Prozess zu verstehen, der eine Veränderung der Machtverteilung zwischen Männern und Frauen, sowohl in zwischenmenschlichen Beziehungen als auch in Institutionen der gesamten Gesellschaft, zum Ziel hat. Es geht darum, die „patriarchale Ideologie“ herauszufordern (Batliwala 1994: 130). Der Ressourcenzugang spielt dabei eine zentrale Rolle (vgl. Kabeer 2001), denn bei Entwicklungsfragen im Globalen Süden geht es häufig um den Zugang zu bzw. Besitz von Land: "[…] enable women to take an equal place with men, and to participate equally in the development process in order to achieve control over the factors of production on an equal basis with men" (Longwe 1991: 150).

In den 1960er Jahren hat sich der *Empowerment*-Begriff nach seiner Revitalisierung als fester Bestandteil des Entwicklungsdiskurses etabliert. Dies führt jedoch auch zu einer inflationären Verwendung, was mitunter negative Konsequenzen hat. Batliwala (2010) argumentiert, dass bei diesem Vorgang häufig hilfreiche Ansätze, die zur Bewältigung spezifischer Entwicklungsaufgaben erdacht wurden, ihrem Kontext entzogen und in „universelle Allheilmittel“ (Batliwala 2010: 111) umgewandelt werden. Diesem Prozess ebneten nicht zuletzt die Unterzeichnenden der Peking-Erklärung 1995 unfreiwillig den Weg, als sie erklärten, dass sie sich mit ihrer Unterschrift dem *Empowerment* von Frauen weltweit verpflichteten (vgl. Batliwala 2010). So verankerte man in diesem Abschlussdokument der 4. Weltfrauenkonferenz auch den Begriff *Gender Mainstreaming* als verpflichtende Empfehlung, bei Entscheidungen institutioneller, politischer, ökonomischer und rechtlicher Art die Perspektive der soziokulturell divergierenden Geschlechter zu integrieren. Die konkrete Verwässerung des Begriffs setzt aus Sicht von Srilatha Batliwala spätestens mit Beginn der 1990er Jahre ein, als dieser von zahlreichen Akteuren, z.B. Regierungen, Hilfsagenturen, Entwicklungsarbeitern und feministischen Aktivistinnen, ohne spezifische Erklärungen oder Abgrenzungen in ihrer Arbeit verwendet wurde. Es sind jedoch die frühen Erfolge des *Empowerment*-Ansatzes, die unbeabsichtigt zu seiner Instrumentalisierung beitrugen, was wiederum dazu führte, dass er nicht nur zu einem Schlagwort, sondern auch zu einer „Wunderwaffe für Armutsbekämpfung und schneller wirtschaftlicher Entwicklung“ (Batliwala 2010: 116) wurde – und weniger zu einem vielschichtigen sozialen Transformationsprozess, insbesondere im Kontext der Geschlechtergerechtigkeit.

Es lässt sich festhalten, dass die Idee von *Empowerment* ist, es benachteiligten Menschen – vor dem Hintergrund des vorliegenden Artikels besonders Frauen – zu

Abb. 2: Empowerment-*Framework nach* Longwe *(1991).*

Kontrolle	Frauen und Männer haben gleiche Kontrolle über Ressourcen
Teilhabe	Frauen haben das gleiche Mitspracherecht in allen Gremien
Bewusstsein	Frauen wissen, dass Rollenzuschreibungen veränderbar sind
Zugang	Frauen haben den gleichen Zugang zu Ressourcen wie Männer
Sozialhilfe	Frauen erfahren eine Grundversorgung (Nahrung, Einkommen, Medizin)

Entwurf: I. Voshage 09/2020.

ermöglichen, ihr Leben aktiv zu gestalten und ihre Ziele zu verfolgen. Darüber hinaus sollen sie Selbstvertrauen entwickeln, um in der Lage zu sein, sowohl individuelle als auch kollektive Entscheidungen, die ihr Leben direkt betreffen, nachhaltig mitzubestimmen. Dadurch soll ihre Lebensqualität gesteigert werden. Es handelt sich daher um ein mehrschichtiges Konzept, das nicht nur die persönliche Identität betrifft, sondern das auch das Potenzial besitzt, Prozesse sozialer Gerechtigkeit zu analysieren.

„Entwicklung" aus postkolonialer Perspektive

Ähnlich dem *Empowerment*-Begriff wird ebenso mit der Verwendung des Begriffs „Entwicklung" mitunter sehr sorglos umgegangen. Auch hier existieren verschiedene Definitionsansätze, die wahlweise Prozesse des sozialen Wandels oder spezifische politische Interventionen in den Blick nehmen, meist einhergehend mit einer Verbesserung des Lebensstandards. Häufig steht der Globale Süden im Fokus, jedoch nicht ausschließlich, und auch hat sich der anfänglich starke Fokus auf das Wirtschaftswachstum eines Landes mit der Zeit diversifiziert, was bedeutet, dass nun auch Indikatoren wie Lebenserwartung und Schulbildung eine Rolle spielen (vgl. Ziai 2010).

Lange Zeit war das Verständnis von „Entwicklung" geprägt von der Idee, dass es „ein Bündel von miteinander verknüpften und normativ positiv aufgeladenen Prozessen [darstellt], die in einigen Regionen stattfanden und in anderen nicht" (Ziai 2010: 400). Aus postkolonialer Perspektive kritisiert Ziai (2010), dass vor dem Hintergrund dieses Verständnisses Prozesse, die besonders während der Industrialisierung in Europa und der Kolonialisierung in Nordamerika abliefen, zur historischen Norm erklärt werden. Dies führe dazu, dass diese Gesellschaften als Ideal gesehen und andere als defizitär („unterentwickelt") eingestuft werden. Hier sei nicht allein der Eurozentrismus problematisch, sondern vielmehr die häufig zu simplen Erklärungsmuster, die bei der Deutung gesellschaftlicher Probleme in anderen Weltregionen, besonders im Globalen Süden, Verwendung finden. Dabei werde übersehen – oder bewusst übergangen – dass die Ursachen dieser „Probleme" sehr heterogen sind und oft mit Machtverhältnissen, Privilegien und Exklusion zusammenhängen. Zudem werde suggeriert, dass sie sich mit Unterstützung von Entwicklungsorganisationen nachhaltig lösen ließen, da in den betroffenen Regionen lediglich Kapital, Technologie und Wissen fehle. Aufgrund der normativen Konnotation des Begriffs gelinge es Akteuren schnell, einen gemeinsamen Nenner zu finden. Laut Aram Ziai sind Maßnahmen, die sozialen Wandel analysieren und für verbesserte Lebensbedingungen kämpfen „uneingeschränkt legitim" (Ziai 2010: 401), jedoch bedienten sie durch die Verwendung des Entwicklungsbegriffs die eurozentrischen und entpolitisierenden Annahmen, von denen sie sich oft explizit zu distanzieren versuchten.

Innerhalb des Diskurses um nachhaltige Entwicklung wandelt sich das Bild der Frau: aus einer reinen Empfängerin von Hilfsprogrammen wird eine aktive und gestaltende Person, die in entwicklungspolitische Maßnahmen zur Unterstützung der Geschlechtergleichstellung eingebunden wird (vgl. Wastl-Walter 2010: 198). Vor diesem Hintergrund ist auch die zuvor bereits erwähnte Afrikanische Frauendekade *(African Women's Decade, AWD)* bedeutsam. Diese verfolgte zwischen 2010 und 2020 das Ziel, Aktivitäten zu fördern, die zu messbaren Verbesserungen der Stellung der afrikanischen Frau auf allen Ebenen führen (vgl. *MEWC* 2016: 3). Inwiefern die Mitgliedstaaten der *Afrikanischen Union (AU)* innerhalb der zehn Jahre Fortschritte im Bereich *Gender Equality* erzielen, untersucht die Organisation *Make Every Woman Count (MEWC),* die 2010 von der guineischen Unternehmerin Rainatou Sow gegründet wurde. In jährlichen Berichten dokumentiert die Organisation Fort- wie Rückschritte auf dem afrikanischen Kontinent insgesamt und auf Länderebene. Beispielsweise konstatiert *MEWC* zur Halbzeit der Dekade, dass bisher erst 37 der 54 *AU*-Mitgliedstaaten das Maputo-Protokoll[4] von 2003 ratifiziert haben (vgl. *MEWC* 2016: 19). Um ihren Bemühungen Ausdruck zu verleihen, hat die *AU* die Direktion Frauen, Gender und Entwicklung *(Women, Gender and Development Directorate, WGDD)* ins Leben gerufen. Als Koordinations- und Kontrollstelle soll sie dafür sorgen, dass die *AU*-Mitglieder die Gleichstellungserklärung *(Solemn Declaration on Gender Equality in Africa, SDGEA)* einhalten. Die Direktion entwirft Programme und Projekte, beaufsichtigt die Entwicklung von *Gender*-Politiken, definiert Strategien für das *Gender Mainstreaming* innerhalb der Kommission, der *AU*-Organe und der Mitgliedstaaten und unterstützt den Aufbau von Kapazitäten, indem sie Schulungen anbietet.

3   Das „traditionelle" Rollenbild der afrikanischen Frau ...

Wenngleich afrikanische Frauen eine bedeutende entwicklungspolitische Rolle spielen und zunehmend sichtbarer in Politik und Wirtschaft sind, ist ihr Leben mehrheitlich von Armut, Diskriminierung und Gewalt geprägt. Die Stellung der Frau in Afrika ist regional sehr unterschiedlich; sie hängt unter anderem mit der historischen Entwicklung des jeweiligen Landes zusammen. Die Differenzen ergeben sich auch aus dem vorherrschenden Rollenbild der afrikanischen Frau, das in als traditionell wahrgenommenen Gesellschaften meist durch die lokale Kultur, die Religion sowie durch Gesetze und soziale Normen bestimmt wird (vgl. Dillip et al. 2018; Nwosu 2012). Aufgrund ihrer historisch gewachsenen Stellung als Träger wirtschaftlicher und politischer Macht entscheiden letztlich Männer über gesellschaftliche Erwartungen. Ihre dominante Rolle zeigt sich beispielsweise darin, dass sie von Frauen geäußerte Wünsche nach Egalität kaum beachten: das Ignorieren der Meinungsäußerungen von Frauen bzw. die Entkräftung dieser unter Berufung auf vermeintlich „natürliche" oder „kulturelle" Erklärungsmuster ermöglicht es Männern, dieselben geschlechtsspezifischen Rollenbilder zu fördern, von denen sie bislang profitiert haben (vgl. Feinstein et al. 2010).

Besonders in „traditionellen" Gesellschaften südlich der Sahara reicht die bloße Annahme von Fähig- und Fertigkeiten von Männern und Frauen aus, um gesellschaftliche Rollenbilder zuzuschreiben. Am Beispiel Nigeria verdeutlicht Nwosu (2012), dass Frauen in einer durch „traditionelle" Werte und Normen geprägten afrikanischen Gesellschaft als den Männern unterlegen empfunden und dadurch an den Rand der Gesellschaft gedrängt werden. Durch die Wahrnehmung (und daraus resultierend die Behandlung)

---

4) Internationales Menschenrechtsinstrument der *Afrikanischen Union (AU)* von 2005, das Frauen umfassende Rechte garantiert: Recht auf Teilhabe an politischen Prozessen, auf soziale und politische Gleichberechtigung, verbesserte Autonomie in ihren Entscheidungen über reproduktive Gesundheit und ein Ende der Genitalverstümmelung von Frauen.

von Frauen als „schwächeres Geschlecht" besteht zwischen Männern und Frauen keine Chancengleichheit (vgl. Nwosu 2012: 1240). Die Mehrheit der Gesellschaft geht nach wie vor davon aus, dass die Aufgaben der Frau hauptsächlich in der häuslichen Sphäre lägen. Die Ausprägungen bzw. Auswirkungen dieser Zuschreibung können mithilfe von zwei Beispielen verdeutlicht werden: So unterstreicht in ländlichen Gemeinden die Bezeichnung *farmer* („Bauer") für Männer und *farmer's wife* („Frau des Bauern") für Frauen das Abhängigkeitsverhältnis der Frau von sowie die geringere Stellung dieser gegenüber dem Mann. Meist haben Frauen nur über Männer Zugang zu Land. Außerdem sei zu beobachten, dass Jungen eher eine Schulausbildung ermöglicht werde als Mädchen, die meist früh verheiratet würden (vgl. Nwosu 2012: 1241). Die Frage, inwieweit diese Zuschreibungen und Beobachtungen gegenwärtig noch zutreffen, wird im nächsten Kapitel vertieft.

Männliche und weibliche Rollenzuschreibungen haben ihren Ursprung nicht zuletzt in der Religion. In Nigeria gehören die Menschen zu fast gleichen Teilen entweder dem christlichen oder dem muslimischen Glauben an; lediglich zwei Prozent[5] entfallen auf andere Konfessionen. Sowohl die Bibel als auch der Koran scheinen die Überlegenheit von Männern gegenüber Frauen subtil zu propagieren. Zudem haben Recht und Sitten in den meisten Teilen Nigerias tendenziell zu einer Verfestigung der Geschlechterdiskriminierung beigetragen, indem sie Frauen Grundrechte verwehren, wie beispielsweise das Erben von Eigentum (vgl. Nwosu 2012: 1242).

Laut Afisi (2010) spielte in der „traditionellen" afrikanischen Gesellschaft jedes Geschlecht seine spezifische Rolle in der Weiterentwicklung der Gesellschaft, das heißt, die Stellung der Frau wurde als komplementär zu der des Mannes verstanden. Es gab nach dieser Annahme keine Ungleichheit zwischen den Geschlechtern, denn jede Rolle – unabhängig davon, wer sie ausübte – wurde als gleich wichtig angesehen, da sie zum grundlegenden Ziel des Überlebens der Gemeinschaft beitrug. Daher werde oft argumentiert,

dass die Ungleichheit der Geschlechter mit dem Kolonialismus entstand.

Die Kolonialisierung des afrikanischen Kontinents durch europäische Mächte hat in vielerlei Hinsicht zu einer Verschlechterung der rechtlichen Situation von Frauen beigetragen, vor allem in ländlichen bzw. landwirtschaftlichen Kontexten. Hauptsächlich im südlichen Afrika änderten sich während der Kolonialzeit die ländliche Wirtschaft und die familiären Strukturen grundsätzlich: Männer wurden mit hohen Steuerpflichten belastet und mussten in Minen und auf Großfarmen Zwangsarbeit leisten; auch nach der politischen Unabhängigkeit vieler afrikanischer Staaten blieb die Wanderarbeit eine zentrale Einkommensquelle für Männer (vgl. Schäfer 2002: 31).

Sichtbarste Folge dieser Zeit ist – neben der durch die koloniale Landwirtschaft verstärkte Desertifikation des Sahel – die intensive Urbanisierungstendenz, die wiederum strukturelle Konsequenzen in ländlichen Gebieten nach sich zieht. Von den negativen Auswirkungen sind häufig Frauen und Kinder betroffen, die in den landwirtschaftlich unattraktiven Regionen zurückbleiben, um die Anbauarbeiten der abgewanderten Männer zusätzlich zu ihren eigenen zu übernehmen. Dies führt auch dazu, dass in Afrika landwirtschaftliche Produktion und Ernährungssiche-

rung hauptsächlich in Frauenhand liegen (über 90 % der Grundnahrungsmittel und über 30 % der Marktfrüchte werden von Frauen produziert; vgl. Schäfer 2002; *Bild 1*). Finanzielle Unterstützung aus der männlichen Wanderarbeit ist den Frauen nicht immer sicher: da die städtischen Lebenshaltungskosten hoch sind, verbrauchen die Männer den Großteil des dort erwirtschafteten Geldes für sich. Selbst wenn Frauen zusehends eigenständig in Städte abwandern, und dies auf den ersten Blick als Zeichen von Emanzipation gedeutet werden kann, passiert es häufig, dass sie in den Städten erneut in Abhängigkeitsverhältnisse geraten.

Die „Geschlechterdifferenz im Migrationsprozess" (Schäfer 2002: 32) kann also vorerst mithilfe des Deutens traditioneller Normen und Werte sowie dem (Nicht-)Vorhandensein von Bildungsangeboten für Frauen erklärt werden. Demnach begründen bzw. rechtfertigen die „traditionellen" Normen das männliche Dominanzstreben; die begrenzten Bildungsangebote und die geringeren Verdienstmöglichkeiten benachteiligen Frauen auf dem urbanen Arbeitsmarkt (vgl. Adepoju 2005). Die Frage, inwiefern die Land-Stadt-Migration das Rollenbild und das Selbstverständnis afrikanischer Frauen beeinflusst, wird im nächsten Kapitel thematisiert.

Bild 1: Obstverkäuferin in Moshi, Tansania.

Aufnahme: I. Voshage 03/2019.

4 … verändert sich?

Dass sich Veränderungen im Rollenbild der afrikanischen Frau beobachten lassen, wurde bereits angedeutet. So zeigt sich diese Veränderung unter anderem in

einer Demokratisierung der Geschlechterrollen, das heißt, dass Frauen zunehmend Möglichkeiten in Politik, Wirtschaft und Gesellschaft wahrnehmen, die es ihnen

erlauben, stärker als bisher ihre Situation zu verbessern und zur nationalen Entwicklung beizutragen. Dieser Trend steht im Kontrast zum Usus „traditionel-

---

5) Ein Wert, der bei einer geschätzten Einwohnerzahl von mindestens 200 Mio. Menschen (Stand Juli 2020) immerhin vier Millionen Menschen ausmacht.

ler" bzw. patriarchal geprägter afrikanischer Gesellschaften, in denen Frauen aufgrund ihres Geschlechts von vorneherein vom Ausüben bestimmter Tätigkeiten ausgeschlossen werden. Wenngleich diese Entwicklungen aus westlich-liberaler Sicht als positiv gewertet werden können, führt der Trend auch zu neuen Herausforderungen und Konflikten zwischen Männern und Frauen auf Familien-/ Haushaltsebene, in staatlichen Einrichtungen oder in der Industrie (vgl. Nwosu 2012; N.N. 2019).

Treiber dieser Demokratisierung sind – nicht nur in Nigeria, das zuvor als Beispiel einer „traditionellen" afrikanischen Gesellschaft diente – verschiedene Faktoren: der Einfluss westlicher Gesellschaften bzw. der Globalisierung, Urbanisierung und Industrialisierung sowie Rechtsreformen und Menschenrechtsaktivitäten. Ogunlade (1988) erklärt, dass einige afrikanische Gesellschaften begonnen haben, ihre kulturellen Werte und gesellschaftlichen Rollen umzustrukturieren; teilweise seien unter westlich-liberalem Einfluss auch neue Rollen entstanden. Gesetzesreformen haben beispielsweise erste Veränderungen in der traditionellen Rolle der nigerianischen Frau eingeleitet: so wurden die Beschneidung von Frauen, die Nichterbschaft von Eigentum und die Praxis der Witwenschaft vor Gericht angefochten (vgl. Nwosu 2012: 1244).

Im Migrationskontext zeichnen sich wie bereits angedeutet zwei Entwicklungen ab: erstens wandern afrikanische Frauen zunehmend selbst in Städte ab, um dort wirtschaftliche und politische Chancen wahrzunehmen („Feminisierung von Migration") und zweitens erweitert sich das Aufgabenspektrum der zurückbleibenden Frauen von Arbeitsmigranten, da sie die Aufgaben der abgewanderten Männer übernehmen („Feminisierung von Landwirtschaft"). Beide Phänomene werfen die Frage auf, inwiefern diese Alltagsverschiebungen mit sich nachhaltig verändernden Machtverhältnissen innerhalb der Gemeinschaft einhergehen – und ob letztlich sogar von Empowerment die Rede sein kann.

Ein positives Beispiel dafür, wie die „Feminisierung der Landwirtschaft" Frauen einen verbesserten Zugang zu Ressourcen ermöglicht – und sie damit gewissermaßen „ermächtigt" –, sehen Greiner, Sakdapolrak (2012) in einem Fall aus der kenianischen Stadt Machakos. Zu Beginn der 1980er Jahre kam es aufgrund einer Dürre zu einer starken Abwanderung von Männern, was zur Folge hatte, dass rund 60 % der Haushalte von Frauen geführt wurden. Es gründeten sich in dieser Zeit viele weibliche Selbsthilfegruppen, die mithilfe staatlicher Kampagnen Frauenrechte gestärkt und ihre Qualifikationen gefördert haben.

Gleichzeitig relativiert Ramisch (2015) auf Basis von Untersuchungen in Westkenia die nachhaltige Veränderung von Geschlechterrollen im Kontext der Land-Stadt-Migration. Durch die erweiterte Telekommunikation via Mobiltelefon entstehe trotz physischer Abwesenheit eine Dauerpräsenz des Mannes im ruralen Haushalt, was dazu führe, dass die zuvor gewachsene Autonomie der Frauen als Haushaltsvorsteherin wieder zurückgehe und sich an der ursprünglichen Rollenverteilung, nach der der Mann dem Haushalt vorsteht, nichts ändere.

Wie sich das Selbstverständnis der zurückbleibenden Frauen verhält, kann anhand einer Studie aus Tansania exemplarisch dargestellt werden. Archambault (2010) stellt fest, dass diese Frauen ihre Situation als Teil einer umfassenderen Strategie sehen, die es ihnen ermöglicht, ein sinnvolles Leben zu führen und gleichzeitig kulturelle Verpflichtungen zu erfüllen. Die interviewten Frauen fühlen sich im ländlichen Haushalt selbstständiger und unabhängiger als wenn sie ihren Ehemännern in die Stadt folgten. Viele Frauen seien der Ansicht, dass das Verbleiben im ländlichen Haushalt den Zugang zu Infrastruktur und Ressourcen sichere. Daher sollte laut Caroline S. Archambault die Annahme, dass Frauen „einfach zurückgelassen" werden der Tatsache gegenübergestellt werden, dass Frauen sich im Rahmen einer ermächtigenden Strategie aktiv für das Zurückbleiben entscheiden, da es ihnen ein gewisses Maß an wirtschaftlicher Autonomie und sozialem Wohlergehen biete, das sie in der Stadt nach eigener Einschätzung nicht unbedingt finden würden.

Für die „Feminisierung der Landwirtschaft" lässt sich festhalten, dass sich zwar die weiblichen Aufgaben- und Verantwortungsbereiche in den ländlichen Haushalten des subsaharischen Afrikas erkennbar erweitert haben, dies jedoch kaum zu einer Verbesserung der gesellschaftlichen Position von Frauen geführt hat. Auch wenn vereinzelt Fortschritte erzielt wurden, gestaltet sich der Zugang zu Land aufgrund der geltenden Erb- und Landnutzungsrechte nach wie vor schwierig. Auch der Zugang zu landwirtschaftlicher Beratung und Finanzierung bleibt erschwert. Steinbrink, Niedenführ (2017: 207) halten daher fest: „In Afrika südlich der Sahara ist das Geschlecht weiterhin die zentrale Kategorie, die über Ressourcenzugang und -kontrolle entscheidet."

Inwiefern die „Feminisierung der Migration" über Empowerment-Potenziale verfügt, kann im Rahmen dieses Artikels ebenfalls nur in Ansätzen diskutiert werden. Laut Steinbrink, Niedenführ (2017) verändern sich die lange durch männliche Arbeitsmigration geprägten Migrationssysteme in Afrika in jüngerer Zeit. Besonders auffällig ist hier wie gesagt die zunehmende Wanderung von Frauen, weshalb sich die Frage nach der Motivation stellt, die Frauen zur Migration veranlasst: ist dies Ausdruck eines sich vollziehenden Wertewandels oder aber von Verwundbarkeit resultierend aus dem gegenwärtigen sozialen Status der Frau? Trägt die Migration dazu bei, dass Frauen ihre gesellschaftlichen Teilhabechancen verbessern oder nehmen sie die „geschlechtsspezifischen Rollenbilder" lediglich im Gepäck mit?

Studien aus den 1980er und 1990er Jahren argumentieren, dass die Migration eine emanzipatorische Wirkung habe (vgl. Pittin 1984; Ouédraogo 1995). Auch jüngere Studien sehen in der Migration eine Möglichkeit, wie sich Frauen aus der Zwangsjacke (vgl. Cottyn et al. 2013: 3) der traditionellen Geschlechterverhältnisse befreien können. Am Beispiel junger Arbeitsmigrantinnen aus dem ländlichen Raum Burkina Fasos, die ihre Kinder bei den Großeltern lassen und zum Arbeiten in Minengebiete ziehen, beschreibt dazu Werthmann (2007), dass dieses Vorgehen es den Frauen ermögliche, die Mitgift zu erwirtschaften, um ungewollte Eheschließungen zu umgehen. Diesen Studien ist gemein, dass sie sich meist auf Fälle konzentrieren, bei denen Frauen allein migrieren (und nicht innerhalb bestehender Netzwerke von Haushalten).

Steinbrink, Niedenführ (2017: 198) vermuten, dass ein Großteil der weiblichen Migration heute innerhalb translokaler Netzwerke stattfindet: „Die Migration von Frauen bedeutet kein Verlassen bzw. Hintersichlassen des sozialen Gefüges, sondern räumliche Mobilität innerhalb eines bestehenden sozialen Zusammenhangs, der sich raumübergreifend formiert. Sie wandern nicht, um ihrer Rolle im Haushalt zu entkommen, sondern um dieser im translokalen Haushalt gerecht zu werden." Auch bei migrierenden Frauen lässt sich eine Verschiebung und Erweiterung des Aufgabenspektrums beobachten, das heißt, es geht nicht mehr nur um die Pflege von Kindern und Alten, sondern zusehends gleichfalls um eigene Erwerbsarbeit. Diese Tendenz sollte allerdings weniger als Ausdruck eines sich vollziehenden Wertewandels gesehen werden, sondern eher als Reaktion auf die sich verschärfende Armut (vgl. ADEPOJU 2005).

Dass sich die weibliche Arbeitsmigration zu einer wichtigen Strategie der Exisenzsicherung entwickelt hat, ist auch auf den gestiegenen Bildungsgrad bei Frauen zurückzuführen. Die formelle Schulbildung eröffnet ihnen Chancen auf dem städtischen Arbeitsmarkt, weshalb diese für Haushalte von im ländlichen Raum lebender Mädchen an Stellenwert gewinnt. So habe die Ausweitung von Bildungsangeboten für Frauen und Mädchen auf dem Land zu einem verbesserten sozialen Status von Frauen beigetragen, da sie so wichtige Kenntnisse und Kompetenzen erlernen können, die es ihnen ermöglichen, mit Männern um verschiedene Berufe und Positionen zu konkurrieren – und so auch Rollen und Aufgaben außerhalb der häuslichen Sphäre zu übernehmen.

Wenngleich zu vermuten ist, dass sich die weibliche Arbeitsmigration meistens auf die schlechte ökonomische Situation des Haushalts zurückführen lässt, kann gleichzeitig davon ausgegangen werden, dass die veränderte Rolle von Frauen im Netzwerk translokaler Haushalte langfristig zu einem Wandel der gesellschaftlichen Stellung der Frau führen wird (vgl. STEINBRINK, NIEDENFÜHR 2017). Nicht zu-

letzt aufgrund des Erwerbens eines eigenen Einkommens im Zuge der Arbeitsmigration in die Städte ist ein Zugewinn von weiblicher Eigenständigkeit erkennbar. Dies ist auch deshalb eine wichtige Entwicklung, da Armut als Stressfaktor für mentale und physische Gesundheit gilt, der das Selbstbewusstsein und Kontrollgefühl über das eigene Leben verringern kann (vgl. AMATO, ZUO 1992).

Auch innerhalb städtischer Gesellschaften verändern sich das Rollenbild und das Selbstverständnis der Frau: Nach dem Ende des Kolonialismus blieb zunächst die geschlechtsstereotype Wahrnehmung fortbestehen, dass das unabhängige soziale Leben mit Männlichkeit und das abhängige soziale Leben mit Weiblichkeit in Verbindung stünde (vgl. IMAFIDON 2013). Diese Wahrnehmung wurde in den letzten Jahren zunehmend durch liberal-westliche Werte infrage gestellt, die sich besonders über das Internet verbreiten. Viele afrikanische Frauen, insbesondere diejenigen, die in größeren afrikanischen Städten leben, hinterfragen demnach zunehmend männliche Stereotype, die in „traditionellen" afrikanischen Gesellschaften gepflegt werden. Da ein unabhängiges Leben bedeutet, seine Angelegenheiten selbst in die Hand zu nehmen und seinen Alltag erfolgreich und selbsterfüllend zu gestalten, kann diese Art der Lebensgestaltung als eine Manifestation von Selbstbestimmung und -ermächtigung gesehen werden. Da Frauen, die eigenständig in den großen Städten des Kontinents leben, zunehmend besser ausgebildet sind und häufiger gut bezahlte

Anstellungen haben bzw. sich auch öfter selbstständig machen, entsteht nach Einschätzung von IMAFIDON (2013) eine neue Generation moderner afrikanischer Frauen, die sich mit ihrem Durchsetzungsvermögen nun in vormals männlichen Domänen behaupten.

Dass afrikanische Frauen in ländlichen Gebieten durch veränderte Haushaltskonstellationen oft eine Doppelbelastung erfahren, haben die vorherigen Abschnitte beschrieben. Die *UN* konstatieren, dass Frauen global gesehen dreimal so viel unbezahlte Pflege- und Hausarbeit leisten wie Männer (vgl. N.N. 2019). Dies schließt auch die Kinderbetreuung mit ein, weshalb qualitativ hochwertige, erschwingliche Kinderbetreuungsdienste für berufstätige Eltern – insbesondere solche, die einer informellen Beschäftigung nachgehen – Teil des sozialen Systems sein sollten, da diese einen Beitrag zur Geschlechtergleichheit leisten und es Frauen ermöglichen, ein Einkommen zu erzielen. Ein Beispiel aus Ghana zeigt, wie dies aussehen könnte: auf dem Makola Market in der Landeshauptstadt Accra können berufstätige Frauen ihre Kinder in eine Kindertagesstätte geben, die von den Verkäuferinnen selbst geleitet wird. Trotz zahlreicher finanzieller Herausforderungen gilt das Projekt als erfolgreich.

Bisher hat der Artikel die Stellung der afrikanischen Frau aus einer allgemeineren Perspektive betrachtet und dabei mit Beispielen aus verschiedenen afrikanischen Staaten gearbeitet. Nachfolgend liegt der Fokus auf Beispielen aus dem ostafrikanischen Staat Tansania.

5   Stellung der Frau in Tansania

Tansania ist eine vereinigte Republik in Ostafrika mit einer Fläche von rund 945 000 km² und einer Bevölkerung von etwa 56 Mio. Einwohnern (Stand 2018). Obwohl das Land ein Mosaik von ca. 130 ethnischen und religiösen Gruppen aufweist, ist Tansania für ethnische Integration und eine stabile Innenpolitik bekannt, die das Land seit der Unabhängigkeit von Großbritannien 1961 von größeren Unruhen ferngehalten hat. Das aktuelle republikanische politische System wurde 1964 eingeführt, als die Republik Tanganjika auf dem afrikanischen Festland und der Inselstaat Sansibar im Indischen Ozean, der 1963 seine Unabhängigkeit vom Vereinigten Königreich erlangte, sich zu einem Staat vereinigten. Die Republik Sansibar unterhält eine teilautonome Regierung, das heißt, sie wird durch einen

eigenen Präsidenten vertreten und durch eine eigene Gesetzgebung und eigene Verwaltungsbehörden regiert.

Tansanias Wirtschaft verzeichnet jährliche Wachstumsraten von sechs bis sieben Prozent und hat sich seit Ende der 1990er Jahre zu einer der dynamischsten Regionen in Subsahara-Afrika entwickelt. Die Wirtschaft hängt hauptsächlich vom Abbau natürlicher Ressourcen und der Landwirtschaft ab, die etwa 65 % der Arbeitskräfte beschäftigt. Als Wachstumsmotoren gelten die Finanz- und Telekommunikationsbranche, das Baugewerbe sowie der Tourismus.

Tansanias nationale Gleichstellungspolitiken

Zur Umsetzung der *Women and Gender Development Policy (WGDP),* die Tansa-

nia 2000 formuliert hat, wurde 2005 die *National Gender Development Strategy (NGDS)* ins Leben gerufen. Ziel der *WGDP* ist die Integration einer Geschlechterperspektive in die nationale Politik; die *NGDS* dient als Instrument zur Ausarbeitung von Gleichstellungsstrategien, das heißt, sie enthält Leitlinien für eine wirksame Durchführung der *WGDP.* Es geht beispielsweise um Entscheidungsfindung, *Gender Mainstreaming* oder das Erheben geschlechtsspezifischer Daten in Bezug auf Bildung, Wirtschaft und *Empowerment* (vgl. *JICA* 2016: 15). Die tansanische Regierung bemerkt für sich, dass die *NGDS* zu einer „weitreichenden Sensibilisierung der Regierungsministerien für die Bewältigung der Herausforderungen" beigetragen habe, die in Peking 1995 als bedeutsam eingestuft wurden; auch wurde eine

„geschlechterdifferenzierte Datenerhebung und eine geschlechterbezogene Planung und Budgetierung" ermöglicht (vgl. *JICA* 2016: 15). Dennoch bleiben Herausforderungen bestehen, beispielsweise bei den *Gender Focal Points*[6], die aufgrund fehlenden Budgets und Engagements einzelner Ministerien nach wie vor ineffektiv arbeiten, was wiederum unzureichende und fehlende Kontrollen der Maßnahmen zur Folge hat.

Seit 1977 ist in Tansania Diskriminierung aufgrund des Geschlechts verfassungsrechtlich verboten. Das Land hat außerdem wichtige internationale Menschenrechtsdokumente ratifiziert, darunter die *UN*-Frauenrechtskonvention[7] und das SADC-Protokoll zur Gleichstellung der Geschlechter[8]. Auf innenpolitischer Ebene verfolgt man die „Vision 2025", die die Bedeutung der Gleichstellung der Geschlechter und der Stärkung der Rolle der Frau anerkennt und die versucht, durch Bildungsprojekte nachhaltige Veränderungen zu bewirken.

Entgegen der Bekenntnisse und Bemühungen stehen einige Verfassungsartikel jedoch nach wie vor im Widerspruch zu CEDAW. Die Existenz anderer gültiger Gesetze, wie Gewohnheits- oder Religionsgesetze, führt zu unterschiedlichen Auslegungen, weshalb Frauen in Tansania in allen Lebensbereichen verletzlich bleiben. Für Frauen besteht eine Diskrepanz zwischen der Gesetzgebung und der Rechtswirklichkeit. Wenngleich Tansania die CEDAW ratifiziert hat, sind die Definitionen in der Verfassung entweder zu weit gefasst oder nicht eindeutig genug, um dem CEDAW-Standard zu entsprechen. Dies führt zu Widersprüchen und zu einer für Frauen nachteiligen Umsetzung. Zudem wird das Fortbestehen diskriminierender Praktiken durch „männliche Normen" verstärkt, die in der tansanischen Gesellschaft besonders in ländlichen Gebieten nach wie vor bestehen. Dies wird besonders in Bezug auf Erbrechte, Eheschließungen und Beschneidungen deutlich.

In diesem Kontext ist die NGO „Utu Mwanamke" erwähnenswert, die 2012 von der tansanischen Ärztin Calista Simbakalia gegründet wurde (vgl. AMBERGER 2017). Simbakalia möchte jungen Frauen und Mädchen in den ländlichen, ärmlichen Gebieten Tansanias mit sexueller Aufklärung und Bildung bessere Zukunftschan-

cen ermöglichen. Sie kam 1946 als zweites von zehn Kindern in einem Dorf zur Welt und hätte eine ähnliche Zukunft haben können, wie die Mädchen, die sie heute berät. Da ihr Vater jedoch um den Wert von Bildung wusste und für Simbakalia ein Vorbild war, ist sie fleißig in der Schule und erarbeitet sich ein Stipendium für eine weiterführende Schule in Belgien (und später einen Studienplatz in Medizin). Ihr Ziel ist, dass Mädchen in Tansania ein selbstbestimmtes Leben führen, in dem Bildung an erster Stelle steht. Sie ist sich laut eigener Aussage bewusst, dass sie nur Impulse setzen kann, sieht darin aber trotzdem eine Chance, dass andere junge Mädchen ihrem Vorbild folgen, selbst zu Vorbildern werden und so ihre Arbeit fortsetzen.

Passend hierzu existiert seit 1993 das *Tanzania Gender Networking Programme (TGNP)*, das sich selbst als „transformative feministische Bewegung" versteht und es sich zur Aufgabe gemacht hat, Ungleichheiten der Geschlechter zu minimieren, indem Strukturen, die Frauen benachteiligen, zu verändern und so besonders den Ressourcenzugang für Frauen zu verbessern (vgl. *African Initiatives* 2015).

In den nationalen Bemühungen um Geschlechtergleichheit spielt auch die seit 2005 bestehende nationale Strategie zur Armutsbekämpfung, die sogenannte „MKUKUTA", eine Rolle, da sie *Gender Mainstreaming* hervorhebt und spezifische Strategien zur Bildung von Frauen und Mädchen beschreibt. Eine weitere Verpflichtung der Regierung Tansanias ist die Unterstützung einer breiteren Beteiligung von Frauen an den Entscheidungsprozessen der Regierung. Dafür wurde neben der *WGDP* auch ein Quotensystem für weibliche Abgeordnete in den nationalen Parlamenten und Gemeinderäten eingeführt. Frauen sollen demnach 30 % der Sitze im nationalen Parlament und 33,3 % in den Gemeinderäten besetzen (vgl. *JICA* 2016: 15).

#WanawakeWanaweza: Frauen in der politischen Sphäre Tansanias

Frauen sind in Tansania bereits lange politisch aktiv; allerdings steigt ihre Sichtbarkeit in wichtigen nationalen Entscheidungsgremien nur langsam. Obwohl sie sich maßgeblich am Unabhängigkeitskampf beteiligten, gab es im ersten Kabi-

nett nach der Unabhängigkeit keine einzige Frau. Dies änderte sich spätestens ab 1985 mit der Einführung einer Frauenquote auf Parlaments- und Gemeinderatsebene. Mittlerweile liegt der Frauenanteil im tansanischen Parlament bei rund 37 %, was bedeutet, dass Tansania das vereinbarte Ziel von mindestens 30 % weiblicher Repräsentation im Parlament erreicht hat (vgl. *WEF* 2019).

Diese Entwicklung ist als positives Zeichen zu sehen, denn die erhöhte Präsenz von Frauen im Parlament führt dazu, dass die Stimmen für Geschlechtergleichstellung stärker geworden sind. Auch lässt sich die Zunahme von Frauen laut KAIRUKI (2012) im Parlament direkt in eine Zunahme von Frauen in Führungspositionen übersetzen. YOON (2011) stellt fest, dass eine gestärkte Repräsentation zu einer verbesserten Artikulation von Frauenthemen und zu einer besseren Interaktion zwischen männlichen und weiblichen Abgeordneten geführt hat. Weitere positive Folgen der Frauenquote sind Gesetzesänderungen, z.B. zur Stärkung weiblicher Angestellter und zum Schutz von Frauen vor Sexualstraftaten. Zugleich kommt die Studie zu dem Ergebnis, dass die gestiegene Anzahl an Frauen im Parlament die negative Einstellung gegenüber Frauen in der Politik allmählich zum Positiven verändert.

Doch es gibt nach wie vor Herausforderungen: Da sie im Rahmen des Quotensystems von ihren politischen Parteien direkt zu Abgeordneten ernannt werden, fehlt vielen Frauen die politische Erfahrung, die sie normalerweise im Wahlkampf als Kandidatin für einen Wahlkreis sammeln würden. Die *Tanzania Women Parliamentary Group (TWPG)* unterstützt daher Frauen mithilfe eines Mentoringprogramms. Dieses ermöglicht ihnen leichteren Zugang zu weiblichen und männlichen Parlamentariern und zu speziellen Angeboten, wie beispielsweise Seminaren und Workshops zu Fragen in Bezug auf Frauen- und Mädchenrechte und zu sozialen und wirtschaftlichen Entwicklungsfragen (vgl. KAIRUKI 2012).

Wenngleich die Einführung der Frauenquote nicht nur in Tansania kontrovers diskutiert wird, können die damit verbundenen Entwicklungen als wichtiger Schritt in Richtung der Stärkung von Frauen in politischen Positionen gesehen werden. Auch internationale Programme unter-

---

6) Personen, die für die Umsetzung von *Gender Mainstreaming*-Strategien in Behörden und Unternehmen zuständig sind.

7) Offizielle Bezeichnung: Übereinkommen zur Beseitigung jeder Form von Diskriminierung der Frau (engl. „Convention on the Elimination of All Forms of Discrimination Against Women", kurz CEDAW).

8) SADC steht für „Southern African Development Community"; offizieller Name des Protokolls: „SADC Protocol on Gender and Development".

stützen die tansanischen *Empowerment*-Bestrebungen: das von *UN Women* initiierte Projekt „Wanawake Wanaweza" (Suaheli für „Frauen können"), das erstmals von 2014 bis 2016 lief und 2019 in eine zweite Runde ging, will sicherstellen, dass Frauen auf allen gesellschaftlichen Ebenen an Entscheidungsfindungen teilhaben bzw. diese selbst leiten. Ebenfalls als positiv lässt sich die Ernennung von Samia Suluhu Hassan als erste weibliche Vizepräsident Tansanias nach den Präsidentschaftswahlen 2015 bewerten, da so die Chance besteht, Frauenthemen weiterhin in der nationalen Agenda zu verankern und ein Vorbild für junge Mädchen und Frauen zu schaffen.[9] Die Bedeutung von Vorbildern im Rahmen von Ermächtigungsstrategien zeigt auch das nächste Beispiel.

Von Elefantenkühen und Löwenmännchen: wirtschaftliches *Empowerment*

Die Lebensweise des Afrikanischen Elefanten ist durch einen starken sozialen Charakter geprägt, wie zahlreiche Studien belegen. Eine Herde weiblicher Elefanten wird von der ältesten und größten Elefantenkuh geleitet; auf Englisch bezeichnet man diese Leitkuh als *matriarch (cow)*. Sie erhält diesen Status aufgrund ihrer Weisheit und ihres Selbstvertrauens.

Unter dem Slogan „A wild quest that empowers the women who serve it" bietet das tansanische Unternehmen *Matriarch Hill Safari (MHS)* internationalen Gästen und Individualreisenden ein- und mehrtägige geführte Trekkingtouren und Safaris in Tansania an. Sophie Agustino gründete das Unternehmen im März 2017 nach dem erfolgreichen Abschluss ihres Studiums am College of African Wildlife Management (auch bekannt als Mweka) in Moshi, Tansania. Sie hatte sich dafür dem Wunsch ihres Vaters, mit 19 Jahren verheiratet zu werden, widersetzt und wurde durch die Ausbildung stattdessen zertifizierte Wildlife-Managerin. Ihr Anliegen ist es, ihre Safaris vollständig von weiblichen Tourguides leiten zu lassen und auch vor Ort hauptsächlich mit Frauen zusammenzuarbeiten. So sieht sich *MHS* als Bindeglied zwischen Reisenden und der lokalen Bevölkerung, besonders eben Frauen, die bei Besuchen beispielsweise handgefertigte Produkte an Safarigäste verkaufen können. Sophie sieht darin eine Möglichkeit, das Selbstwert-

gefühl der Frauen zu stärken und ihre ökonomische Situation zu verbessern.

Im „Wildlife Tourism", einer männerdominierten Branche, ist das Konzept von *MHS* eine Besonderheit. Sophie ist momentan eine von insgesamt acht weiblichen Tourguides in Tansania. Auch in diesem Fall wird die Bedeutung des Ressourcenzugangs deutlich: Um der Abhängigkeit von männlichen Fahrern zu entgehen, investierte Sophie kürzlich in einen eigenen Jeep, der es ihr ermöglicht, ihre Safaris selbstständiger und unabhängiger zu gestalten.

Einen Teil der Einnahmen investiert *MHS* in Initiativen, die die Rechte ostafrikanischer Frauen stärken, darunter auch diejenigen, die sich für ein Ende der weiblichen Genitalverstümmelung einsetzen *(Network Against Female Genital Mutilation, NAFGM)*. Zudem investiert sie in Bildungsprojekte für Mädchen. Auf ihrer Internetseite heißt es dazu: "In the patriarchal society of Tanzania, only 5 % of girls finish secondary school. Without education and guidance, most women end up serving their husbands or struggling to provide as a single parent. Give a Heart to Africa (GHTA) is a non-profit organization that empowers women with the skills to improve their situations and pull themselves out of poverty by providing free vocational training" (*MHS* 2020). Auch wenn es – nicht zuletzt aufgrund der Auswirkungen der Corona-Pandemie – aktuell schwierig ist, den langfristigen Unternehmenserfolg einzuschätzen, lässt sich aus persönlicher Erfahrung festhalten, dass Sophies Arbeit lokale Gemein-

chaften stärkt und sie einen starken Vorbildcharakter für tansanische Frauen und Mädchen hat (*Bild 2* und *3*).

MHS kann als positives Beispiel für wirtschaftliches *Empowerment* von Frauen gewertet werden. Allerdings sollte bedacht werden, dass es als touristisches Unternehmen stark international verflochten ist – in positiver (hohe Kaufkraft westlicher Reisender) wie negativer (weltweite Reisewarnungen und -einschränkungen während der Pandemie) Hinsicht. Nachfolgend wird daher noch etwas allgemeiner auf die Situation erwerbstätiger Frauen in Tansania, speziell aber in der Kilimandscharo-Region, eingegangen.

Auch wenn die Erwerbsquote von Frauen mit 81 % in Tansania vergleichsweise hoch ist, liegt sie hinter der männlichen Quote von 88 % (vgl. *WEF* 2019: 331); zudem werden Frauen häufig schlechter oder gar nicht für ihre Arbeit entlohnt. Um die wirtschaftliche Eigenständigkeit und finanzielle Unabhängigkeit von Frauen zu fördern, können Mikrokredite hilfreich sein (vgl. KATO, KRATZER 2013). Sie ermöglichen es Frauen zum einen, Finanzentscheidungen über Einkommen und Erspartes zu treffen und sich mit einem eigenen kleinen Unternehmen selbstständig zu machen. Zum anderen können sie so ihren Einfluss im Haushalt erweitern (was wiederum zu Konflikten mit den Ehemännern führen kann).

Des Weiteren ist auch in Tansania der Rechtsschutz für Frauen oft unzureichend, das heißt, ihr Recht auf Land wird aufgrund widersprüchlicher Gesetzgebung eingeschränkt. Viele Gemeinden in der tansa-

Bild 2: Sophie Agustino im Tarangire Nationalpark, Tansania.

9) Seit dem plötzlichen Tod des bis dato amtierenden tansanischen Präsidenten John Magufuli im März 2021 regiert nun Hassan die tansanische Republik. Die ersten Wochen nach Amtseinführung waren besonders durch einen Kurswechsel in der Corona-Politik gekennzeichnet (ihr Vorgänger hatte Corona geleugnet). Hassan ist momentan die einzige weibliche Regierungsführerin Afrikas.

Bild 3: Sophie Agustino mit deutscher Touristin im Ngorongoro Krater, Tansania.

Aufnahme: I. Voshage 03/2019.

nischen Gesellschaft sind patriarchalisch strukturiert, das heißt Normen, Haltungen und Praktiken bestätigen die männliche Dominanz (vgl. SPOHR 2018).[10)] Laut einer Studie von *Brot für die Welt* neigen Frauen in der Kilimandscharo-Region dazu, die Pflegearbeit für ihre eigene Familie und für Mitglieder ihrer Großfamilie und andere Bedürftige zu übernehmen. Familiäre Netzwerke spielen eine zentrale Rolle. Zudem sind sie oft die Hauptverdienerinnen und wichtigsten Akteure in der landwirtschaftlichen Produktion. Vor allem in (semi-)urbanen Kontexten sind sie an vielen weiteren Erwerbstätigkeiten beteiligt, z.B. innerhalb von Kleinbetrieben. Frauen gelten in der Region als geschickte Verhandlungsführerinnen auf lokalen Märkten und verfügen über eine relativ hohe Mobilität.

Auch hält die Studie Erkenntnisse für die Ausgestaltung von *Empowerment*-Prozessen fest: Wenn man sich lediglich auf Frauen als Akteure des Wandels konzentriert, vernachlässigt man die Wechselbeziehungen zwischen den Rollen von Männern und Frauen sowie andere wichtige sozioökonomische Faktoren, die Geschlechterbeziehungen beeinflussen. Dies könne dazu führen, dass Strategien implementiert würden, die im Endeffekt negative Auswirkungen auf Frauen haben können (wie das zuvor genannte Beispiel der Mikrokredite angedeutet hat).

Tanzanian Women Can: gesellschaftliche Stärkung

Um die Stellung der Frau nachhaltig zu stärken geht es also neben Zugang zu und Kontrolle von Ressourcen auch darum, den Einflussbereich von Frauen innerhalb der Gemeinschaft zu erweitern.

Dabei ist es wichtig, dass dies auf eine Art und Weise erfolgt, die das Entstehen neuer Konflikte vermeidet und so die Frauen langfristig profitieren lässt. Studien deuten darauf hin, dass Männer tansanischer Haushalte (noch) nicht immer mit dem sich verändernden Rollenverständnis der Frau einverstanden sind (vgl. DILLIP et al. 2018; FEINSTEIN et al. 2010).

Auf Basis qualitativer Interviews mit und Befragung von Studierenden und Sekundarschülern kommen FEINSTEIN et al. (2010) zu dem Schluss, dass Männer als Träger politischer und wirtschaftlicher Macht über die sozialen Normen entscheiden und diese Erwartungen als Vorsteher des Haushalts auch innerhalb desselbigen kommunizieren. Männliche Befragte äußerten oft schnell die Annahme, dass der Mann in der Ehe die Kontrolle über den Haushalt innehabe und die Frau in ihren

Aufgaben wenig bis gar nicht unterstützen müsse. Sie begründeten dies mit einer „natürlichen" Rollenverteilung.

DILLIP et al. (2018) argumentieren, dass Geschlechterrollen, die die häusliche Arbeitsteilung betreffen, männlich und weiblich stereotypisiert sind. Obwohl immer mehr Frauen in den urbanen und ländlichen Gebieten Afrikas wirtschaftlichen Tätigkeiten nachgehen und ihr eigenes Geld verdienen können, bleiben die Erwartungen innerhalb der häuslichen Sphäre unverändert. So werde von Frauen nach der Arbeit erwartet, dass sie Wasser holen, kochen und weitere Hausarbeiten wie gewohnt durchführen, was zu einer erheblichen Doppelbelastung führe.

Im konkreten Fall geht es um die Reparatur von Moskitonetzen, die einen erheblichen Beitrag zur Eindämmung von Malaria leisten. Diese Aufgabe wird allgemeinhin der häuslichen Sphäre zugeordnet und wird somit fast ausschließlich von weiblichen Haushaltsmitgliedern erbracht. Männer sehen dies nicht als ihre Aufgabe und helfen daher nur vereinzelt. Durch die zunehmende Integration in den Arbeitsmarkt können Frauen den häuslichen Aufgaben nicht mehr in dem Maße nachkommen wie bisher. Dies führt dazu, dass mehr Netze kaputtgehen, was einen Anstieg an Malariainfektionen (und dies wiederum erhöhte Behandlungskosten) zur Folge hat. Die Autoren schlagen daher vor, in gendersensitive Programme zu investieren, die Männern die Bedeutung der Netzpflege näherbringen.

Bild 4: Stone Town (Altstadt von Sansibar Stadt, der Hauptstadt Sansibars) ist meist mit Strom versorgt; auf andere Teile des Archipels trifft dies nicht immer zu.

Aufnahme: I. Voshage 03/2019.

10) Die Studie illustriert zahlreiche anschauliche Beispiele aus der Region Kilimandscharo/Moshi.

Ein weiteres anschauliches Beispiel ist die Kooperation zwischen *UN Women* und Barefoot College im Rahmen der Initiative „Rural Women Light Up Africa". Hier werden Frauen aus ärmlichen Regionen Sansibars zu „Solarenergie-Ingenieurinnen" ausgebildet, das heißt, sie erlernen das Konzipieren, Bauen und Installieren von Solaranlagen (vgl. Milne 2019). Die Energieversorgung des Archipels ist abhängig von einem unterirdischen Festlandkabel. Dieses wurde 2009 beschädigt, was zu einem dreimonatigen Stromausfall in der Inselregion führte. Doch auch wenn das Kabel intakt ist, gibt es in Sansibar viele abgelegene Regionen, die nicht durchgehend mit Strom versorgt werden können *(Bild 4)*. So sind schätzungsweise nur die Hälfte aller Haushalte an das Stromnetz angeschlossen, das heißt, die restlichen Haushalte nutzen umwelt- und gesundheitsschädliche Paraffinlampen als Lichtquelle für ihre Häuser.

Das Projekt entstand vor dem Hintergrund, dass es Frauen aufgrund von Armut und familiären Bindungen seltener möglich ist, ihre Dörfer zu verlassen. Das Projekt möchte Frauen in der männlich dominierten Gesellschaft Tansanias stärken, indem ihnen eine angemessen bezahlte Arbeit angeboten wird. Die Gemeinden der teilnehmenden Dörfer werden gebeten, zwei Frauen im Alter zwischen 35 und 55 Jahren zu nominieren, die ihre Familien verlassen und zur Ausbildung als Ingenieurinnen an das College reisen. Vielen der Ausgewählten fehlt eine formale Ausbildung, doch sie gelten als Personen, die innerhalb der Gemeinde Autorität ausüben können und die gut im Dorfleben vernetzt sind. Die Aussage einer Teilnehmerin fasst den Einfluss des Projekts treffend zusammen: "When you educate a woman, you educate a whole community" (Milne 2019).

6　Abschließende Bemerkungen

Die Gleichstellung der Geschlechter steht seit einigen Jahren auf der internationalen Agenda für nachhaltige Entwicklung. Im Rahmen nationaler Politiken und lokaler Initiativen ist man bemüht, dieses Ziel zu erreichen, indem man versucht, die Rechte von Frauen und Mädchen langfristig und nachhaltig zu stärken. Bisher hat es noch kein einziges Land geschafft, vollständige Geschlechtergleichberechtigung zu erreichen.

Der Artikel hat gezeigt, dass sich der eingangs erwähnte „*Empowerment*- und Entwicklungskarren" in Subsahara-Afrika zwar in Bewegung hält, allerdings auf schwierigem Terrain unterwegs ist. Die Gründe dafür sind vielfältig: Zuerst wird deutlich, dass sich gesellschaftliche Rollenzuschreibungen nur langsam ändern und dass das Infragestellen dieser häufig auch zu neuen Konflikten innerhalb der Haushalte und in der Gesellschaft führt. Auf politischer Ebene tritt die Diskrepanz zwischen Gesetzgebung und Rechtswirklichkeit deutlich hervor, die Frauen und Mädchen den Zugang zu Ressourcen wie Land und Bildung sowie das Recht auf körperliche Unversehrtheit zu oft noch verwehrt. In wirtschaftlichen Kontexten wird besonders die Doppelbelastung deutlich, die Frauen erfahren – sowohl wenn sie berufstätig sind und trotzdem nach wie vor ihre häuslichen Verpflichtungen erfüllen sollen als auch wenn sie als Frauen von Wanderarbeitern im ländlichen Haushalt zurückbleiben und zusätzliche Anbauarbeiten übernehmen müssen.

Es lässt sich deshalb festhalten, dass sich der durch westlich-liberale Einflüsse angestoßene Wertewandel in afrikanischen Gesellschaften mitunter zögerlich vollzieht und nicht frei von Stockungen ist. Es wird deutlich, dass zahlreiche (inter-)nationale Initiativen einen wichtigen Beitrag auf dem Weg zur *Gender Equality* leisten. Sie zeigen: „Wanawake Wanaweza" – „Frauen können". Doch auch wenn die vorgestellten Beispiele häufig einen emanzipatorischen und „empowernden" Charakter haben, darf nicht übersehen werden, dass viele Entwicklungen – besonders im Kontext von Migration und Translokalität – bisher oft pragmatischen Ursprungs sind, der Frauen und familien in Subsahara-Afrika zumeist der Existenzsicherung dient.

Literatur

Adepoju, A. (2005): Migration in West Africa. – Lagos (Global Commission on International Migration).

African Initiatives (2015): Tanzanian Women Can. – https://t1p.de/4ouy [letzter Zugriff: 10/2020].

Afisi, O. T. (2010): Power and Womanhood in Africa: An Introductory Evaluation. – The Journal of Pan African Studies 3(6): 229–238.

Amato, P. R., Zuo, J. (1992): Rural Poverty, Urban Poverty, and Psychological Well-Being. – The Sociological Quarterly 33(2): 229–240.

Amberger, J. (2017): Bildung für Mädchen in Tansania. „Denke nicht ans Heiraten!" – *Deutschlandfunk Kultur* vom 23. Februar 2017 [https://t1p.de/futa – letzter Zugriff: 12/2021].

Archambault, C. S. (2010): Women Left Behind? Migration, Spousal Separation, and the Autonomy of Rural Women in Ugweno, Tanzania. – Signs: Journal of Women in Culture and Society 35(4): 919–942.

Batliwala, S. (1994): The Meaning of Women's Empowerment: New Concept from Action. In: G. Sen, A. Germain u. L. C. Chen (Hrsg.): Population Policies Reconsidered. Health, Empowerment, and Rights. – Boston (MA): 127–138 (Harvard Series on Population and International Health).

Batliwala, S. (2010): Taking the power out of empowerment – an experiential account. In: A. Cornwall, D. Eade (Hrsg.): Deconstructing Development Discourse. Buzzwords and Fuzzwords. – Warwickshire: 111–122.

Cottyn, I., Schapendonk, J. u. P. van Lindert (2013): Mobility in Sub-Saharan Africa: Patterns, Processes and Policies. – Kopenhagen (RurbanAfrica Briefing, 2).

Diekman, A. B., Eagly, A. H. (2000): Stereotypes as Dynamic Constructs: Women and Men of the Past, Present, and Future. – Personality and Social Psychology Bulletin 26(10): 1171–1188.

Diketmüller, R. (2007): Schulfreiräume und Geschlechterverhältnisse. Abschlussbericht. – Wien [https://t1p.de/8aee – letzter Zugriff: 12/2021].

Dillip, A., Mboma, Z. M., Greer, G. u. L. M. Lorenz (2018): 'To be honest, women do everything': understanding roles of men and women in net care and repair in Southern Tanzania. – Malaria Journal 17(1): 1–8.

Feinstein, S., Feinstein, R. u. S. Sabrow (2010): Gender Inequality in the Division of Household Labour in Tanzania. – African Sociological Review 14(2): 98–109.

Greiner, C., Sakdapolrak, P. (2012): Rural-urban migration, agrarian change, and the environment in Kenya: A critical review of the literature. – Population and Environment 34: 524–553.

IMAFIDON, E. (2013): 'Miss Independent': gender and independence on the African continent. – Inkanyiso: The Journal of Humanities & Social Sciences 5(1): 21–30.

JICA (= Japan International Cooperation Agency) (2016): Country Gender Profile: Tanzania Final Report. – https://t1p.de/e3dc [letzter Zugriff: 12/2021].

KABEER, N. (2001): Resources, Agency, Achievements: Reflections on the Measurement of Women's Empowerment. In: A. SISASK (Hrsg.): Discussing Women's Empowerment. Theory and Practice. – Stockholm: 17–57 (Sida Studies, 3.).

KAIRUKI, A. (2012): The Role of Women Politics in Tanzania. In: S. FRANKE, S. SCHMID (Hrsg.): Ohne Frauen ist kein Staat zu machen. Gleichstellung als Motor für nachhaltige Entwicklung. – München: 17–23 (Argumente und Materialien zum Zeitgeschehen, 90).

KATO, M. P., KRATZER, J. (2013): Empowering Women through Microfinance: Evidence from Tanzania. – ACRN Journal of Entrepreneurship Perspectives 2(1): 31–59.

LONGWE, S. H. (1991): Gender awareness: the missing element in the Third World development project. In: T. WALLACE, C. MARCH (Hrsg.): Changing Perceptions. Writings on gender and development. – Oxford: 149–157.

MEWC (= Make Every Woman Count) (2016): African Women's Decade 2010–2020. Mid-Term Review. – https://t1p.de/wis7 [letzter Zugriff: 12/2021].

MHS (= Matriarch Hill Safari) (2020): Girl Power. – https://t1p.de/ekdo [letzter Zugriff: 12/2021].

Milne, N. (2019): Girls & Women. Zanzibar Women Trained as Solar Engineers Bring Light to Remote Villages. – Global Citizen vom 21. Mai 2019 [https://t1p.de/1yfe – letzter Zugriff: 12/2021].

N.N. (2019): Accra's female market traders blaze a trail on childcare. In: UN Women: Progress of the World's Women 2019–2020: Families in a Changing World. – New York: 137–139 [https://t1p.de/lsoc – letzter Zugriff: 12/2021]).

Nwosu, I. E. (2012): Gender Role Perceptions and the Changing Role of Women in Nigeria. – International Journal of Agriculture and Rural Development 15(3): 1240–1246.

OGUNLADE, M. (1988): Changing Roles and Values among Nigerian Women. – Nigeria Magazine 56(1–2): 9–15.

OUÉDRAOGO, J. B. (1995): The Girls of Nyovuruu. Dagara Female Labour Migrations to Bobo-Dioulasso. In: J. BAKER, T. A. AINA (Hrsg.): The Migration Experiences in Africa. – Uppsala: 303–320.

PATIL, D. A., DHERE, A. M. u. C. B. PAWAR (2009): ICT and Empowerment of Rural and Deprived Women in Asia. – Asia-Pacific Journal of Rural Development 19(1): 1–22.

PITTIN, R. (1984): Migration of Women In Nigeria: The Hausa Case. – International Migration Review 18(4): 1293–1314.

RAMISCH, J. J. (2015): "Never at ease": cellphones, multilocational livelihoods, and the metabolic rift in western Kenya. – Agriculture and Human Values 33(4): 979–995.

ROSS, S. R., SHINEW, K. J. (2008): Perspectives of Women College Athletes on Sport and Gender. – Sex Roles 58(1–2): 40–57.

SCHÄFER, R. (2002): Gender und ländliche Entwicklung in Afrika. – Aus Politik und Zeitgeschichte B(13–14): 31–38 [https://t1p.de/3xtb – letzter Zugriff: 12/2021].

SEEWALD, M. (2006): Gender und bewaffnete Konflikte: Ruanda. – Wien.

SMYKALLA, S. (2006): Was ist „Gender"? – https://t1p.de/18el [letzter Zugriff: 12/2021] (GenderKompetenzZentrum. Zentrum für Interdisziplinäre Geschlechterstudien der Humboldt-Universität zu Berlin).

SPOHR, H. (2018): Women at Work – Livelihood Strategies of Women in the Kilimanjaro Region of Tanzania. – Berlin (Brot für die Welt. Dialog, 19).

STEINBRINK, M., NIEDERFÜHR, H. (2017): Afrika in Bewegung. Translokale Livelihoods und ländliche Entwicklung in Subsahara-Afrika. – Bielefeld (Global Studies).

WASTL-WALTER, D. (2010): Gender Geographien. Geschlecht und Raum als soziale Konstruktionen. – Stuttgart (Sozialgeographie Kompakt, 2).

WEF (= World Economic Forum) (2018): Insight Report. The Global Gender Gap Report 2018. – Genf [https://t1p.de/2zlq – letzter Zugriff: 12/2021].

WEF (2019): Insight Report. The Global Gender Gap Report 2020. – Genf [https://t1p.de/bkdt – letzter Zugriff: 12/2021].

WERTHMANN, K. (2007): Dans un monde masculin: le travail de femmes dans un camp de chercheurs d'or au Burkina Faso. In: E. BOESEN, L. MARFAING (Hrsg.): Les nouveaux urbains dans l'espace Sahara-Sahel. Un Cosmopolitisme par le Bas. – Paris, Berlin: 295–322.

YOON, M. Y. (2011): More women in the Tanzanian legislature: Do numbers matter? – Journal of Contemporary African Studies 29(1): 83–98.

ZIAI, A. (2010): Postkoloniale Perspektiven auf „Entwicklung". – Peripherie 30(120): 399–426.

INA VOSHAGE M.A.
Wissenschaftliche Mitarbeiterin • Professur für Regionale Geographie • Universität Passau
Innstraße 40 • D–94032 Passau
ina.voshage@uni-passau.de

Lisa Woldrich, Werner Gamerith und Victoria Moser

African Americans zwischen gesellschaftlicher Stigmatisierung und kultureller Emanzipation mit einem Blick auf (pan-)afrikanische Identitäten

Mit vier Abbildungen und zwei Tabellen

1 *Africans* in der amerikanischen Diaspora

Vom Beginn der Sklaverei in Britisch-Nordamerika bis zum heutigen Tag haben *African Americans* die amerikanische Gesellschaft und Kultur geprägt. Diese Ethnie hat in den Vereinigten Staaten von Amerika eine vierhundertjährige Metamorphose ihrer Identität durchlaufen: Die Neue Welt erreichten die Afrikaner als Sklaven; nach der Abolition bis in die erste Hälfte des 20. Jahrhunderts hinein bezeichnete man sie als „colored" oder „Negroes". Ab den 1960er Jahren schließlich wurde der Begriff „black" verwendet, dessen Großschreibung „Black" sich zunehmend etabliert (ELIGON 2020). Weiterhin ist die Bezeichnung *African Americans* seit den 1980er Jahren gebräuchlich (LYNCH 2021). Viele farbige Menschen identifizieren sich auch mit den Akronymen *POC (People of Color)* bzw. *BIPOC (Black, Indigenous, People of Color)*, andere fühlen sich dadurch ihrer individuellen ethnischen Identität beraubt und in einen Schmelztiegel geworfen. Schon jetzt wird deutlich: Bei den *African Americans* handelt es sich um eine heterogene ethnische Gruppe unterschiedlichster Abstammung mit vielschichtigen Identitäten, die jedoch – durch drakonische wie subtile restriktive Mechanismen jahrhundertelang wirkungsvoll kleingehalten – von Beginn an durch den Kampf um die Freiheit geeint wurde. Verbindendes Element dabei war und ist bis heute die afroamerikanische Kultur.

2 Die Bürde von Sklaverei und Rassismus

2.1 Alltag im *antebellum South*

Um 1619 erreichten die ersten afrikanischen Sklaven die englische Kolonie Virginia (vgl. BERG 2017: 74). Der offizielle Beginn der Sklaverei wird erst auf 1661 datiert, von den Engländern begründet durch den hohen Arbeitskräftebedarf auf den Tabak- und Baumwollplantagen im Süden und durch eine gottgewollte Ordnung, nach der Menschen mit dunkler Hautfarbe einer biologisch geringwertigeren Rasse angehörten als ihre weißen Besitzer (vgl. LYNCH 2021). Dieses zutiefst rassistische Gedankengut diente auch als Rechtfertigung für die grausame Behandlung der Sklaven, die von Ausbeutung über totale körperliche und mentale Erschöpfung, Auspeitschung, Verstümmelung, brutaler Vergewaltigung bis hin zum Missbrauch als medizinische Versuchsobjekte reichte (vgl. WILKERSON 2020: 147ff.).

Durch die Revolution und den sich anschließenden amerikanischen Unabhängigkeitskrieg erfuhren die bislang mühseligen Emanzipationsversuche einzelner Afroamerikaner einen ersten Schub: Im Chaos der Kriegswirren flohen viele Sklaven Richtung Norden, manche wurden freigelassen (vgl. BERG 2017: 74). Insgesamt kämpften etwa 5000 freie Schwarze in der Kontinentalarmee, mindestens genauso viele auf britischer Seite (vgl. EARLE 2000: 132). Dennoch gelang es den Sklavenhalterstaaten des Südens, die Sklaverei in der Bundesverfassung zu verankern. Die unvereinbare Haltung von Nord- und Südstaaten zur Sklavenfrage zog sich von Beginn an wie ein tiefer Riss durch die amerikanische Gesellschaft.

Nach der Wahl Abraham Lincolns zum Präsidenten 1860 kam es zur Sezession der Südstaaten und zur Gründung der Konföderierten Staaten von Amerika: Die Sklavenfrage hatte die Nation gespalten, der Bürgerkrieg begann. Als die Unionsarmee gegen Süden vorrückte, flüchteten Sklaven zu tausenden von den Plantagen, um Schutz in den Reihen der Armee zu suchen (vgl. STERNHELL 2016: 16ff.); ab 1863 schlossen sich ca. 200 000 Afroamerikaner der Unionsarmee an (vgl. BERG 2017: 75). Lincolns Ziel war primär die Wiederherstellung der Union, nicht die Abschaffung der Sklaverei (vgl. EARLE 2000: 53), dennoch verkündete die *Emancipation Proclamation* vom 1. Januar 1863 das Ende der Sklaverei und die entschädigungslose Enteignung der ehemaligen Sklavenbesitzer. Emanzipation bedeutet jedoch weit mehr als dieses singuläre Ereignis der *Emancipation Proclamation* oder des Siegs der Union über die Konföderierten 1865, sondern ist ein bis heute andauernder Prozess, der im Bürgerkrieg begonnen hat und sich auf vielen Ebenen erst entfalten sollte: "in individual lives as well as in the nation's social, economic, political, and legal structures" (EDWARDS 2016: 253).

2.2 *Enforced Ignorance – African Americans* und Bildung

In den USA besitzt die Privilegierung und Diskriminierung bestimmter ethnischer Gruppen in der Infrastruktur des öffentlichen Bildungswesens bereits eine lange Tradition. Räumlich-soziale Ungleichgewichte in der Bereitstellung und Ausstattung von Schulen und in der Qualifikation und Entlohnung des Lehrpersonals resultieren in geschichtlich fest verankerten und sehr unterschiedlichen Bildungsniveaus unter Angehörigen ethnischer Minoritäten. Der Prozess der Alphabetisierung breiter Bevölkerungsschichten lief deshalb je nach Minderheitengruppe mit unterschiedlichem Tempo ab. Auch aktuelle spezifische Strukturen des US-amerikanischen Schulsystems, die die tradierten Ungleichheiten weiterführen, müssen betrachtet werden: Die Selbstverwaltung der öffentlichen Schulbehörden sowie der aus mitteleuropäischer Sicht meist recht eigentümliche Modus der Finanzierung des Bildungssystems verdienen in diesem Zusammenhang Erwähnung. Sie sind eminent wichtige Ursachen disparitärer Entwicklung und müssen bei einem transatlantischen Vergleich der Bildungs- und Schulsysteme in Rechnung gestellt werden. Die Analyse bliebe unvollständig, wenn man nicht auch die Lehrkräfte sowie die infrastrukturelle Ausstattung der Schulen entsprechend berücksichtigte.

Die Bildungsgeschichte der *African Americans* ist wie die anderer ethnischer Minoritätengruppen auch geprägt durch Ausgrenzung, Unterdrückung und Restriktion. Auch wenn sie heute formaljuristisch mit Personen der Mehrheitsbevölkerung gleichgestellt sind und eine offen artikulierte soziale Benachteiligung auf der Basis ethnisch-rassischer Merkmale nun weitgehend der Vergangenheit angehört, stellt sich die Frage nach entsprechend sublimen Erscheinungsformen von Ungleichheit und Diskriminierung, die ohne historische Traditionen und Vorbilder in ihrer heutigen Ausprägung gar nicht vorstellbar wären. Unausgewogene Bildungsindikatoren und disparate Schulsysteme tragen in den USA seit den ersten Ansätzen einer öffentlichen Schulbildung mehr oder weniger unwandelbare ethnische Etiketten. Die Gegensätze, die die heutige Bildungslandschaft und das Netz der *public schools* kennzeichnen, sind strenggenommen nur die Fortführung, in manchen Bereichen aber auch die Zuspitzung bereits seit Jahrzehnten bestehender Verhältnisse.

Die Tradition eines sehr weitmaschigen, wenn nicht überhaupt fehlenden Netzes öffentlicher Schulen findet sich wohl am deutlichsten bei den *African Americans.* In ihrer Schul- und Bildungsgeschichte reiht sich Verbot an Verbot. Mit ihrem unfreien Sklavenstatus, der sie seit ihren ersten Passagen aus Afrika begleitete, verbanden sich entsprechend eingeschränkte Bildungs- und Qualifikationschancen. Auch wenn mit einiger Sicherheit davon ausgegangen werden kann, dass viele versklavte Schwarze Wissen und handwerkliche Fertigkeiten bereits aus ihrer afrikanischen Heimat in die Neue Welt mitbrachten (vgl. WHITEAKER 1990: 3), muss das allgemeine Bildungsniveau

unter den *African Americans* bis weit ins 19. Jahrhundert als ausgesprochen kümmerlich betrachtet werden. Dass Sklavenhalter ihre Untergebenen in privaten Anstrengungen des Lesens, Schreibens und Rechnens kundig machten, wie es vielfach überliefert ist (WHITEAKER 1990: 4), kann nur als die Ausnahme von der Regel gelten (HATCH, MOMMSEN 1984: 457). Im Übrigen entsprangen Bemühungen dieser Art nicht immer purer Nächstenliebe, sondern gründeten oft auf dem Hintergedanken, Sklaven durch Vermittlung eines christlich geprägten Arbeitsethos „gefügig" zu machen (BULLOCK 1967: 11). Üblicherweise herrschte ein System der „erzwungenen Unwissenheit" *(compulsory ignorance)* (WEINBERG 1977: 11). Wer an der Beibehaltung der billigen, unfreien Arbeitskraft der schwarzen Sklaven interessiert war, musste die Bedeutung des divergenten Schulsystems in der Verankerung bestehender sozialer Ungleichgewichte erkannt haben. ALBANESE (1976: 113) fasst die stabilisierende Funktion des ungleichen Systems zusammen: "[…] instruction in the schools served as a vehicle for the narrow class interests of a minority to protect their position in the social structure. […] Leaders of society and education were not moved to challenge the established order. The school system was theirs to serve and, if possible, to cement more securely the basis of the prevailing system of society."

Ebenso gewürdigt wurde der Stellenwert des Bildungswesens aber auch von den Opponenten der geltenden sozialen Verhältnisse, die im Ausbau der schulischen Infrastruktur und in der Hebung des allgemeinen Bildungsniveaus die wichtigste Vorbedingung für eine umfassende Emanzipation der schwarzen Bevölkerung sahen. Tatsächlich verlieh die Schule und der Einsatz um eine Bereitstellung öffentlicher Ausbildungsmöglichkeiten – neben der Kirche und verschiedenen *fraternal organizations* – der versklavten Minderheit ein erhöhtes Maß an gemeinsamer Identität (GROSSMAN 1995: 106ff.). Vielen *African Americans* wurde erst in den Bemühungen um angemessene Bildungseinrichtungen für ihre Kinder bewusst, dass alle Schwarzen an einem Strang ziehen mussten, um das System der sozialen Benachteiligung und Unterdrückung zu überwinden.

Gesetzliche Bestimmungen, die der schwarzen Bevölkerung jegliche Möglichkeiten zum Erwerb einer auch nur rudimentären Schulbildung absprachen, waren für die *antebellum*-Situation in vielen

Südstaaten charakteristisch. Legale Sanktionen und formelle Richtlinien hinderten einen Großteil der Schwarzen an einem regulären Schulbesuch (THOMAS 1987: 264) und dämpften die Erfolge verschiedener Alphabetisierungsbemühungen, mit denen sich kirchlich-religiöse Gruppierungen und philanthropische Gesellschaften engagierten. Wer – formal oder auch nur informell – Sklaven im Lesen und Schreiben unterwies, ging in manchen Bundesstaaten ein hohes Risiko ein. Ein Gesetz in South Carolina, das bereits ab 1740, also noch zur britischen Kolonialzeit, zur Anwendung gelangte und das eine Schulbildung unter schwarzen Sklaven kategorisch untersagte (vgl. BEESON 1915: 10; COLÓN 1991: 73), sah bei Übertretungen die empfindliche Strafe von einhundert Pfund vor. In Georgia bestimmte ein Gesetz von 1770 für jeden, der einen Sklaven Lesen und Schreiben lehrte, eine Geldstrafe von 20 Pfund (WHITEAKER 1990: 7). Ähnliche Bestimmungen galten ab 1830 in Louisiana und ab 1832 in Alabama (WEINBERG 1977: 13). In Louisiana mussten Zuwiderhandelnde sogar mit Gefängnisstrafen rechnen (MILLER 1982: 212). North Carolina ging noch weiter, in dem es jegliche Rezeption gedruckten oder geschriebenen Inhalts durch Sklaven unter Strafe stellte. Wer hier einem Sklaven ein Buch, ein Pamphlet oder eine Bibel überreichte, verstieß gegen ein Gesetz, das eine hermetische Abschirmung der Schwarzen von allen schriftlichen Zeugnissen und Dokumenten beabsichtigte (PARELIUS, PARELIUS 1978: 54). Besonders die Rebellion von Nat Turner (1831) sensibilisierte die weiße Bevölkerungsmehrheit für die Gefahren, die der Stabilität des Sklavensystems durch Flugblätter und religiöse Auferbauungsschriften erwuchsen. Die Angst vor weiteren Unruhen leistete zusätzlichen Alphabetisierungsverboten Vorschub. 1835 verbot North Carolina jegliche öffentliche Erziehung für Schwarze; 1847 folgte Missouri mit einer vergleichbaren Bestimmung. In den 1840er Jahren hatte fast jeder Sklavenstaat ein Gesetz, das einen wie auch immer durchgeführten Schulunterricht für Sklaven verbot (vgl. WHITEAKER 1990: 7f.). Wie offensichtlich und unverhohlen diese rechtlichen Vorkehrungen auf eine Unterdrückung einer schulischen Ausbildung unter Sklaven abzielten, zeigt beispielsweise eine gesetzliche Maßnahme, mit der 1823 in Mississippi das Treffen von sechs und mehr Schwarzen „for educational purposes" untersagt wurde; dienten die Zusammenkünfte einem anderen, etwa religiösen oder rein privaten Zweck, so waren sie offiziell geduldet, wenn auch nicht gerne gesehen (MILLER 1982: 212). Das Bild der unnachgiebigen gesetzlichen Unterdrückung jeder Form von Schulunterricht und privater Instruktion gegenüber Schwarzen muss jedoch, wie FRANKLIN, MOSS (1994: 137) mit zahlreichen Beispielen betonen, relativiert werden. Viele *Master* kümmerten sich nicht um gesetzliche Bestimmungen und erteilten ihren Sklaven Lese- und Schreibunterricht, so wie sie ihn für notwendig erachteten. Im Übrigen wurden Verstöße gegen diese Gesetze nur bedingt geahndet (LOW, CLIFT 1981: 333).

Auch auf Bundesebene bestanden für den Gesetzgeber wenig Anreize zur bildungspolitischen Emanzipation der *African Americans.* Da das Recht auf Einbürgerung in die USA bis 1870 lediglich freie, weiße Personen umfasste, die ihrerseits einen Nachweis von Lese- und Schreibkenntnissen vorlegen mussten, entfiel bei Personen, die für eine Aufnahme in die US-amerikanische Gesellschaft nicht infrage kamen, die Verpflichtung der Bundesregierung, eine entsprechende schulische Infrastruktur bereitzustellen. Hätten die *African Americans* vor 1870 einen verfassungsrechtlichen Anspruch auf Einbürgerung geltend machen können, so wäre man von offizieller Seite nicht so einfach in der Lage gewesen, auch die Ansprüche auf gerechte Ausbildungschancen beiseitezuschieben (vgl. GILMORE-LEHNE 1993: 2413f.). Dass auch die Union – allen abolitionistischen Bewegungen zum Trotz – eine umfassende Alphabetisierung der schwarzen Bevölkerung rechtlich zu behindern wusste, belegt etwa ein Bundesgesetz, das nur freien, weißen Personen die Arbeit im staatlichen Postbereich („any aspect of mail delivery") gestattete (vgl. GILMORE-LEHNE 1993: 2421).

Es verwundert nicht, dass der in den meisten Südstaaten gesetzlich verankerte Ausschluss aus jeder nur denkbaren Form der Wissensvermittlung mit nachhaltigen ökonomischen Konsequenzen für die versklavte Bevölkerungsschicht verbunden war. Neben der Tätigkeit als Landarbeiter auf den Feldern der Plantagen, als Handwerker für die Wartung und Betreuung der technischen Geräte und der Gebäude des Betriebs oder als Dienstkraft im Haushalt des *Masters* ergab sich für Sklaven des 18. und der ersten Hälfte des 19. Jahrhunderts keine ernsthafte berufliche Alternative. Für den gesamten gesellschaftlichen Kontext und die hierarchische soziale Beziehung sind Gesetze,

die – über die schulische Diskriminierung hinausgreifend – auch die ökonomische Position der Sklaven reglementierten, besonders aufschlussreich. Sollte *African Americans* trotz der einschlägigen Verbote der Erwerb von Lese- und Schreibkenntnissen, auf welche Art und Weise auch immer, gelungen sein, so konnte mit diesen zusätzlichen Regelungen einem wirtschaftlichen Erfolg potenzieller Aufsteiger aus der Gruppe der Sklaven Einhalt geboten werden. Außerdem dämpfte man mit diesen Maßnahmen sämtlichen Anreiz, der aus Sicht der *African Americans* für die Umgehung der Verbote und die Aneignung von Lese- und Schreibfertigkeiten sprach. So waren bis zur Mitte des 19. Jahrhunderts in den meisten Südstaaten Gesetze gültig, die es Schwarzen untersagten, wirtschaftliche Unternehmen in Bereichen zu führen oder zu betreiben, in denen Lese- und Schreibkenntnisse notwendig waren (WEINBERG 1977: 20). *De facto* waren damit fast alle ökonomischen Erwerbsmöglichkeiten in der freien Wirtschaft außerhalb des Plantagenbetriebs, mit Ausnahme einiger niedrigqualifizierter Dienstleistungsberufe, für Schwarze erloschen (BATES 1994: 245).

Die gesetzlichen Barrikaden, die gegen einen Schulbesuch der schwarzen Kinder vor allem seit Beginn des 19. Jahrhunderts aufgestellt wurden, standen dem Geist der US-amerikanischen Revolution diametral gegenüber. War die schulische Situation der *African Americans* in den ersten Jahren der souveränen USA noch relativ günstig (vgl. FRANKLIN, MOSS 1994: 98), nicht zuletzt deshalb, weil sich der in der Verfassung festgeschriebene Gleichheitsgrundsatz („all men are created equal") nicht so leichtfertig übergehen ließ (LOW, CLIFT 1981: 332), so kam es in den folgenden Jahrzehnten zu einer sukzessiven Verschlechterung der Zugangsmöglichkeiten zu Bildung und Qualifikation. Die Fülle der rechtlichen Bestimmungen, mit denen alle Alphabetisierungsbemühungen unter Schwarzen im Keim erstickt werden sollten, dokumentiert diese restriktive Phase sehr eindrücklich. Schwarzen, die trotz dieser widrigen Umstände eine schulische Ausbildung anstrebten oder ihren Kindern zukommen lassen wollten, boten sich schließlich nur zwei Alternativen – entweder das Risiko eines geheimen und privaten Unterrichts auf sich zu nehmen (FRANKLIN, MOSS 1994: 100) oder in einen der liberaleren Nordstaaten zu wandern. War die eine Option gefährlich und unberechenbar, so war die andere Möglich-

keit für die meisten Sklaven schlichtweg undurchführbar. Lediglich die freigelassenen Schwarzen konnten einen Ortswechsel in einen der Nordstaaten in Erwägung ziehen.

Vielen *African Americans* blieb somit keine andere Möglichkeit, als sich in geheimen Schulen und an verborgenen Orten zu treffen. So wurden Zusammenkünfte „under the trees" organisiert, die den Zweck hatten, ein belangloses soziales Ereignis vorzutäuschen, während hier in Wirklichkeit elementare Lese- und Schreibkenntnisse weitervermittelt wurden (WHITEAKER 1990: 8). Ebenso ist die Existenz von Nachtschulen überliefert, in denen verbotenes Wissen und unerlaubte Fertigkeiten unterrichtet wurden (FRANKLIN, MOSS 1994: 160). Willkommen waren vielen schwarzen Sklaven auch Gelegenheiten zu Schulbildung, die sich aus ihrer Religiosität ergaben. Von zahlreichen Sonntagsschulen ist bekannt, dass sie nicht nur der rechtgläubigen Unterweisung der Kinder, sondern auch der Vermittlung praktischer Lese- und Schreibkenntnisse dienten. Eine der ersten Schulen dieser Art ist für New Garden (North Carolina) dokumentiert, die im Jahre 1821 schwarzen Sklaven zugänglich gemacht wurde (WEINBERG 1977: 12). Es kann als gesichert gelten, dass in fast allen größeren Städten des Südens während der *antebellum*-Ära geheime Sklavenschulen unterhalten wurden. Nach LUSANE (1992: 11) gab es solche Schulen in Savannah (Georgia), Charleston (South Carolina), Louisville (Kentucky), Fayetteville, New Bern und Raleigh (North Carolina) sowie Norfolk und Fredericksburg (Virginia).

Diese restriktive Bildungs- und Schulpolitik der Südstaaten zeitigte ihre unvermeidlichen Resultate. Beinahe die gesamte Sklavenschicht war bis zu Beginn des Bürgerkriegs weder des Lesens noch des Schreibens kundig. Auch wenn über den Status der Alphabetisierung in der *antebellum*-Phase keine wirklich erschöpfenden und umfassenden Erhebungen für die gesamten Südstaaten vorliegen, kann wenig Zweifel darüber bestehen, dass nur ein verschwindend geringer Prozentsatz der schwarzen Sklaven bis in die Mitte des 19. Jahrhunderts lesen und schreiben konnte. Dresser (zit. nach FRANKLIN, MOSS 1994: 137) geht von einer Alphabetisierungsrate von zwei Prozent aus; andere Studien halten sogar noch diesen Wert für übertrieben und postulieren, dass nur einer von 80 schwarzen Sklaven der damaligen Zeit lese- und schreibkundig war.

Auf die traditionellen Gegensätze der Schulsysteme zwischen Nord- und Südstaaten kann nicht eindringlich genug aufmerksam gemacht werden. Viele der Disparitäten, an denen das öffentliche Bildungssystem der USA heute krankt, lassen sich in ihren Ursprüngen auf die diametrale Entwicklung seit Anfang des 19. Jahrhunderts und auf die ambivalente Einstellung gegenüber ethnischen Minoritäten, besonders den *African Americans,* zurückführen. Während um 1860 in praktisch allen Nordstaaten ein öffentliches Schulsystem, wenn auch mit großen Qualitätsunterschieden, etabliert war, hatten es die Südstaaten nur zu einem rudimentären Netz einzelner *public schools* gebracht. Fast überall im Süden, wo keine Bundeshilfe in Form von Landschenkungen *(land grants)* zur Verfügung gestanden hatte, war auf die Errichtung einer *public school* verzichtet worden (WEINBERG 1977: 32). In den Nordstaaten warf man schon ernsthafte Fragen nach der Qualität der öffentlichen Schulbildung auf; indessen musste man im Süden noch die Gretchenfrage stellen, ob überhaupt eine öffentliche Schule bestand und – falls dies der Fall war – wie viele Monate im Jahr diese Schule offenblieb und wie viele Schülerinnen und Schüler sie überhaupt aufnehmen konnte (GROSSMAN 1995: 108). Es war durchaus nicht ungewöhnlich, wenn das Schuljahr für schwarze Kinder um ein Drittel weniger Schultage umfasste als für weiße, sodass ein schwarzer Schüler mit neun Schuljahren letztendlich ungefähr gleich lang die Schulbank drückte wie ein weißes Schulkind mit sechs Schuljahren (vgl. SOWELL 1978: 231; ähnlich auch HILL 1984: 11). Bilder von einsamen Holzbaracken mit verfallenden Dächern und desolaten Veranden *(porches),* in denen notdürftig eine einklassige „Schule" untergebracht war, lassen die triste Schulsituation im ländlichen Süden der USA erahnen. In vielen „public schools" des Südens ging es um das nackte Überleben; den Imponderabilien des Südstaaten-Klimas nur kümmerlich gewachsen, boten viele Schulgebäude bloß unzureichend Schutz vor den heftigen subtropischen Starkniederschlägen im Frühling und Frühsommer. Lehrer wie Schüler hatten oft alle Hände voll zu tun, auch nur die wichtigsten Utensilien trocken zu halten. Im Winter, der auch den Südstaaten empfindlich kühle Tage bringt, mangelte es an jedem nur erdenklichen Heizmaterial. Schulen, die nur einen einzigen Ofen besaßen, galten als vergleichsweise luxuriös. In den wenigen öffentlichen Schulen des Südens bot sich zudem ein streng segregiertes Bild. Diese Segregation war nur für die Verteilung der Schüler typisch, sie galt in der Regel nicht für das Lehrpersonal und die schulische Administration. Wenn überhaupt, dann wurden im Süden öffentliche Schulen *für* die schwarze „community" geführt, aber nicht *durch* sie. Die lokale Schulbürokratie war ebenso weiß wie die Direktoren und die Lehrer (GROSSMAN 1995: 108).

Der Bürgerkrieg endete 1865 so wie er nach der Verteilung der ökonomischen Ressourcen enden musste: Ihre Niederlage öffnete die konföderierten Südstaaten zur Gänze den ungeteilten Modernisierungsbestrebungen des Nordens. Mit der *postbellum*-Phase des Wiederaufbaus *(Reconstruction)* begann ein von den Nordstaaten dirigierter Reformprozess, der die bisherige Sozialstruktur der Südstaaten gleichsam auf den Kopf stellte – und im Gegenzug die Identität der Konföderierten weiter beflügelte (RADFORD 1992). In der Wahrnehmung des weißen Südens ergoss sich ein Strom ebenso sendungsbewusster wie opportunistischer Nordstaatler *(carpetbaggers)* in die devastierten Landstriche des Südens (JORDAN, LITWACK 1991: 397ff.). Aus schwarzen Sklaven waren freie, auch wahlberechtigte Bürger geworden. Schwarze Beamte, schwarze Geschworene, schwarze Sheriffs und schwarze Soldaten stehen für den grundlegenden Wandel, der sich in der unmittelbaren Nachkriegszeit vollzog. Es ist naheliegend, dass das Bildungssystem davon nicht unberührt blieb. So nahmen unmittelbar nach Beendigung des Bürgerkriegs 1867 Alabama und Georgia den Auftrag eines öffentlichen Schulsystems in ihre Verfassungen auf; diesem Beispiel folgte ein Jahr später auch South Carolina (BULLOCK 1967: 49f.).

Mit finanzieller und organisatorischer Hilfe der Nordstaaten gelang in den Folgejahren des Bürgerkriegs der Aufbau eines relativ dichtmaschigen Netzes von öffentlichen Grundschulen im US-amerikanischen Süden. *Die* zentrale Bedeutung in der initialen Gründungsphase des südstaatlichen Bildungssystems besaß das *Freedmen's Bureau,* dem die Koordinierung des Wiederaufbaus der gesamten Infrastruktur des Südens oblag. 1865 gegründet und mit Zweigstellen in allen ehemaligen konföderierten Staaten vertreten, war das *Freedmen's Bureau* auch für die territoriale Restituierung und die besitzrechtliche Zuteilung verlassenen Bodens zuständig. Seine größten Erfolge erzielte das Amt – in Kooperation mit religiösen und philanthropischen Institutionen – im Bereich des Erziehungswesens. Hier konzentrierten sich die Anstrengungen des *Bureaus* auf das Elementarschulwesen, während sich Kirchen und philanthropische Vereine verstärkt im Bereich der höheren Bildung engagierten. Bis zum Zeitpunkt der Einstellung seiner bildungspolitischen Aktivitäten im Jahre 1870 konnte das *Freedmen's Bureau* eine beeindruckende Bilanz vorlegen: Es war am Aufbau von insgesamt 4329 Schulen beteiligt gewesen (LUSANE 1992: 15).

Nachdem das *Freedmen's Bureau* seine erziehungspolitischen Initiativen ab 1870 weitgehend beendet hatte, fühlten sich vor allem philanthropische Gesellschaften zu einer Fortsetzung der Initiativen aufgerufen. Ihr Einfluss sollte bis in die ersten Jahrzehnte des 20. Jahrhunderts wirksam werden. Der bedeutendste Geldgeber unter den großzügigen Gönnern war Julius Rosenwald, dessen Fonds von 1914 bis 1932 insgesamt mehr als 5300 Gebäude, davon knapp 5000 Schulen, in 15 Südstaaten finanzierte oder subventionierte (BULLOCK 1967: 138f.; ANDERSON 1988: 155). Am meisten steuerte die Stiftung in den Staaten bei, die der Hilfe wohl am dringendsten bedurften: In Alabama, Louisiana und Mississippi kam von 1914 bis 1932 nahezu jeder fünfte US$ für den Bau von öffentlichen Schulgebäuden von Julius Rosenwald. Der Mäzen machte sich auch um die Einrichtung von mehr als 12 000 Bibliotheken verdient.

Um die Jahrhundertwende war das Standortnetz öffentlicher Grundschulen für die schwarze Minderheit in den Südstaaten der USA so weit etabliert, dass die Bemühungen um eine schulische Infrastruktur nun erstmals auch intensiver um qualitative Aspekte kreisten. In diesem Zusammenhang ist die Intensivierung des regelmäßigen Schulbesuchs sowie die Verbesserung des Unterrichts und des Lehrpersonals zu nennen. Das vordringlichste Problem in der öffentlichen Diskussion um das junge Schulwesen für die Schwarzen der Südstaaten bildete ab den 1880er Jahren die zunehmende ethnisch-rassische Isolation. Mit der Doktrin „separate, but equal" (1896) wurde die kompromisslose ethnische Segregation auch des Schulwesens für Jahrzehnte festgelegt. Begleitfacetten dieser Fragmentierung, wie die unterschiedlichen Schulbesuchsquoten, die ungleiche finanzielle Ausstattung der öffentlichen Schulsysteme und die uneinheitliche Länge eines Schuljahres, avancierten zu Dauerstreitpunkten zwischen der weißen und schwarzen Bevölkerung.

Während bereits um die Wende vom 19. zum 20. Jahrhundert die Zahl von 6000 öffentlichen *high schools* für Weiße erreicht war (BOYER 1983: 49), konnten 1916 für Schwarze auf der Ebene der gesamten USA nicht einmal 70 (!) *high schools* registriert werden (HOLT 1980: 16). In regionalen Einzelfällen gestaltete sich die Unterversorgung durch *public high schools* noch gravierender: 1911 fand sich in ganz Maryland, das damals von 200 000 Schwarzen bewohnt war, nur eine einzige schwarze Sekundarschule, nämlich in Baltimore (WEINBERG 1977: 59). Eine Expansion des Sekundarschulwesens auch für Schwarze fand erst in der Zwischenkriegszeit statt.

Stand eine *high school* für Schwarze zur Verfügung, so ließ sich daraus nicht automatisch folgern, dass die Schulkinder regelmäßig zum Unterricht erschienen. Die Gründe für ein Fernbleiben waren mannigfaltig. In seltenen Fällen dürfte ein Unbehagen der Eltern über Lehrplan und Lerninhalte an *public high schools* für Schwarze den Ausschlag gespielt haben. Häufiger wird wohl eine allgemeine Konsternierung über das generell niedrige Unterrichtsniveau Eltern veranlasst haben mögen, ihre Kinder nicht zur Schule zu schicken, auch wenn sie in guter fußläufiger Distanz zu erreichen war. Während der Erntezeit wiederum war bei den meisten Familien unabdingbar, dass die Schulkinder ihren Eltern zur Hand gingen. Allein dadurch versäumten die Kinder – vorausgesetzt, die Schule war während dieser Periode überhaupt geöffnet – bereits zwei bis drei Monate reguläre Unterrichtszeit. Bereits zu den Anfängen der Motorisierung während der 1920er Jahre stellte sich heraus, dass die Schülertransporte in vielen Südstaaten je nach Schule sehr ungleich subventioniert wurden. 1924 beispielsweise war den öffentlichen Schulbehörden des Staats Mississippi die Beförderung der Kinder zu den Schulgebäuden die Summe von mehr als einer Million US$ wert – ein Betrag, der fast ausnahmslos für weiße Schulkinder investiert wurde (WEINBERG 1977: 61). Noch 1940 wurden praktisch alle Mittel für den Schülertransport für Weiße ausgegeben (OGBU 1978: 119; *Tab. 1*). Dieser Umstand erklärt sehr deutlich, warum Nichterscheinen zum Unterricht bei schwarzen Kindern ein gewichtigeres Problem darstellte als bei weißen. Im Endeffekt gelang es nur einem Bruchteil der schwarzen Schüler eines Jahrgangs, bis in die zwölfte Schulstufe vorzustoßen – 1890 beispielsweise erreichten in Mississippi durchschnittlich nur 0,5 % der Schulkinder eines Jahrgangs die zwölfte Klasse (BUTTLAR 1981: 145).

Die ungleiche Allokation der Finanzmittel, die in den weißen und schwarzen Schulsektor flossen, war im Alltag des Unterrichts an schwarzen Schulen an praktisch allen Ecken und Enden zu spüren. Durch das knappe Budget musste auf praktisch alle Lehrbehelfe und Unterrichtsmaterialien verzichtet werden. Lehrkräfte, die ihren Unterricht anschaulich auf einer Tafel darstellen konnten, mussten sich darüber glücklich schätzen. An die Anschaffung neuer Lehrbücher war kaum zu denken. In der Regel mussten gebrauchte Bücher von weißen Schulen übernommen werden (vgl. DEMPSEY, NOBLIT 1993: 48).

Auch die bauliche Infrastruktur der schwarzen Schulen litt unter der erzwungenen Finanznot. Dringend notwendige Erweiterungen – gerade im ländlichen Raum ballten sich in einklassigen Schulgebäuden, in vielen Fällen nicht größer als eine Scheune, oft 80 bis 100 Schüler in einem Klassenzimmer – mussten ausbleiben. Überfüllte Schulräume erforderten in vielen Fällen eine Teilung des Unterrichts in Vormittags- und Nachmittagssitzungen. Die vielfach schlecht, unzureichend oder schlichtweg gar nicht ausgebildeten Lehrkräfte waren solchen Situationen kaum gewachsen. Ihre Motivation war oft schon aufgrund ihres überaus bescheidenen Gehalts, das im Übrigen nur in seltenen Fällen wirklich regelmäßig bezogen werden konnte, gedämpft. Die verzweifelte Ausstattungssituation, in der sich viele, vor allem ländliche, Schulen der Südstaaten befanden, spiegelt sich summarisch in Vermögensaufstellungen, die beispielsweise für die Mitte der 1930er Jahre vor-

liegen, und – noch durchdringender – in exemplarischen Einzelschilderungen, aus denen die Unzulänglichkeiten besonders plastisch hervortreten. Ein Schüler beschrieb eine typische schwarze Schule im östlichen Texas mit folgenden Worten: "The building was a crude box shack built by the Negroes out of old slabs and scrap lumber. Windows and doors were badly broken. The floor was in such condition that one had to walk carefully to keep from going through cracks and weak boards. Daylight was easily visible through walls, floor, and roof. The building was used for both church and school. Its only equipment consisted of a few roughhewn seats, an old stove brought from a junk pile, a crude homemade pulpit, a very small table, and a large water barrel. All the children drank from the open barrel which was refilled with fresh water only when it became empty. Water was hauled to the schoolhouse and poured through a window into the barrel. There was no blackboard and there were no desks. When the children wrote, their knees served for desks. Fifty-two children were enrolled. All these crowded into a single small room, with benches for but half the number. The teacher and pupils had tacked newspapers on the walls to keep the wind out. Rain poured through the roof, and school was dismissed when it rained. No supplies, except a broom, were furnished the school by the district during the year" (zit. nach WILKERSON 1939: 29).

Die knappen Mittel waren auch – neben anderen Faktoren, wie der jahreszeitliche Rhythmus des Arbeitskräftebedarfs in der Landwirtschaft – für das kurze Schuljahr an schwarzen Schulen verantwortlich. Die Unterschiede zwischen weißen und schwarzen Schulen konnten beträchtlich

Tab. 1: *Öffentliche Mittel für den Schülertransport (Schuljahr 1935/36), nach ethnischen Gruppen und zehn Südstaaten (in US$).*

Bundesstaat	Ausgaben für den Schülertransport (in US$)		
	Insgesamt	weiße Schüler	schwarze Schüler
Alabama	1 487 968	1 462 921	25 047
Arkansas	665 109	650 278	14 831
Florida	1 064 640	1 039 825	24 815
Georgia	1 500 000	1 492 811	7 189
Maryland	977 088	910 134	66 954
Mississippi	1 928 840	1 928 840	——
Missouri	541 265	513 595	27 670
North Carolina	1 967 467	1 899 077	68 390
Oklahoma	1 223 948	1 116 126	107 822
South Carolina	860 379	856 737	3 642

Quelle: WILKERSON 1939: 19.

ausfallen *(Tab. 2)*. Anfang des 20. Jahrhunderts betrug die durchschnittliche Dauer eines Schuljahres an den schwarzen *public schools* im County Wilcox (Alabama) 80 Tage; für weiße Schüler hingegen dauerte das Schuljahr mit 140 Tagen beinahe doppelt so lang (Beeson 1915: 79). Es existieren Berichte, nach denen in manchen ländlichen Gebieten der Südstaaten das Schul„jahr" nicht länger als zwei Monate dauerte (Grossman 1995: 108). Auch die emsigsten unter den schwarzen Schülerinnen und Schülern konnten den zeitlichen Rückstand, der ihnen aus der Kürze des Schuljahres erwuchs, im Wissenserwerb nicht aufholen.

Der größte Teil der schwarzen Elite seit Ende des 19. Jahrhunderts hatte entweder den Beruf der Lehrkraft ergriffen oder der Berufung als Pfarrer oder Pastor stattgegeben. Führende Persönlichkeiten der *African Americans* waren über die Schiene des Pädagogen sozial aufgestiegen (King 1993: 117). Zwischen 1912 und 1938 hatten sich insgesamt 73 % aller schwarzen College-Absolventen für den Beruf als Lehrkraft oder Pfarrer entschieden (Holsey, zit. nach Bates 1994: 244). Die traditionell enge Verbindung zwischen *African Americans* und dem Lehrer- und Lehrerinnenberuf reichte aber für eine angemessene Versorgung der schwarzen Schulen mit schwarzen Lehrern nicht aus. Vor allem in den Südstaaten, ebenfalls in den wenigen, meist kleinen schwarzen Schulen, rekrutierte sich das Lehrpersonal hauptsächlich aus weißen Kandidatinnen und Kandidaten. Der Mangel an Lehrkräften bedeutete entsprechend hohe Schüler-Lehrer-Quotienten, deren Ausmaß wiederum vom ethnischen Hintergrund der Schule abhing. Nach Beeson (1915: 82f.) entfielen in den öffentlichen Schulen South Carolinas zu Beginn des 20. Jahrhunderts auf eine schwarze Lehrkraft im Durchschnitt 67 Schulkinder, während eine

Tab. 2: *Durchschnittliche Dauer des Schuljahres (Schuljahre 1909/10 und 1928/29) an öffentlichen Schulen, nach ethnischen Gruppen und zwölf Südstaaten (in Schultagen).*

Bundesstaat	Schuljahr 1909/10		Schuljahr 1928/29	
	Weiße	Schwarze	Weiße	Schwarze
Alabama	131	90	159	129
Arkansas	94	70	152	132
Florida	123	106	163	128
Georgia	158	126	158	137
Kentucky	123	115	160	140
Louisiana	156	93	174	112
Mississippi	123	101	141	130
North Carolina	105	94	151	137
South Carolina	125	74	173	114
Tennessee	121	89	166	156
Texas	139	135	152	147
Virginia	133	123	174	151

Quelle: Bullock 1967: 177.

weiße Lehrkraft im Mittel nur 36 Kinder zu betreuen hatte. Die Bezahlung der Lehrkräfte, eines der wichtigsten bildungspolitischen Instrumente, um einer Fluktuation des Lehrpersonals entgegenzuwirken, erfolgte vor allem in den Südstaaten anhand ethnischer Kriterien. Diese Differenzierung zwischen Minderheit und Mehrheit war ebenso in öffentlich geführten Schulen üblich. 1910 wurde eine weiße Lehrkraft in Mississippi mit 53 US$ monatlich bezahlt, während eine schwarze Lehrkraft weniger als die Hälfte dieses Betrags erhielt (Buttlar 1981: 142). Bis um 1930 hatte sich die Relation noch weiter verschlechtert: Die Bezahlung der schwarzen Lehrkräfte fiel um bis zu zwei Drittel niedriger aus. 1939/40 wurden Schwarze in den Südstaaten mit durchschnittlich 43 % des Gehalts des weißen Lehrpersonals entlohnt (Epps 1992: 50).

Diese Fülle an Beispielen für die strukturelle Diskriminierung im Schulwesen entlang ethnischer Kriterien macht deutlich, dass (1) die Ungleichheit im öffentlichen

Bildungssystem seit Anbeginn bestand und in eine Tradition überführt wurde, die sich allen Emanzipationsversuchen im Laufe der Jahrzehnte und Jahrhunderte verschloss, (2) die Gegensätzlichkeiten im Schulsystem von der weißen Bevölkerung als wirksames Instrument zur kontinuierlichen Unterdrückung ethnischer Minoritäten, insbesondere der *African Americans,* eingesetzt wurden, (3) dabei einerseits strategische Taktiken bis hin zur völligen Zermürbung der *African Americans* zur Anwendung gelangten und (4) andererseits die unablässigen Bemühungen der Schwarzen, sich gesellschaftspolitisch zu artikulieren, vor allem über den Bildungssektor transportiert wurden. Die Schule – und hier vor allem öffentliche Einrichtungen – entwickelte sich vor dem Hintergrund lange bestehender hegemonialer Abhängigkeitsverhältnisse und Diskurse vom Austragungsort ethnischer Stigmatisierung zum Aushandlungsort sozialer Relationen von Macht und Ohnmacht, Anerkennung und Unterdrückung.

3   Kulturelle Wege der Emanzipation

Im kulturellen Bereich lässt sich im Hinblick auf emanzipatorische Errungenschaften über die Jahrhunderte hinweg ein unaufhaltsames Crescendo wahrnehmen: von leisen Anklängen zu Zeiten der Sklaverei bis hin zur gewaltigen, unüberhörbaren, weltumspannenden Resonanz sozialer Großbewegungen.

Der Begriff *Kultur* wird sowohl in der Alltagssprache als auch in der Wissenschaft mit unterschiedlichen Bedeutungsfacetten verwendet, eine umfassende allgemeingültige Definition existiert nicht (vgl.

Bolten 2018: 37). So „erscheint es sinnvoll, […] von Kulturbegriffen im Plural zu sprechen" (Nünning 2009). Ein zentraler Aspekt ist jedoch allen Kulturbegriffen gemein: Sie bezeichnen immer „das ‚vom Menschen Gemachte' bzw. ‚gestaltend Hervorgebrachte'" (Nünning 2009). Ein weitgefasster Kulturbegriff umfasst also alle „vom Menschen selbst hervorgebrachten und im Zuge der Sozialisation erworbenen Voraussetzungen sozialen Handelns, das heißt die typischen Arbeits- und Lebensformen, Denk- und Handlungsweisen, Wert-

vorstellungen und geistigen Lebensäußerungen einer Gemeinschaft" (Nünning 2009). Im Folgenden zählen dazu: Literatur und Sprache, Glaube, bildende Kunst, Musik, Film, Sport, Politik, soziale Bewegungen, Bildungsstätten sowie Kultur prägende Leitfiguren. Ferner wirkt Kultur „nach innen hin integrativ, nach außen hin hierarchisch und ausgrenzend'" (Böhme 1996, zit. nach Nünning 2009) – sie trägt also „zur individuellen und kollektiven Identitätsbildung bei; andererseits gehen die für Kulturen kennzeichnenden

Standardisierungen des Denkens, Fühlens und Handelns oft mit einer Ausgrenzung des anderen einher" (NÜNNING 2009). Inwiefern sich diese Identitätsbildung bzw. Abgrenzung von der Mainstream-Kultur der weißen Amerikaner in der afroamerikanischen Kultur manifestiert, soll ebenfalls Gegenstand der Betrachtung sein.

Der *Duden* (o. J.) definiert den Begriff *Emanzipation* als „Befreiung aus einem Zustand der Abhängigkeit; Selbstständigkeit; Gleichstellung" bzw. als „rechtliche und gesellschaftliche Gleichstellung". Bezogen auf die ethnische Gruppe der Afroamerikaner ist mit *Emanzipation* im engeren Sinne die Abolition, das heißt die

Abschaffung der Sklaverei 1863, gemeint. Dass diese Beschränkung der Emanzipationsidee auf jenes Ereignis der *Emancipation Proclamation* viel zu kurz greift (vgl. HALEY 2018: 9), und wie weit die Bedeutung von Emanzipation in diesem Zusammenhang darüber hinaus geht, wird im Weiteren aufgezeigt werden.

3.1 Historische Artikulationen im Kontext der Sklaverei

Im ausweglosen, harten Arbeitsalltag der Sklaven im *antebellum South* spendeten Musik und Glaube Trost und Hoffnung auf ein besseres Leben nach dem Tod (vgl. PAINTER 2006: 102). Die aus ihrer afrikanischen Heimat mitgebrachten Instrumente und Musiktraditionen – unter anderem *call and response*-Schemata, *shouts,* Improvisation, Gesang und Tanz, rhythmisch begleitet von Trommeln und Banjos (vgl. BERG 2017: 74) – ließen ein Gemeinschaftsgefühl unter den Versklavten wachsen. Spirituals als zentralstes Element der afroamerikanischen Erfahrung in der neuen Welt entstanden aus der „Christianisierung der Sklavenbevölkerung […] durch die Inkorporation biblischer Psalmen und Kirchenlieder in die afrikanischen Traditionen" (BERG 2017: 74). Sie wurden nicht nur bei Gottesdiensten, sondern auch fortwährend bei der Feldarbeit und an Feierabenden gesungen – ein Ventil, um die Unterdrückung zu ertragen: "[A]long with a sense of the slaves' personal self-worth as children of a mighty God, the spirituals offered them a much-needed psychic escape from the workaday world of slavery's restrictions and cruelties" (GATES, MCKAY 2004: 8). Dass diese Sklaven das irdische Leben nicht als ihre Heimat begriffen, wird etwa im melancholisch-klagend intonierten Spiritual „Soon I Will Be Done" deutlich: "Soon I will be done with the troubles of the world,/Troubles of the world, the troubles of the world,/Soon I will be done with the troubles of the world. /Goin' home to live with God./No more weepin' and a-wailing,/No more weepin' and a-wailing,/No more weepin' and awailing,/I'm goin' to live with God./[…]" (GATES, MCKAY 2004: 17). Neben der Musik war also auch Religion eine wichtige Kon-

stante im Leben der afrikanischen Sklaven, die das protestantische Christentum neu interpretierten (vgl. PAINTER 2006: 102).

Im Gegensatz zu den Ausführungen früherer Historiker waren die Sklaven keineswegs nur passive Empfänger einer Freiheit, die ihnen 1865 gesetzlich gewährt wurde, sondern beteiligten sich aktiv an der Herbeiführung ihrer Befreiung durch Widerstand, Sabotage und Flucht (vgl. EDWARDS 2016: 252): So forderte etwa der freie Afroamerikaner David Walker, der den Rassismus der Weißen als nationales Problem entlarvte (vgl. GATES, MCKAY 2004: 227), in seinem *Appeal to the Colored Citizens of the World* 1829 zum gewalttätigen Umsturz auf (vgl. EARLE 2000: 52). Der Sklave Nat Turner und seine Mitstreiter folgten jenem Aufruf 1831 in einer blutigen Rebellion (vgl. EARLE 2000: 50f.). Mithilfe der *Underground Railroad,* einem informellen Netzwerk, und der tatkräftigen Unterstützung der entlaufenen Sklavin Harriet Tubman gelang ca. 75 000 Sklaven die Flucht (vgl. EARLE 2000: 60f.). Die Zeitung „Liberator" des weißen Abolitionisten William Lloyd Garrison, die unmittelbar die Abschaffung der Sklaverei forderte, entwickelte sich bald zum Sprachrohr der Versklavten. Von solchen Ereignissen und Schriften bestärkt, nahm die Abolitionismus-Bewegung Fahrt auf: Ehemalige Sklaven wie Sojourner Truth und Frederick Douglass dokumentierten in ihren Veröffentlichungen die Gräueltaten der Sklavenhalter im Süden und leisteten Lobby-Arbeit bei Politikern – sie sorgten zudem dafür, dass weiße Nordstaatler sich des immanenten nationalen Sklavenproblems nicht mehr entziehen konnten (vgl. EARLE 2000: 53). Schonungslos deutlich wurde Douglass in seiner berühmt gewordenen

Rede anlässlich des Unabhängigkeitstags 1852 vor der *Ladies' Anti-Slavery Society* in Rochester, New York: "What, to the American slave, is your Fourth of July? I answer: a day that reveals to him, more than all other days in the year, the gross injustice and cruelty to which he is the constant victim. To him, your celebration is a sham; your boasted liberty, an unholy license; your national greatness, swelling vanity; your sounds of rejoicing are empty and heartless; your denunciations of tyrants, brass fronted impudence; your shouts of liberty and equality, hollow mockery; your prayers and hymns, your sermons and thanksgivings, with all your religious parade, and solemnity, are, to him, mere bombast, fraud, deception, impiety, and hypocrisy—a thin veil to cover up crimes which would disgrace a nation of savages. There is not a nation on the earth guilty of practices more shocking and bloody than are the people of these United States at this very hour" (zit. nach HORWITZ 2001: 113f.).

Geistige Ergüsse von *African Americans* dienten lange nicht mehr nur der Stärkung des Gemeinschaftssinns, sondern beginnend mit Garrisons „Liberator" stellte die intellektuelle Landschaft der Abolitionsbewegung – Reden, Memoiren, Interviews mit Freigelassenen, Schriften – die mächtigste politische Waffe der Afroamerikaner im Kampf für Freiheit dar (vgl. HALEY 2018: 10). Bis 1860 lebten vier Millionen afroamerikanische Sklaven im Gebiet der USA, viele waren auf amerikanischem Boden geboren worden. Afrikanische und euroamerikanische Traditionen verschmolzen zunehmend und führten zur Entwicklung einer „eigenständige[n] afroamerikanische[n] Kultur" (BERG 2017: 74).

3.2 *Reconstruction* und *Jim Crow:* kultureller Widerstand gegen Segregation

Mit dem Ende des Bürgerkriegs begann 1865 die *Reconstruction,* „die Phase der Wiederherstellung der Union nach dem Bürgerkrieg" (BERG 2017: 75), in der die freigelassenen Afroamerikaner wesentliche emanzipatorische Erfolge erringen konnten: Der 13. Zusatz zur Bundesverfassung von 1865 schaffte Sklaverei und

Zwangsarbeit gesetzlich ab, der 14. (1866) und 15. Verfassungszusatz (1870) „machten die *freedmen* zu gleichberechtigten Bürgern […] und gaben schwarzen Männern das Wahlrecht" (BERG 2017: 75) – sie gründeten Familien und Kirchengemeinschaften und schickten ihre Kinder zur Schule. Während der *Reconstruction*-Pe-

riode bekleideten rund 2000 Afroamerikaner öffentliche Ämter, von der Lokal- bis zur Bundesebene (vgl. N.N. 2021b).

Die ehemaligen, weißen Sklavenbesitzer waren jedoch grundsätzlich nicht bereit, sich auf eine Gesellschaft einzulassen, in der tatsächlich gelten sollte: „all men are created equal" – der Verlust der Sklaven ließ sie um ihre wirtschaftliche Zukunft bangen, den Niedergang des in ihren Augen gottgewollten Kastensystems wollten sie nicht akzeptieren (vgl. GOODWIN 2019: 10). Mit dem Ende der militärischen Besatzung der Südstaaten und damit dem Ende der *Reconstruction* 1877 erlangten die „alten Eliten des Südens mithilfe von Terrorgruppen wie dem [wiedererstarkten] Ku-Klux-Klan" (BERG 2017: 75) ihre Macht zurück. „[D]er weiße Süden etablierte ein redensartlich *Jim Crow*-System genanntes Regime der weißen Vorherrschaft – bezeichnet nach dem populärkulturellen Stereotyp des dümmlichen und faulen ‚Negers' –, das auf allgegenwärtiger Rassentrennung, politischer Entrechtung und ökonomischer Ausbeutung beruhte" (BERG 2017: 75). Die Bezeichnung *Jim Crow* entstammt einer zu dieser Zeit beliebten Minstrel-Show, deren schwarze Hauptfigur als dümmlicher Clown zeitgenössische negative Stereotypen über Afroamerikaner personifizierte (vgl. UROFSKY 2021). 1896 entschied der Oberste Gerichtshof im bekannt gewordenen Fall *Plessy vs. Fergusson,* dass die Rassentrennung in Eisenbahnen in Louisiana verfassungskonform sei mit der Begründung, der 14. Verfassungszusatz beinhalte nur die politische, nicht die soziale Gleichberechtigung und Einrichtungen seien für beide Rassen gleichwertig, das heißt *separate but equal.* Dieses folgenreiche Urteil legitimierte die *Jim Crow*-Gesetze im ganzen Land (vgl. BERG 2017: 75). Von der Aus-

übung ihres Wahlrechts wurden Schwarze durch fadenscheinige Intelligenztests abgehalten. Viele Afroamerikaner arbeiteten in den Südstaaten als Pächter in „eine[r] neue[n] Form de facto unfreier Arbeit" (BERG 2017: 76). Lynchmorde an Afroamerikanern wegen Bagatellvergehen standen auf der Tagesordnung und wurden vom weißen Mob regelrecht zelebriert: Man engagierte Fotografen und verschickte Postkarten mit Aufnahmen eines brennenden Leichnams an Freunde und Verwandte, mancher verwahrte sogar eine Haarsträhne des Gelynchten als Trophäe (vgl. WILKERSON 2020: 93).

Von 1916 bis etwa 1920 verließen hunderttausende Schwarze den Süden und zogen in der *Great Migration* in die Industriestädte des Nordens und Mittleren Westens, wo sie in der Rüstungsindustrie Arbeit zu finden hofften. Dort stieg die Konkurrenz um Arbeitsplätze und Wohnraum. Konflikte zwischen schwarzen und weißen Arbeitern entluden sich immer wieder in „pogromartigen Rassenkrawallen" (BERG 2017: 76), die viele Tote und Verletzte forderten.

„Auch gegen das repressive *Jim Crow*-System leisteten die Afroamerikaner auf vielfältige Weise Widerstand" (BERG 2017: 76) durch Boykotte, politischen Protest oder bewaffnete Selbstverteidigung. Dennoch existierte innerhalb der afroamerikanischen Community kein Konsens über „den richtigen Weg zu bürgerlicher Gleichstellung und sozialer Akzeptanz" (BERG 2017: 76). Der ehemalige Sklave Booker

T. Washington stieg zum ersten Wortführer der Afroamerikaner nach der *Reconstruction* auf und gründete das *Tuskegee Institute* in Alabama (vgl. ASANTE, MATTSON 1998: 133). Washington „vertrat [...] eine Philosophie der Anpassung an die weiße Gesellschaft" (BERG 2017: 76). Er war überzeugt, dass „reale Gleichheit nur durch harte Arbeit und Selbstdisziplin zu erreichen sei" (BERG 2017: 76) und stufte Bildung höher ein als politische und soziale Rechte (vgl. ASANTE, MATTSON 1998: 133). Von afroamerikanischen Gelehrten im Norden wie W. E. B. Du Bois erntete er dafür harsche Kritik. Diese vertraten die Ansicht, dass Bürgerrechte Voraussetzung für die erfolgreiche Verteidigung wirtschaftlicher Errungenschaften seien (vgl. ASANTE, MATTSON 1998: 133). Du Bois gründete 1909 die *National Association for the Advancement of Colored People (NAACP),* die sich alsbald zum wichtigsten Sprachrohr der afroamerikanischen Community entwickelte: Sie kämpfte vor Gericht, führte Kampagnen und mobilisierte die Massen (vgl. BERG 2017: 76). Im Editorial der *NAACP*-Zeitung „The Crisis" schrieb Du Bois von einem „'new desire to create [...] a new will to be' within the African American community" (EARLE 2000: 118). In den Städten des Nordens fanden die zugezogenen Schwarzen keine Rassengleichheit vor, aber sie formten Communities, die das intellektuelle, politische und kulturelle Leben der ganzen Nation verändern sollten (vgl. EARLE 2000: 118).

3.3 *Harlem Renaissance* als Wegbereiterin der Bürgerrechtsbewegung

Das New Yorker Viertel Harlem war in den 1880er Jahren noch überwiegend von der weißen Oberschicht bewohnt, im Zuge der *Great Migration* ließen sich dort allerdings zunehmend Schwarze nieder, Weiße zogen fort (vgl. N.N. 2021a). Allmählich entwickelte sich das Viertel zum Epizentrum der *Harlem Renaissance*, einer Blütezeit afroamerikanischer Kultur von ca. 1918 bis 1937 (HUTCHINSON 2021). In der afroamerikanischen Community entstand ein neuer „Rassenstolz", ein neues Identitätsbewusstsein – *African Americans* sprachen vom *New Negro* – das in der „vitale[n] schwarze[n] Kulturszene" (BERG 2017: 76) seinen Ausdruck fand. Schwarze Kulturschaffende wollten den *New Negro* loslösen von den Stereotypen, die ihm von den ehemaligen Sklavenhaltern übergestülpt worden waren und die sich in den Köpfen der Amerikaner hartnäckig hielten: „[F]or generations in the mind of America, the Negro has been more of a formula than a human being – a something to be argued

about, condemned or defended, to be 'kept down,' or 'in his place,' or 'helped up,' to be worried with or worried over, harassed or patronized, a social bogey or a social burden [...] By shedding the old chrysalis of the Negro problem we are achieving something like a spiritual emancipation" (Locke 1925, zit. nach GATES, McKAY 2004: 985f.). Schwarze Kultur stellte die afroamerikanische Erfahrung in den USA aus ihrer Sichtweise dar. *Black Pride* drückte sich in verschiedensten Kunstformen aus (vgl. PAINTER 2006: 206ff.):

Jazz war zu Beginn des 20. Jahrhunderts in New Orleans entstanden – einer Stadt, die eine ethnisch diversere Bevölkerung als vergleichbare Städte aufwies (vgl. *National Museum of American History* 2015). Elemente traditioneller afroamerikanischer Musik vermischten sich mit anderen, „and gradually jazz emerged from a blend of ragtime, marches, blues and other kinds of music" (*National Museum of American History* 2015). Diese Verschmel-

zung westafrikanischer und euroamerikanischer Musiktraditionen ist wesentlich, denn Jazz entwickelte sich exklusiv in den USA, nicht etwa in der Karibik oder in Südamerika, obwohl es auch dort aufgrund der Sklaverei eine aus Afrika stammende Bevölkerung gab (SCHULLER 2020). Mit der *Great Migration* wanderte auch der Jazz nach Norden (vgl. EARLE 2000: 122f.) und erfreute sich großer Beliebtheit auch beim weißen Publikum, das in Nachtclubs wie den New Yorker *Cotton Club* in Harlem strömte, um afroamerikanischen Jazz-Größen zu lauschen. Besonders hervorzuheben ist hier unter anderem Trompeter Louis Armstrong, der den Swing als eigenständige Richtung des Jazz in den 1930er Jahren prägte; auf seinen Tourneen begeisterte er die Welt für seine Musik. Duke Ellington gilt bis heute als einer der größten Komponisten Amerikas, Saxophonist Charlie „Bird" Parker und Trompeter Dizzy Gillespie etablierten den Bebop-Style in den 1940er Jahren *(Abb. 1).* Langston

Abb. 1: Epizentren diverser Musikgenres und Herkunft afroamerikanischer Musiker.

Hughes, herausragender Poet der *Harlem Renaissance*, beschrieb Jazz 1926 als „one of the inherent expressions of Negro life in America; the eternal tom-tom beating in the Negro soul – the tom-tom of revolt against weariness in a white world, a world of subway, and work, work, work; the tom-tom of joy and laughter, and pain swallowed in a smile" (zit. nach PORTER 2018: 106). Jazz war demnach immer auch Ausdruck des Widerstands gegen die *white supremacy*. Ein strahlendes Beispiel hierfür ist die 2018 verstorbene Queen of Soul Aretha Franklin: 1967 erschien ihr wohl bekanntester Song „Respect", der sich zu einer Hymne für die rassen- und geschlechterpolitischen Bewegungen der Zeit entwickelte (vgl. LANG 2018). Über Franklins leidenschaftliches Engagement für die afroamerikanische Gemeinschaft und für soziale Gerechtigkeit sagte Barack Obama, der die Soulsängerin für seine erste Amtseinführung im Jahr 2009 engagierte: "Nobody embodies more fully the connection between the African-American spiritual, the blues, R. & B. [rhythm and blues, Anm. d. Verf.], rock and roll – the way that hardship and sorrow were transformed into something full of beauty and vitality and hope" (zit. nach REMNICK 2016).

Ebenfalls deutlich wird dieser Widerstand der *African Americans* in der Literatur der *Harlem Renaissance,* wenngleich diese aktiverer Verbreitung bedurfte als die im ganzen Land beliebte Musik (vgl. PAINTER 2006: 208f.). In seinem 1919 erschienenen Gedicht „If We Must Die" verkündete Claude McKay den „spirit of the New Negro" (HUCLES 2019a: 146). Er forderte seine schwarzen Mitbürger auf, sich im Kampf gegen den Feind zu vereinen: "O kinsmen! we must meet the common foe!/[…] Like men we'll face the murderous, cowardly pack,/Pressed to the wall, dying, but fighting back!" (zit. nach GATES, McKAY 2004: 1007). Auch die Herausgeber der Zeitschrift „The Messenger" riefen Schwarze auf, nicht im biblischen Sinne die andere Wange hinzuhalten, sondern Widerstand gegen die Verletzung ihrer Rechte zu leisten und ihre Gemeinden zu schützen (vgl. HUCLES 2019a: 146). In dieser kulturellen Tradition schrieben weitere wichtige Autoren der *Harlem Renaissance,* etwa Countee Cullen, Langston Hughes, Zora Neale Hurston oder Arna Bontemps.

Zeitgleich und mit der *Harlem Renaissance* eng verflochten entstand aus dem kulturellen Nationalismus und der Idee des *New Negro* heraus eine Bewegung,

der der aus Jamaica stammende Marcus Garvey durch die *United Negro Improvement Association (UNIA)* eine Stimme gab: Statt einer Integration von Schwarzen in die amerikanische Gesellschaft propagierte er „die Vision einer glorreichen Zukunft aller Schwarzen in Afrika" (BERG 2017: 76) – und vertrat damit eine Gegenposition zu führenden Intellektuellen der *Harlem Renaissance* wie W. E. B. Du Bois. Für diesen hatte afroamerikanische Kunst eine ethische und politische Verantwortung für die Förderung afroamerikanischen Lebens (vgl. HUCLES 2019a: 147). Auch der schwarze Schauspieler, Sänger, Autor und Aktivist Paul Robeson war überzeugt, dass Kultur der effektivste Weg für Schwarze sei, Rassismus zu überwinden und in der von Weißen dominierten Gesellschaft der Vereinigten Staaten von Amerika anzukommen (vgl. N.N. 2021a).

Unumstritten ist, dass der kulturelle Aufbruch der Afroamerikaner in der *Harlem Renaissance* – die Besinnung auf die eigene Identität und Selbstwertschätzung – sowohl den Weg für andere Bewegungen der afrikanischen Diaspora ebnete (vgl. ASANTE, MATTSON 1998: 149) als auch die Bürgerrechtsbewegung der 1960er Jahre vorbereitete.

3.4   Durchbruch für die *Black Community:* Bürgerrechtsbewegung und *Black Power*

Während des wirtschaftlichen Booms der Nachkriegszeit der 1940er und 1950er Jahre machte sich auch in der afroamerikanischen Bevölkerung eine Aufbruchsstimmung breit. In den Südstaaten keimte die Bürgerrechtsbewegung (vgl. Kap. 4.1) auf, die das *Jim Crow*-System durch verschiedene Formen des zivilen Ungehorsams gewaltlos zu untergraben begann (vgl. BERG 2017: 77). Erste Erfolge zeigten sich, als Jackie Robinson 1947 erstes schwarzes Mitglied der *Brooklyn Dodgers* wurde und damit die „Farbbarriere" im *Major League Baseball* durchbrach (vgl. EARLE 2000: 135) – wenige Jahre zuvor war dies dem Ausnahmetalent LeRoy „Satchel" Paige noch verwehrt geblieben (vgl. WILKERSON 2020: 257ff.). 1948 hob Präsident Truman auch im US-Militär die Rassentrennung auf (vgl. EARLE 2000: 135).

Die Kritik schwarzer Intellektueller an der Segregation fand zunehmend Gehör (vgl. PAINTER 2006: 278f.). Wie bereits zuvor während der *Harlem Renaissance* war es Kultur – Literatur, Musik, Kunst, Tanz, Drama und später Film –, die die Forderungen und Sehnsüchte der Afroamerikaner ausdrückte und sie abermals im Kampf um ein gemeinsames Ziel vereinte. So wurde etwa „We Shall Overcome", aus Spirituals entstanden, zur Hymne der Bürgerrechtsbewegung und bei Protestmärschen angestimmt. Über Jahrhunderte hinweg diente Musik als Brücke, durch die sich Menschen der afrikanischen Diaspora miteinander und mit ihrem afrikanischen Erbe verbunden fühlten (*Smithsonian Music* o.J.). Zu Beginn der 1950er Jahre entwickelten sich Rhythm'n'Blues und Rock'n'Roll – beide Genres sind wesentlich durch afroamerikanische Musiker geprägt. Einige wenige schafften den Sprung in die Popmusik, so Nat King Cole, Billy Eckstine oder Sarah Vaughan *(Abb. 1).* Aufgrund der Segregation war das Publikum dieser Künstler zunächst limitiert, ihre Musik wurde nicht in nationalen Medien gespielt und nicht selten von weißen Künstlern neu aufgenommen und vermarktet (vgl. PAINTER 2006: 282ff.).

Zu Beginn der 1960er Jahre war die Bürgerrechtsfrage zum drängendsten innenpolitischen Problem der Vereinigten Staaten geworden: Die sowjetische Führung zeichnete ein düsteres Bild der amerikanischen Verhältnisse, was das internationale Vorzeigeimage der USA zu beschädigen drohte. Schwarze Musiker wie Louis Armstrong und Dizzy Gillespie wurden als Kulturbotschafter in die Welt entsandt, um durch ihre persönlichen Er-

folge zu demonstrieren, dass es in den USA sehr wohl auch Schwarze durch harte Arbeit zu Ansehen und Wohlstand bringen könnten (vgl. PAINTER 2006: 279). Die wohl durchschlagendsten Errungenschaften der Bürgerrechtsbewegung waren der *Civil Rights Act* von 1964 unter Präsident Johnson sowie der *Voting Rights Act* im Folgejahr (vgl. BERG 2017: 77). Letzterer war wenige Monate nach dem *Bloody Sunday* verabschiedet worden: Am 07. März 1965 protestierten Schwarze friedlich auf einem Marsch von Selma nach Montgomery, Alabama, wo sie Wähler registrieren wollten. Auf der Edmund Pettus Bridge in Selma wurden sie von bewaffneten Soldaten angegriffen, es gab Dutzende Verletzte aufseiten der Protestanten. In den vordersten Reihen marschierte der 2020 verstorbene Kongressabgeordnete und Bürgerrechtler John Lewis, der von Präsident Obama sehr geschätzt wurde. Zum 50. Jubiläum des *Bloody Sunday* hielt Barack Obama eine seiner wichtigsten Reden. In seinem Podcast *Renegades: Born in the USA* spricht er mit Co-Host Bruce Springsteen über den zentralen Gedanken jener Rede und zugleich das große Ziel der Bürgerrechtsbewegung, „America is for everybody" (OBAMA, SPRINGSTEEN 2021a): "We're the immigrants who stowed away on ships to reach these shores, the huddled masses yearning to breathe free […] We're the slaves who built the White House and the economy of the South […] We are storytellers, writers, poets, artists who abhor unfairness, and despise hypocrisy, and give voice to the voiceless, and tell truths that need to be told. We're the inventors of gospel and jazz and blues, bluegrass and country, hip-hop and rock and roll, and our very own sounds with all the sweet sorrow and reckless joy of freedom" (OBAMA 2015).

Das neue *Obama Presidential Center* in Chicagos South Side, mit feierlicher Grundsteinlegung am 28. September 2021, wird an seiner Außenfassade Auszüge aus dieser Rede tragen. Dieses Monument mitsamt Museum und Präsidentenbibliothek soll eine neue Generation von Aktivisten inspirieren (vgl. *Obama Foundation* o.J.).

Neben neuen Bündnissen und friedlichen Ansätzen im Kampf um Gerechtigkeit wurden aus der Bürgerrechtsbewegung auch militante Rufe nach Revolution und Veränderung laut: Die 1966 in Oakland, Kalifornien gegründete *Black Panther Party for Self-Defense* verstand sich als Teil der umfassenderen *Black Power*-Bewegung. Für Leitfiguren von *Black Power*

wie Malcolm X ebenso wie für die Künstler der *Black Arts*-Bewegung, die als kulturelles Pendant zu *Black Power* zu verstehen ist (vgl. SMETHURST 2018: 21), stellte Kultur eine wichtige Waffe im Kampf um die schwarze Befreiung dar (vgl. PAINTER 2006: 324). So schrieb etwa der schwarze Dichter Amiri BARAKA (1971: 112): "BLACK ART IS CHANGE, IT MUST FORCE CHANGE, IT MUST BE CHANGE." Die Künstler des *Black Arts-Movement* rückten Themen aus der afrikanischen und afroamerikanischen Geschichte ins Zentrum ihrer Kunst (vgl. PAINTER 2006: 338). Strahlendes Beispiel dafür ist die hochdekorierte Autorin und Aktivistin Dr. Maya Angelou: 1970 erschien ihr bekanntestes Werk „I Know Why The Caged Bird Sings". In diesem ersten Teil ihrer Autobiografie beschreibt sie ihre von Rassismus und Missbrauch geprägte Kindheit in Stamps, Arkansas und St. Louis, Missouri sowie ihre Metamorphose hin zu einer selbstbewussten schwarzen Frau (vgl. GATES, MCKAY 2004: 2155f.). Angelou greift damit typische Themen der *Black Arts*-Bewegung wie Rassismus, Identität und (schwarze) Weiblichkeit auf.

Auch der amerikanische Profisport blieb von gesellschaftspolitischen Ereignissen nicht unbeeinflusst: Bei den Olympischen Spielen in Mexico City 1968, wenige Monate nach der Ermordung Martin Luther Kings, belegten die afroamerikanischen Sprinter Tommie Smith und John Carlos Platz eins und drei. Als bei der Siegerehrung die amerikanische Nationalhymne erklang, standen sie mit gesenktem Haupt, geballt erhobener Faust und schwarzen Handschuhen, den *Black Power Salute* zeigend auf dem Podium. Diese symbolträchtige Verurteilung der Rassendiskriminierung brachte ihnen massive Kritik ein (vgl. NITTLE 2021), und doch merkte Smith an: "If I win, I am American, not a black American. But if I did something bad, then they would say I am a Negro. We are black and we are proud of being black. Black America will understand what we did tonight" (zit. nach BODIN, SEMPÉ 2011: 82).

Die hart erkämpften Gesetze zur Gleichstellung beendeten zwar die „rechtlich abgestützte Diskriminierung seitens des Staates und der Institutionen" (SCHNEIDER-SLIWA 2005: 119), dennoch provozierten anhaltende Polizeigewalt gegen Afroamerikaner, ungleiche Bildungschancen, Arbeitslosigkeit oder die vielerorts prekäre Wohnsituation bis Ende der 1960er Jahre weiterhin gewalttätige Rassenkrawalle vor allem in den Metropolen des Nordens und Westens.

3.5 Hip-Hop als kultureller Ausdruck sozialrevolutionären Widerstands

Ab dem Ende der 1960er Jahre erfolgte ein allmählicher Strategiewechsel vom Protest hin zu politischem Engagement. Schwarze bekleideten zunehmend auch hochrangige politische Ämter (vgl. BERG 2017: 77). 1984 kandidierte Jesse Jackson für die demokratische Präsidentschaftsnominierung und erhielt bedeutende Unterstützung sowohl von Schwarzen als auch Weißen. 1989 wurde der jamaikanischstämmige General Colin Powell zum *Chairman of the Joint Chiefs of Staff* ernannt, der höchsten Militärposition nach dem Präsidenten; im selben Jahr wählte man L. Douglas Wilder in Virginia zum ersten afroamerikanischen Gouverneur; 1992 wurde Carol Moseley Braun erste schwarze Frau im US-Senat (vgl. ASANTE, MATTSON 1998: 234f.).

Gleichzeitig wuchs das afroamerikanische Kulturangebot: Es entstanden Museen schwarzer Geschichte und Kultur, Verlage publizierten zunehmend afroamerikanische Autoren, schwarze Kunst florierte – sie wurde dabei immer inklusiver und gleichfalls für ein weißes Publikum attraktiv (vgl. HUCLES 2019b: 193). 1976 erklärte man den Monat Februar offiziell zum *Black History Month.* Basierend auf einer Initiative von Carter G. Woodson und der von ihm gegründeten *Association for the Study of African American Life and History (ASALH)* sollte in diesen vier Wochen die Geschichte der Schwarzen in den Vereinigten Staaten in den öffentlichen Fokus gerückt werden (vgl. ZORTHIAN 2016).

Während immer mehr erfolgreichen schwarzen Individuen der soziale Aufstieg gelang, blieben *African Americans* als Ethnie weiterhin „the poorest, most vulnerable, and most frequently incarcerated Americans" (PAINTER 2006: 350). Soziale Brennpunkte wie die New Yorker Bronx wurden in den 1970er und 1980er Jahren von armen Latinos und Schwarzen sowie Angehörigen der niederen Arbeiterschicht bewohnt; in dieser Umgebung entwickelte sich die Hip-Hop-Kultur in den späten 1970er Jahren mit ihren Dimensionen „[rap] music, dance, graffiti artistry, sampling, clothing and the claim of authentic blackness" (PAINTER 2006: 363). Diese Stilrichtung sprach somit vor allem junge Leute in den heruntergekommenen Innenstädten an, die sich vernachlässigt und abgehängt fühlten (vgl. HUCLES 2019b: 193). Vor der Kommerzialisierung des Rap-Genres vertonten schwarze DJs ihre Erlebnisse in benachteiligten Innenstadtvierteln und Suburbs, Ende der 1980er Jahre wurden ihre Liedtexte zunehmend politischer: Sie übten Kritik an der Polizeigewalt gegen Schwarze. Trotz kontroverser Inhalte erreichte Rap-Musik ein weltweites Publikum. Zu Beginn des 21. Jahrhunderts war eine weitere Diversifizierung der Themen feststellbar, beispielsweise setzten sich Liedtexte mit Geschlechtsidentität und Sexualität auseinander; manche prominente Künstler griffen die Rolle des Rappers als Sozialkritiker wieder auf (vgl. SAJNANI 2018: 94). So kritisierte der afroamerikanische Rapper Joey Bada$$ in seinem 2017 erschienenen Song „Land of the Free" anhaltende Gewalt gegen Schwarze, Rassismus und Ungleichheit; er stellte fest, dass Amerika nach wie vor nur für einige wenige wirklich ein „Land of the Free" ist: "Sorry America, but I will not be your soldier/Obama just wasn't enough, I need some more closure/And Donald Trump is not equipped to take this country over/Let's face the facts 'cause we know what's the real motives/In the land of the free, is for the free loaders/Leave us dead in the street then be your organ donors/They disorganized my people, made us all loners/Still got the last names of our slave owners." *Knowledge* als wichtiges Element des Hip-Hops (vgl. dazu im Liedtext: "Let's face the facts 'cause we know what's the real motives") hat seine Wurzeln in der *Nation of Islam* und *Black Panther Party:* Gemeint ist die Enthüllung von Wahrheiten über die Geschichte der *African Americans,* die sie ermächtigt, ihre Unterdrückung zu bekämpfen; ebenso stellt *knowledge of self* als Selbstdefinition und -bestimmung ein zentrales Konzept der *Black Power*-Ideologie dar (vgl. SAJNANI 2018: 94).

1982 setzte Michael Jackson mit seinem Album „Thriller" als meistverkaufter Aufnahme aller Zeiten einen weiteren Meilenstein afroamerikanischer Kultur. 1993 wurde der Autorin Toni Morrison der Literaturnobelpreis verliehen (vgl. ASANTE, MATTSON 1998: 243f.). Mit dem Aufstieg des afroamerikanischen Regisseurs, Produzenten, Drehbuchautors und Schauspielers Spike Lee in Hollywood in den 1980er Jahren veränderte sich schließlich auch die Art der Darstellung von *African Americans* im Film. In „The Birth of a Nation" aus dem Jahr 1915 waren schwarze Charaktere noch von dunkel angemalten Weißen gespielt worden, weiße Regisseure wie D. W. Griffith hatten Afroamerikaner als ängstlich, ulkig und gutmütig dargestellt. Während der *Reconstruction* waren sie als korrupte, zügellose, barbarische Wilde porträtiert worden (vgl. ASANTE, MATTSON 1998: 186f.). Spike Lee entdeckte schwarze Schauspiel-Talente wie Halle Berry, Denzel Washington oder Samuel L. Jackson, die Rollen intelligenter, selbstbewusster und erfolgreich agierender Filmcharaktere ausfüllten. Ebenso produzierte Lee Werbefilme mit schwarzen Sportikonen wie Michael Jordan für globale Marken sowie politische Dokumentarfilme, z.B. „4 Little Girls" (1997), der den tragischen Bombenanschlag eines Klan-Mitglieds auf eine Baptistenkirche in Birmingham, Alabama, 1963 nacherzählt, bei dem vier Mädchen getötet worden waren.

3.6 21. Jahrhundert: post-rassische Ära?

Die Jahrtausendwende schien eine neue, post-rassische Ära einzuläuten: Die schwarze Mittelschicht wuchs, das Verbot interrassischer Ehen war bereits 1967 im Urteil *Loving v. Virginia* aufgehoben worden, Identitätsbeschreibungen wurden immer inklusiver (vgl. HUCLES 2019c: 197ff.), schwarze Berühmtheiten wie Michael Jordan, Oprah Winfrey, Beyoncé oder Will Smith erfreuten sich internationaler Beliebtheit und großen Reichtums.

Mit der Wahl Barack Obamas zum ersten afroamerikanischen Präsidenten der Vereinigten Staaten 2008 glaubten viele den Rassismus in Amerika endgültig überwunden – John Lewis erkannte schon beizeiten, dass diese Wahl den Rassismus nicht aus der Welt würde schaffen können, aber „'a major down payment on the fulfillment' of the American Dream" (zit. nach HUCLES 2019c: 199) darstelle. Obwohl es allen voran Weiße waren, die das „post-rassische Amerika" verkündeten, unterstützten diese Obamas Wahl keineswegs (vgl. WILKERSON 2020: 314). Selbst viele *African Americans* glaubten zunächst nicht an einen Wahlsieg. Ein Kongressabgeordneter ließ Obama wissen: "'The country's not ready yet'" (OBAMA 2020: 117). Andere schwarze Intellektuelle unterstützten zwar Obamas Wahlkampf, betrachteten aber seine Kampagne als rein symbolische, nützliche, wenn auch vergängliche Plattform, um eine Stimme gegen rassische Ungerechtigkeit zu erheben (vgl. OBAMA 2020: 117). Angesichts von Zensusprognosen, denen zufolge der Anteil weißer Amerikaner 2042 unter die Fünfzig-Prozent-Marke fallen werde, signalisierte der Wahlsieg Obamas „that the dominant caste could undergo a not altogether certain but still unthinkable wane in power over the destiny of the United States […], and their sovereign place in the world" (WILKERSON 2020: 315) – Obama galt es also kleinzuhalten. Tatsächlich registrierte das *Southern Poverty Law Center (SPLC)* ein Wiedererstarken organisierter rechter Kräfte nach der Wahl Obamas (vgl. HUCLES 2019c: 200). 2015 erschoss ein Weißer acht Gemeindemitglieder der *African Methodist Episcopal Church* bei einer Bibelstunde in Charleston, South Carolina. Während seiner Trauerrede stimmte Obama *Amazing Grace* an, Tausende sangen mit ihm (vgl. KUHN 2015). Hier entfaltete sich die Macht der Gospelmusik, die die *African Americans* schon in der Sklaverei geeint hatte; über diesen besonderen Moment sagt Obama in seinem Podcast: "[P]art of the reason I think that it somehow met the moment was because not only is it a beautiful song. But it also captures this unifying element in America represented in its music. You've got an old world English hymn that has been used by everybody. In every church, all across this country. White churches, Black churches, the Black Gospel tradition has transformed it. And it spoke then to the fact that underneath even a tragedy like this, there's something that is there for all of us. Something that we share" (OBAMA, SPRINGSTEEN 2021b).

Wie von John Lewis vorausgesagt, gelang es Präsident Obama in seinen beiden Amtszeiten nicht, Rassismus und Ungleichheit in der amerikanischen Gesellschaft auszuhebeln. Aus Protest gegen Polizeigewalt gegen Schwarze setzte 2016 erneut ein afroamerikanischer Pro-

fisportler ein starkes Zeichen: Während der Nationalhymne vor einem Football-Spiel gegen die *Green Bay Packers* kniete der schwarze Star-Quarterback der *San Francisco 49ers* und Unterstützer der *Black Lives Matter*-Bewegung Colin Kaepernick auf dem Spielfeld nieder. Ihn ereilte ein ähnliches Schicksal wie die Olympioniken Smith und Carlos 1968. Massive öffentliche Kritik sorgte für das Ende seiner erfolgversprechenden Football-Karriere. Dennoch blieb Kaepernick seinem Standpunkt treu: "'I am not going to stand up to show pride in a flag for a country that oppresses black people and people of color'" (zit. nach PAYNE 2016). Neben der Polizeigewalt prangerte Kaepernick damit auch den dramatischen Anstieg des Anteils Schwarzer an den Gefängnisinsassen in den USA an, der hauptsächlich dem *war on drugs* zuzuschreiben ist. Schwarze Inhaftierte stammen überwiegend aus armen, vernachlässigten, deindustrialisierten Vierteln mit hoher Arbeitslosigkeit (vgl. PAINTER 2016: 387).

Von Gleichberechtigung oder völliger Emanzipation der *African Americans* in den USA kann also noch lange keine Rede sein: Die zunehmende Kluft zwischen wohlhabenden, gebildeten und einkommensschwachen Schwarzen mit niedrigem Bildungsstand „mirrors the economic situation of Americans as a whole" (vgl. PAINTER 2006: 378). Einkommensdisparitäten haben zugenommen, Schwarze sind davon nach wie vor besonders betroffen. Als ärmste Gruppe in den USA haben Afroamerikaner schon immer überproportional an Krankheiten gelitten, die mit begrenztem Zugang zu medizinischer Versorgung zusammenhängen: Trotz einer insgesamt um 25 % gesunkenen To-

desrate im Zeitraum von 1999 bis 2015 ist die Wahrscheinlichkeit, an einer Herzerkrankung zu sterben, bei Afroamerikanern der Altersgruppe 18 bis 49 Jahre doppelt so hoch wie bei Weißen. Krankheiten wie Bluthochdruck, Diabetes oder Schlaganfälle, die bei Weißen typischerweise erst im höheren Alter zu erwarten sind, treten bei *African Americans* schon in jüngeren Jahren auf. Dies hängt mit sozioökonomischen Faktoren zusammen: Arbeitslosigkeit, folglich Armut, dem Fehlen eines Eigenheims, zu hohen Kosten für Arztbesuche, einem ungesunden Lebensstil etc. (CDC 2017). Der Gesundheitssektor ist nur *ein* Bereich des öffentlichen Lebens neben Wohnungs- und Arbeitsmarkt oder Bildung, in dem *African Americans* gegenüber Weißen und anderen ethnischen Minoritäten benachteiligt sind; ihr Ringen um Gleichberechtigung dauert also an *(Abb. 2)*.

Alle kulturellen Anstrengungen zusammen bilden den Nährboden, die ideelle Verortung, das Rückgrat einer Ethnie. Was kann Kultur im Kampf für gleiche Rechte und grundlegende Anerkennung leisten? Sie vermittelt ein Gefühl von Heimat und Zugehörigkeit, grenzt ein und grenzt ab, ist identitätsstiftend und eint, erfreut und beflügelt, verleiht Macht, wirkt bildend und brückenbildend; sie berührt emotional, sie wirbt um Verständnis und mahnt an, bewegt zum Umdenken. Sie ist der Motor afroamerikanischer Widerstandsbewegungen in Vergangenheit und Gegenwart. Jedoch: Widerstand des Intellekts allein wird nachhaltige Verbesserungen im Kampf um Gleichstellung nicht durchsetzen können. Dazu bedarf es breiter gesellschaftlicher Anstrengung.

4   Strategien des Widerstands

In den 1960er Jahren leistete die Bürgerrechtsbewegung Widerstand gegen die Rassentrennungsverordnung in den Südstaaten und führte durch den gewaltlosen Einsatz der Aktivisten wesentliche gesellschaftliche Veränderungen herbei. Vor knapp einem Jahrzehnt erhob sich mit *Black Lives Matter* eine neue Sozial-

bewegung, die sich kraftvoll für die Wertschätzung schwarzen Lebens und die Beschränkung polizeilicher Willkür in den USA einsetzt. Durch ihre massive Präsenz in sozialen Netzwerken erreichen die Aktivisten heute ein internationales Publikum und mobilisieren die Massen. Nachfolgend werden beide Sozialbewegungen

mit Blick auf ihre jeweiligen Strategien vergleichend analysiert: Welche Verflechtungen bestehen zwischen der afroamerikanischen Bürgerrechtsbewegung der 1960er Jahre und *Black Lives Matter* in der Gegenwart? Kann letztere als Nachfolgebewegung des *Civil Rights Movement* gewertet werden?

4.1   Die klassische Bürgerrechtsbewegung – von Boykotten und *Sit-Ins*

Die afroamerikanische Bürgerrechtsbewegung der 1950er und 1960er Jahre unter der zentralen Führungsfigur des Baptistenpredigers Martin Luther King, Jr. ist als eine der größten und denkwürdigsten Sozialbewegungen in den USA einzustufen. Einen Anfangserfolg erzielte die

noch junge Bewegung bereits 1954, als der Oberste Gerichtshof im Fall *Brown vs. Board of Education of Topeka, Kansas* die Segregation von Schulen für verfassungswidrig befand, da „die Trennung schwarzer Schulkinder von ihren weißen Altersgenossen in jenen ein Minderwer-

tigkeitsgefühl erzeuge und sie damit gleicher Bildungschancen beraube" (BERG 2017: 77). Weiße Südstaatler nahmen diese Entscheidung allerdings nicht widerstandslos hin, die Desegregation von Schulen wurde so lange wie möglich hinausgezögert. Es kam immer wieder zu

Abb. 2: Disparitäten zwischen African Americans *und* Whites *in den USA in ausgewählten Bereichen des öffentlichen Lebens.*

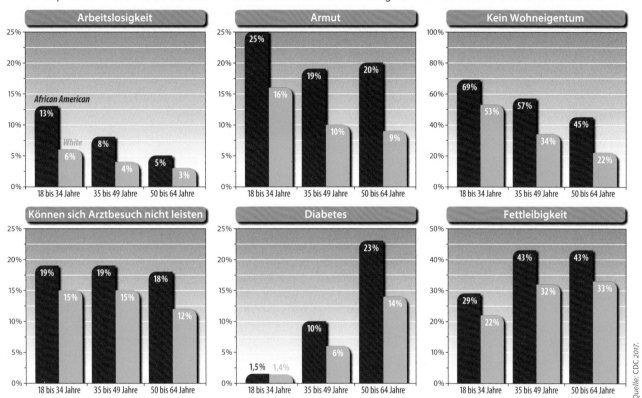

Quelle: CDC 2017.

gewalttätigen Ausschreitungen vonseiten der Weißen. Indes nahm die Bürgerrechtsbewegung weiter Fahrt auf: 1955 weigerte sich eine erschöpfte Rosa Parks in Alabama, ihren Sitzplatz im Stadtbus im Abteil der Weißen zu räumen und begann damit den *Montgomery Bus Boycott,* der unter Führung von Martin Luther King 381 Tage andauerte, bis die Rassentrennung in Stadtbussen gesetzlich aufgehoben wurde (vgl. BERG 2017: 77).

King setzte bei allen Kampagnen auf gewaltlosen Widerstand – selbst nach Bombenanschlägen auf sein Haus rief der charismatische Baptistenprediger zur Nächstenliebe auf. Nicht Individuen wurden als Feindbilder angesehen, sondern das ungerechte System als solches. 1957 gründete er in Atlanta die *Southern Christian Leadership Conference (SCLC),* um Protestbewegungen in den Südstaaten unter einer großen Dachorganisation zu koordinieren. Ziel der *SCLC* war es, die Aufklärung im Bereich der Wählerrechte weiter voranzutreiben und eine Integration der afroamerikanischen Bevölkerung in allen Lebensbereichen zu erreichen (vgl. KIRK 2020: 68).

Als medienwirksame Maßnahme des zivilen Ungehorsams sind *Sit-Ins* zu nennen. Im Februar 1960 begannen vier schwarze Studenten die *Sit-In*-Bewegung in einem Kaufhaus in Greensboro, North Carolina, als sie in einem weißen Bürgern vorbehaltenen Restaurant Platz nahmen und diesen auch nach mehrmaliger Aufforderung nicht räumen wollten. Auf Beschimpfungen weißer Restaurantgäste reagierten sie höflich und respektvoll. Innerhalb weniger Wochen taten es ihnen zahllose junge Afroamerikaner in vielen Städten des Südens gleich. Massenverhaftungen verschafften den *Sit-Ins* hohe mediale Aufmerksamkeit.

Im Mai 1961 wurden die *Freedom Rides* ins Leben gerufen, das heißt Fahrten in die Südstaaten in überregionalen Reisebussen, in denen afroamerikanische Aktivisten in für Weiße reservierten Sitzreihen Platz nahmen. Damit wollte man die Aufhebung der Segregationsgesetze in den Südstaaten überprüfen und auf zum Teil noch bestehende gesetzeswidrige Verordnungen in überregionalen Reisebussen aufmerksam machen (vgl. KIRK 2020: 105f.). Diese Aktion rief gewalttätige Gegenreaktionen hervor: So wurde ein Bus mit *Freedom Riders* in Anniston, Alabama von weißen Aktivisten mit einer Brandbombe beworfen (vgl. SALMOND 1997: 89); viele Freiheitsfahrer wurden außerdem zu Haftstrafen verurteilt. Im November 1961 beschloss die *Interstate Commerce Commission (ICC)* schließlich die sofortige Aufhebung der Segregation in überregionalen Reisebussen und auf Bahnhöfen. Für die Bürgerrechtsbewegung war dieser Beschluss ein wichti-

ger Meilenstein im Kampf gegen die *Jim Crow*-Gesetze in den Südstaaten (vgl. WALDSCHMIDT-NELSON 2018: 86f.).

Durch diesen Erfolg bestärkt organisierte Martin Luther King 1962 eine weitere friedliche Demonstration in Albany, Georgia, bei der Forderungen nach fairen Arbeitsbedingungen für Schwarze, Beschränkung der polizeilichen Willkür und Desegregation öffentlicher Orte im Mittelpunkt stehen sollten. Die Kundgebung lief jedoch ins Leere, da der örtliche Polizeichef gewalttätige Reaktionen seiner Kräfte auf die gezielte Provokation der Bürgerrechtler mit der Folge einer negativen medialen Berichterstattung zu vermeiden wusste (vgl. DIERENFIELD 2008: 79). Auch durch die Verteilung verhafteter Aktivisten auf Polizeistationen in Nachbarbezirken konnte eine Überfüllung der Gefängnisse in Albany und damit eine negative Medienresonanz gezielt verhindert werden.

Nach dem Misserfolg in Albany wurden in den Reihen der afroamerikanischen Aktivisten Zweifel an der Effektivität des gewaltlosen Widerstands laut. Dennoch entschloss sich die *SCLC* erneut zu einer Protestaktion im April 1963 in Birmingham, Alabama, einer Stadt mit besonders ausgeprägter Segregation, die aufgrund anhaltender Gewalt weißer Rassisten den Spitznamen „Bombingham" trug (vgl. FRANKLIN, HIGGINBOTHAM 2011: 522). Der

Aufstand, der von King gemeinsam mit Fred Shuttlesworth organisiert wurde, stand unter dem Namen *Project C – Project Confrontation.* Durch einen Boykott weißer Läden mitten im florierenden Ostergeschäft und daraus resultierende Verkaufseinbußen sollten innerhalb der Stadtverwaltung Änderungen erzwungen werden. Im Zuge dieser Protestaktion wurde Martin Luther King verhaftet; während seiner Inhaftierung schrieb er den berühmten „Letter From a Birmingham Jail", in dem er seine Forderungen kundtat und vor einer Spirale der Gewalt, ausgehend von schwarzen Nationalisten, warnte (vgl. KING 2000: 85ff.). Nach seiner Entlassung setzte King am 02. Mai Kinder als Aktivisten bei Demonstrationen ein, die zu tausenden singend durch die Straßen von Birmingham zogen und von Polizeikräften radikal niedergeschlagen wurden. Malcolm X kritisierte diesen *children's crusade* heftig: „'Real men don't put their children on the firing line'" (zit. nach COOK, RACINE 2005: 32). Tags darauf eskalierte die Situation in Birmingham: Fotos von prügelnden Polizisten füllten die Titelblätter großer Zeitungen. Nachdem die Stadt am 10. Mai 1963 schließlich Forderungen der Aktivisten akzeptierte und die Rassentrennungsverordnung aufhob, wurden die Demonstrationen beendet. Martin Luther King wertete diesen Erfolg in Birmingham als weitere Bestärkung seines friedfertigen, aber beständigen Widerstands (vgl. WALDSCHMIDT-NELSON 2018: 95f.).

Den Höhepunkt der afroamerikanischen Bürgerrechtsbewegung stellte der *March on Washington for Jobs and Freedom* 1963 dar – die Arbeitslosenquote unter Schwarzen war zu dieser Zeit etwa doppelt so hoch wie unter Weißen, einer schwarzen Familie stand im Durchschnitt nur die Hälfte des Haushaltseinkommens einer weißen Familie zur Verfügung (vgl. DIERENFIELD 2008: 87). Über 200 000 Demonstranten aus dem ganzen Land schlossen sich am 28. August 1963 den Initiatoren Martin Luther King und Philip Randolph an, von der Washington Mall marschierten sie zum Lincoln Memorial. Kings denkwürdige Rede „I Have a Dream [...]", in der er die Vision von *color-blindness* entwarf (vgl. HANSEN 2007: 51ff.), ließ ihn zur Ikone der gesamten Ära des zivilen Protests in den USA werden (vgl. ASANTE, MATTSON 1998: 157).

Ihre durchschlagendsten Erfolge erzielte die Bürgerrechtsbewegung schließlich mit der Verabschiedung des *Civil Rights Act* 1964 und des *Voting Rights Act* ein Jahr später unter Präsident Johnson. Während ersterer Rassentrennung und -diskriminierung in allen öffentlichen Einrichtungen, Schulen und im Erwerbsleben verbot (vgl. HASDAY 2007: 95f.) sowie einen fairen Zugang zum Arbeitsmarkt sicherstellte, errang der *Voting Rights Act* die Öffnung des politischen Systems für Afroamerikaner und die Abschaffung von Wahlsteuern. Durch die Überwachung von Wählereinschreibungsprozessen im Süden konnte die Anzahl der schwarzen Wähler deutlich erhöht werden, in den elf ehemaligen Konföderierten Staaten stieg die Anzahl der afroamerikanischen Wähler von 43 % im Jahr 1964 auf 62 % vier Jahre später (vgl. MCCOOL 2012: 7; *Abb. 3*).

Trotz großartiger Errungenschaften zeichnete sich ab der Mitte der 1960er Jahre der Zerfall der Bürgerrechtsbewegung ab. 1966 spaltete sich das *Student Nonviolent Coordinating Committee (SNCC)* unter der Leitung von Stokely Carmichael von der Bürgerrechtsbewegung ab und distanzierte sich von den

Abb. 3: Zentrale Ereignisse der Bürgerrechtsbewegung.

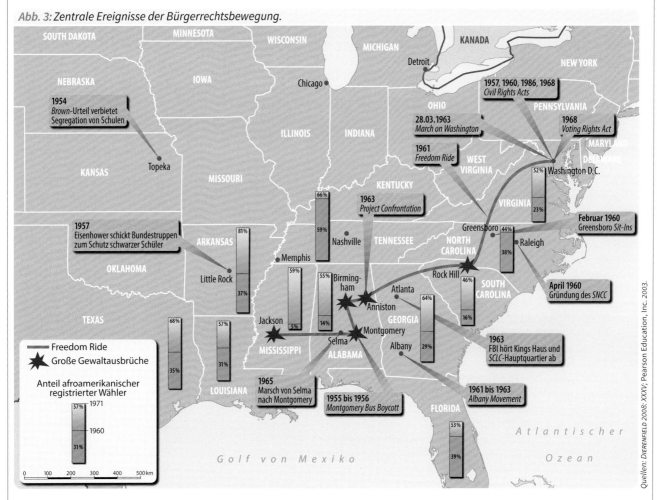

Quellen: DIERENFIELD 2008: XXXV; Pearson Education, Inc. 2003.

Textbox 1: Neue Identitäten – Afrika- und Islambewusstein

Die *Nation of Islam* wurde 1929 durch Wallace D. Fard gegründet und gilt als eine der bedeutendsten schwarz-nationalistischen Gruppen in der Geschichte der USA. Elijah Muhammad, der die Führung der Organisation 1950 übernahm, „preached that blacks should be proud of their African heritage – but he also claimed that whites were devils and inherently evil" (EARLE 2000: 116). Zu einer Zeit, als die Idee eines *Black Nationalism* aufkeimte, der Vereinigung aller Schwarzen weltweit in einer pan-afrikanischen Bewegung gegen Rassismus und Kolonialismus (vgl. EARLE 2000: 114), trafen Muhammads Botschaften bei vielen *African Americans* auf fruchtbaren Boden. Die Mitglieder der *Nation of Islam* lehnten jegliche Eigennamen ab, die eine Verbindung zur Sklaverei implizierten. Aus diesem Grund änderte auch der 1925 geborene Malcolm Little seinen Nachna-

men zu Malcolm X (vgl. EARLE 2000: 116). Malcolms Kindheit war gezeichnet durch innerfamiliären Rassismus aufgrund seiner im Vergleich zu seinen Geschwistern helleren Haut- und Haarfarbe. Als Zwanzigjähriger wegen Diebstahls inhaftiert, kam er im Gefängnis erstmals mit der *Nation of Islam* in Kontakt; schnell identifizierte er sich mit der Ideologie der *Black Muslims* (vgl. WALDSCHMIDT-NELSON 2015: 49f.). Scharfsinn und Eloquenz ließen ihn bald zum nationalen Repräsentanten der *Nation of Islam* aufsteigen (vgl. FRANKLIN, HIGGINBOTHAM 2011: 511). Malcolm X kritisierte die friedfertigen, gewaltlosen Strategien der Bürgerrechtsbewegung unter Martin Luther King heftig, er war der Ansicht, dass Afroamerikaner sich mit allen Mitteln gegen ihre Unterdrückung wehren müssten (vgl. EARLE 2000: 117). Seine scharfzüngige Verurteilung der rassistischen amerikanischen Gesellschaft zog

ein enormes Medieninteresse auf sich und machte ihn zum bedeutendsten Gegenspieler von Martin Luther King. Nach einer Pilgerreise nach Mekka distanzierte sich Malcolm X jedoch von den Lehren der *Nation of Islam* und schien für Muhammad eine zunehmende Gefahr für die inneren Machtstrukturen darzustellen. Nach dem Bruch mit der *Nation of Islam* 1964 näherte sich Malcolm X der Bürgerrechtsbewegung an und sprach Martin Luther King seine volle Unterstützung aus (vgl. WALDSCHMIDT-NELSON 2015: 123). Zu einer friedlichen Zusammenarbeit zwischen beiden Persönlichkeiten sollte es nicht mehr kommen: Am 21. Februar 1965 wurde Malcolm X bei einer Versammlung der *Organization of Afro-American Unity (OAAU)* in New York City von Anhängern der *Nation of Islam* erschossen (vgl. WALDSCHMIDT-NELSON 2015: 284).

Prinzipien des gewaltlosen Widerstands (vgl. MAYER 2014: 4). Carmichael sympathisierte mit den Ansätzen von Malcolm X und forderte schlussendlich *Black Power,* da seiner Meinung nach der gewaltlose Widerstand keine zufriedenstellenden Ergebnisse geliefert habe (vgl. SALMOND 1997: 138). King rief indes weiterhin zu Brüderlichkeit auf und versuchte zwischen

den einzelnen Splitterorganisationen zu vermitteln (vgl. WALDSCHMIDT-NELSON 2018: 134). Im März 1968 organisierte er abermals einen Protestmarsch für höhere Löhne und bessere Arbeitsbedingungen für schwarze Müllarbeiter; am Tag vor dem Marsch wurde King auf dem Balkon eines Hotels durch einen gezielten Kopfschuss getötet (vgl. JAKOUBEK, WAGNER 2005: 121).

Bis heute inspiriert Martin Luther King, Jr. die afroamerikanische Minderheit in den Vereinigten Staaten von Amerika, sich für Gleichberechtigung und gegen strukturelle Diskriminierung einzusetzen. Auch die gegenwärtige Sozialbewegung *Black Lives Matter* verfolgt dieses Ziel. Tritt sie die Nachfolge des *Civil Rights Movement* an?

4.2 Die postmoderne Bürgerrechtsbewegung im Zeitalter sozialer Medien

Der Beginn der *Black Lives Matter*-Bewegung ist mit der erstmaligen Nutzung des Hashtags #BlackLivesMatter in sozialen Netzwerken 2013 gleichzusetzen: Am 13. Juli 2013 wurde der weiße Amerikaner George Zimmerman auf Grundlage des sogenannten *Stand-Your-Ground*-Gesetzes freigesprochen, nachdem er im Februar 2012 den 17-jährigen Afroamerikaner Trayvon Martin in seiner Nachbarschaft erschossen hatte. Aufgrund dessen Kleidung und seiner dunklen Hautfarbe hatte Zimmerman den Jugendlichen für einen Einbrecher gehalten – Martin war zum Zeitpunkt seiner Ermordung unbewaffnet und hatte keine gesetzeswidrigen Handlungen begangen (vgl. FASCHING-VARNER et al. 2014: 1). Zutiefst schockiert von diesem Gerichtsurteil drückte die Afroamerikanerin Alicia Garza auf *Facebook* ihre Anteilnahme mit den Worten aus: "Black people. I love you" (vgl. CLAYTON 2018: 453). Patrisse Khan-Cullors, eine Freundin Garzas, teilte den Beitrag und versah ihn mit dem Hashtag #BlackLivesMatter. Tausende Menschen verbreiteten diesen

und ähnliche Beiträge anschließend in diversen sozialen Netzwerken. Bestärkt durch diese gewaltige Resonanz gründeten die beiden Frauen gemeinsam mit der Aktivistin Opal Tometi zunächst eine Online-Kampagne unter dem Namen *Justice for Trayvon Martin,* die später in *Black Lives Matter (BLM)* umbenannt und auf die Straße gebracht wurde (vgl. SOLOMON, MARTIN 2019: 11).

Als 2014 erneut ein weißer Polizeibeamter einen afroamerikanischen Jungen, Michael Brown, in Ferguson, Missouri erschoss, organisierten *BLM*-Mitglieder einen *Freedom Ride* dorthin, angelehnt an die Freiheitsfahrten der Bürgerrechtsbewegung. Wie die Bürgerrechtler 1961 sahen sich die *BLM*-Demonstranten bei ihrem friedlichen Protest in Ferguson mit brutaler Polizeigewalt konfrontiert (vgl. CLAYTON 2018: 453f.). *BLM* wird in erster Linie mit Protest gegen polizeiliche Übergriffe in den Vereinigten Staaten in Verbindung gebracht, die Mission der Bewegung ist jedoch weitreichender: "[…] to eradicate white supremacy and build lo-

cal power to intervene in violence inflicted on Black communities by the state and vigilantes. By combating and countering acts of violence, creating space for Black imagination and innovation, and centering Black joy, we are winning immediate improvements in our lives" (*Black Lives Matter Global Network Foundation, Inc.* 2021). Die *BLM*-Bewegung nutzt für Kundgebungen nicht nur den öffentlichen Raum, sondern vorrangig soziale Netzwerke. Diese ermöglichen es, Informationen innerhalb von Sekunden einem internationalen Publikum zugänglich zu machen (vgl. HARRIS 2015) und bieten Raum für globalen Austausch (vgl. CARNEY 2016: 183f.), was ein Gefühl von Gemeinschaft und Stärke unter den Aktivisten entstehen lässt. Mit der Nutzung von Hashtags wie #BlackLivesMatter, #Justice4All oder #NoJusticeNoPeace werden Beiträge einer Kategorie zugeordnet und können von der Community schneller gefunden werden (vgl. MCILWAIN 2020: 256).

Nach dem Tod von Michael Brown wurde 2014 auf *Twitter* unter dem Hashtag

#IfTheyGunnedMeDown eine Initiative ins Leben gerufen, die die Stigmatisierung getöteter Afroamerikaner durch die Medien kritisierte. *African Americans* teilten zwei unterschiedliche Abbildungen von sich in den sozialen Medien (vgl. Jackson 2016: 319): Ein professionelles Portrait zeigte eine erfolgreiche Person in seriöser Kleidung, das zweite Foto dieselbe Person in legerer Freizeitkleidung beim Alkohol- oder Drogenkonsum. Dadurch sollte angeprangert werden, dass nach dem gewaltsamen Tod eines Schwarzen in der Medienberichterstattung zumeist das ungünstige Foto verwendet wird. Jenes suggeriert, dass die Person kriminell bzw. drogenabhängig gewesen sei, was ihre Tötung durch Polizei oder weiße Zivilisten rechtfertigen soll (vgl. Hirschfelder 2016: 237f.; *Textbox 2*).

Am 02. Juni 2020 wurden auf *Instagram* im Zuge der Kampagne #BlackoutTuesday schwarze Quadrate gepostet, um Anteilnahme am Tod George Floyds und Unterstützung für die *Black Community* auszudrücken. Die Initiative war unter dem Hashtag #TheShowMustBePaused (vgl. Coscarelli 2020) ursprünglich von der Musikindustrie ausgegangen, weltweit beteiligten sich allerdings hunderttausende Menschen, darunter viele Prominente. Die Sinnhaftigkeit der an sich gut gemeinten Aktion wurde aber von vielen *African Americans* infrage gestellt, blockierten doch tausende schwarze Kacheln den Hashtag #BlackLivesMatter, sodass er zeitweise nicht mehr für die Verbreitung wesentlicher Inhalte genutzt werden konnte.

Kurze, einprägsame Slogans werden online verwendet, plakatiert, als Motive auf Kleidungsstücke gedruckt oder von Demonstranten laut skandiert. Ihr Wortlaut nimmt dabei oft Bezug auf aktuelle dramatische Ereignisse (vgl. Freelon et al. 2016: 33), so etwa George Floyds letzte Worte: "I can't breathe." Demonstrationen sind die Hauptprotestform der *BLM*-Bewegung und lassen sich innerhalb *kürzester Zeit über soziale Netzwerke* organisieren. Ähnlich wie die Bürgerrechtler der 1960er Jahre marschieren Aktivisten mit Plakaten laut rufend durch die Straßen, um die Aufmerksamkeit der Weltöffentlichkeit auf die immer noch weit verbreitete Rassendiskriminierung zu lenken (vgl. Kaap 2016: 86). Als Reaktion auf den Mord an George Floyd 2020 gingen hunderttausende Menschen in vielen amerikanischen Metropolen sowie in Großstädten auf der ganzen Welt auf die Straßen.

Textbox 2: Rassistisch motivierte Polizeigewalt in den USA

Die Ermordung des Afroamerikaners George Floyd im Mai 2020 durch den weißen Polizisten Derek Chauvin führte der Weltöffentlichkeit in schockierender Weise vor Augen, dass rassistisch motivierte Polizeigewalt gegen *African Americans* in den Vereinigten Staaten nach wie vor allgegenwärtig ist. Wenngleich sein gewaltsamer Tod Millionen Menschen auf der ganzen Welt bewegte, so ist er bei weitem kein Präzedenzfall: Bis Ende Oktober 2021 wurden der unabhängigen Internetseite *mappingpoliceviolence.org* zufolge bereits 176 Afroamerikaner durch Polizeigewalt getötet, im Jahr 2020 waren es 248 (vgl. Sinyangwe 2021). Weiße Polizisten verwenden in Stadtvierteln mit einem hohen Anteil von Afroamerikanern dreimal häufiger ihre Schusswaffe. Doppelt so häufig wie Weiße sind *POC* zum Zeitpunkt ihrer Tötung durch die Polizei unbewaffnet (vgl. Peeples 2020: 22). Dennoch wird gegen diese Ordnungskräfte zumeist kein Verfahren eingeleitet oder es erfolgt ein Freispruch vor Gericht. Nach dem Tod Floyds wurde unter dem Hashtag #DefundThePolice eine Kürzung es Polizeibudgets und eine Umverteilung finanzieller Ressourcen gefordert (vgl. Hong 2020: 667). Unter der Bezeichnung *Campaign Zero* wurden Rufe nach einer grundlegenden Reform der Strafverfolgung laut: "We can live in a world where the police don't kill people by limiting police interventions, improving community interactions, and ensuring accountability" (vgl. *We the Protesters, Inc.* o.J.). *Campaign Zero* verlangt strengere Regeln für den Gebrauch von Schusswaffen, das Tragen von Bodycams bei Einsätzen und Anti-Rassismus-Schulungen für Sicherheitskräfte in den USA (vgl. Hirschfelder 2016: 240f.). Der immense Druck der erschütterten Weltöffentlichkeit führte im April 2021 zur Verurteilung von Derek Chauvin. Er wurde in allen Anklagepunkten für schuldig befunden und zu insgesamt 22,5 Jahren Haft verurteilt – ein kleiner, aber bedeutender Schritt in Richtung Gerechtigkeit für Schwarze in den USA.

4.3   Beide Sozialbewegungen im Vergleich

Im aktuellen Diskurs wird *Black Lives Matter* wiederholt mit der Bürgerrechtsbewegung der 1960er Jahre assoziiert bzw. als direkte Nachfolgebewegung angesehen. Manche *BLM*-Mitglieder äußern sich dazu skeptisch: "[T]his is not your grandmamma's civil rights movement" (Harris 2015). Trotz klarer Abgrenzung ist *BLM* nicht als gänzlich neuartige Sozialbewegung einzuordnen, sondern als eine weitere Emanzipationsbewegung innerhalb der afroamerikanischen Minderheit in den USA, die letztlich dasselbe fordert wie ihr „Vorgängermodell": Gleichberechtigung für und Wertschätzung von *African Americans* innerhalb der US-amerikanischen Gesellschaft.

Große Ähnlichkeit besteht zwischen den Protesttechniken beider Bewegungen: In den 1960er Jahren begannen Studenten die *Sit-Ins* in Greensboro, um die Rassentrennungsverordnung zu boykottieren. Im Jahr 2014 setzte die *BLM*-Bewegung sogenannte *Die-Ins* ein, bei denen sich Aktivisten auf ein Signal hin in der Öffentlichkeit auf den Boden legen und ihren Tod durch Polizeigewalt simulieren. Beide Maßnahmen machen durch auffallendes Handeln im öffentlichen Raum auf Missstände aufmerksam. Öffentliche Plätze, teure Supermärkte oder Cafés werden gezielt für Protestaktionen ausgewählt (vgl. Klamt 2007: 148) – *white spaces,* an denen sich eine neue, subtile Form der Rassentrennung etabliert hat, die es zu stören gilt (vgl. Hirschfelder 2016: 247).

Eine weitere Gemeinsamkeit stellt die bedeutende Rolle junger Aktivisten dar. Bereits in der Bürgerrechtsbewegung war die studentische Unterorganisation *SNCC* bei der Durchführung von Protesten und *Freedom Rides* ein wichtiges Standbein. Gleichermaßen versucht auch *BLM,* Jugendliche über soziale Netzwerke anzusprechen und sich als junge, dynamische Bewegung zu positionieren. *Black Lives Matter* ordnet junge Erwachsene als die treibende Kraft des *Movement* ein (vgl. Clayton 2018: 451).

Die strategische Nutzung zeitgenössischer Massenmedien ist als wichtigste Gemeinsamkeit der beiden Bewegungen zu werten. Mithilfe medialer Aufmerksamkeit kann gezielt Druck auf Politik und Gesellschaft ausgeübt werden. Bereits in der Bürgerrechtsbewegung wurden dramatische Bilder von Polizeiangriffen mit Hunden eingesetzt, um die Abschaffung der Segregationsgesetze in Birmingham zu erkämpfen (vgl. Hirschfelder 2016: 255f.). Auch heute macht sich *Black Lives Matter* die psychologische Wirkung schockierender Bilder und Videos zunutze, die in sozialen Medien rasch große Menschenmassen mobilisieren.

Ein wesentlicher Unterschied zwischen beiden Widerstandsbewegungen liegt im Wie: Als Baptistenprediger verkörperte Martin Luther King vollkommenen Pazifismus und lehnte jegliche Gewalt ab, während Malcolm X die militante Form des Widerstands verkörperte. *Black Lives Matter* schließt Gewaltanwendung nicht explizit aus und lehnt die streng religiösen Geschlechterrollen der *Black Baptist Church* als überkommen ab (vgl. Hirschfelder 2016: 249). *BLM* versucht zudem, mit Uni-

sex-Kleidungsstücken wie Pullovern ein Zeichen gegen Klassenzugehörigkeit zu setzen. Aktivisten wollen sich damit deutlich von luxuriösen Kleidungsstandards der weißen Mainstreamgesellschaft distanzieren (vgl. Hirschfelder 2016: 251).

Die Bürgerrechtsbewegung stand und fiel mit ihrer zentralen Führungsfigur Martin Luther King. *BLM* spricht sich explizit gegen eine konkrete Führungsperson aus: Die öffentliche Aufmerksamkeit soll nicht eine Leitfigur fokussieren, sondern Ziele und Handlungen sollen im Mittelpunkt stehen. Gegen eine prominente Persönlichkeit an der Spitze sprechen außerdem wiederholte Attentate in der Vergangenheit (vgl. Hirschfelder 2016: 252).

Im Unterschied zur Bürgerrechtsbewegung stellt *BLM* auch Frauen in den Mittelpunkt der Bewegung, dem Recht auf Abtreibung und auf Selbstbestimmung für schwarze Frauen wird ein hoher Stellenwert eingeräumt. In dieser Hinsicht ist ein deutlicher Bruch mit dem Zeitgeist der Bürgerrechtsbewegung und der *Black Baptist Church* erkennbar, die Abtreibung ablehnte. Zudem wurde die junge Sozialbewegung von drei Frauen gegründet und präsentiert sich als inklusive Bewegung, die die Rechte der LGBTQ+-Community wahrt. In diesem Sinne wurde die Unterbewegung *Black Trans Lives Matter* gegründet, um auch den Bedürfnissen von afroamerikanischen Transgender-Personen gerecht zu werden (vgl. Paz, Astor 2020).

4.4 Neue Dynamik in der Kulturszene durch *Black Lives Matter*

Mit *Black Lives Matter* begann zeitgleich auch eine neue Ära schwarzer Kultur, über die Ibram X. Kendi im Februar 2021 reflektierte: "We are living in the time of a new renaissance – what we are calling the Black Renaissance – the third great cultural revival of Black Americans, after the Harlem Renaissance of the 1920s, after the Black Arts Movement of the 1960s and 1970s. Black creators today were nurtured by these past cultural revivals – and all those brilliant creators who sustained Black Arts during the 1980s and 1990s. But if the Harlem Renaissance stirred Black people to see themselves, if the Black Arts Movement stirred Black people to love themselves, then the Black Renaissance is stirring Black people to be themselves. Totally. Unapologetically. Freely. […] Black novelists, poets, filmmakers, producers, musicians, playwrights, artists and writers got the white judge off our heads. […] We are showing that our Black lives have meaning and depth beyond white people. […] Our plays, portraits, films, shows, books, music, essays, podcasts and art are growing in popularity – are emancipating the American consciousness, and banging on the door of the classical canon. The audience for our work is Black people – or people of all races." Im Interview mit Michelle Obama sagt die junge Afroamerikanerin Amanda Gorman, die bei Präsident Joe Bidens Amtseinführung im Januar 2021 ihr Gedicht „The Hill We Climb" vorgetragen hat, die *Black Renaissance* sei sichtbar in der Mode, den bildenden Künsten, Tanz, Musik – in allen Ausdrucksformen des menschlichen Lebens sei das künstlerische Schaffen von der schwarzen Erfahrung geprägt (vgl. Obama 2021). Gefragt, wie ihrer Meinung nach die

Kunst in den Rahmen sozialer Bewegungen wie *BLM* passt, antwortet Gorman: "Poetry and language are often at the heartbeat of movements for change. If we look to the Black Lives Matter protests, you see banners that say, They buried us but they didn't know we were seeds. That's poetry being marshaled to speak of racial justice. If you analyze Martin Luther King's 'I Have a Dream' speech, it's a great document of rhetoric that's also a great document of poetry, of imagery, of song. Never underestimate the power of art as the language of the people" (zit. nach Obama 2021). Ebenso wie afroamerikanische Kunst, Musik, Literatur, Filme bewirken soziale Medien momentan ein Umdenken in verschiedenen ethnischen Gruppen, aber gerade auch in der jungen weißen Bevölkerung. Sie rütteln wach, sie schlagen eine Brücke zu denjenigen Weißen, die endlich die Notwendigkeit erkannt haben, sich mit der Geschichte der Schwarzen in den USA und ihrer persönlichen Rolle darin auseinanderzusetzen, vom vermeintlichen Anti-Rassisten zum Alliierten zu werden, der aktiv gegen Rassismus und strukturelle Diskriminierung von Schwarzen und anderen Minoritäten eintritt *(Abb. 4)*. Ein Beispiel für bildende Funktion von Kultur ist das 2020 erschienene Buch „Caste: The Origins of Our Discontents" von Isabel Wilkerson, das die amerikanische Gesellschaftsstruktur mit ihrer systematischen Benachteiligung von Schwarzen mit einem Kastensystem vergleicht, wie es im Dritten Reich und in Indien existierte, und dem Leser verdeutlicht, wie sehr das US-Analogon bis heute das Sozialverhalten verschiedener Ethnien in der amerikanischen Gesellschaft prägt. Ein weiteres aussagekräftiges Werk

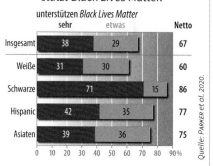

Abb. 4: Mehrheit der Amerikaner unterstützt Black Lives Matter.

unterstützen *Black Lives Matter*

	sehr	etwas	Netto
Insgesamt	38	29	67
Weiße	31	30	60
Schwarze	71	15	86
Hispanic	42	35	77
Asiaten	39	36	75

Quelle: Parker et al. 2020.

ist der Dokumentarfilm „13th" der afroamerikanischen Regisseurin Ava DuVernay, der die Situation schwarzer Gefängnisinsassen porträtiert; oder Oprah Winfreys TV-Formate, in denen sie sich mit schwarzen Intellektuellen, Künstlern und Politikern über Rasse und Rassismus austauscht; ebenso das 2016 in Washington D.C. eröffnete *National Museum of African American History and Culture,* das seinen Besuchern interaktiv und intensiv in teils schockierenden Bildern die Geschichte der Schwarzen in Amerika nahebringt. Viele prominente Persönlichkeiten wie Präsident Barack Obama und First Lady Michelle Obama nutzen ihre erfolgreichen Biografien, um jungen *POC* Mut zu machen, dass es sich lohnt, stetig für Gleichberechtigung zu kämpfen, und dass auch sie in Amerika erfolgreich sein können. Tatsächlich, so schreibt Barack Obama (2020: 77) in seiner Autobiografie, war sein innerster Antrieb, für die Präsidentschaft zu kandidieren, folgender: "Here is one thing I know for sure, though. I know that the day I rise my right hand and take the oath to be president of the United States, the world will start looking at America differently. I know that kids all around this country – Black kids, Hispanic kids, kids who don't fit in – they'll see themselves differently, too, their horizons lifted, their possibilities expanded. And that alone.. that would be worth it." Die Wahl von Kamala Harris zur ersten schwarzen Frau in das zweithöchste Amt der Vereinigten Staaten stellt eine weitere Errungenschaft für Schwarze im Hinblick auf politische Repräsentation dar. Weiße werden ab der Mitte des 21. Jahrhunderts weniger als die Hälfte der amerikanischen Bevölkerung ausmachen (vgl. PASSEL, COHN 2008). Es bleibt abzuwarten, inwiefern diese Bevölkerungsverschiebung auch das der amerikanischen Gesellschaft zugrundeliegende, implizite Kastensystem verändern wird.

5   Status quo und Blick in die Zukunft

Seit ihrer Ankunft in der Neuen Welt haben *African Americans* für ihre Freiheit, ihre Emanzipation, für Gleichberechtigung und Wertschätzung ihrer Ethnie gekämpft. Die Handlungsstrategien sind der jeweiligen Zeit angepasst: von blutigen Sklavenaufständen und Flucht über Hoffnung auf Anerkennung eigener Verdienste in diversen Kriegen an vorderster Front, zivilem Ungehorsam, Protestmärschen, bis hin zur Mobilisierung breiter Massen über die sozialen Netzwerke – *African Americans* erkämpf(t)en sich Rechte Schritt für Schritt.

Auch *White Supremacy* mit all ihren Privilegien für Weiße und ihren Hindernissen für alle *POC,* aber insbesondere für Schwarze, ist über knapp 400 Jahre gewachsen und fest im Kulturbewusstsein weißer Amerikaner verankert. Verkrustetes Verhalten vollständig zu eliminieren ist jedoch die Voraussetzung für völlige Emanzipation und Gleichberechtigung aller *POC* in den USA. Ohne ein radikales Umdenken in weißen Köpfen und sichtbare Verhaltensänderungen wird weder Gesetzgebung noch Politik jemals die Ungleichheit beenden können. *African Americans* können diese Aufgabe nicht einseitig bewältigen. Viele Weiße, die aufgrund ihrer gesellschaftlichen Position in der Lage wären, nachhaltige Veränderungen vorzunehmen, zielen nur auf die Erhaltung ihrer ökonomischen und sozialen Privilegien ab (vgl. WILKERSON 2020: 380). Dem Soziologen David R. Williams zufolge hätten rund 80 % aller weißen Amerikaner unbewusste Vorurteile gegenüber Afroamerikanern; eine weiße Person könne von sich selbst denken, dass sie nicht rassistisch sei, und dennoch unbewusste, implizite Vorurteile gegenüber Afroamerikanern hegen, die ihre Interaktionen mit jenen bestimmten (vgl. WILKERSON 2020: 186f.). James BALDWIN, herausragender afroamerikanischer Schriftsteller der Nachkriegszeit, schrieb dazu in seiner Reflexion „Letter from a Region in My Mind" bereits 1962: "White people in this country will have quite enough to do in learning how to accept and love themselves and each other, and when they have achieved this – which will not be tomorrow and may very well be never – the Negro problem will no longer exist, for it will no longer be needed." Dieser Prozess des Umdenkens wird sich gewiss nicht in wenigen Jahren vollziehen, wenn man bedenkt, dass rassistisches Gedankengut über mehrere Jahrhunderte genährt wurde. Weiße müssen lernen, dass sie – wenn auch nicht persönlich schuldig an den Gräueltaten ihrer Vorfahren in vergangenen Jahrhunderten – heute verantwortlich sind für ihr Verhalten gegenüber Angehörigen anderer Ethnien; sie müssen verstehen lernen, dass die Geschehnisse der Vergangenheit heutige Rassenbeziehungen bestimmen und einräumen, dass sie ohne eigenes Zutun bestimmte Privilegien allein aufgrund ihrer Hautfarbe genießen (vgl. WILKERSON 2020: 387f.).

Der Weg ist noch weit, angesichts wiederkehrender rassistisch motivierter Angriffe auf *POC,* sowohl durch Individuen als auch durch reaktionäre Gesetze wie das Ende März 2021 verabschiedete neue Wahlgesetz in Georgia, das unter anderem die Anzahl der Wahlurnen für Briefwahlen drastisch reduziert und strengere Anforderungen an die Wähleridentifikation für die Briefwahl eingeführt hat (vgl. FAUSSET et al. 2021). Der Weg ist auch deshalb noch weit, weil völlige Emanzipation erst dann erreicht sein wird, wenn sie für alle ethnischen Minoritäten gilt – wie die jüdisch-amerikanische Dichterin Emma Lazarus schrieb, „[u]ntil we all are free, we are none of us free" (*Jewish Women's Archive* o.J.). Kultur ist der Motor, der den fortwährenden Kampf um Emanzipation antreibt, und der dafür sorgt, dass immer mehr Menschen, auch weiße, sich diesem Kampf anschließen. In „The Hill We Climb" fasst Armanda GORMAN (2021: 19) diesen Kampfgeist in Worte: "Because being American is more than a/pride we inherit–/It's the past we step into, and how we/repair it".

Literatur

ALBANESE, A. G. (1976): The plantation school. – New York.

ANDERSON, J. D. (1988): The Education of Blacks in the South, 1860–1935. – Chapel Hill, London.

ASANTE, M. K., MATTSON, M. T. (1998): The African-American Atlas. Black History and Culture–An Illustrated Reference. – New York.

BADA$$, J., SMITH, N. R. u. P. A. ANG (2017): Land of the Free (Official Music Video). – *YouTube* vom 06. März 2017 [https://t1p.de/w8bk – letzter Zugriff: 12/2021].

BALDWIN, J. (1962): Letter from a Region in My Mind. – *The New Yorker* vom 09. November 1962 [https://t1p.de/kus5 – letzter Zugriff: 12/2021].

BARAKA, A. (1971): Raise, Race, Rays, Raze. Essays Since 1965. – New York.

BATES, T. (1994): Traditional and Emerging Lines of Black Business Enterprise. In: F. L. PINCUS, H. J. EHRLICH (Hrsg.): Race and Ethnic Conflict. Contending Views on Prejudice, Discrimination, and Ethnoviolence. – Boulder, San Francisco, Oxford: 242–252.

BEESON, M. V. (1915): Die Organisation der Negererziehung in den Vereinigten Staaten von Amerika seit 1869. – Halle/Saale.

BERG, M. (2017): Afroamerika – Der lange Weg zur Emanzipation. In: W. GAMERITH, U. GERHARD (Hrsg.): Kulturgeographie der USA. Eine Nation begreifen. – Berlin: 73–80.

Black Lives Matter Global Network Foundation, Inc. (2021): About. – https://t1p.de/ys16 [letzter Zugriff: 12/2021].

BODIN, D., SEMPÉ, G. (2011): Ethics and sport in Europe. – Straßburg (Collection politiques et pratiques sportives).

BOLTEN, J. (2018): Einführung in die interkulturelle Wirtschaftskommunikation. – Göttingen (UTB, 2922).

BOYER, E. L. (1983): High School. A Report on Secondary Education in America. – New York.

BULLOCK, H. A. (1967): A History of Negro Education in the South. From 1619 to the Present. – Cambridge (MA).

BUTTLAR, A. (1981): Rassisch getrennte

Schulen im Süden der USA, 1890–1950. Politische, rechtliche und ökonomische Faktoren. – München (Marburger Beiträge zur Vergleichenden Erziehungswissenschaft, 15).

CARNEY, N. (2016): All Lives Matter, but so Does Race. Black Lives Matter and the Evolving Role of Social Media. – Humanity & Society 40(2): 180–199.

CDC (= Centers for Disease Control and Prevention) (2017): African American Health. Creating equal opportunities for health. – https://t1p.de/cehw [letzter Zugriff: 12/2021].

CLAYTON, D. M. (2018): Black Lives Matter and the Civil Rights Movement: A Comparative Analysis of Two Social Movements in the United States. – Journal of Black Studies 49(5): 448–480.

COLÓN, A. (1991): Race Relations on Campus: An Administrative Perspective. In: P. G. ALTBACH, K. LOMOTEY (Hrsg.): The Racial Crisis in American Higher Education. – Albany: 69–88 (SUNY series, Frontiers in Education).

COOK, E., RACINE, L. (2005): The Children's Crusade and the Role of Youth in the African American Freedom Struggle. – OAH Magazine of History 19(1): 31–36.

COSCARELLI, J. (2020): #BlackoutTuesday: A Music Industry Protest becomes a Social Media Moment. – *The New York Times* vom 02. Juni 2020 [https://t1p.de/6z6u – letzter Zugriff: 12/2021].

DEMPSEY, V., NOBLIT, G. (1993): The Demise of Caring in an African-American Community: One Consequence of School Desegregation. – The Urban Review 25 (1): 47–61.

DIERENFIELD, B. (2008): The Civil Rights Movement. – New York.

Duden (o.J.): Emanzipation. – https://t1p. de/gx2m [letzter Zugriff: 12/2021].

EARLE, J. H. (2000): The Routledge Atlas of African American History. – New York, Abingdon (Routledge Atlas of American History).

EDWARDS, L. F. (2016): Epilogue. Emancipation and the Nation. In: W. A. LINK, J. J. BROOMALL (Hrsg.): Rethinking American Emancipation. Legacies of Slavery and the Quest for Black Freedom. – New York: 252–269.

ELIGON, J. (2020): A Debate Over Identity and Race Asks, Are African-Americans 'Black' or 'black'? – *The New York Times* vom 26. Juni 2020 [https://t1p.de/gfdz – letzter Zugriff: 12/2021].

EPPS, E. G. ([6]1992): Education of African Americans. In: M. C. ALKIN (Hrsg.): Encyclopedia of Educational Research. Volume 1. – New York: 49–60.

FASCHING-VARNER, K. J., REYNOLDS, R. E., ALBERT, K. A. u. L. L. MARTIN (Hrsg.) (2014): Trayvon Martin, Race, and American Justice. Writing Wrong. – Rotterdam (Teaching Race and Ethnicity, 1).

FAUSSET, R., CORASANITI, N. u. M. LEIBOVICH (2021): Why the Georgia G. O. P.'s Voting Rollbacks Will Hit Black People Hard. – *The New York Times* vom 26. März 2021 [https://t1p.de/ctj0 – letzter Zugriff: 12/2021].

FRANKLIN, J. H., HIGGINBOTHAM, E. B. ([9]2011): From Slavery to Freedom. A History of African Americans. – New York.

FRANKLIN, J. H., MOSS Jr., A. A. ([7]1994): From Slavery to Freedom. A History of African Americans. – New York.

FREELON, D., MCILWAIN, C. D. u. M. D. CLARK (2016): Beyond the Hashtags. #Ferguson, #Blacklivesmatter, and the online struggle for offline justice. – Washington D.C.

GATES Jr., H. L., MCKAY, N. Y. (Hrsg.) (2004): The Norton Anthology of African American Literature. – New York, London.

GILMORE-LEHNE, W. J. (1993): Literacy. In: M. K. CAYTON, E. J. GORN u. P. W. WILLIAMS (Hrsg.): Encyclopedia of American Social History. Volume 3. – New York: 2413–2426 (Scribner American Civilization Series).

GOODWIN, R. E. (2019): The Meaning of American Slavery. In: R. E. GOODWIN, M. HUCLES (Hrsg.): African American History. The Development of a People. – San Diego: 9–11.

GORMAN, A. (2021): The Hill We Climb. An Inaugural Poem for the Country. – New York.

GROSSMAN, J. R. (1995): A Certain Kind of Soul. In: J. O. HORTON, L. E. HORTON (Hrsg.): A History of the African American People. The History, Traditions & Culture of African Americans. – New York: 94–117 (African American Life Series).

HALEY, S. (2018): Abolition. In: E. R. EDWARDS, R. A. FERGUSON u. J. O. G. OGBAR (Hrsg.): Keywords for African American Studies. – New York: 9–14.

HANSEN, D. D. (2007): The Dream: Martin Luther King, Jr., and the Speech that Inspired a Nation. – New York.

HARRIS, F. C. (2015): The Next Civil Rights Movement? – *Dissent Magazine* vom 05. Juli 2015 [https://t1p.de/aqkp – letzter Zugriff: 12/2021].

HASDAY, J. L. (2007): The Civil Rights Act of 1964. An End to Racial Segregation. – New York (Milestones in American history).

HATCH, L. R., MOMMSEN, K. (1984): The Widening Racial Gap in American

Higher Education. – Journal of Black Studies 14(4): 457–476.

HILL, S. T. (1984): The traditionally Black institutions of higher education, 1860 to 1982. – Washington D.C.

HIRSCHFELDER, N. (2016): #BlackLivesMatter: Protest und Widerstand heute. In: M. BUTTER, A. FRANKE u. H. TONN (Hrsg.): Von Selma bis Ferguson – Rasse und Rassismus in den USA. – Bielefeld: 231–260 (American Culture Studies).

HONG, G. (2020): Influence of the Police Force on Black Lives Matter. – Technium Social Sciences Journal 14: 661–669.

HOLT, T. C. (1980): Afro-Americans. In: S. THERNSTROM (Hrsg.): Harvard Encyclopedia of American Ethnic Groups. – Cambridge (MA): 5–23.

HORWITZ, R. P. (Hrsg.) (2001): The American Studies Anthology. – Wilmington (DE) (American visions, 4).

HUCLES, M. (2019a): The "New Negro" and the Jazz Age, 1919–1929. In: R. E. GOODWIN, M. HUCLES (Hrsg.): African American History. The Development of a People. – San Diego: 145–151.

HUCLES, M. (2019b): Whither the Black Agenda, 1990–2000. In: R. E. GOODWIN, M. HUCLES (Hrsg.): African American History. The Development of a People. – San Diego: 191–195.

HUCLES, M. (2019c): The New Millennium. A Post-Racial America, 2000–2008. In: R. E. GOODWIN, M. HUCLES (Hrsg.): African American History. The Development of a People. – San Diego: 197–201.

HUTCHINSON, G. (2021): Harlem Renaissance. American literature and art. – *Encyclopedia Britannica* vom 27. September 2021 [https://t1p.de/yabgc – letzter Zugriff: 12/2021].

JACKSON, R. (2016): If They Gunned Me Down and Criming While White: An Examination of Twitter Campaigns Through the Lens of Citizens' Media. – Cultural Studies ↔ Critical Methodologies 16(3): 313–319.

JAKOUBEK, R. E., WAGNER, H. L. (2005): Martin Luther King, Jr. Civil Rights Leader. – Philadelphia, New York (Black Americans of Achievement).

Jewish Women's Archive (o.J.): A Quote from Epistle to the Hebrews. – https://t1p.de/gxru [letzter Zugriff: 12/2021].

JORDAN, W. D., LITWACK, L. F. ([7]1991): The United States. Combined Edition. – Englewood Cliffs.

KAAP, H. (2016): «I Can't Breathe!» – Polizeigewalt und anti-rassistischer Protest in den USA. – kritische berichte. Zeitschrift für Kunst- und Kulturwissenschaften 44(1): 86–95.

Kendi, I. X. (2021): This Is the Black Renaissance. – *TIME* vom 03. Februar 2021 [https://t1p.de/v3n8e – letzter Zugriff: 12/2021].

King Jr., M. L. (2000): Why We Can't Wait. – New York.

King, S. H. (1993): The Limited Presence of African-American Teachers. – Review of Educational Research 63(2): 115–149.

Kirk, J. A. (2020): The Civil Rights Movement. A Documentary Reader. – Hoboken (NJ).

Klamt, M. (2007): Verortete Normen. Öffentliche Räume, Normen, Kontrolle und Verhalten. – Wiesbaden (Stadtforschung aktuell, 109).

Kuhn, J. (2015): Obama singt von der Gnade. – *Süddeutsche Zeitung* vom 27. Juni 2015 [https://t1p.de/wmhf – letzter Zugriff: 12/2021].

Lang, C. (2018): Aretha Franklin Wasn't Just a Music Legend. She Also Raised Her Voice for Civil Rights. – *TIME* vom 16. August 2018 [https://t1p.de/upkh – letzter Zugriff: 12/2021].

Low, W. A., Clift, V. A. (Hrsg.) (1981): Encyclopedia of Black America. – New York.

Lusane, C. (1992): The Struggle for Equal Education. – New York (African-American experience).

Lynch, H. (2021): African Americans. – *Encyclopedia Britannica* vom 09. September 2021 [https://t1p.de/85ss – letzter Zugriff: 12/2021].

Mayer, M. (2014): Soziale Bewegungen in den USA: Zwischen kommunitärer Solidarität und Gleichheitsversprechen des Amerikanischen Traums. In: C. Lammert, M. B. Siewert u. B. Vormann (Hrsg.): Handbuch Politik USA. – Wiesbaden: 1–16.

McCool, D. (2012): The Most Fundamental Right. Contrasting Perspectives on the Voting Rights Act. – Bloomington (IN).

McIlwain, C. D. (2020): Black Software. The Internet and Racial Justice, from the AfroNet to Black Lives Matter. – New York.

McKesson, D., Sinyangwe, S. u. J. Elzie (o.J.): Campaign Zero. – *Campaign Zero* [https://t1p.de/mnqkx – letzter Zugriff: 12/2021].

Miller, L. P. (1982): Black Education. In: H. E. Mitzel (Hrsg.): Encyclopedia of Educational Research. Volume 1. – New York, London: 211–219.

National Museum of American History Behring Center (2015): What is Jazz? – https://t1p.de/ur0a7 [letzter Zugriff: 12/2021].

Nittle, N. K. (2021): Why Black American Athletes Raised Their Fists at the 1968 Olympics. – *History.com* vom 25. Mai 2021 [https://t1p.de/z5r9 – letzter Zugriff: 12/2021].

N.N. (2021a): Harlem Renaissance. – *History.com* vom 21. Januar 2021 [https://t1p.de/fbxj – letzter Zugriff 12/2021].

N.N. (2021b): Black Leaders During Reconstruction. – *History.com* vom 26. Januar 2021 [https://t1p.de/6ucs5 – letzter Zugriff: 12/2021].

Nünning, A. (2009): Vielfalt der Kulturbegriffe. – *Bundeszentrale für politische Bildung* vom 23. Juli 2009 [https://t1p.de/cq8l5 – letzter Zugriff: 12/2021].

Obama, B. (2015): Remarks by the President at the 50th Anniversary of the Selma to Montgomery Marches. – *the White House President Barack Obama* vom 07. März 2015 [https://t1p.de/032p – letzter Zugriff: 12/2021].

Obama, B. (2020): A Promised Land. – New York.

Obama, B., Springsteen, B. (2021a): Our Unlikely Friendship. – *Renegades: Born in the USA* [https://bit.ly/2ZMqzBw – letzter Zugriff: 12/2021].

Obama, B., Springsteen, B. (2021b): American Music. – *Renegades: Born in the USA* [https://bit.ly/3BNCH2w – letzter Zugriff: 12/2021].

Obama Foundation (o.J.): The Obama Presidential Center. – https://t1p.de/i1vg [letzter Zugriff: 12/2021].

Obama, M. (2021): 'Unity With Purpose.' Amanda Gorman and Michelle Obama Discuss Art, Identity and Optimism. – *TIME* vom 04. Februar 2021 [https://t1p.de/ya70 – letzter Zugriff: 12/2021].

Ogbu, J. U. (1978): Minority Education and Caste. The American System in Cross-Cultural Perspective. – New York, San Francisco, London (Carnegie council on children publications).

Painter, N. I. (2006): Creating Black Americans. African-American History and Its Meanings, 1619 to the Present. – New York.

Parelius, A. P., Parelius, R. J. (1978): The Sociology of Education. – Englewood Cliffs (Prentice Hall Series in Technology).

Parker, K., Horowitz, J. M. u. M. Anderson (2020): Amid Protests, Majorities Across Racial, Ethnic Groups Express Support for the Black Lives Matter Movement. Deep partisan divides over factors underlying George Floyd demonstrations. – *Pew Research Center* vom 12. Juni 2020 [https://t1p.de/1pi7 – letzter Zugriff: 12/2021].

Passel, J. S., Cohn, D. (2008): U.S. Population Projections: 2005–2050. – *Pew Research Center* vom 11. Februar 2008 [https://t1p.de/th9l – letzter Zugriff: 12/2021].

Payne, M. (2016): Colin Kaepernick refuses to stand for national anthem to protest police killings. – *Washington Post* vom 27. August 2016 [https://t1p.de/8lmw – letzter Zugriff: 12/2021].

Paz, I. G., Astor, M. (2020): Black Trans Women Seek More Space in the Movement They Helped Start. – *The New York Times* vom 28. Juni 2020 [https://t1p.de/swyq – letzter Zugriff: 12/2021].

Pearson Education, Inc. (2003): Atlas Map: Civil Rights Movement. – https://t1p.de/u4xl [letzter Zugriff: 12/2021].

Peeples, L. (2020): Brutality and Racial Bias. What the Data Say. – Nature 583 (7814): 22–25.

Porter, E. (2018): Jazz. In: E. R. Edwards, R. A. Ferguson u. J. O. G. Ogbar (Hrsg.): Keywords for African American Studies. – New York: 105–109.

Radford, J. P. (1992): Identity and Tradition in the post-Civil War South. – Journal of Historical Geography 18(1): 91–103.

Remnick, D. (2016): Soul Survivor. The revival and hidden treasure of Aretha Franklin. – *The New Yorker* vom 28. März 2016 [https://t1p.de/zb2q – letzter Zugriff: 12/2021].

Sajnani, D. C. (2018): Hip-Hop. In: E. R. Edwards, R. A. Ferguson u. J. O. G. Ogbar (Hrsg.): Keywords for African American Studies. – New York: 93–97.

Salmond, J. A. (1997): My Mind Set on Freedom. A History of the Civil Rights Movement, 1954–1968. – Chicago.

Schneider-Sliwa, R. (2005): USA. Geographie, Geschichte, Wirtschaft, Politik. – Darmstadt (WBG-Länderkunden).

Schuller, G. (2020): jazz. – *Encyclopedia Britannica* vom 29. Dezember 2020 [https://t1p.de/ftoe3 – letzter Zugriff: 12/2021].

Sinyangwe, S. (2021): Police Violence Map. – https://t1p.de/bhlb [letzter Zugriff: 12/2021].

Smethurst, J. (2018): Black Arts Movement. In: E. R. Edwards, R. A. Ferguson u. J. O. G. Ogbar (Hrsg.): Keywords for African American Studies. – New York: 19–21.

Smithsonian Music (o.J.): African American Music. Giving Voice to Resistance and Political Movements. – https://t1p.de/f6nd [letzter Zugriff: 12/2021].

Solomon, J., Martin, A. (2019): Competitive victimhood as a lens to reconciliation: An analysis of the black lives matter and blue lives matter movements. – Conflict Resolution Quarterly 37(1): 7–31.

SOWELL, T. (1978): Ethnicity in a Changing America. – Daedalus 107(1): 213–237.

STERNHELL, Y. A. (2016): Bodies in Motion and the Making of Emancipation. In: W. A. LINK, J. J. BROOMALL (Hrsg.): Rethinking American Emancipation. Legacies of Slavery and the Quest for Black Freedom. – New York: 15–41.

THOMAS, G. E. (1987): Black Students in the U.S. Graduate and Professional Schools in the 1980s: A National and Institutional Assessment. – Harvard Educational Review 57(3): 261–283.

UROFSKY, M. I. (2021): Jim Crow law. United States [1877–1954]. – *Encyclopedia Britannica* vom 20. September 2021 [https://t1p.de/3vux – letzter Zugriff: 12/2021].

WALDSCHMIDT-NELSON, B. (2015): Malcolm X. Der schwarze Revolutionär. – München, Nördlingen, Regensburg (Beck'sche Reihe, 6193).

WALDSCHMIDT-NELSON, B. (⁸2018): Martin Luther King. Malcolm X. – Frankfurt/Main (Fischer-Taschenbücher, 14 662. GegenSpieler).

WEINBERG, M. (1977): A Chance to Learn. A History of Race and Education in the United States. – New York.

WHITEAKER, L. H. (1990): Adult Education Within the Slave Community. In: H. G. NEUFELDT, L. McGEE (Hrsg.): Education of the African American Adult. An Historical Overview. – New Haven (CT): 3–10 (Contributions in Afro-American and African Studies, 134).

WILKERSON, D. A. (1939 [reprint 1970]): Special Problems of Negro Education. – Washington D.C. (Staff study (United States. Advisory Committee on Education), 12).

WILKERSON, I. (2020): Caste. The Origins of Our Discontents. – New York.

ZORTHIAN, J. (2016): This Is How February Became Black History Month. – *TIME* vom 29. Januar 2016 [https://t1p.de/j0lu – letzter Zugriff: 12/2021].

LISA WOLDRICH
Studentische Hilfskraft am Lehrstuhl für Physische Geographie und Lehrstuhl für Englische Sprache und Kultur
Universität Passau
Innstraße 40 • D–94032 Passau
lisa.woldrich@web.de

Prof. Dr. WERNER GAMERITH
Professur für Regionale Geographie
Universität Passau
Innstraße 40 • D–94032 Passau
werner.gamerith@uni-passau.de

VICTORIA MOSER
Studentin European Studies
Schwerpunkte Geographie und Hispanistik
Universität Passau
Innstraße 40 • D–94032 Passau
victoriamoser52@gmail.com

PKG
16·2021

Dieter Anhuf

Von der Vollwüste zur „grünen" Sahara – und zurück
Klima- und Landschaftswandel im Norden des afrikanischen Kontinents

Mit sieben Abbildungen und einem Bild

1 Einleitung

Seit der Gründung des Intergovernmental Panel on Climate Change (IPCC) durch die *World Meteorological Organisation (WMO)* und das *United Nations Environment Programme (UNEP)* 1988 wird den Aspekten Klima, Klimaveränderungen und -prognosen bei der Behandlung sozialer und wissenschaftlicher Fragen eine immer größere Beachtung geschenkt, da erkannt wurde, dass sowohl der natürliche als auch der vom Menschen verursachte Klimawandel direkte Folgen für unsere Umwelt und für unsere Gesellschaft hat. Vor allem in klimasensitiven Regionen, in denen z.B. die nomadische Viehwirtschaft, der Regenfeldbau und die Bewässerungslandwirtschaft einen großen Anteil an der Nahrungsversorgung und der Lebensmittelsicherheit haben, spielen Niederschlagsschwankungen sowie die zeitliche und räumliche Verteilung der Niederschläge eine entscheidende Rolle (ANHUF 2011). Auch Dürren sind wiederkehrende Phänomene in den Trockengebieten Afrikas.

Aber auch aus anderen Gründen ist es ein sehr lohnendes Bemühen, sich solche Veränderungen speziell auf dem afrikanischen Kontinent anzusehen. Afrika ist der Kontinent mit der am stärksten und schnellsten wachsenden Bevölkerung. Vor 30 Jahren beherbergte der Kontinent ca. 630 Mio. Menschen. Während heute 1,3 Mrd. Menschen auf dem Kontinent leben, dürften es 2050 ca. 2,5 Mrd. sein, also nahezu eine weitere Verdoppelung der Bevölkerung. Auf keinem anderen Kontinent wächst die Bevölkerungszahl so schnell. Der Kontinent verfügt über ein großes Reservoir der ungenutzten potenziellen Agrarflächen. Das Wachstumspotenzial für die Landwirtschaft ist somit riesig. Zum großen Teil unbemerkt vom Rest der Welt, der sich vor allem um die wirtschaftlichen und politischen Rivalitäten zwischen China und den USA und seit gut einem Jahr mit den Folgen der Covid-19-Pandemie beschäftigt hat, ist die Wirtschaftsleistung insbesondere in den Staaten südlich der Sahara um die fünf Prozent in der Regel gewachsen. Trotz dieser insgesamt positiven Entwicklungen bleibt jedoch eine große Frage, wie sich das Klima und die Umwelt in Zukunft entwickeln werden. Die Einschätzungen des IPCC zu der klimatischen Entwicklung in der Sahelzone oder den Trocken- und Feuchtsavannen sind durchaus widersprüchlich, in der Tendenz aber eher pessimistisch, vor allem was die Niederschläge betrifft und damit die Auswirkungen auf die Landwirtschaft und die Nahrungsmittelproduktion. So lautet eine Aussage: „In vielen trockenen Regionen der mittleren Breiten und Subtropen werden die mittleren Niederschläge wahrscheinlich abnehmen, extreme Niederschlagsereignisse werden über den meisten Landmassen über feuchten tropischen Regionen bis Ende dieses Jahrhunderts sehr wahrscheinlich intensiver und häufiger, wenn die mittlere globale Erdoberflächentemperatur ansteigt und global gesehen ist es wahrscheinlich, dass die von Monsun-Systemen berührte Fläche im 21. Jahrhundert zunehmen wird. Während die Monsun-Winde wahrscheinlich schwächer werden, werden Monsun-Niederschläge aufgrund der zunehmenden atmosphärischen Feuchtigkeit wahrscheinlich intensiver" (*IPCC* 2014: 11ff.). Es gibt also durchaus auch Möglichkeiten, dass sich eine der trockensten und lebensfeindlichen Regionen des Kontinentes erneut in eine Art „grüne Sahara" verwandeln könnte, wie schon einmal vor etwa 8000 bis 4000 Jahren vor heute.

Vor diesem Hintergrund ist es von enormer Bedeutung, eine Vorstellung davon zu bekommen, wie sich die Landschaft unter speziellen Konstellationen in der Vergangenheit wie verändert hat. Dies ermöglicht es dann auch, Zukunftsszenarien für die dort lebende Bevölkerung zu entwerfen. Für das Verständnis der zukünftigen Klimaentwicklung und ihrer Auswirkungen ist es daher unbedingt notwendig, zunächst sowohl Art als auch Ausmaß der natürlichen Klimavariabilität zu kennen. Es gibt keinen Zweifel, dass die Menschen gegenwärtig ihre Umwelt massiv verändern und auch das Klima auf der Erde beeinflussen.

Aber auch ohne Einwirkung des Menschen unterliegt die Erde einem permanenten natürlichen Wandel. Und um diesen natürlichen Wandel besser verstehen zu lernen, ist es unerlässlich, sich mit der paläoklimatischen Vergangenheit zu beschäftigen. Da es für die Zeit vor 1800 v. Chr. keine oder nur vereinzelte Klimamessungen gibt, muss das Klima für Zeiträume davor über eine Vielzahl verschiedener Quellen (Proxies =aus dem Englischen für Vertreter) rekonstruiert werden, die unterschiedlich lange erdgeschichtliche Zeiträume abdecken *(Abb. 1)*. Zu diesen Stellvertreterdaten zählen historische Aufzeichnungen. Dazu gehören Tagebücher, die den Wetter- und Witterungsverlauf an bestimmten Orten beschreiben. Bedeutend sind sicherlich die Aufzeichnungen des Astronomen Johannes Kepler aus den Jahren 1617 bis 1626 in Linz (Donau) oder auch die Klimaaufzeichnungen von Claudius Ptolomäus zwischen 127 und 151 n. Chr. in Alexandria. Ebenso sehr aufschlussreich, wenn auch nicht ganz so leicht zu interpretieren, sind historische Aufzeichnungen, die indirekt auf die Klimageschichte schließen lassen. Dazu gehören z.B. offizielle oder kirchliche Chroniken zu Getreidepreisen, zur Menge und Güte der Weinernte, katastrophale Sturmfluten oder auch Flusshochwässer (GLASER 2008) und vieles andere.

Schon bis in das frühe Holozän (für die letzten gut 10 000 Jahre) hinein reichen die Jahrringchronologien von Bäumen z.B. in Mitteleuropa. Die Jahrringbreite gibt Auskunft über die thermische und hygrische Gunst oder Ungunst eines jeden Jahres. Es handelt sich also um ein jahrgenaues Klimaarchiv.

Malte Steinbrink, Matthias Gebauer und Dieter Anhuf (Hrsg.): Afrika – ein Kontinent in Bewegung.
Passau 2021 (Passauer Kontaktstudium Geographie 16)

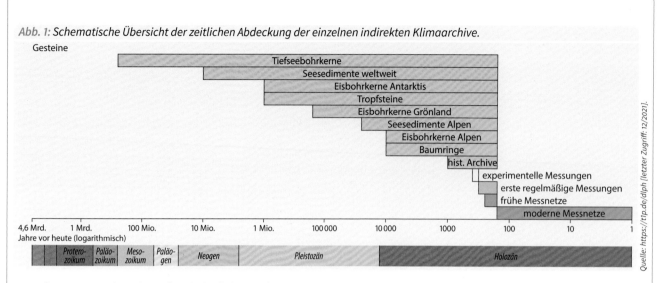

Abb. 1: Schematische Übersicht der zeitlichen Abdeckung der einzelnen indirekten Klimaarchive.

Quelle: https://ttp.de/dlph [letzter Zugriff: 12/2021].

Noch weiter zurück reichen pflanzliche Pollen und Makroreste, die uns Auskunft über die Vegetation zum Zeitpunkt der Ablagerung der Pollen geben. Daraus lassen sich meist die Gattung, nicht selten sogar die Art, bestimmen. Unter Zuhilfenahme eines aktualistischen Prinzips kann die damalige Vegetationsbedeckung recht exakt rekonstruiert werden. Untersuchungen an stabilen Isotopen in Korallen, Schalen, Eisbohrkernen und Meeressedimenten gewähren uns einen Einblick in die Klimageschichte unseres Planeten bis vor knapp 200 Mio. Jahren vor heute (ZMAG: Zentralanstalt für Meteorologie und Geodynamik).

2 Kalt- und Warmzeiten, Trocken- und Feuchtzeiten ein Kommen und Gehen – auch heute

Schon im Tertiär, das vor ca. 60 Mio. Jahren begonnen hat und auf das warme und feuchte Klima des Mesozoikums mit Trias, Jura und Kreide folgte, liegt der Beginn für die stufenartige Abkühlung der Erde, bis dann vor ca. 2,6 Mio. Jahren das Quartär begann, in dem wir auch heute noch leben. Die erste Stufe der Abkühlung war verbunden mit einem der größten Artensterben in der jüngeren Erdgeschichte, das gleichbedeutend mit der Ausrottung der Dinosaurier und der Geburtsstunde der Säugetiere ist, die heute noch die Erde dominieren. Wie so oft dürften mehrere Gründe für die allmähliche Abkühlung zusammenkommen. Neben einem mächtigen Meteoriteneinschlag auf der mexikanischen Halbinsel Yucatán war die plattentektonische Situation so, dass der antarktische Kontinent seine heutige Südpolnähe bereits erreicht und damit die Vereisung des Kontinents quasi initiiert hatte. Auf der Nordhalbkugel war die Position der Kontinentalplatten bei weitem noch nicht so weit vorangeschritten, das Mittelmeer war nach Osten geöffnet und die Beringstraße so breit, dass eine Vereisung der Nordpolargebiete noch nicht möglich war. Die Weltdurchschnittstemperatur lag im frühen Tertiär immer noch ca. 4 bis 5 °C über den heutigen Werten (SCHÖNWIESE 1992). Vor etwa 38 Mio. Jahren vor heute erfolgte eine zweite wichtige Abkühlungsstufe, nachdem die Antarktis vereist war. Von da an bis vor ca. drei Millionen Jahren besaß die Erde ein asymmetrisches Klima mit einer vereisten Antarktis und einer eisfreien Arktis. Die letzte entscheidende Stufe markiert dann den Übergang in das Quartär vor ca. 2,6 Mio. Jahren, unter anderem auch mit verursacht durch die Schließung der Landbrücke zwischen Nord- und Südamerika und den darauf sich neu einstellenden Meeresströmungen. Bei näherer Betrachtung dieses letzten Zeitabschnittes wird der häufige Wechsel von Warm- und Kaltzeiten offensichtlich, von denen es jeweils mindestens 20 in den letzten zwei Millionen Jahren gegeben hat. Untersuchungen des Paläoklimas anhand von Eisbohrkernen haben gezeigt, dass es während der letzten 740 000 Jahre einen periodischen Wechsel zwischen den Glazialen und Interglazialen gab (EPICA community members 2004), der Wechsel zwischen Kaltzeit und Warmzeit vollzog sich in einem Zyklus von ≈100 000 Jahren – zumindest seit ca. 430 000 Jahren vor heute, davor waren die Zyklen in einem ≈41 000-jährigen Zyklus eingebunden (Abb. 2).

Unter Berücksichtigung der letzten 100 Mio. Jahre der Erdgeschichte leben wir gegenwärtig in einem kalten Klima, dem quartären Wechselklima mit Kalt- und Warmzeiten. Innerhalb dieses Eiszeitklimas ist es gegenwärtig (seit etwa 11 000 Jahren) sehr warm, weil wir uns in der holozänen Warmzeit befinden.

3 Ursachen für den natürlichen Klimawandel

Klimaänderungen werden durch zwei Faktorenkomplexe ausgelöst. Einerseits durch interne Faktoren innerhalb des Klimasystems und durch externe Faktoren (sowohl natürliche als auch anthropogene). Zu den externen Antriebsfaktoren wie z.B. die Position und Orientierung der Erde gegenüber der Sonne oder auch die Schwankungen der Sonnenaktivität (natürliche Antriebsfaktoren) zählen ebenso die anthropogenen Einwirkungen wie z.B. die Veränderungen der atmosphärischen Bestandteile wie Spurengase und Aerosole oder auch die Modifikationen auf der Erdoberfläche wie die Abholzung riesiger Wälder oder die Umwandlung natürlicher Flächen in Ackerland. Im Gegensatz zu Klimaschwankungen, bei denen es sich um zyklische Erscheinungen handelt wie z.B. dem El-Niño-Phänomen. Dann, wenn über einen bestimmten Betrachtungszeitraum (z.B. 30 Jahre) sich die Vorzeichen nicht mehr ändern, spricht man von einer Klimaänderung. Der Wandel ist ein grundlegendes Charakteristikum (interne Faktoren) des Klimasystems der Erde. Dieses umfasst neben der Atmosphäre weitere Sphären wie die Hydrosphäre (Ozeane, Flüsse, Seen, Grundwasser), die Biosphäre, die Kryosphäre (Schnee- und Eisbedeckung) sowie die Geosphäre (feste Erdoberfläche). Diese einzelnen Sphären sind untereinander vernetzt, ihre jeweiligen

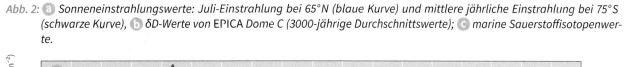

Abb. 2: ⓐ *Sonneneinstrahlungswerte: Juli-Einstrahlung bei 65°N (blaue Kurve) und mittlere jährliche Einstrahlung bei 75°S (schwarze Kurve),* ⓑ *δD-Werte von* EPICA *Dome C (3000-jährige Durchschnittswerte);* ⓒ *marine Sauerstoffisotopenwerte.*

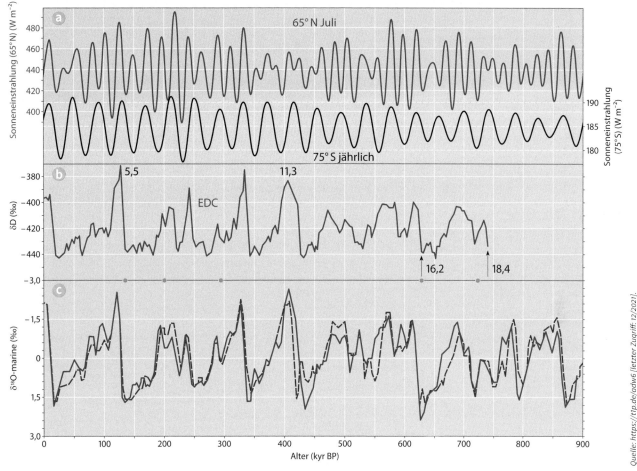

Quelle: https://ttp.de/adw6 (letzter Zugriff: 12/2021).

Reaktionszeiten sowie ihre räumlichen Ausdehnungen sind dabei jedoch sehr unterschiedlich, sodass die Interdependenzen allein schon für einen steten Wandel des Klimas sorgen (SCHÖNWIESE 2013). Viele externe Antriebsfaktoren laufen jedoch über einen sehr langen Zeitraum ab, sodass der Mensch die Veränderungen kaum wahrnimmt wie beispielsweise bei den Veränderungen der Position der Erde zur Sonne *(Abb. 2* ⓐ*)*.

Von Interesse sind daher Untersuchungen zum natürlichen Klima- und Landschaftswandel, quasi ein Blick zurück als Fenster in die Zukunft. Und hier sticht eine Region besonders ins Auge. Es handelt sich um den nördlichen Teil des afrikanischen Kontinents, der heutzutage die größte zusammenhängende Wüste der Erde beheimatet, die Sahara. Auf den ersten Blick wirkt dieser Raum so steril und lebensfeindlich, dass man sich kaum vorstellen kann, dass dieses Gebiet vielleicht einmal anders ausgesehen haben könnte, mit einer Landschaft, in der es grüne Vegetation gab bzw. große Savannentiere wie beispielsweise Giraffen, Büffel, Ele-

fanten und Krokodile, um nur die emblematischsten Vertreter an dieser Stelle einmal zu nennen, die durch die nahezu unendlichen Weiten des nördlichen Afrikas zogen. Aber wer kann sich heute schon vorstellen, dass das Eis der skandinavischen Vergletscherung während der Saale-Vereisung vor ca. 150 000 Jahren von Nordskandinavien bis vor die Tore von Düsseldorf reichte?

Um die Bedeutung natürlicher Klimaschwankungen hervorzuheben, werden einige Schlüsselperioden des Klimas in der Vergangenheit genauer betrachtet. Gemäß dem Titel dieses Artikels widmet sich dieser ausgewählten Beispielen signifikanter Klimaänderungen wie z.B. zum Höhepunkt der letzten Kaltzeit *(Last Glacial Maximum)* (18 000 bis 20 000 yr BP; BP=Before Present=vor heute in Jahren; als internationale Übereinkunft wurde für das „heute" das Jahr 1950 festgelegt) mit einer Sahara als Vollwüste und dem Klimaoptimum zwischen 8000 und 6000 yr BP („grüne" Sahara). Des Weiteren sind sicherlich die Umschwünge vom einen in den anderen „Extremzustand" von gro-

ßem Interesse, weil in diesen Umbruchzeiten deutlich wird, welche Faktoren hier maßgeblich an den Umbrüchen beteiligt waren und wie sich diese Kipppunkte (Tipping Points: Wenn z.B. ein bestimmtes Klimaelement, wie die Temperatur, einen bestimmten Schwellenwert überschreitet, sodass Vorgänge mit einer irreversiblen Eigendynamik eingeleitet werden, aus denen es für lange Zeit kein Zurück gäbe, beispielsweise wenn die Eiskappen in Grönland abschmelzen) in der Natur manifestierten. Neben den klimatischen Extremen der jüngeren Erdvergangenheit, die zwischen Vollwüste und grüner Savanne bzw. Steppe schwanken, sollen ebenfalls die Umschwungphasen näher betrachtet werden: der Umschwung in das feuchte Klimaoptimum ab etwa 12 000 yr BP und der erneute Umschwung hin zur heutigen Situation ab ca. 5000 und 4000 yr BP (zurück zur Vollwüste). Das *LGM* stellt zusätzlich einen Zustand mit vergrößerten Eiskappen und einer niedrigen Konzentration von CO_2 dar. Das mittlere Holozän repräsentiert einen Zustand, in dem die Parameter der Erdbahn von besonderer

Bedeutung sind. Das Perihel (der sonnennächste Punkt) wurde hier in den Sommer- und Herbstmonaten der Nordhalbkugel erreicht (heute am 03. Januar) und die Erdachse war stärker geneigt als in der Gegenwart.

4　Datenbasis

Die Rekonstruktion der Paläovegetation Afrikas basiert auf bereits publizierten Daten bzgl. des Paläoklimas und der Paläovegetation. Diese Informationen konnten in erster Linie aus Pollenfunden, Tiefseebohrkernen sowie Isotopenanalysen gewonnen werden. Dabei muss klar sein, dass das vorhandene und analysierte Material ungleichmäßig über den afrikanischen Kontinent verteilt ist. Es zeigen sich vereinzelte Räume, in denen „ausreichende" Pollendokumente vorliegen, aber es wird auch deutlich, dass für weite Regionen des Kontinents nur wenige direkte Hinweise für die entsprechenden Zeitscheiben vorliegen. Exemplarisch seien in *Abbildung 3* die entsprechenden und hier berücksichtigten Fundpunkte für den Höhepunkt der letzten Kaltzeit *(LGM)* und für den Umschwung aus einer feuchten weitestgehend „grünen" Sahara hin zur rezenten Situation einer Vollwüste in Nordafrika um 5000 yr BP gezeigt. Während für die letzte Kaltzeit die meisten verwertbaren Fundunkte vor der westafrikanischen Küste (Tiefseebohrkerne, Isotopenanalysen) und im ostafrikanischen Hochland zu finden sind, gibt es für die jüngere Klimageschichte Afrikas sehr viel mehr direkte Vegetationsanzeiger durch Pollen bzw. Makroreste auf dem Kontinent selbst und nur noch vereinzelte Tiefseebohrkerne. Den zweiten Datensatz bilden die aktuellen Wasserhaushaltsmodelle für die jeweiligen Vegetationsformationen. Die rekonstruierte Vegetationsbedeckung bildet die Grundlage zur Untersuchung des Paläowasserhaushaltes, denn eine rekonstruierte Vegetationsformation bedingt gleichzeitig wasserhaushaltliche und damit klimatische Grundvoraussetzungen, die erfüllt gewesen sein müssen, um die Existenz der jeweiligen Vegetation zu ermöglichen. Die rekonstruierte Vegetation wird in ihrer hydrologischen Wertigkeit klimatologisch ausgewertet und quantifiziert.

Die rezente Verbreitung der Vegetation im Untersuchungsraum ist unmittelbar an den klimatischen Wasserhaushalt des afrikanischen Kontinents gebunden. Die Menge der Niederschläge sowie deren jahreszeitliche Verteilung und die Dauer der Trocken- und Regenzeiten werden bestimmt von den Wasserdampfressorts des südöstlichen Atlantiks und des Indischen Ozeans auf der Ostseite des Kontinents. Einen wesentlichen Einfluss haben dabei die unterschiedlichen warmen und kalten Meeresströmungen entlang der afrikanischen Küste.

Pflaumann et al. (2003) haben Karten der Meeresoberflächentemperaturen des Atlantischen Ozeans für das Winter- und Sommerhalbjahr während des *LGM* vorgelegt. Während des Winters (Nordhalbkugel) lagen die *SSTs (Sea Surface Temperatures)* bei 24 bis 26 °C und damit um ca. 2° niedriger als heute. Im Sommer (Nordhalbkugel) dagegen war die Temperatur um ca. 5 bis 6 °C gegenüber der heutigen auf 17 bis 18 °C abgesenkt. Vor allem für die Stationen an der Küste zwischen 5° S und 5° N bedeutete dies eine klare Reduktion das Wasserdampfangebotes an die Atmosphäre in den Sommermonaten. Winter, Martin (1990) haben für das *LGM* eine Absenkung des *SSTs* vor der Ostküste Afrikas von 2 °C während der Wintermonate und von 5 °C während der Sommermonate (Nordhalbkugel) ermittelt.

Die Oberflächentemperaturen lieferten die Ausgangsbasis für die Rekonstruktion der Niederschläge für die Sommer- und Winterhalbjahre. Zur Ableitung der Verteilung über das gesamte Jahr wurden ebenfalls die aktuellen *SSTs* in ihrer interannuellen Veränderung mit berücksichtigt. Die Verdunstungswerte wurden nach den Angaben von Flohn (1985) wie folgt festgelegt: bei Oberflächentemperaturen von 27 °C beträgt die tägliche Verdunstung vier Millimeter und bei *SSTs* von 18 bis 19 °C nur noch einen Millimeter pro Tag. Die Abhängigkeit des Wasserdampfgehaltes von den *SSTs* und der daraus resultierenden Wasserdampf- und indirekt auch Regenmenge auf den Kontinent gilt analog auch für die Ostseite Afrikas zwischen dem Horn von Afrika und ca. 12° S. Aus diesen dargestellten wasserhaushaltlichen Rahmenbedingungen, abgeleitet aus Tiefseebohrkernen, konnten die Niederschlagsverhältnisse zurzeit des *LGM* für den afrikanischen Kontinent rekonstruiert werden, weil es für diese Zeitscheibe nur sehr wenige und nur lokal repräsentative Pollenfunde auf dem Kontinent gibt *(Abb. 3)*. Nach dem aktualistischen Prinzip konnten anschließend auf der Basis aktueller Beziehungsgleichungen zwischen Klima und Vegetationsformationen die Vegetationsverhältnisse zurzeit des *LGM* rekonstruiert werden. Die Frage, die sich an diese Rekonstruktionen anschloss, war, inwieweit diese Klima- und Vegetationsrekonstruktionen durch die vorhandenen Pollenprofile und andere Proxidaten für den gleichen Zeitraum bestätigt oder widerlegt werden konnten. Es hat sich in vielen Arbeiten zum Paläoklima und den damit verbundenen Landschaftswandeln herausgestellt, dass dieser aktualistische Ansatz eine hervorragende Grundlage zur Ermittlung der Paläoum-

Abb. 3: Verwendete Fundpunkte zur Vegetationsrekonstruktion 18 000 yr BP und 5000 yr BP.

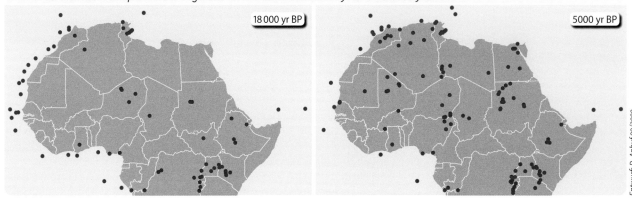

Entwurf: D. Anhuf 09/2000.

weltverhältnisse bietet (vgl. Anhuf 2019 und die Literaturangaben dort). Gerade

für die jüngeren Zeitscheiben, für die sehr viel direkte Beweise der Vegetation vor-

liegen, konnte diese Annahme immer wieder bestätigt und verifiziert werden.

5 Afrika nördlich von 10° S während der letzten Kaltzeit (LGM) vor ca. 18 000 yr BP

Zum Höhepunkt der letzten Kaltzeit (LGM) waren Nordeuropa und Nordamerika von einer bis zu vier Kilometer mächtigen Eiskappe bedeckt. Kleinere Eiskappen befanden sich in den Alpen und im südlichen Teil der Anden sowie im Osten von Asien. Während der letzten Kaltzeit lag der Meeresspiegel um über 100 m niedriger als heute. Die globalen Durchschnittstemperaturen lagen um 5 bis 10 °C unter den heutigen Werten. Dies führte zu starken Veränderungen der Zusammensetzung und Lage der großen Ökosysteme.

Die Eiszeiten betrafen aber nicht nur die nördliche Halbkugel und die Hochlagen der Gebirge, ihre Auswirkungen konnten auch in den Subtropen und Tropen Afrikas nachgewiesen werden. Durch Pollenanalysen und geochemische Untersuchungen gibt es Anhaltspunkte für ein kühleres Klima mit Durchschnittstemperaturen, die um 4,5 ±1 °C bis 5,0 ±1 °C unter den heutigen Werten auch für die Tropen liegen (Elenga et al. 1994).

In Afrika (Abb. 4) existierten während des LGM nur isolierte Regenwälder entlang der Guineaküste, in Kamerun, an wenigen isolierten Stellen in der heutigen Republik Kongo sowie an der Westseite des Ostafrikanischen Grabens. Die ökologischen Bedingungen für die tropischen Regenwälder in Afrika sind schon im heutigen Klima kritisch, weil die meisten tropischen Regenwälder in Afrika eine mindestens zweimonatige Trockenzeit aufweisen und im Durchschnitt mit weniger als 1800 mm Niederschlag pro Jahr auskommen müssen (Anhuf et al. 2006). Diese ungünstige Situation Afrikas ist möglicherweise auch der Grund für die niedrigste Artenvielfalt in allen tropischen Regenwäldern weltweit. Wahrscheinlich könnten bereits sehr geringe Klimaveränderungen das Überleben des tropischen Regenwaldes

in Afrika bedroht haben. Basierend auf den oben genannten Rekonstruktionen war die Fläche der tropischen Feuchtwälder (einschließend der immergrünen und der halbimmergrünen Regenwälder) in Afrika während der letzten Kaltzeit um ca. 84 % kleiner als heute (Anhuf et al. 2006).

Für die ostafrikanischen Gebirge gilt, dass die Vegetationsgürtel in den trockenen Gebirgsräumen, z.B. Simen Mountains, Bale Mountains, Mt. Elgon und am Kilimanjaro, um 700 m und um bis zu 1000 m in den feuchten Gebirgsräumen abgesenkt waren (Anhuf 2000).

Die extreme Aridität der südlichen Sahara hatte ihre Ursache in der Verstärkung der trockenen Passatströmung, hervorgerufen durch die stärkeren Temperaturgradienten zwischen Tropen und Subtropen. Zudem war der Wasserdampfgehalt der Atmosphäre um ca. 25 bis 30 % verringert (wegen der weltweit abgesenkten Temperaturen in den verschiedenen Erdregionen). Ein Indiz für den reduzierten Niederschlag ist die Ausbreitung des Dünengürtels am südlichen Rand der Sahara um ca. vier Breitengrade weiter nach Süden. Demnach erhielt der südliche Sahel während des LGM die Hälfte des heutigen Niederschlags, also nur 150 bis 300 mm/a (a=annum/Jahr). Dies bedeutet eine Südverschiebung der Vegetationsgürtel in diesem Bereich um 300 ±100 km. Die Grenze zwischen der Sahara und dem Nordsahel erreichte damals ihre südlichste Position bei 14° N (heute 17° N). Insgesamt wurden die Vegetationszonen der Trocken- und Feuchtsavannen und die der offenen und dichten Trockenwälder quasi zusammengepresst (Anhuf 2000).

Nordafrika

Gebiete mit leicht erhöhten Niederschlägen im Vergleich zu heute waren die Ge-

birge der Sahara: Hoggar und Tibesti, der nordwestliche Rand der Sahara südlich des Atlas, Westmarokko sowie im Osten das nördliche Ägypten (Faust, Wolf 2011). Zum Höhepunkt der letzten Kaltzeit erreichten die Temperaturen auf der Nordhalbkugel ihre niedrigsten Werte. Die Vegetation im Südosten Tunesiens hatte deutlich trockenere Züge angenommen Eine offene Steppenvegetation, dominiert von Artemisia spp. (Wehrmutsstrauch), war in dem gesamten Bereich bis an die Mittelmeerküste anzutreffen. Die hochglaziale Phase hatte in Südost- und Zentral-Ost-Tunesien eine deutliche Niederschlagsreduktion zur Folge. Der rezente Verlauf der 400 mm-Isohyete deckte sich um 18 000 yr BP mit der 200 mm-Isohyete. In ihrer Studie kommen Lamb et al. (1989) zu dem Ergebnis, dass im Mittleren Atlas eine Steppenvegetation dominierte, und dass die klimatischen Bedingungen für Baumwuchs kaum ausreichten. Es ist davon auszugehen, dass die Niederschläge des Mittleren Atlas 400 bis 450 mm kaum überschritten haben (heute 930 mm).

Das Pollenprofil aus dem Kroumerie-Gebirge im Nordwesten Tunesiens, unweit von Aïn Draham (730 m NN), zeigt eine klare Dominanz von sommergrünen Eichen (Quercus canariensis). Des Weiteren waren Tannen, Zedern, wenige Steineichen (Quercus ilex) und etwas verstärkt Korkeichen (Quercus suber) vertreten. Im Vergleich zu der rezenten Situation (ca. 1400 mm) müssen die hygrischen Bedingungen im Kroumerie-Gebirge günstiger gewesen sein, da die Zeaneiche (Quercus canariansis) die höheren Ansprüche stellt. Im Vergleich zu heute müssen die Vegetationsstufen um etwa 250 bis 300 Höhenmeter nach unten verlagert gewesen sein.

6 Afrika nördlich von 10° S am Übergang ins Holozän um ca. 12 000 yr BP

Das Klimapessimum klang in Westafrika ca. 12 500 yr BP aus. Zwischen 13 000 und 12 000 yr BP lebte der Monsun verstärkt auf (Rognon 1980) und führte zunächst der Küstenregion des Golfes von Guinea höhere Niederschläge zu. Der Seespiegel des Kratersees von Bosumtwi in Süd-Ghana stieg. Die beginnende Wiederausdehnung des Regenwaldes fällt nach Maley (1987) ebenfalls in diese Phase (Abb. 5).

Auch stiegen seit 12 000 yr BP die Meerestemperaturen deutlich an (Rognon 1980). Nach 13 000 yr BP (±600) zeigt der Niger mit einer kurzen Unterbrechung zwischen 1800 und 11 500 (±600 bis 650) yr BP nach dem Bohrkern im Nigerdelta hohe Süßwasserabflussraten an (Pastouret et al. 1978). In der ersten Phase erhöhten Abflusses waren die Sedimentationsraten des Niger nach 11 500 yr BP ungewöhnlich

hoch, weil zunächst die Niederschläge stark zunahmen, ohne dass diesem die Bedeckung des Bodens durch Vegetation unmittelbar folgte.

An der Westküste von Afrika wird die abflusslose Zeit des Flusses Senegal gegen 14 000 yr BP beendet (Michel 1984). Um 12 500 yr BP werden erhöhte Süßwasserabflussraten des Flusses Senegal verzeichnet. Die pflanzengeographische

Grenzlinie zwischen Sahara und Sahel dürfte um 12 000 yr BP knapp nördlich der heutigen Hauptstadt des Senegal (Dakar, ca. 15° N) verlaufen sein (FRANKENBERG, ANHUF 1989).

Von der zusammenfassenden Übersicht in LÉZINE, VERGNAUD-GRAZZINI (1993) kann für den Bereich der Guinea-Zone davon ausgegangen werden, dass die Waldformationen ab 13 000 yr BP beginnen, sich wieder nach Norden auszudehnen, verursacht durch die deutlich verbesserten klimatischen Bedingungen. Diese Ausbreitung scheint aber vor allem für die Regenwaldtypen zuzutreffen, denn nach den Ergebnissen von SALZMANN (2000) bestand die Vegetation im nordöstlichen Nigeria (Lake Tilla 10°23' N/12°08' E) zu dem besagten Zeitpunkt noch aus offenem Grasland mit einigen vereinzelten Bäumen. Andererseits belegten LÉZINE, VERGNAUD-GRAZZINI (1993) eine deutliche Ausbreitung der Mangrovenvegetation zwischen dem Senegal- und dem Niger-delta, verursacht durch den steigenden Meeresspiegel. Mangroven konnten sich jedoch erst bei Meerestemperaturen von über 24 °C entwickeln, was bedeutet, dass zu dieser Zeit ab 12 000 yr BP das Meer zumindest ebenso warm gewesen sein muss wie heute. Danach ermöglichte ein rein aus Niederschlägen resultierender hoher Süßwassereintrag in den heutigen Schelfbereich die weite Verbreitung der Mangrovenvegetation.

Zu diesem Zeitpunkt stand die Erde im Nordsommer fast im Perihel. Damit erhielt die Nordhalbkugel in ihrem Frühsommer sieben Prozent mehr Strahlung als heute. Diese erhöhte Sonneneinstrahlung führte ebenfalls zu einer nordwärtigen Verlagerung des Azorenhochs im Sommer, die wiederum eine Schwächung des Kanarenstromes zur Folge hatte, sodass die *SSTs* an der senegalesischen Nordküste anstiegen. Zunächst erwärmte die erhöhte Sonnenstrahlung die flachen Schelfmeerbereiche und regte dadurch allmählich die Meeresverdunstung an. Die erhöhte Sonneneinstrahlung ermöglichte gleichzeitig die Erwärmung des Golfes von Guinea (LEVINE 1996).

Im Gegensatz zur Nordhalbkugel konnten SHI et al. (2000) durch die Auswertung von Dinoflagellaten (im Meer lebende Einzeller, die einen großen Teil des Phytoplanktons ausmachen) und Pollen für den Bereich von 10° bis 27° S eine deutliche Trockenperiode mit maximalen Pollen von Wüsten- und Halbwüstenarten entlang der Küste Südwestafrikas identifizieren. Diese war eine Folge der Verlagerung des Perihels auf die Frühsommermonate der Nordhalbkugel. Durch die geringere Erwärmung des südafrikanischen Kontinents im Südsommer wurde der Wasserdampftransport vom Meer auf das Land reduziert, die Temperaturgegensätze zwischen Südpol und Südafrika waren geringer. Gleichzeitig war die Antarktis um 12 000 yr BP kälter als zuvor, sodass mehr Kaltwasser in den Benguela-Strom eingespeist wurde.

Grundsätzlich ist die Klimaentwicklung Ostafrikas im Anschluss an das *LGM* auch durch eine deutliche Klimaverbesserung gekennzeichnet. Größtenteils herrschte bis ca. 12 000 yr BP ein deutlich trockeneres und wohl auch kühleres Klima im Vergleich zu heute vor (ANHUF 2000). Danach setzen sich im ostafrikanischen Raum deutliche und anhaltende Klimaverbesserungen durch, die zunächst primär durch einen Niederschlagsanstieg gekennzeichnet waren (BONNEFILLE et al. 1990).

Das Einsetzen dieser Entwicklung und der weitere Verlauf variieren allerdings stark zwischen den einzelnen Fundorten (BONNEFILLE et al. 1995). So beginnt eine „Bewaldungsphase" in Uganda (Ahakagyezi, Muchoya) schon um 14 000 yr BP (TAYLOR 1990), am Ruwenzori (Uganda) und am Tanganyika-See (Burundi) um 13 000 yr BP (LIVINGSTONE 1967; VINCENS 1989) und schließlich erst um 12 000 yr BP am Lake Naivasha (Kenia) (MAITIMA 1991). Im ostafrikanischen Hochland dominierten bis 12 000 yr BP grasreiche Gesellschaften unter Klimabedingungen, die deutlich trockener waren als heute. Die rapide Zunahme von Temperatur und Feuchte ab 12 000 yr BP führte vielerorts zu einer Ausdehnung von Tieflandregenwäldern auf Kosten der Grasformationen (KENDALL

1969: Lake Victoria; LIVINGSTONE 1967: Lake Mahoma).

Am Ruwenzori (Lake Mahoma, Uganda) ist ab ca. 12 000 yr BP mit einer Verlagerung des afroalpinen Gürtels um ca. 1000 m nach oben zu rechnen (HAMILTON 1972; LIVINGSTONE 1967). Die wachsende Bedeutung montaner Feuchtwaldarten *(Olea, Ilex, Podocarpus, Hagenia, Macaranga)* zeigen Pollenprofile aus dem Mubwindi Swamp (1°04'45" S/29°45' E: 2100 m NN) ab 12 930/12 390 yr BP an (MARCHANT et al. 1997). In tieferen Regionen des Hochlandes (Lake Mobutu, West-Uganda: 619 m NN) entwickeln sich ab 12 500 yr BP halbimmergrüne Wälder, charakterisiert durch erstmalig auftretende Tieflandarten sowie durch minimale Anteile an Gramineen oder anderen Trockenzeigern (BEUNING et al. 1997).

Sahara

Mit der langsam fortschreitenden globalen Erwärmung erfolgte eine Verstärkung des Monsuns, gekennzeichnet durch hohe Wasserspiegel der Seen in Ostafrika und einem „wilden" Nil in Ägypten, datiert auf 12 500 yr BP (HASSAN 1998). Die wenigen vorhandenen Fundstellen weisen aber auch auf damals unveränderte Trockenheit in der westlichen und zentralen Sahara hin (Les Niayes: LÉZINE 1989; Bilma: SCHULZ 1994). Allgemein war zunächst der östliche Bereich stärker von den klimatischen Veränderungen betroffen. Besonders im heutigen Sudan setzen die feuchteren Bedingungen bereits um 14 000/13 500 yr BP ein. Seeablagerungen mit Diatomeen (Kieselalgen) findet man in den Kraterseen der Meidob Hills (Provinz Dafur/Sudan (15,32° N/26,47° E) ab 14 060/13 485 yr BP (PACHUR, WÜNNEMANN 1996).

Nordafrika

Das mediterrane Nordafrika scheint sich um 12 000 yr BP in einer ca. 2000 Jahren andauernden Umbruchphase von etwas feuchteren Bedingungen zu wieder stärkerer Aridität zu befinden. Allerdings ist dieser Umbruch nicht in allen Profilen nachzuvollziehen.

7   Das holozäne Klimaoptimum (8000 bis 6000 yr BP)

Die Kaltzeit endete in Westafrika vor etwa 12 500 Jahren und wurde durch eine verstärkte Sonneneinstrahlung auf die Nordhalbkugel hervorgerufen, ausgelöst durch eine Veränderung der Neigung der Erdachse. Dadurch erhielt die nördliche Halbkugel mehr Strahlung, was neben der

allgemeinen Erwärmung eine Verstärkung der Hadley-Zirkulation zur Folge hatte.

Der Feuchteumschwung fand zunächst im großen Wasserkreislauf statt. Danach beschleunigte sich dieser durch eine immer dichter werdende Vegetation und eine damit verbundene zunehmende Evapo-

transpiration. Der Meeresspiegel stieg auf eine Höhe, die um 8000 yr BP nur 20 m unter dem heutigen Wert lag. Die Verteilung der Land- und Meerfläche war ähnlich wie heute. Demzufolge erreichte der Wasserdampf immer weitere nördliche Gebiete des afrikanischen Kontinents.

Als eine Folge dessen bildeten sich in der zentralen und in der östlichen Sahara zahlreiche Flüsse, die ins Mittelmeer mündeten. Große Säugetiere, wie beispielsweise Elefanten, Giraffen und Büffel *(Bild 1)*, konnten entlang dieser Flussläufe sogar in der Sahara überleben *(Abb. 6)*. In jenen Tagen bedeckte der Tschadsee eine Fläche von 330 000 km² (PACHUR, ALTMANN 1997). Östlich dieses Sees gab es im Bereich der Zuflüsse zum „Mega-Tschad" periodisch überschwemmte Grassavannen. Ähnliches trifft auf die riesigen Überschwemmungsflächen des Nils im Bereich des heutigen Sudan (Wadi Howar mit Verbindung zu einem holozänen Ptolemäus-See östlich des Ennedi-Gebirges und nördlich des genannten Wadis) zu. Der Niger war zweigeteilt. Der im Bergland von Guinea entspringende Fluss endete im Bereich des heutigen Binnendeltas (zwischen Mopti und Timbuktu), das eine wesentlich größere Ausdehnung hatte (PETIT MAIRE et al. 1987). Der nach Süden entwässernde Niger wurde durch die Abflüsse der Adrar des Iforas (20° N) gespeist. Der Übergang von der Sahara in die Acacia-Panicum-Savannen erfolgte bei etwa 19 bis 20° N (heute ca. bei 16° N).

Ein weitverzweigtes Flussnetz periodisch wasserführender Flüsse ging insbesondere von den Gebirgen des Hoggar und Tibesti aus nach Norden und Süden. Diese empfingen höhere Niederschläge seit dem Ende der letzten Kaltzeit (PACHUR, ALTMANN 1987). Auch im Bereich der West- und Zentralsahara lag der Südrand der Sahara um etwa 2 bis 3° weiter nördlich als heute (SCHULZ et al. 1990).

Die östliche Sahara verlor ihre ausgeprägte Aridität und zahlreiche Flußläufe durchquerten die Wüste. Das Wadi Howar und das Wadi Melik wurden zu Zuflüssen des Nils. Das Wadi Howar erhält heute 25 mm Jahresniederschlag, vor 8000 yr BP allerdings ca. 400 mm (KUPER, KRÖPELIN 2006). Während des holozänen Klimaoptimums lag die Sahelzone im östlichen Bereich Afrikas um 600 bis 800 km weiter im Norden als heute (PACHUR, KRÖPELIN 1987). In der westlichen und zentralen Sahara verschob sich die Nordgrenze der Sahelzone um ca. 300 km nach Norden (20 bis 22° N, SCHULZ 1987). Die Niederschlags-menge belief sich auf etwa 100 mm, wobei diese heute nur noch 10 bis 20 mm beträgt.

Die immergrünen und halbimmergrünen Feuchtwälder Afrikas erstreckten sich in Westafrika bis auf die Höhe von Gambia (12° N) und weiter im Osten bis etwa 10° N. Die halbimmergrünen Wälder dehnten sich sogar auf das ostafrikanische Hochland bis auf Höhe des Viktoriasees aus (ANHUF, FRANKENBERG 2000).

Schon während des frühen Holozäns kehrten sich die Strahlungsverhältnisse um, obwohl die nordhemisphärischen Tropen in Afrika die günstigste und feuchteste Phase seit der Kaltzeit durchliefen. Ab dem mittleren Holozän (spätestens vor ca. 5000 yr BP) wurde das nördliche Afrika wieder trockener. Es bildeten sich hygrische Jahreszeiten aus. Insgesamt hat die Austrocknung in der östlichen und zentralen Sudan- und Sahelzone deutlich früher eingesetzt als beispielsweise an der Westküste im Senegal (LEZINE 1991; KUPER, KRÖPELIN 2006).

Für den Nordwesten Tunesiens und Teile Algeriens lässt sich nach den Pollenpro-

Bild 1: Eine nach heutigen Vorstellungen von einer Wüste unzutreffende Ansammlung von Großsäugern und Reptilien. Vor 6000 bis 8000 yr BP war diese Flora in weiten Teilen der zentralen und östlichen Sahara keine Seltenheit, was die Petroglyphen in den unterschiedlichsten Gebirgsräumen im südwestlichen Libyen, im Tassili n'Ajjer bzw. im Tibesti belegen.

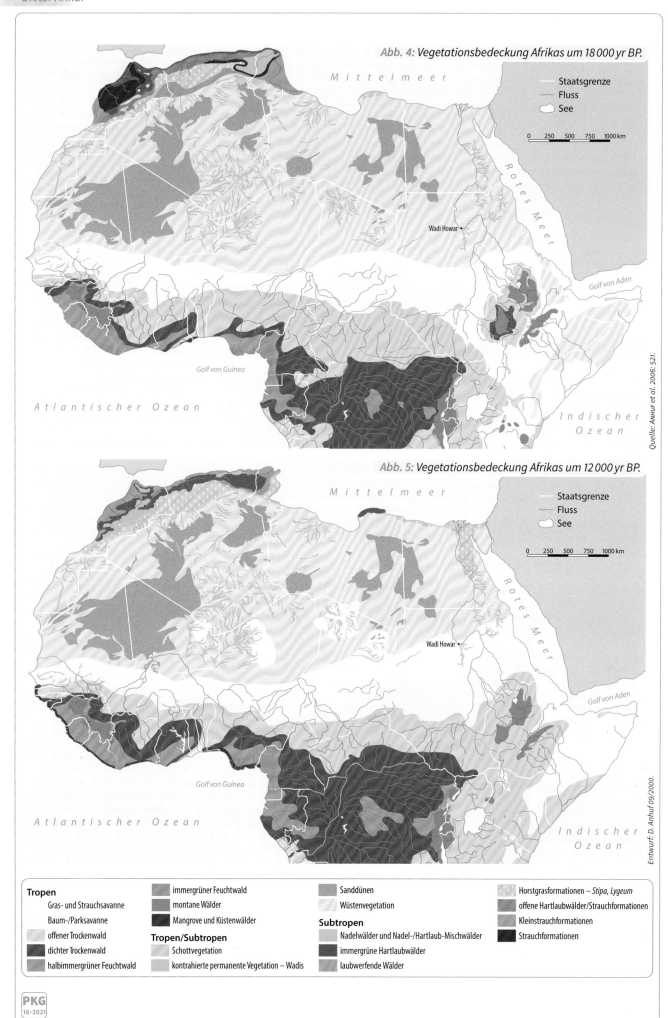

Abb. 4: Vegetationsbedeckung Afrikas um 18 000 yr BP.

Abb. 5: Vegetationsbedeckung Afrikas um 12 000 yr BP.

Quelle: Anhuf et al. 2006: 521.

Entwurf: D. Anhuf 09/2000.

Tropen
- Gras- und Strauchsavanne
- Baum-/Parksavanne
- offener Trockenwald
- dichter Trockenwald
- halbimmergrüner Feuchtwald
- immergrüner Feuchtwald
- montane Wälder
- Mangrove und Küstenwälder

Tropen/Subtropen
- Schottvegetation
- kontrahierte permanente Vegetation – Wadis
- Sanddünen
- Wüstenvegetation

Subtropen
- Nadelwälder und Nadel-/Hartlaub-Mischwälder
- immergrüne Hartlaubwälder
- laubwerfende Wälder
- Horstgrasformationen – *Stipa, Lygeum*
- offene Hartlaubwälder/Strauchformationen
- Kleinstrauchformationen
- Strauchformationen

PKG
16·2021

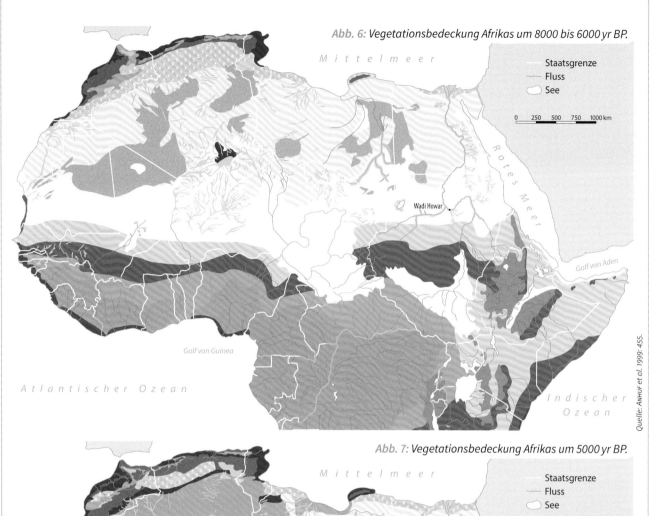

Abb. 6: *Vegetationsbedeckung Afrikas um 8000 bis 6000 yr BP.*

Quelle: ANHUF et al. 1999: 455.

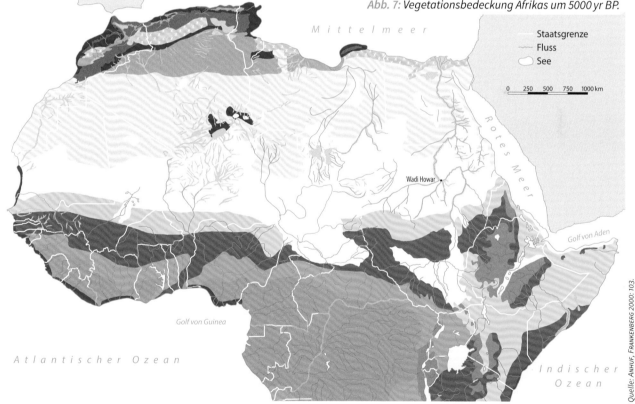

Abb. 7: *Vegetationsbedeckung Afrikas um 5000 yr BP.*

Quelle: ANHUF, FRANKENBERG 2000: 103.

filen für 8000 yr BP folgendes Bild rekonstruieren: Die Höhenlagen zwischen 800 und 1200 m NN waren dominiert von Zedernwäldern *(Cedrus atlantica).* In den trockeneren südlichen Bereichen herrschte ein offener Wald mit *Pinus halepensis* (Aleppokiefer) und *Quercus ilex* (Steinei-

che) vor. Die mittlere Höhenstufe zwischen 400 und 800 m wurde von sommergrünen Eichenwäldern des Typs *Q. canariensis* dominiert, in denen im oberen Bereich auch Zedern, im mittleren und unteren Bereich *Ilex aquifolium* vertreten waren. In der Höhenstufe 200 bis 400 m domi-

nierten die Zeaneichen *(Q. canariensis)* und die Korkeichen *(Q. suber).* Die nördliche Küstenzone bis 200 m war von der Kork- und der Kermeseiche *(Q. coccifera)* bestanden.

Bei den Wäldern im Atlas um Marrakesch handelte es sich um offene, lichte

Formationen mit *Q. coccifera,* die Zedern fehlen hier gänzlich. Der Nordabfall des Tellatlas sowie die Westseite des Mittleren und des Hohen Atlas werden hingegen von Falllaubwäldern *(Q. canariensis)* bestanden. Hartlaubwälder mit Steineiche *(Q. ilex),* Korkeiche *(Q. suber)* und Kermeseiche *(Q. coccifera)* sind entlang der Küste und in Höhenlagen zwischen 500 und 1000 m NN weit verbreitet. Im marokkanischen Tieflandsbereich herrschen um 8000 yr BP in erster Linie Horstgrasformationen mit *Stipa tenacissima* und *Lygeum spartum* vor (ANHUF et al. 1999).

8   Der mittelholozäne Klimaumschwung ca. 5000 bis 4000 yr BP

Zwischen 8500 und 7000 yr BP wurde in Afrika das Klimaoptimum erreicht (KUPER, KRÖPELIN 2006). Die Ausdehnung der hyperariden Wüstenareale schrumpfte auf etwa die Hälfte ihrer heutigen Ausdehnung. Zwischen 6700 und 6500 yr BP setzte dann in der Sahara eine allmähliche Klimaverschlechterung ein. Die Seen wurden flacher, ab etwa 4500 yr BP kam es zum Ende der Seenphase, die ihren Höhepunkt zwischen 8000 und 7000 yr BP hatte.

Ostafrika

So gibt es im äthiopischen Hochland klare Anzeichen für ein sich verschlechterndes Klima (trockener). GASSE, STREET (1978) berichten von Schwankungen des Seespiegels in der Afar-Senke zwischen 6000 und 4000 yr BP, bevor der Lake Abhé nach 4000 yr BP gänzlich austrocknete (GASSE 1977). Die Klimaverschlechterung am Horn von Afrika und im äthiopischen Hochland ist konsistent mit den Befunden von Oyo im heute hyperariden Nordsudan (RITCHIE et al. 1985). Dort hat sich um 5000 yr BP eine Baumsavanne mit vorwiegend sahelischen Arten durchgesetzt, nachdem um 8000 yr BP noch sudanische Elemente diese Savanne beherrscht hatten. Dies ist einem Niederschlagsrückgang von 400 bis 600 mm/a auf 250 bis 400 mm/a gleichzusetzen. MÄCKEL et al. (1989) berichten von einem deutlichen Seespiegelrückgang am Lake Turkana um 5000 yr BP.

Nach einem Temperaturrückgang um 5000 yr BP, während dessen verstärkt afroalpine Elemente in den feuchten Bergwäldern Ostafrikas auftraten, ist in Ostafrika für 4000 yr BP weiterhin mit kühleren und nachfolgend auch trockeneren Bedingungen als heute zu rechnen. RUNGE, RUNGE (1998) markieren für 4000 yr BP eine wichtige Zeitwende, ab der der Wald im Ost-Kongo langsam zurückging und verstärkt Oszillationen feuchterer und trockenere Phasen auftraten. Ein Indiz für zunehmend trockenere Bedingungen ab 4000 yr BP sind die drastisch sinkenden Seespiegel vieler ostafrikanischer Seen wie beispielsweise des Lake Kivu (DEGENS, HECKY 1974), des Lake Asal in Djibouti (GASSE, FONTES 1989), Lake Shala und Lake Abhé (GASSE, STREET 1978).

Auch in Äquatornähe war um 5000 yr BP eine abnehmende Feuchtigkeit zu beobachten. So hat sich die Vegetation nördlich des Viktoriasees von einem immergrünen Feuchtwald um 8000 yr BP in einen halbimmergrünen Feuchtwald verwandelt, was einer Verlängerung der Trockenzeit um einen Monat (von zwei auf drei Monate) gleichkommt (KENDALL 1969). Von dieser Entwicklung berichten SSEMMANDA, VINCENS (1993) auch vom Südwestufer des Albertsees (heute Mobutu-See). Dort hatte sich die Trockenheit von drei auf vier Monate verlängert. Um 5000 yr BP war dort aber immer noch ein halbimmergrüner Feuchtwald vertreten.

Auch kaum veränderte Vegetationsbedingungen gegenüber 8000 yr BP zeigen die Ergebnisse von der Wasserscheide zwischen Kongo und Nil in Burundi (BONNEFILLE et al. 1991 sowie von VINCENS (1993) am Tanganyikasee. Die Pollenprofile weisen eine deutliche Verschiebung im Artenspektrum zu wärmeliebenden Pflanzen im montanen Bergwald im ersten Beispiel und zu trockenresistenteren Arten innerhalb der Miombo-Wälder im zweiten Beispiel auf.

Das ostafrikanische Szenario für etwa 5000 yr BP ergibt, dass der nordhemisphärische Teil am Anfang eines Umbruches zu arideren Bedingungen steht, der sich im darauffolgenden Jahrtausend deutlich verschärft, wohingegen der südhemisphärische Teil noch keinerlei Verschlechterungen der Feuchtesituation zeigt. Wohl wird es in den Gebirgsregionen wärmer. Die Temperaturen erreichen rezentes Niveau.

West- und Zentralafrika

Das westliche tropische Afrika verzeichnet um 5000 yr BP entlang der Küste eine Meerestransgression (Nouakchott-Phase). Der Meeresspiegel des Atlantiks zwischen Mauretanien im Norden und Nigerdelta dürfte bis zu drei Meter höher gewesen sein als heute, was auch die Vegetationsanalysen von SOWUNMI (1979) in Nigeria bestätigen. Die Mangroven dehnten sich aus. In den Mangroven und Tieflands-Regenwäldern in Nigeria setzte nach 5000 yr BP ein allmählicher Trend zunehmender Trockenheit ein, sodass für 4000 yr BP ein Rückgang der Regenwälder angenommen

werden muss. Dieser klimatische Einbruch war zumindest so stark, dass sich nach 4000 yr BP das Dahomey Gap (eine Trockenzone an der Guineaküste Westafrikas, die sich von Südost-Togo und Mittel-Benin bis nach West-Nigeria erstreckt) öffnete und danach bis heute nie wieder schloss (SALZMANN 2000; MALEY 1993).

Entlang der senegalesischen Atlantikküste konnten um 5000 yr BP noch einmal die Elemente von halbimmergrünen Regenwäldern in den interdunären Senken (Niayes) beobachtet werden, während das Hinterland, die heutige Sahelzone, von sudanischen Trockenwäldern geprägt war (LÉZINE 1988; FRANKENBERG, ANHUF 1989). Im Norden Burkina Fasos beschreiben BALLOUCHE, NEUMANN (1995) für jene Zeitscheibe bereits eine Baumsavanne, deren Grassteppich sehr dicht gewesen sein muss. Untersuchungen aus dem Norden Nigerias (13°15′ N) von SALZMANN, WALLER (1998) deuten auf eine dichte Savanne um 5500 yr BP hin mit vereinzelten Bäumen. Weiter nördlich im Süd-Niger setzt sich das Bild fort. Die häufigen Funde von Holzkohle und somit möglicherweise zahlreichen natürlichen Feuern in dieser Gegend lassen auf ein monsunales Sommerregenklima mit häufigen Gewittern während des Früh – und Mittelholozäns schließen. Lag die Sahara-Sahel-Grenze zurzeit des frühholozänen Optimums noch bei ca. 20° N, befindet sie sich nun möglicherweise um 5000 yr BP bereits etwa 200 km südlicher (SCHULZ 1987, 1991).

Diese Tendenz zu trockeneren Verhältnissen bestätigt ebenfalls RUNGE (1998) nordöstlich von Bangassou (4 bis 6° N). Dass die holozäne Optimumphase auf der Südhalbkugel später erreicht bzw. länger andauerte als auf der Nordhalbkugel, unterstreichen die Untersuchungen von VINCENS et al. (1998). Das Niari-Tal im südlichen Kongo erhält heute Niederschläge in Höhe von 1100 mm/a und verzeichnet eine ausgeprägte Trockenzeit von Mai bis Mitte Oktober. Das Tal ist geprägt von sekundären Baumsavannen. Diese Region war vor 5000 Jahren von immergrünen Regenwäldern bestanden. Eine Klimaverschlechterung setzte erst um 4200 yr BP ein. Die immergrünen Wälder wurden durch halbimmergrüne ersetzt.

Auch das Hinterland von Point Noire an der Atlantikküste (ca. 4°42'S), das heute von Savannen charakterisiert wird, war um 5000 yr BP von halbimmergrünen Wäldern bestanden. Die heutigen Savannen entstanden erst ab 3000 yr BP (ELENGA et al. 1994; SCHWARTZ et al. 1995).

Sahara

In der Westsahara finden sich mehrere Fundpunkte holozäner Seesedimente, die den Schluss auf eine zweite Seephase im Mittelholozän zulassen. Jedoch weist die geringe Häufigkeit der Fundstellen im Vergleich zu 8000 yr BP auf abgeschwächte Bedingungen hin. Die Analyse der Pollenprofile wiederum lässt auf keine Rückkehr der feuchteren Bedingungen schließen, sondern eher auf eine Übergangszeit, in der die feuchten Bedingungen des Frühholozän langsam ihr Ende finden (SCHULZ 1991). Ebenfalls bei Taoudenni-Agorgott (22°39'N/4°05'E) enden die limnischen Ablagerungen spätestens um 4000 yr BP und im Pollenprofil gewinnen die typischen saharischen Pflanzen stark an Bedeutung. Diese Phase ab 4000 yr BP ist laut SCHULZ (1991) somit der Übergang zu der Vegetation, wie sie auch heute in dem Bereich anzutreffen ist.

Anders zeigt sich das Bild in den zentralen Bereichen der westlichen Wüsten. In der Tanezrouft (21°N/0°50'W) enden die lakustrinen (= limnisch, = Süßwasserablagerungen) Ablagerungen bereits um 4750 yr BP (PETIT MAIRE et al. 1990). Im Binnendelta des Niger bei Arawan (18°54'N/3°28'W) hingegen, heute ebenfalls noch zur Kernzone der Wüste gehörig, sind bis 3460 yr BP lakustrine Ablagerungen mit Muscheln und Fischknochen zu finden. Möglicherweise handelt es sich jedoch um eine lokale Ausnahmeerscheinung, hervorgerufen durch den Endsee des Niger und nicht durch höhere Niederschläge. Das Niger-Binnendelta blieb in seiner Ausdehnung zwischen 8000 und 4000 yr BP nahezu unverändert. Um 4000 yr BP erstreckten sich seine nördlichsten Ausläufer lediglich noch bis ca. 18°N (PETIT-MAIRE, RISER 1987), was einem leichten Rückzug gegenüber 8000 yr BP um ca. 1° nach Süden entspricht.

Die trockenen Tiefebenen der zentralen Sahara zeigen um 5000 yr BP bereits eine deutliche Aridität. Im nördlichen Teil ändert sich an der spärlichen Vegetation vom Früh- zum Mittelholozän nur wenig. SCHULZ (1991) betont, dass der wesentliche Unterschied zwischen der heutigen und der mittelholozänen Vegetationsbedeckung lediglich die Verlagerung der Wüsten- und Savannengrenze bis auf 20 bis 22°N in Mali und im Niger darstellt. Rezent findet sich diese Grenze von der Sahara in die afrikanischen Savannen bei ca. 17 bis 15°N mit jährlichen Niederschlägen um die 250 mm.

Die montanen Räume der zentralen Sahara (Tassili n'Ajjer) zeigen ein ähnliches Bild. Sie sind in dieser Zeit wahrscheinlich kaum bewaldet gewesen. Pollen in Rinder und Schafdung (BALLOUCHE et al. 1995, datiert auf 4470+300 yr BP) zeigen eine fast völlige Abwesenheit von Baumpollen sowie eine Dominanz von Kräutern. Die gebirgigen Gunsträume waren möglicherweise bereits vom Menschen geprägt. In den höheren Lagen der hohen saharischen Gebirge vermutet man für ca. 5500 yr BP mediterrane Vegetationstypen (MESSERLI 1980) Darauf weisen heutige Relikte von *Cupressus dupreziana* im Tassili n'Ajjer und endemische Spezies von *Olea laperrini* und *Pistacia atlantica* im Hoggar und Tibesti hin (BALLOUCHE et al. 1995). Im Allgemeinen variierte die Artenzusammensetzung vergleichen mit der heutigen nicht sehr stark, aber das konstante Auftreten der Arten lässt auf einen höheren Niederschlag und dichtere Pflanzenbestände schließen, ausgelöst durch die monsunalen Niederschläge im Sommer, zu denen zusätzlich aber ebenfalls zyklonale Niederschläge aus dem Mediterranraum zu anderen Jahreszeiten hinzukamen, was der Ferntransport bestimmter Pollen bis hinein in die saharischen Gebirgsräume belegt. In der Tibesti-Region sind für den Zeitraum um 4000 yr BP keinerlei Seeablagerungen mehr zu verzeichnen, Pollenprofile sind ebenso nicht mehr vorhanden.

Die Wüstengebiete östlich des Hoggar sind ebenfalls bereits trocken. Nur im Bereich der Oase Bilma (19°N/12°30'E) existieren Sumpfgebiete noch bis 3740 yr BP (SCHULTZ 1994; BAUMHAUER 1988). Im nördlichen Bereich des Tschadsees (Ari Kourkouri: 13°45'N/13°09'E, N'Guigmi: 14°15'N/13°11'E) ist ab 4000 bis 3800 yr BP eine Abnahme der Seespiegelstände zu verzeichnen mit gleichzeitigem Anstieg der Salinität (GASSE, FONTES 1989; SCHULZ et al. 1995). Um 4000 yr BP hatte sich der Mega-Tschad bereits auf die Begrenzung der 290 m NN-Uferlinie zurückgezogen (um 8000 yr BP lag diese Uferlinie noch bei 325 m NN) und damit deutlich verkleinert. (LEBLANC et al. 2006; THIEMEYER 1997). In der sudanischen Zone Nord-Nigerias (Lake Tilla 10°23'N/12°08'E ändern sich die Umweltbedingungen zu verstärkter Aridität ebenso ab 4600 yr BP, verstärkt ab 3800 yr BP. Besonders hohe Anteile von Gräsern beweisen eine Öffnung und Aridisierung der Landschaft, was nach 3800 yr BP noch verstärkt wird (SALZMANN 2000). Menschliche Aktivitäten treten erst ab ca. 2500 yr BP auf.

Ostsahara

Auch im Osten der Sahara und im Sudan erfolgte die beginnende Aridisierung und Öffnung der Landschaft. Im Zeitraum zwischen 6000 und 5000 yr BP verlangsamte sich dieser Trend zwar, aber es gab keine Trendumkehr mehr. Zahlreiche Seen sind noch vorhanden. So finden sich z.B. Seekreiden mit zahlreichen Fischarten sowie Knochen vom Krokodil (*Crocodilus niloticus),* Nilpferd (*Hippopotamus amphibius)* und Hausrind (*Bos taurus)* an der Westseite des Jebel Tageru (ca. 17°N), die auf den Zeitraum 8300 bis 3600 yr BP datiert wurden (PACHUR et al. 1990). Die Feuchtphase im Sudan geht ab 4500 yr BP langsam zu Ende, aber bis 3000 yr BP kann das Ökosystem noch große Savannensäuger, wie z.B. das Flusspferd oder Nashorn, ernähren (PACHUR, WÜNNEMANN 1996). Letztere der beiden Spezies, aber auch Elefanten und Giraffen, benötigen große Mengen an Biomasse bzw. einen Niederschlag von mindestens 150 bis 200 mm/a.

Die Vegetation passte sich ebenso den deutlich trockeneren Bedingungen an. Bereits ab 5300 yr BP nehmen im Bereich des Wadi Howar (17 bis 18°N/26 bis 30°E) die trockenresistenteren Pflanzenarten deutlich zu. Auch die Weidewirtschaft wurde ab 5000 yr BP stärker betrieben, was zur Folge hatte, dass die Pflanzendecke der umliegenden Gebiete zunehmend stärker degradiert wurde (NEUMANN 1991, 1993). Auch Funde von Fesselsteinen z.B. im Niltal (datiert auf 5170 bis 4730 yr BP) weisen auf Rinderhaltung bzw. eine frühe Domestikation von Rindern hin (PACHUR 1991). Charakteristisch für die Ostsahara ist, dass bereits um 4000 yr BP bereits die menschliche Besiedlung und vor allem die Weidewirtschaft einen entscheidenden Einfluss auf die Vegetationsausprägung ausübten.

Gegen 8500 yr BP änderte sich das Klima in der Sahara relativ abrupt und in wenigen Jahrhunderten. Das hyperaride Klima wurde durch die weit nach Norden reichenden monsunalen Niederschläge durch ein semiarides bis subhumides Klima abgelöst. Die rezente Südgrenze der Sahara verlagerte sich um 600 bis 800 km weiter nach Norden und der so lückenlos rekonstruierte Landschafts- und Klimawandel (KUPER, KRÖPELIN 2006; PACHUR, WÜNNEMANN 1996) der Ostsahara bietet ein emblematisches Beispiel auch für die übrigen Regionen der Sahara, die insgesamt von den Proxidaten und den archäologischen Befunden her keine so lückenlose Rekonstruktion erlauben. Allerdings lassen die zirkulationsbedingten Grundmuster eines Feuchtetransportes von der Westseite des Kontinents bis in den Osten der Sahara hinein (monsunale Niederschläge in den Sommermonaten) keine andere Interpretationsmöglichkeit zu. Wenn es in der Ostsahara deutlich feuchter war, dann muss es zwangsläufig in der gesamten Sahara deutlich feuchter gewesen sein: Eine jahreszeitlich grüne Savanne, die es auch den heute noch lebenden Großsäugern des Kontinents erlaubte, dort herumzustreifen und über eine lange Zeit genügend Futter zu finden, um dort zu überleben.

Nordafrika

Der beginnende Umschwung zu arideren Bedingungen zeichnet sich ebenfalls in Nordafrika ab, allerdings in wesentlich abgeschwächter Form als in der Sahara. Dennoch setzt eine Veränderung zum heutigen Klima hin ein, mit verstärkter Sommertrockenheit und Winterregen. Für das nordwestliche Afrika stellt sich eine bereits deutlich unter dem Eindruck einer allmählichen Klimaverschlechterung stehende Vegetationsbedeckung dar. Die um 8000 yr BP weit verbreiteten laubwerfenden Wälder sind auf wenige Gebiete des westlichen Hohen Atlas, des Mittleren Atlas (östlich von Fès), des Er-Rif, des Tellatlas im Hinterland von Algier und der Kroumerie beschränkt. Auch die Flächenanteile der Nadelwälder (insbesondere *Cedrus atlantica*) sind deutlich zurückgegangen. Insgesamt ergibt sich für das nordwestliche Afrika, dass es um 5000 yr BP feuchter gewesen ist als um 8000 yr BP (ROGNON 1987). Beim Wärmehaushalt ist die Entwicklung jedoch zweigeteilt: niedrigere Temperaturen im Westen des Maghreb (Mittlerer Atlas) bis zur Großen Kabylei westlich von Algier (SALAMANI 1991) und leicht erhöhte Temperaturen im Osten, vor allem in der Kroumerie, im Vergleich zu der Situation um 8000 yr BP. Ein Pollenprofil aus dem Mittleren Atlas bei Tigalmamine (32°54'N/5°21'W), das sich in 1626 m NN findet, zeigt für 4000 yr BP ein Maximum an laubwerfenden Eichen *(Q. canariensis,* algerische Eiche oder Zeaneiche), ein Anzeiger für feuchte Bedingungen (über 1200 mm/a) (CHEDDADI et al. 1998). Außerdem treten ab 4000 yr BP vor allem Zedern auf (600 bis 1000 mm/a). Beide Arten weisen auf kühlere und trockenere Bedingungen als zuvor hin.

In einer der heute niederschlagsreichsten Gegenden Nord-Tunesiens (Djebel es Ghorra 36°33'N/8°25'E) zeigen sich in einer Höhe von 1203 m NN für den Zeitraum um 4000 yr BP optimale Waldbedingungen mit *Quercus canariensis* und *Cedrus atlantica*. Allerdings nimmt *Quercus canariensis* ab 3900 yr BP ab, wiederum ein Hinweis auf eine beginnende Verschiebung der Niederschlagsverteilung hin zu Winterregen und Sommertrockenheit (BEN TIBA 1995). Im Süden Tunesiens (Golf von Gabès) ist die Trockenheit bereits stärker ausgeprägt, eine Artemisia-Steppe breitet sich aus. BRUN (1991) vermutet eine jährliche Niederschlagsmenge von 150 bis 350 mm/a im Gegensatz zu den heutigen 50 bis 150 mm/a. Ab etwa 5000 yr BP nimmt der anthropogene Einfluss auf die Vegetation im mediterranen Teil des nördlichen Afrikas generell zu, sodass die Interpretation klimatisch induzierter Veränderungen der Vegetationsdecke immer schwieriger wird.

9   Eine „grüne" Sahara – ein Modell für die Zukunft?

Die Ableitung der Umwelt- und Klimageschichte des nördlichen Afrikas hat gezeigt, wie groß die Unterschiede in den vergangenen 20 000 Jahren waren. So menschenfeindlich die Sahara heute auch sein mag, sie war nicht immer so extrem trocken wie gegenwärtig. Die Wüste war ebenfalls schon einmal wesentlich ausgedehnter, als sie es heute ist, so beispielsweise zum Höhepunkt der letzten Kaltzeit *(LGM)*. Aber vor 8000 bis 4000 Jahren war die Sahara weitestgehend grün, vergleichbar den Baumsavannen im heutigen Ostafrika mit einer reichen Großtierfauna. Ihre Fläche betrug weniger als die Hälfte ihrer heutigen Ausdehnung, und die tropischen Regenwälder waren nahezu auf das Doppelte ihrer heutigen Ausdehnung verbreitet.

Sicherlich handelt es sich bei den hier untersuchten Zeitscheiben um Auswirkungen natürlicher Klimaschwankungen, bei denen der damalige Mensch weitestgehend eine Statistenrolle einnahm und das Klima sich selbst veränderte. Das änderte sich erst in den letzten 4000 Jahren insbesondere am Nil, wo sich die pharaonische Zivilisation und Herrschaft etablierte. In vielen anderen Regionen des zentralen und westlichen Sahel, in den Gras- und Strauchsavanne und den südlich angrenzenden Baumsavannen bzw. den Savannenwäldern, hat der Mensch verstärkt ab der Zeitenwende seine Umwelt mit- und umgestaltet. Anders auf der arabischen Halbinsel und im Zweistromland von Euphrat und Tigris, wo sich der sesshafte Ackerbau und die stationäre Viehzucht schon ab 8000 yr BP entwickelte.

Heute steht die Menschheit im begründeten Verdacht, dass sie selbst maßgeblich das Klima verändert und damit auch ihr eigenes Lebensumfeld. Aber in welche Richtung die Reise geht, ist nach wie vor umstritten und unsicher. Es ist keinesfalls absolut sicher, dass die Kernräume der Trockengebiete weiter austrocknen und die Ränder zunehmend mit Dürren und nachhaltigen Schäden wie der Desertifikation rechnen müssen. Denn sicher ist andererseits ebenfalls, dass ein Mehr an Energie (durch die Klimaerwärmung) auch ein Mehr an Verdunstungsleistung bedeutet, dass also der Wasserkreislauf dadurch verstärkt und beschleunigt wird. Mehr Wärme bedeutet mehr Wasserdampf in der Atmosphäre. Es gibt durchaus auch Hinweise auf eine sich verbessernde Niederschlagtätigkeit z.B. in der Sahelzone seit den 1990er Jahren. KRÖPELIN (2017) berichtet von vermehrten Niederschlägen im Wadi Howar seit 1988 und einer sich verdichtenden Vegetationsdecke dort. Es gibt also durchaus parallele Entwicklungen wie zu Beginn der holozänen Feuchtphase. Dass sich die Sahara weiter nach Süden ausdehnt, scheint lange noch nicht klar zu sein, denn der gesamte Sahel ist seit den 1990er Jahren deutlich grüner geworden, auch wenn diese Ergrünung zum Teil einer Umstellung von mehrjährig auf einjährig reagierende Vegetation zugrunde liegt (vgl. Artikel **Samimi** in diesem Band).

Literatur

ANHUF, D. (2000): Vegetational History and Climate Changes in Africa North and South of the Equator (10°N–10°S) During the Last Glacial Maximum. In: P. P. SMOLKA, W. VOLKHEIMER (Hrsg.): Southern Hemisphere Paleo- and Neoclimates. – Berlin, Heidelberg, New York: 225–248.

ANHUF, D. (2011): Klima- und Landschaftswandel im nördlichen Afrika. – Geographische Rundschau 63(9): 24–31.

ANHUF, D. (2019): Umweltflüchtlinge – nur ein Phänomen des aktuellen Klimawandels? In: W. GAMERITH, N. SCHARFENORT (Hrsg.): Menschen, Migration und Mobilität. – Passau: 35–48 (Passauer Kontaktstudium Geographie, 15).

ANHUF, D., FRANKENBERG, P. (2000): Die mittelholozäne Feuchtphase 5.000 BP – Eine Vegetationsrekonstruktion für Afrika. In: J. VÖLKEL, H.-J. BARTH (Hrsg.): Beiträge zur Quartärforschung. Festschrift für Klaus Heine zum 60. Geburtstag. – Regensburg: 99–125 (Regensburger Geographische Arbeiten, 33).

ANHUF, D., FRANKENBERG, P. u. W. LAUER (1999): Die postglaziale Warmphase vor 8000 Jahren. Eine Vegetationsrekonstruktion für Afrika. – Geographische Rundschau 51(9): 454–461.

ANHUF, D., LEDRU, M.-P., BEHLING, H., DA CRUZ Jr., F. W., CORDEIRO, R. C., VAN DER HAMMEN, T., KARMANN, I., MARENGO, J. A., DE OLIVEIRA, P. E., PESSENDA, L., SIFFEDINE, A., ALBUQUERQUE, A. L. u. P. L. DA SILVA DIAS (2006): Paleo-environmental change in Amazonian and African rainforest during the LGM. – Palaeogeography, Palaeoclimatology, Palaeoecology 239(3-4): 510–527.

BALLOUCHE, A., NEUMANN, K. (1995): A new contribution to he Holocene vegetation history of the West African Sahel: pollen from Oursi and charcoal from three sites in Nigeria. – Vegetation History and Archaeobotany 4: 31–39.

BALLOUCHE, A., REILLE, M., THINON, M., BARAKAT, H. N. u. M. FONTUGNE (1995): La végétation holocène des montagnes du Sahara central: Une nouvelle conception. In: A. LE THOMAS, E. ROCHE (Hrsg.): 2e Symposium de Palynologie Africaine. Tervuren (Belgique). 6–10 mars. – Orléans: 9–17 (CIFEG Publication Occasionnelle, 31).

BAUMHAUER, R. (1988): Das Kawar – holozäne Seen in einem Schichtstufenvorland. In: H. BECKER, W.-D. HÜTTEROTH (Hrsg.): Tagungsbericht und wissenschaftliche Abhandlungen des 46. Deutschen Geographentages München 1987. – Stuttgart: 332–341.

BEN TIBA, B. (1995): Cinq millénaires d'histoire de la végétation à Djebel El Ghorra, Tunisie septentrionale. In: A. LE THOMAS, E. ROCHE (Hrsg.): 2e Symposium de Palynologie Africaine. Tervuren (Belgique). 6–10 mars. – Orléans: 49–55 (CIFEG Publication Occasionnelle, 31).

BEUNING, K. R. M., TALBOT, M. R. u. K. KELTS (1997): A revised 30,000-year paleoclimatic and paleohydrologic history of Lake Albert, East Africa. – Palaeogeography, Palaeoclimatology, Palaeoecology 136(1-4): 259–279.

BONNEFILLE, R., RIOLLET, G. u. G. BUCHET (1991): Nouvelle séquence pollinique d'une tourbiére de la crête Zaïre-Nil (Burundi). – Review of Palaeobotany and Palynolgy 67(3-4): 315–330.

BONNEFILLE, R., RIOLLET, G., BUCHET, G., ICOLE, M., LAFONT, R., ARNOLD, M. u. D. JOLLY (1995): Glacial/Interglacial record from intertropical Africa, high resolution pollen and carbon data at Rusaka, Burundi. – Quaternary Science Reviews 14(9): 917–936.

BONNEFILLE, R., ROELAND, J. C. u. J. GUIOT (1990): Temperature and rainfall estimates for the past 40,000 years in equatorial Africa. – Nature 346(6282): 347–349.

BRUN, A. (1991): Réflexione sur les pluviaux et arides au Pleistocène supérieur et à l'Holocène en Tunisie. – Palaeoecology of Africa 22: 157–170.

CHEDDADI, R., LAMB, H. F., GUIOT, J. u. S. VAN DER KAARS (1998): Holocene climatic change in Morocco: a quantitative reconstruction from pollen data. – Climate Dynamics 14: 883–890.

DEGENS, E. T., HECKY, P. R. E. (1974): Paleoclimatic reconstruction of late Pleistocene and Holocene based on biogenic sediments from the Black Sea and a tropic African Lake. – Colloques Internationaux du Centre National de la Recherche Scientifique (CNRS) 219: 13–24.

ELENGA, H., SCHWARTZ, D. u. A. VINCENS (1994): Pollen evidence of late Quaternary vegetation and inferred climate changes in Congo. – Palaeogeography, Palaeoclimatology, Palaeoecology 109 (2-4): 345–356.

EPICA community members (2004): Eight glacial cycles from an Antarctic ice core. – Nature 429(6992): 623–628.

FAUST, D., WOLF, D. (2011): Landschaftswandel im westlichen Mediterranraum. – Geographische Rundschau 63(9): 18–23.

FLOHN, H. (1985): Das Problem der Klimaänderungen in Vergangenheit und Zukunft. – Darmstadt (Erträge der Forschung).

FRANKENBERG, P., ANHUF, D. (1989): Zeitlicher Vegetations- und Klimawandel im westlichen Senegal. – Stuttgart (Erd-

wissenschaftliche Forschung, 24).

GASSE, F. (1977): Evolution of Lake Abhé (Ethiopia and TFAI), from 70,000 b.p. – Nature 265(5589): 42–45.

GASSE, F., FONTES, J. C. (1989): Palaeoenvironments and Palaeohydrology of a Tropical Closed Lake (Lake Asal, Djibuti) since 10,000 yr B.P. – Palaeogeography, Palaeoclimatology, Palaeoecology 69: 67–102.

GASSE, F., STREET, F. A. (1978): Late Quaternary Lake-Level Fluctuations and Environments of the Northern Rift Valley and Afar Region (Ethiopia and Djibouti). – Palaeogeography, Palaeoclimatology, Palaeoecology 24(4): 279–325.

GLASER, R. (²2008): Die Klimageschichte Mitteleuropas. 1200 Jahre Wetter, Klima, Katastrophen. – Darmstadt.

HAMILTON, A. C. (1972): The interpretation of pollen diagrams from Highland Uganda. – Palaeocology of Africa 7: 45–149.

HASSAN, F. A. (1998): Holocene Climatic and Riverine Dynamics in the Nile Valley. In: S. DI LERNIA, G. MANZI (Hrsg.): Before Food Production in Africa. – Forli: 43–51.

IPCC (= Intergovernmental Panel on Climate Change) (2014): Klimaänderung 2014. Synthesebericht. Beitrag der Arbeitsgruppen I, II und III zum Fünften Sachstandsbericht des Zwischenstaatlichen Ausschusses für Klimaänderungen (IPCC) [Hauptautoren: R. K. Pachauri und L. A. Meyer (Hrsg.)]. – Genf [Deutsche Übersetzung durch Deutsche IPCC-Koordinierungsstelle, Bonn, 2016].

KENDALL, R. L. (1969): An Ecological History of the Lake Victoria Basin. – Ecological Monografs 39(2): 121–175.

KRÖPELIN, S. (2017): Klimawandel und Besiedlung der östlichen Sahara seit der letzten Eiszeit – ein Schlüssel für die Zukunft? In: H. MÜLLER, T. PUTTKAMMER (Hrsg.): Klimagewalten. Treibende Kraft der Evolution. – Halle: 405–417.

KUPER, R., KRÖPELIN, S. (2006): Climate-Controlled Holocene Occupation in the Sahara: Motor of Africa's Evolution. – Science 313(5788): 803–807.

LAMB, H. F., EICHER, U. u. V. R. SWITSUR (1989): An 18,000-year record of vegetation, lake-level and climatic change from Tigalmamine, Middle Atlas, Marocco. – Journal of Biogeography 16(1): 65–74.

LEBLANC, M., FAVREAU, G., MALEY, J., NAZOUMOU, Y., LEDUC, C., STAGNITTI, F., VAN OEVELEN, P. J., DELCLAUX, F. u. J. LEMOALLE (2006): Reconstruction of Megalake Chad using Shuttle Radar Topografic Mission data. – Palaeogeography, Palaeoclimatology, Palaeoecology 239(1-2): 16–27.

Lézine, A.-M. (1988): New Pollen Data from the Sahel, Senegal. – Review of Paleobotany and Palynology 55(1-3): 141–154.

Lézine, A.-M. (1989): Late Quaternary Vegetation and Climate of the Sahel. – Quaternary Research 32(3): 317–334.

Lézine, A.-M. (1991): West African Paleoclimates during the Last Climatic Cycle Inferred from an Atlantic Deep-Sea Pollen Record. – Quaternary Research 35(3): 456–463.

Lézine, A.-M. (1996): La mangrove ouest africaine, signal des variations du niveau marin et des conditions régionales du climat au cours de la dernière déglaciation. – Bulletin de la Société Géologique de France 167(6): 743–752.

Lézine, A.-M., Vergnaud-Grazzini, C. (1993): Evidence of Forest Extension in West-Africa since 22,000 BP: A Pollen Record from Eastern Tropical Atlantic. – Quaternary Science Reviews 12(3): 203–210.

Livingstone, D. A. (1967): Postglacial Vegetation of the Ruwenzori Mountains in Equatorial Africa. – Ecological Monografs 37(1): 25–52.

Mäckel, R., Schultka, W. u. D. Walther (1989): Vegetation and landuse changes of Mount Kulal, northern Kenya, during the Holocene. In: W. C. Mahaney (Hrsg.): Quaternary and Environmental Research on East African Mountains. – Rotterdam, Brookfield: 405–420.

Maitima, J. M. (1991): Vegetation Response to Climatic Change in Central Rift Valley, Kenya. – Quaternary Research 35 (2): 234–245.

Maley, J. (1987): Fragmentation de la forêt dense humide africaine et extension des biotopes montagnards au Quaternaire récent: nouvelles données polliniques et chronologiques – Implications paléoclimatique et biogéografiques. – Paleoecology of Africa 18: 307–334.

Maley, J. (1993): The climatic and vegetational history of the equatorial regions of Africa during the upper Quaternary. In: T. Shaw, P. Sinclair, B. Andah u. A. Okpoko (Hrsg.): The Archaeology of Africa. Food, metals and towns. – London: 43–52 (The World Archaeology, 20).

Marchant, R., Taylor, D. u. A. Hamilton (1997): Late Pleistocene and Holocene History at Mubwindi Swamp, Southwest Uganda. – Quaternary Research 47(3): 316–328.

Messerli, B. (1980): Die afrikanischen Hochgebirge und die Klimageschichte Afrikas in den letzten 20.000 Jahren. In: H. Oeschger, B. Messerli u. M. Svilar (Hrsg.): Das Klima. Analysen und Modelle. Geschichte und Zukunft. – Berlin, Heidelberg, New York: 64–90.

Michel, P. (1984): Les variations du climat au Quaternaire récent dans le Sahel d'Afrique occidentale et leurs conséquences sur les formations superficielles, l'hydrografie et la pédogenèse. – Bulletin de la Société Languedocienne de Géografie 18(3-4): 125–138.

Neumann, K. (1991): In search for the green Sahara: palynology and botanical macro remains. – Palaeoecology of Africa 22: 203–212.

Neumann, K. (1993): Holocene vegetation of the Eastern Sahara: charcoal from prehistoric sites. In: L. Krzyzaniak, M. Kobusiewicz u. J. Alexander (Hrsg.): Environmental Change and Human Culture in the Nile Basin and Northern Africa until the Second Millennium B. C. – Poznań: 153–169 (Studies in African Archaeology, 4).

Pachur, H.-J. (1991): Tethering stones as palaaeoenvironmental indicators. – Sahara 4: 13–32.

Pachur, H.-J., Altmann, N. (1997): The Quaternary. Chapter 17. In: H. Schandelmeier, P.-O. Reynolds (Hrsg.): Palaeogeographic-Palaeotectonic Atlas of North-Eastern Africa, Arabia, and Adjacent Areas. Band 1: Explanatory Notes. – Rotterdam, Brookfield: 111–125.

Pachur, H.-J., Kröpelin, S. (1987): Wadi Howar: Paleoclimatic Evidence from an Extinct River System in the Southeastern Sahara. – Science 237(4812): 298–300.

Pachur, H.-J., Kröpelin, S., Hölzmann, P., Goschin, M. u. N. Altmann (1990): Late Quaternary fluvio-lacustrine environments of Western Nubia. – Berliner geowissenschaftliche Abhandlungen. Reihe A, 120(1): 203–260.

Pachur, H.-J., Wünnemann, B. (1996): Reconstruction of the palaeoclimate along 30° E in the Eastern Sahara during the Pleistocene/Holocene transition. – Palaeoecology of Africa 24: 1–32.

Pastouret, L., Chamley, H., Delibrias, G., Duplessy, J. C. u. J. Thiede (1978): Late Quaternary climatic changes in Western Tropical Africa deduced from deepsea sedimentation of the Niger delta. – Oceanological Acta 1(2): 67–82.

Petit-Maire, N., Commelin, D., Fabre, J. u. M. Fontugne (1990): First evidence for Holocene rainfall in the Tanezrouft hyperdesert and its margins. – Palaeogeography, Palaeoclimatology, Palaeoecology 79: 333–338.

Petit-Maire, N., Fabre, J., Carbonel, P., Schulz, E. u. A.-M. Aucour (1987): La dépression de Taoudenni (Sahara malien) à l'Holocène. – Géodynamique 2(2): 154–160.

Petit-Maire, N., Riser, J. (1987): Holocene palaeohydrografy of the Niger. – Palaeoecology of Africa 18: 135–141.

Pflaumann, U., Sarnthein, M., Chapman, M., d'Abreu, L., Funnell, B., Huels, M., Kiefer, T., Maslin, M., Schulz, H., van Kreveld, S., Swallow, J., Vautravers, M., Vogelsang, E. u. M. Weinelt (2003): Glacial North Atlantic: Sea-surface conditions reconstructed by GLAMAP 2000. – Paleoceanography 18(3) [https://t1p.de/u0lh – letzter Zugriff: 12/2021].

Ritchie, J. C., Eyles, C. H. u. C. V. Haynes (1985): Sediment and pollen evidence for an early to mid-Holocene humid period in the eastern Sahara. – Nature 314(6009): 352–355.

Rognon, P. (1980): Une extension des déserts (Sahara et Moyen Orient) au cours du Tardiglaciaire (18 000–10 000 ans BP). – Revue de Géologie Dynamique et de Géografie Physique 22(4-5): 313–328.

Rognon, P. (1987): Late Quaternary Climatic Reconstruction for the Maghreb (North Africa). – Palaeogeography, Palaeoclimatology, Palaeoecology 58: 11–34.

Runge, F., Runge, J. (1998): Phytolithanalytische und klimageschichtliche Untersuchungen im Musisi-Karashoma Sumpf, Kahuzi-Bièga Nationalpark, Ost-Kongo (ex. Zaire). In: J. Runge (Hrsg.): Geographische Forschungen in Afrika. Hans Karl Barth zum 60. Geburtstag. – Paderborn: 79–104 (Paderborner Geographische Studien, 11).

Runge, J. (1998): Holozäne und rezente Klimaveränderungen, Bioturbation und Vegetationsdynamik in Zentralafrika. In: J. Runge (Hrsg.): Geographische Forschungen in Afrika. Hans Karl Barth zum 60. Geburtstag. – Paderborn: 57–77 (Paderborner Geographische Studien, 11).

Salamani, M. (1991): Premières données palynologiques sur l'histoire Holocène du massif de l'Akfadou (Grande-Kabylie, Algérie). – Ecologia Mediterranea 17: 145–159.

Salzmann, U. (2000): Are modern savannas degraded forests? – A Holocene pollen record from the Sudanian zone of NE Nigeria. – Vegetation History and Archaeobotany 9(1): 1–15.

SALZMANN, U., WALLER, M. (1998): The Holocene vegetational history of the Nigerian Sahel based on multiple pollen profiles. – Review of Palaeobotany and Palynology 100: 39–72.

SCHÖNWIESE, C.-D. (1992): Klima im Wandel. Tatsachen, Irrtümer, Risiken. – Stuttgart.

SCHÖNWIESE, C.-D. (⁴2013): Klimatologie. – Stuttgart (UTB, 1793).

SCHULZ, E. (1987): Die holozäne Vegetation der zentralen Sahara (N-Mali, N-Niger, SW-Libyen). – Palaeoecology of Africa 18: 143–161.

SCHULZ, E. (1991): The Taoudenni-Agorgott pollen record and the Holocene vegetation history of the central Sahara. In: N. PETIT-MAIRE (Hrsg.): Paléoenvironnements du Sahara. Lacs holocènes à Taoudenni, Mali. – Paris: 143–158.

SCHULZ, E. (1994): The Southern Limit of the Mediterranean Vegetation in the Sahara during the Holocene. – Historical Biology 9(1-2): 137–156.

SCHULZ, E., JOSEPH, A., BAUMHAUER, R., SCHULTZE, E. u. B. SPONHOLZ (1990): Upper Pleistocene and Holocene history of the Bilma region (Kawar, NE-Niger). In: G. ROCCI, M. DESCHAMPES (Hrsg.): Études récent sur la géologie de l'Afrique. 15ᵉ Colloque de Géologie Africaine. – Orléans: 281–284 (CIFEG

Publication Occasionnelle, 22).

SCHULZ, E., POMEL, S., ABICHOU, H. u. U. SALZMANN (1995): Climate and man. Questions and answers from both sides of the Sahara. In: A. LE THOMAS, E. ROCHE (Hrsg.): 2ᵉ Symposium de Palynologie Africaine. Tervuren (Belgique). 6–10 mars. – Orléans: 35–47 (CIFEG Publication Occasionnelle, 31).

SCHWARTZ, D., DECHAMPS, R., ELENGA, H., LANFRANCHI, R., MARIOTTI, A. u. A. VINCENS (1995): Les Savanes du Congo: Une Végétation Spécifique de l'Holocène Supérieur. In: A. LE THOMAS, E. ROCHE (Hrsg.): 2ᵉ Symposium de Palynologie Africaine. Tervuren (Belgique). 6–10 mars. – Orléans: 99–108 (CIFEG Publication Occasionnelle, 31).

SHI, N., DUPONT, L. M., BEUG, H.-J. u. R. SCHNEIDER (2000): Correlation between Vegetation in Southwestern Africa and Oceanic Upwelling in the past 21.000 Years. – Quaternary Research 54(1): 72–80.

SOWUNMI, M. A. (1979): Late Quaternary environmental changes in Nigeria. – Pollen et Spores 23(1): 125–148.

SSEMMANDA, I., VINCENS, A. (1993): Végétation et climat dans le Bassin du Lac Albert (Ouganda, Zaïre) depuis 13 000 ans B. P.: apport de la palynologie. – Comptes-Rendus de l'Académie des Sciences 316: 561–567.

TAYLOR, D. M. (1990): Late Quaternary

pollen records from two Ugandan mires: evidence for environmental change in the Rukiga Highlands of southwest Uganda. – Palaeogeography, Palaeoclimatology, Palaeoecology 80(3-4): 283–300.

THIEMEYER, H. (1997): Untersuchungen zur spätpleistozänen und holozänen Landschaftsentwicklung im südwestlichen Tschadbecken (NE-Nigeria). – Jena (Jenaer Geographische Schriften, 5).

VINCENS, A. (1989): Paleoenvironnements du Bassin Nord-Tanganyika (Zaire, Burundi, Tanzanie) au cours des 13 derniers milles ans: apport de la Palynologie. – Review of Palaeobotany and Palynology 61(1-2): 69–88.

VINCENS, A. (1993): Nouvelle séquence pollinique du Lac Tanganyika: 30,000 ans d'histoire botanique et climatique du Bassin Nord. – Review of Palaeobotany and Palynolgy 78(3-4): 381–394.

VINCENS, A., SCHWARTZ, D., BERTAUX, J., ELENGA, H. u. C. DE NAMUR (1998): Late Holocene Climatic Changes in Western Equatorial Africa Inferred from Pollen from Lake Sinnda, Southern Congo. – Quaternary Research 50(1): 34–45.

WINTER, A., MARTIN, K. (1990): Late Quaternary History of the Agulhas Current. – Paleoceanografy 5(4): 479–486.

Prof. em. Dr. DIETER ANHUF
Physische Geographie • Universität Passau
Innstraße 40 • D–94032 Passau
dieter.anhuf@uni-passau.de

PASSAUER SCHRIFTEN ZUR GEOGRAPHIE

Begründet von Klaus Rother
Herausgegeben von Dieter Anhuf, Werner Gamerith und Malte Steinbrink
Schriftleitung: Erwin Vogl

Heft 1

Ernst STRUCK

Landflucht in der Türkei.

Die Auswirkungen im Herkunftsgebiet – dargestellt an einem Beispiel aus dem Übergangsraum von Inner- zu Ostanatolien (Provinz Sivas).

1984. *vergriffen*

Heft 2

Johann-Bernhard HAVERSATH

Die Agrarlandschaft im römischen Deutschland der Kaiserzeit.

(1.–4. Jh. n. Chr.).

1984. *vergriffen*

Heft 3

Johann-Bernhard HAVERSATH und Ernst STRUCK

Passau und das Land der Abtei in historischen Karten und Plänen.

Eine annotierte Zusammenstellung.

1986. *vergriffen*

Heft 4

Herbert POPP (Hrsg.)

Geographische Exkursionen im östlichen Bayern.

1987. *vergriffen*

Heft 5

Thomas PRICKING

Die Geschäftsstraßen von Foggia (Süditalien).

1988. 70 + XL Seiten, DIN A4 broschiert, 28 Abbildungen (davon 19 Farbkarten), 23 Tabellen und 8 Bilder. Summary, Riassunto.

€ 15,–. ISBN 978-3-922016-79-3

Heft 6

Ulrike HAUS

Zur Entwicklung lokaler Identität nach der Gemeindegebietsreform in Bayern.

Fallstudien aus Oberfranken.

1989. *vergriffen*

Heft 7

Klaus ROTHER (Hrsg.)

Europäische Ethnien im ländlichen Raum der Neuen Welt.

1989. 134 Seiten, DIN A4 broschiert, 56 Abbildungen, 22 Tabellen und 10 Bilder. Summaries.

€ 15,–. ISBN 978-3-922016-90-8

Heft 8

Andreas KAGERMEIER

Versorgungsorientierung und Einkaufsattraktivität.

Empirische Untersuchungen zum Konsumentenverhalten im Umland von Passau.

1991. *vergriffen*

Heft 9

Roland HUBERT

Die Aischgründer Karpfenteichwirtschaft im Wandel.

Eine wirtschafts- und sozialgeographische Untersuchung.

1991. 76 + II Seiten, DIN A4 broschiert, 19 Abbildungen (davon 4 Farbbeilagen), 19 Tabellen und 11 Bilder. Summary.

€ 17,–. ISBN 978-3-922016-98-4

Heft 10

Herbert POPP (Hrsg.)

Geographische Forschungen in der saharischen Oase Figuig.

1991. *vergriffen*

Heft 11

Ernst STRUCK

Mittelpunktssiedlungen in Brasilien.

Entwicklung und Struktur in drei Siedlungsräumen Espirito Santos.

1992. 174 + XVIII Seiten, DIN A4 broschiert, 55 Abbildungen (davon 6 Farbkarten), 37 Tabellen und 20 Bilder. Summary, Resumo.

€ 26,–. ISBN 978-3-86036-003-3

Heft 12

Armin RATUSNY

Mittelalterlicher Landesausbau im Mühlviertel / Oberösterreich.

Formen, Verlauf und Träger der Besiedlung vom 12. bis zum 15. Jahrhundert.

1994. *vergriffen*

Heft 13

Herbert POPP und Klaus ROTHER (Hrsg.)

Die Bewässerungsgebiete im Mittelmeerraum.

1993. 195 + XXIV Seiten, DIN A4 broschiert, 76 Abbildungen (davon 6 Farbkarten), 38 Tabellen und 26 Bilder. Summaries.

€ 35,–. ISBN 978-3-86036-011-8

Heft 14

Johann-Bernhard HAVERSATH

Die Entwicklung der ländlichen Siedlungen im südlichen Bayerischen Wald.

1994. *vergriffen*

Heft 15

Toni BREUER (Hrsg.)

Geographische Forschung im Mittelmeerraum und in der Neuen Welt.

Klaus Rother zum 65. Geburtstag.

1997. 155 Seiten, DIN A4 broschiert, 76 Abbildungen und 13 Tabellen. Summaries.

€ 15,– (Sonderpreis). ISBN 978-3-00-001347-8

Heft 16

Armin Ratusny

Entwaldung und Aufforstung in Neuseeland.

Räumliche Entwicklung und Steuerungsfaktoren.

2000. 192 + VIII Seiten, DIN A4 broschiert, 53 Abbildungen (davon 8 Farbkarten), 35 Tabellen und 28 Bilder. Summary.

€ 25,–. ISBN 978-3-00-006565-1

Heft 17

Kerstin Meyer

Entwicklung und Struktur der Städte in Castilla y León (Spanien).

2001. 229 + XXIV Seiten, DIN A4 broschiert, 49 Abbildungen (davon 12 Farbkarten), 14 Tabellen und 21 Bilder. Resumen, Summary.

€ 28,70. ISBN 978-3-9807866-0-7

Heft 18

Klaus Dehne

Deutsche Einwanderer im ländlichen Süd-Indiana (USA).

Eine historisch-geographische Analyse.

2003. 108 Seiten, DIN A4 broschiert, 41 Abbildungen, 21 Tabellen und 3 Bilder. Summary.

€ 19,90. ISBN 978-3-9807866-1-4

Heft 19

Heinz Sander

Relief- und Regolithgenese im nordöstlichen Kaokoland (Namibia).

2004. 111 Seiten, DIN A4 broschiert, 23 Abbildungen, 17 Tabellen und 43 Bilder. Summary.

€ 23,50. ISBN 978-3-9807866-2-1

Heft 20

Eberhard Rothfuss

Ethnotourismus – Wahrnehmungen und Handlungsstrategien der pastoralnomadischen Himba (Namibia).

Ein hermeneutischer, handlungstheoretischer und methodischer Beitrag aus sozialgeographischer Perspektive.

2004. vergriffen

Heft 21

Friederike Grüninger

Scale dependent aspects of plant diversity in semiarid high mountain regions.

An exemplary top-down approach for the Great Basin (USA).

2005. 143 pages, DIN A4 paperback, 86 figures, 33 tables, and 31 photos. Zusammenfassung.

€ 25,–. ISBN 978-3-9807866-4-5

Heft 22

Thomas Fickert

Phytogeographische Studien als Mittel zur Klimaableitung in Hochgebirgen.

Eine Fallstudie im Südwesten der USA.

2006. 172 + XVI Seiten, DIN A4 broschiert, 81 Abbildungen (davon 11 Farbkarten), 19 Tabellen und 45 Bilder. Summary, Resumen. XXVII Anhänge auf CD-ROM.

€ 29,–. ISBN 978-3-9807866-5-2

Heft 23

Eberhard Rothfuss und Werner Gamerith (Hrsg.)

Stadtwelten in den *Americas*.

2007. 167 + II Seiten, DIN A4 broschiert, 23 Abbildungen (davon eine Farbkarte), 13 Tabellen und 34 Bilder.

€ 28,–. ISBN 978-3-9807866-6-9

Heft 24

Jörg Scheffer

Den Kulturen Raum geben.

Das Konzept selektiver Kulturräume am Beispiel des deutsch-tschechisch-österreichischen Dreiländerecks.

2007. 141 Seiten, DIN A4 broschiert, 25 Abbildungen und 6 Tabellen. Summary.

€ 25,–. ISBN 978-3-9811623-1-8

Heft 25

Stephanie Nau

Lokale Akteure in der Kubanischen Transformation: Reaktionen auf den internationalen Tourismus als Faktor der Öffnung.

Ein sozialgeographischer Beitrag zur aktuellen Kuba-Forschung aus emischer Perspektive.

2008. vergriffen

Heft 26

Veronika Deffner

Habitus der Scham – die soziale Grammatik ungleicher Raumproduktion.

Eine sozialgeographische Untersuchung der Alltagswelt Favela in Salvador da Bahia (Brasilien).

2010. 221 Seiten, DIN A4 broschiert, 18 Abbildungen, 12 Tabellen und 27 Bilder. Summary, Resumo.

€ 28,50. ISBN 978-3-9811623-4-9

Heft 27

Andreas Schöps

Inseln der Gleichheit und Glückseligkeit?

Die strukturelle, institutionelle und soziale Integration der Gated Communities im Lower Rio Grande Valley, Texas (USA) in ihr Umland – ein sozialgeographischer Beitrag.

2011. 214 Seiten, DIN A4 broschiert, 73 Farbabbildungen, 24 Tabellen und 38 Farbbilder. Summary.

€ 33,90. ISBN 978-3-9811623-6-3

Heft 28

Matthias Ross

Weltbilder aus Stein.

Architektur als politisches Kommunikationsmittel in Brüssel – eine kulturgeographische Analyse.

2015. 186 Seiten, DIN A4 broschiert, 58 Farbabbildungen und 39 Farbbilder. Summary, Résumé.

€ 33,90. ISBN 978-3-9811623-8-7

Heft 29

Thomas Fickert

Zur Bedeutung von Dauerbeobachtungsstudien in der Sukzessionsforschung.

Zwei Fallstudien zur Primärsukzession in Gletschervorfeldern in den Ostalpen und zur Sekundärsukzession sturmgestörter Mangrovenwälder in Honduras.

2016. 158 Seiten, DIN A4 broschiert, 80 Farbabbildungen, 11 Tabellen und 115 Farbbilder. Summary, Resumen.

€ 33,90. ISBN 978-3-9817553-0-5

Heft 30

Werner GAMERITH und Jörg SCHEFFER (Hrsg.)

Studien zur geographischen Tourismus- und Regionalforschung.

2019. 204 Seiten, DIN A4 broschiert, 68 Farbabbildungen, 17 Tabellen und 21 Farbbilder.

€ 33,90. ISBN 978-3-9817553-2-9

Heft 31

Janine MAIER

„Entwicklungskick" – Sportraum und Sporttraum im Wandel. Sozial-kulturelle Veränderungsprozesse des Empowerments durch Frauenfußball an Beispielen aus dem Globalen Norden und Süden.

2020. 200 Seiten, DIN A4 broschiert, 24 Farbabbildungen, 23 Tabellen und 6 Farbbilder. Summary.

€ 33,90. ISBN 978-3-9817553-4-3

Heft 32

Matthias GEBAUER

Black Islam South Africa. Religious Territoriality, Conversion, and the Transgression of Orderly Indigeneity.

2021. 115 pages, DIN A4 paperback, 19 color figures, a table, and 15 color photos.

€ 27,90. ISBN 978-3-9817553-5-0

Heft 33

Daniel EHEBRECHT

Urbane Mobilität und Informalität in Subsahara-Afrika. Eine Studie zur Marktintegration der Motorrad-Taxis in Dar es Salaam.

2021. 221 Seiten, DIN A4 broschiert, 30 Farbabbildungen, 20 Tabellen und 18 Farbbilder. Summary.

€ 33,90. ISBN 978-3-9817553-7-4

Selbstverlag Fach GEOGRAPHIE der Universität Passau

Bahnhofstraße 10 • D – 94032 Passau

📞 +49 851 509-2735 • 📠 +49 851 509372735

@ erwin.vogl@uni-passau.de

PASSAUER KONTAKTSTUDIUM GEOGRAPHIE
bis Band 10: PASSAUER KONTAKTSTUDIUM ERDKUNDE

Band 1
Herbert POPP (Hrsg.)
Probleme peripherer Regionen.
1987. *vergriffen*

Band 2
Johann-Bernhard HAVERSATH und Klaus ROTHER (Hrsg.)
Innovationsprozesse in der Landwirtschaft.
1989. *vergriffen*

Band 3
Ernst STRUCK (Hrsg.)
Aktuelle Strukturen und Entwicklungen im Mittelmeerraum.
1993. *vergriffen*

Band 4
Klaus ROTHER (Hrsg.)
Mitteldeutschland – gestern und heute.
1995. 104 Seiten, DIN A4 broschiert, 55 Abbildungen, 22 Tabellen, 20 Bilder und Materialien.
€ 19,–. ISBN 978-3-86036-024-8

Band 5
Gerd BAURIEGEL (Hrsg.)
Der Raum Niederbayern im Wandel.
1997. *vergriffen*

Band 6
Armin RATUSNY (Hrsg.)
Flußlandschaften an Inn und Donau.
2002. 103 + IV Seiten, DIN A4 broschiert, 43 Abbildungen (davon 2 Farbkarten), 5 Tabellen und 27 Bilder. *vergriffen*
nur noch als PDF-Ausgabe auf CD-ROM für € 9,90

Band 7
Ernst STRUCK (Hrsg.)
Ökologische und sozioökonomische Probleme in Lateinamerika.
2003. 152 Seiten, DIN A4 broschiert, 83 Abbildungen, 9 Tabellen und 13 Bilder. Unterrichtsmaterialien (PDF-Dokumente, PowerPoint®-Präsentationen etc.) auf CD-ROM.
€ 15,50. ISBN 978-3-9807866-8-3

Band 8
Jörg SCHEFFER (Hrsg.)
Europa und die Erweiterung der EU.
2006. 132 Seiten, DIN A4 broschiert, 57 Abbildungen, 9 Tabellen und 9 Bilder. Unterrichtsmaterialien (*Geoaktiv*- Lernprogramm EUROPA, PDF-Dokumente etc.) auf CD-ROM.
€ 21,90. ISBN 978-3-9807866-7-6

Band 9
Eberhard ROTHFUSS (Hrsg.)
Entwicklungskontraste in den *Americas*.
2008. 210 + VIII Seiten, DIN A4 broschiert, 87 Abbildungen (davon 12 Farbkarten), 27 Tabellen und 57 Bilder. Unterrichtsmaterialien (*Geoaktiv*-Lernprogramm SÜDAMERIKA, PowerPoint®-Präsentationen, PDF-Dokumente etc.) auf CD-ROM.
€ 25,20. ISBN 978-3-9811623-0-1

Band 10
Gerd BAURIEGEL (Hrsg.)
Ostbayern und seine Nachbarregionen.
Exkursionsführer zum 13. Bayerischen Schulgeographentag in Passau.
2009. 143 + IV Seiten, DIN A4 broschiert, 55 Abbildungen (davon 6 Farbkarten), 11 Tabellen und 37 Bilder (davon 2 Farbfotos). Alle Artikel auch auf CD-ROM.
€ 19,90. ISBN 978-3-9811623-3-2

Band 11
Dieter ANHUF, Thomas FICKERT und Friederike GRÜNINGER (Hrsg.)
Ökozonen im Wandel.
2011. 184 Seiten, DIN A4 broschiert, 114 Farbabbildungen, 7 Tabellen und 96 Farbbilder. *vergriffen*
nur noch als PDF-Ausgabe auf CD-ROM für € 20,–

Band 12
Werner GAMERITH (Hrsg.)
Zukunftsregion China und Indien.
2012. 201 Seiten, DIN A4 broschiert, 64 Farbabbildungen, 12 Tabellen und 97 Farbbilder.
€ 33,90. ISBN 978-3-9811623-7-0

Band 13
Ernst STRUCK (Hrsg.)
Tourismus – Herausforderungen für die Region.
2015. 175 Seiten, DIN A4 broschiert, 87 Farbabbildungen, 15 Tabellen, 68 Farbbilder und 4 Unterrichtsmaterialien.
€ 33,90. ISBN 978-3-9811623-9-4

Band 14
Dieter ANHUF (Hrsg.)
Brasilien – Herausforderungen der neuen Supermacht des Südens.
2017. 142 Seiten, DIN A4 broschiert, 58 Farbabbildungen, 7 Tabellen und 86 Farbbilder.
€ 29,90. ISBN 978-3-9817553-1-2

Selbstverlag Fach GEOGRAPHIE der Universität Passau
Bahnhofstraße 10 • D – 94032 Passau
☎ +49 851 509-2735 • 🖨 +49 851 509372735
@ erwin.vogl@uni-passau.de

Band 15

Werner Gamerith und Nadine Scharfenort (Hrsg.)
Menschen, Migration und Mobilität.
2019. 209 Seiten, DIN A4 broschiert, 68 Farbabbildungen, 13 Tabellen und 55 Farbbilder.
€ 29,90. ISBN 978-3-9817553-3-6

Band 16

Malte Steinbrink, Matthias Gebauer und Dieter Anhuf (Hrsg.)
Afrika – ein Kontinent in Bewegung.
2021. 149 Seiten, DIN A4 broschiert, 27 Farbabbildungen, 7 Tabellen und 18 Farbbilder.
€ 28,90. ISBN 978-3-9817553-6-7

Selbstverlag Fach GEOGRAPHIE der Universität Passau
Bahnhofstraße 10 • D – 94032 Passau
☎ +49 851 509-2735 • 🖷 +49 851 509372735
@ erwin.vogl@uni-passau.de